Lições de Direito Internacional Privado

J. BAPTISTA MACHADO

Lições de Direito Internacional Privado

3.ª edição, actualizada
(8.ª Reimpressão)

Apontamentos das aulas teóricas do ano lectivo de 1971-1972 na Faculdade de Direito de Coimbra

ALMEDINA

LIÇÕES DE DIREITO INTERNACIONAL PRIVADO

AUTOR

João Baptista Machado

EDITOR

EDIÇÕES ALMEDINA, S.A.
Rua Fernandes Tomás, nºs 76, 78, 80
3000-167 Coimbra
Tel.: 239 851 904 · Fax: 239 851 901
www.almedina.net · editora@almedina.net

DESIGN DE CAPA

FBA.

PRÉ-IMPRESSÃO

G.C. – GRÁFICA DE COIMBRA, LDA.

IMPRESSÃO | ACABAMENTO

PAPELMUNDE

Fevereiro, 2017

DEPÓSITO LEGAL

349569/06

GRUPOALMEDINA

BIBLIOTECA NACIONAL DE PORTUGAL – CATALOGAÇÃO NA PUBLICAÇÃO

MACHADO, J. Baptista, 1927-

Lições de Direito Internacional Privado
3ª ed., actualiz. – (Manuais universitários)
ISBN 978-972-40-0273-6

PREFÁCIO À 2.ª EDIÇÃO

Do prefácio à 1.ª edição transcreve-se: «As páginas que se seguem constituem apontamentos do autor para as aulas teóricas da cadeira de Direito Internacional Privado, dadas na Faculdade de Direito de Coimbra no ano lectivo de 1971-1972. Trata-se de um texto elaborado no meio das canseiras docentes e dos exames, ao ritmo das aulas e no curto espaço de um único ano lectivo. As deficiências de exposição, que não deixarão de notar-se aqui ou ali, seriam normalmente corrigidas em cursos subsequentes. Achando-se o autor afastado do ensino da matéria, faltou-lhe oportunidade e estímulo para proceder à necessária revisão.»

Pois também nesta 2.ª edição as mencionadas deficiências não serão corrigidas. Por falta de tempo e de oportunidade. Pelo mesmo motivo não serão considerados nesta reedição (e esta é uma deficiência mais grave) estudos posteriores, nomeadamente obras portuguesas de grande relevo. Merecem especial destaque sobretudo duas obras cuja consulta se revela indispensável para complementar a panorâmica do Direito Internacional Privado oferecida por estes apontamentos: «A Codificação do Direito Internacional Privado — Alguns Problemas», Coimbra, 1979, do insigne e apaixonado cultor deste quadrante inóspito do direito, o Prof. FERRER CORREIA; e «Direito Internacional Privado e Constituição», Coimbra, 1979, de R. G. de MOURA RAMOS, universitário e jurista da nova geração, mas de invulgar capacidade.

De modo que esta 2.ª edição é apenas actualizada no que contende com as alterações introduzidas no Código Civil pelo Decreto-Lei n.º 496/77, de 25 de Novembro. O acalentado projecto de completar estes apontamentos com um capítulo sobre revisão de sentenças estrangeiras também não foi desta vez por diante. Vê-se que nesta 2.ª edição o livro continuou a não merecer particulares desvelos ao autor. Tal a sorte do filho que só traz desgostos e esperta mágoas.

Porto, Março de 1982.

O AUTOR

PRIMEIRA PARTE

Parte Geral do Direito Internacional Privado

Título I | Noções fundamentais

CAPÍTULO I

INTRODUÇÃO: NOÇÃO DE DIP

1. *Limites à eficácia da lei no espaço* (1). As normas jurídicas, como normas de conduta que são, vêem o seu âmbito de eficácia limitado pelos factores tempo e espaço: elas não podem ter a pretensão de regular os factos que se passaram antes da sua entrada em vigor nem os factos que se passaram ou passam sem qualquer «contacto» com o Estado que as edita; elas não podem, por outras palavras, chamar a si a orientação daquelas condutas dos indivíduos que se passaram para além da sua possível esfera de influência. Por outro lado, sendo a natural expectativa dos indivíduos na continuidade e estabilidade das suas relações jurídicas ou direitos um pressuposto fundamental da existência do Direito como ordem implantada na vida humana de relação, há que respeitar os direitos adquiridos ou situações jurídicas constituídas à sombra da lei eficaz, isto é, da lei sob cujo império ou dentro de cujo âmbito de eficácia o direito foi adquirido ou a situação jurídica se constituiu.

Desta forma, assim como a base do Direito Intertemporal se constrói, por um lado, sobre o princípio da *não retroactividade* das leis e, por outro lado, sobre o respeito das situações jurídicas preexistentes criadas sob o império da lei antiga, assim o ponto de partida radical do DIP assenta, por um lado, sobre a regra da *não transactividade* das leis e, por outro lado, sobre o princípio do reconhecimento das situações jurídicas constituídas no âmbito de eficácia duma lei estrangeira. Além disso, assim como ao princípio da *não retroactividade* das leis corresponde, segundo a teoria do facto passado, a regra segundo a qual a lei nova se não aplica aos factos passados nem aos efeitos desses factos produzidos antes da sua entrada em

(1) Cfr. J. BAPTISTA MACHADO, *Âmbito de Eficácia e Âmbito de Competência das Leis,* Coimbra, 1970 (de agora em diante citado *Âmbito*), pp. 3 e ss.

vigor, mas apenas aos factos futuros, assim também ao princípio da *não transactividade* corresponde a regra segundo a qual nenhuma lei (a lei do foro ou qualquer outra) se aplica a factos que se não achem em contacto com ela.

Do exposto resulta, pois, que o Direito de Conflitos de leis (quer no tempo, quer no espaço) assume como critério básico o da «localização» dos factos: a «localização» no tempo para o Direito Intertemporal e a «localização» no espaço para o Direito Internacional Privado. Essa a razão por que se afirma que estes dois direitos são direitos «de conexão»: a conexão dos factos com os sistemas jurídicos é que constitui o dado determinante (o facto operativo ou *facto jurídico*) básico da aplicabilidade dos mesmos sistemas jurídicos. Por isso, podemos enunciar como regra básica de todo o Direito de Conflitos a seguinte: *a quaisquer factos aplicam-se as leis — e só se aplicam as leis — que com eles se achem em contacto.*

Esta fórmula dá-nos, ao mesmo tempo, o *âmbito de eficácia* possível de qualquer lei. Toda a lei, como regra de dever-se ou regra de conduta, tem limites espácio-temporais ao seu âmbito de eficácia. É também isto o que se quer significar quando se fala, a propósito da razão de ser do Direito de Conflitos, na *relatividade espácio-temporal da concepção de justiça* de qualquer sistema jurídico.

2. *Situações puramente internas, situações relativamente internacionais e situações absolutamente internacionais. Necessidade da Regra de Conflitos.* Uma relação jurídica pode, através de qualquer dos seus elementos (sujeitos, objecto, facto jurídico), achar-se em contacto apenas com o sistema jurídico português (p. ex., um contrato de mútuo celebrado em Portugal, entre dois portugueses, para ser executado em Portugal), ou apenas com um determinado sistema jurídico estrangeiro (p. ex., um contrato de venda concluído entre dois japoneses no Japão, sobre coisa situada em território japonês, onde as obrigações dos contratantes devem ser cumpridas), ou com vários sistemas jurídicos (p. ex., um comerciante português, estabelecido no Porto, conclui em Inglaterra um contrato de venda de vinho do Porto com um comerciante inglês, estabelecido em Londres).

Nos casos do primeiro tipo (casos *puramente internos*) ao órgão português de aplicação do direito não se põe qualquer problema de determinação da lei estadual aplicável: esta lei há-de ser necessariamente a lei portuguesa. Nos casos do segundo tipo (casos *relativamente* internacionais ou *puramente internos* relativamente a um Estado estrangeiro), já ao órgão português de aplicação do direito se põem problemas de DIP, quais sejam o problema de saber se o sistema jurídico português deve ou não ver o seu âmbito de aplicabilidade limitado no espaço e, uma vez resolvida esta questão afirmativamente, o problema de saber que atitude tomar perante os factos que transcendem o seu âmbito espacial de aplicabilidade: deve abster-se pura e simplesmente de os regular? deve submetê-los a um direito *material especial*? deve apreciá-los em face do sistema jurídico estadual dentro de cujo âmbito de eficácia eles se passaram? Havendo de concluir-se que, por força de um princípio *universal* de direito, importa respeitar os direitos adquiridos e garantir a continuidade da vida jurídica dos indivíduos, tutelando as suas naturais expectativas, terá de concluir-se também que o juiz do foro deve em tais casos aplicar um direito estrangeiro. Em casos deste tipo, porém, o problema da «escolha» da lei aplicável não se põe: a situação está em contacto com um só sistema jurídico e só este sistema jurídico pode ser aplicado.

Nos casos do terceiro tipo (casos *absolutamente* internacionais), porém, ademais dos problemas que acabámos de referir, põe-se um problema de determinação da lei aplicável («choice of law»), visto serem duas ou mais as leis em contacto com a situação. Aqui, os factos a regular inserem-se nas esferas de eficácia de várias leis, temos várias leis «interessadas» na situação, entre as quais, enquanto leis potencialmente aplicáveis, como que se estabelece um concurso que importa dirimir. Precisamos, pois, duma Regra de Conflitos que venha resolver este concurso, determinando qual das leis «interessadas» é a lei efectivamente aplicável.

No DIP nem sempre basta, portanto, o recurso a um princípio paralelo ao da teoria do facto passado e o recurso ao princípio do reconhecimento dos direitos adquiridos. Pelo que respeita às situações absolutamente internacionais, importa ainda, num segundo momento, fazer intervir uma Regra de Conflitos capaz de dirimir o concurso entre as leis em contacto com os factos. É que, no DIP, diferentemente do que se passa no Direito Transitório (o qual pressupõe já resolvido o problema de conflitos de leis no espaço e assenta no pressuposto de que a *sede* das pessoas e a situação das coisas se mantêm as mesmas), ao lado da conexão dos factos através lugar da sua verificação, há que atender ainda à *sede* das pessoas e à situação das coisas como outros tantos elementos de conexão da maior relevância.

3. *Objecto e denominação do DIP.* O DIP tem, pois, por objecto as situações da vida privada internacional, isto é, os factos susceptíveis de relevância jurídico-privada que têm contacto com mais de um sistema jurídico (casos absolutamente internacionais) ou que se passaram adentro do âmbito de eficácia de uma (e uma só) lei estrangeira.

Ao DIP põem-se, pois, problemas como os seguintes: Por que lei regular um contrato celebrado em Portugal, ou no estrangeiro, entre um português e um estrangeiro, ou entre dois estrangeiros? Por que lei regular a responsabilidade por um acidente de viação verificado no estrangeiro — ou em Portugal, quando o responsável e a vítima sejam estrangeiros? A que lei deve recorrer o conservador do registo civil para saber se há ou não impedimentos ao casamento de um estrangeiro? Por que lei determinar os sucessíveis de um estrangeiro que deixa bens em Portugal? Por que lei apreciar a validade do testamento de um português, celebrado no estrangeiro? Etc.

Por aqui se vê que são as trocas internacionais (comércio internacional) e as correntes migratórias entre os Estados (deslocações das pessoas) que estão na origem de todos ou quase todos os problemas de DIP. Se uma pessoa atravessa uma fronteira, p. ex., não deve, por esse simples facto, perder o seu *status familiae* ou o direito de propriedade sobre as bagagens que transporta.

Este ramo de direito que se ocupa dos conflitos de leis no espaço tem recebido, desde os estatutários holandeses e alemães, a designação de «conflito de leis» (é o título da obra de HUBER, «De Conflictu legum», do séc. XVII). É esta também a denominação que lhe dá Joseph STORY, na sua obra de 1834 («Conflict of Laws), embora reconhecendo já que este ramo de direito pode ser apropriadamente designado por *private international law.* Mas esta denominação de Direito Internacional Privado divulgou-se sobretudo por influência do «Traité de Droit International Privé» (1843) de FOELIX, embora já antes SCHAEFNER tenha publicado o seu «Internationales Privatrecht» (1841).

A denominação da nossa disciplina divulgada a partir de FOELIX foi a que veio a prevalecer nos diversos países da Europa continental e da América latina, mas a designação de «Conflito de Leis» é ainda muito frequente nos autores anglo-americanos. Outras designações foram também sugeridas — Direito Interespacial, Direito Intersistemático, Teoria da extra-actividade das Leis, «Limites locais das leis» (SAVIGNY), Direito dos Limites no espaço (Grenzrecht), Transnational Law, etc. —, mas sem êxito.

4. *Constituição e conteúdo das relações ou situações jurídicas.* Uma distinção fundamental que importa ter presente, tanto no Direiro Transitório como no DIP, é a distinção entre constituição, por um lado, e conteúdo ou efeitos, por outro lado, das relações ou situações jurídicas.

Com efeito, se há domínios onde esta distinção praticamente não tem interesse, porque o conteúdo ou os efeitos da situação jurídica são desde logo modelados pelos respectivos factos constitutivos (e é o que se passa no domínio do Direito das Obrigações), noutros domínios (como são o domínio do Direito de Família e dos Direitos Reais), o conteúdo do direito ou situação jurídica é total ou prevalentemente fixado pela lei tendo em conta, não os factos constitutivos, mas certos princípios fundamentais que informam o regime básico das pessoas e dos bens.

Nestas matérias (situações jurídicas pessoais e reais) podem ser diferentes as leis aplicáveis respectivamente à constituição e ao conteúdo das situações jurídicas. Assim, p. ex., se dois espanhóis casam em Espanha e mais tarde, por qualquer razão, a validade do seu casamento tem de ser apreciada por tribunais portugueses, estes não poderão deixar de decidir quanto à validade e à existência da relação jurídica matrimonial por aplicação da lei espanhola. Com efeito, quando a relação se constituiu, os factos constitutivos só tinham contacto com o sistema espanhol. Por esta mesma lei se regulará o conteúdo da relação matrimonial (direitos e deveres dos cônjuges), enquanto os cônjuges mantiverem a nacionalidade espanhola e tiverem na Espanha o seu domicílio. Se eles, porém, vierem a mudar de nacionalidade, o conteúdo da relação matrimonial (direitos e deveres pessoais dos cônjuges) passará a ser regido pela sua nova lei pessoal. Todavia, o problema da constituição da relação matrimonial continua a resolver-se em face da lei espanhola.

O mesmo se verifica em relação a todas aquelas situações jurídicas cujo conteúdo não é ligado por lei aos factos constitutivos das mesmas, como efeito directamente ligado a esses factos e por eles modelado. Trata-se de situações jurídicas duradoiras do Direito de Família (casamento, filiação, adopção) e dos Direitos Reais.

5. *Modos possíveis de regular as relações do comércio privado internacional.* O processo mais geral de solução dos problemas do DIP é o processo próprio do Direito de Conflitos: em vez de resolver directamente tais problemas mediante disposições legislativas próprias (de carácter *material*), trata-se de designar a lei interna por aplicação da qual eles hão-de ser resolvidos. As disposições de Direito de Conflitos são, pois, constituídas por regras de carácter formal, regras «de remissão» ou «de reconhecimento», e não por regras de regulamentação material. Assim, se um português compra em Paris um imóvel sito em Amsterdam, a sua capacidade de contratar é regida pela lei portuguesa, a forma do contrato pela lei francesa, a validade substancial do contrato e os seus efeitos pela lei escolhida pelas partes, a transferência da propriedade pela lei holandesa. Não nos achamos, pois, perante qualquer norma material específica desta relação do comércio internacional, mas perante dispositivos que simplesmente nos indicam a lei ou leis aplicáveis às diversas questões de direito que a relação suscita.

Mas será este o único processo viável de regulamentação das relações internacionais de carácter privado?

Um outro modo concebível de regular essas relações seria o de um direito material especial, próprio delas, à semelhança do *ius gentium* romano. E não falta quem pense que, de todo o modo, o DIP representa afinal uma disciplina jurídica *especial* dos factos e relações que o legislador entende serem estranhos ao seu ordenamento: as normas materiais estrangeiras chamadas através das Regras de Conflito seriam recebidas na ordem jurídica do Estado do foro, ficando a constituir aí, ao lado das normas materiais deste Estado, o *direito especial* das relações jurídico-privadas externas. O legislador, em vez de criar directamente todo um sistema particular de direito material, recorre a normas indirectas para chegar à mesma solução. Assim raciocina Roberto Ago. Não aderindo embora à concepção de Ago quanto ao sentido e função das regras de Conflitos, muitos outros autores admitem, porém, que os problemas do DIP poderiam ser resolvidos pelo sistema das regras materiais especiais, sem haver necessidade de recorrer ao método ou sistema conflitual.

Este ponto de vista corresponde a uma visão errónea do DIP enquanto Direito de Conflitos [1]. Na verdade, o problema básico do Direito de Conflitos jamais pode ser definitivamente resolvido através de normas de direito material, por mais «especializada» que seja a disciplina por elas prevista, desde que se trate de normas de direito estadual (postas por um só Estado). Só um verdadeiro direito material *uniforme,* comum a vários Estados, e concebido para regular certas relações do comércio internacional em contacto com esses Estados, é susceptível, não de *substituir* o Direito de Conflitos, mas de fazer desaparecer o problema que este tem por objecto. Isto pelo menos enquanto as normas de direito privado uniforme forem uniformemente interpretadas e aplicadas nos vários Estados em que está em vigor a convenção internacional que estabelece o regime uniforme. Mas um direito de fonte estadual, esse jamais poderá expulsar ou substitur o Direito de Conflitos, tal como ninguém pode saltar por cima da própria sombra. É que as regras de direito material, enquanto *regulae agendi,* vêem o seu âmbito de eficácia necessariamente delimitado no espaço e no tempo. Logo, também essas regras de direito material «externo» concebidas à maneira do *ius gentium* romano para substituir o Direito de Conflitos continuariam a postular um Direito de Conflitos que lhes definisse o seu âmbito de eficácia. E toda a problemática do Direito de Conflitos renasceria de novo — pelo que voltaríamos ao ponto de partida.

Há-de notar-se, a este propósito, que, em matéria de Direito Intertemporal, o legislador recorre por vezes a disposições de transição (chamadas também transitórias) que não são mais que normas materiais que, pela via da adaptação e do compromisso entre os dois

(1) Cfr. *Âmbito,* pp. 33 e ss.

sistemas, regulam certas situações jurídicas anteriores, que subsistem à data da entrada em vigor da lei nova, por uma forma especial. Pois também um procedimento semelhante não deixa de ser possível no domínio do DIP. Mas, para tanto, será necessário que as regras materiais destinadas a regular certas situações de carácter internacional vejam o seu âmbito de aplicação restringido àquele círculo de situações que tenham uma conexão relevante com o Estado do foro, de modo a entender-se que ainda se acham dentro do âmbito de eficácia da lei deste Estado. Sendo assim, tais regras materiais poderão valer na verdade como regras de conduta, apenas se verificando que o seu âmbito espacial de aplicação é definido por outra ou outras conexões que não aquelas que definem o âmbito de aplicação das normas de direito comum.

6. *Primeira noção de Regra de Conflitos.* Conforme foi salientado no número anterior, o processo normalmente adoptado pelo DIP para regular as relações do comércio privado internacional é o processo próprio do Direito de Conflitos: em vez de regular directa ou *materialmente* a relação, adopta o processo *indirecto* consistente em determinar a lei ou as leis que a hão-de reger. A determinação desta lei (lei reguladora, lei aplicável, lei competente) decorre por vezes logo directa e imediatamente daquela regra ou princípio básico do Direito de Conflitos segundo o qual a *quaisquer* factos só deve aplicar-se uma lei que com eles esteja em contacto. É o que acontece designadamente nos casos ditos *relativamente* internacionais. Nos casos *absolutamente* internacionais, porém, é preciso recorrer a uma específica Regra de Conflitos que nos diga *qual* das leis *interessadas* (assim chamaremos às leis em contacto com a situação) é a lei aplicável ou lei competente.

Analisemos, pois, muito sumariamente, o mecanismo desta Regra de Conflitos. O que ela faz é destacar ou privilegiar um dos contactos ou conexões, determinando como aplicável a lei para a qual essa conexão aponte. Simplesmente a conexão privilegiada será, ora uma, ora outra, conforme o domínio ou matéria jurídica em causa. Assim, se se trata duma questão do estatuto pessoal (capacidade, relações de família, etc.), dar-se-á preferência a uma conexão pessoal (a nacionalidade ou a residência habitual das pessoas interessadas);

se se trata duma questão relativa à forma dos actos jurídicos, dar-se-á primacial relevância à conexão «lugar da realização do acto»; se se trata duma questão relativa à constituição ou transferência de direitos reais, prevalecerá a conexão «lugar da situação da coisa»; etc.

Vemos, pois, que na estrutura duma Regra de Conflitos entram dois elementos fundamentais: aquele que define o domínio ou matéria jurídica em questão e que se chama *conceito-quadro,* e aquele que designa o elemento de conexão relevante dentro de tal domínio e que se chama *elemento de conexão.* A estes dois elementos estruturais da Regra de Conflitos nos referiremos detalhadamente no lugar próprio.

Do exposto decorre também que a uma mesma situação ou relação poderão ser aplicáveis várias leis (p. ex., ser uma a lei aplicável à forma e outra à substância do acto), desde que se trate de questões ou problemas jurídicos distintos. A aplicação *cumulativa* de várias leis (aplicação de regras jurídicas diferentes à *mesma questão de direito*) é que tem de ser em princípio excluída, a fim de evitar *antinomias* ou contradições normativas.

7. *A «lex fori» como lei do processo.* O processo seguido perante os tribunais portugueses é regulado pela lei portuguesa, ainda que ao fundo da causa se aplique uma lei estrangeira. Vale dizer que as leis relativas ao formalismo ou rito processual *(ordinatoriae litis)* não levantam um problema de conflito de leis (nem no tempo, nem no espaço), visto não afectarem os direitos substanciais das partes. São, pois, de aplicação imediata e de aplicação territorial.

Importa, porém, notar que há leis sobre a prova, p. ex., que simultaneamente afectam o fundo ou substância do direito, repercutindo-se sobre a própria viabilidade deste *(decisoriae litis)* e que, por isso, pelo menos para efeitos de conflitos de leis no tempo e no espaço, devem considerar-se como pertinentes ao direito substantivo, e não ao direito processual ou adjectivo.

Há, portanto, que distinguir duas espécies de leis relativas às provas: as leis de direito probatório *formal,* que se referem propriamente à actividade do juiz, dos peritos ou das partes no decurso do processo, e as leis de direito probatório *material*. A esta segunda categoria pertencem as leis que decidem sobre a admissibilidade deste ou daquele meio de prova (exigência ou não de prova pré-constituída, etc.), sobre o ónus da prova e sobre as presunções legais. Aos pontos ou questões de direito regulados por este tipo de normas já se não aplica a *lex fori* enquanto *lex fori* (enquanto lei reguladora do processo), mas a lei ou leis competentes para regular o fundo da causa: a lei reguladora da forma dos actos, a lei reguladora da relação jurídica em litígio ou a lei que regula os actos ou factos aos quais vai ligada a presunção legal.

O que agora importa salientar é que a competência da *lex fori* enquanto pura lei de processo não depende de qualquer conexão particular que ligue a situação jurídica em litígio ao Estado do foro: basta que um tribunal deste Estado seja chamado a decidir, basta, pois, que se verifique o pressuposto da competência internacional da jurisdição desse Estado e que esta seja posta de facto em movimento. Com efeito, os fundamentos da competência jurisdicional do Estado português (como os de qualquer outro Estado) não coincidem de modo algum com os fundamentos da sua competência legislativa. Aliás, se os tribunais do Estado do foro apenas decidissem os casos que estão sob a alçada do direito material deste Estado (coincidência da competência jurisdicional com a competência legislativa), nunca esses tribunais seriam chamados a aplicar direito estrangeiro.

O art. 27.º das «disposições sobre a lei em geral» do Código civil italiano estabelece: «A competência e a forma do processo são reguladas pela lei do lugar onde o processo se desenrola». Um preceito de teor idêntico se há-de considerar vigente na lei portuguesa, muito embora ele aí se não ache estatuído, por desnecessário.

8. *O DIP e o «direito dos estrangeiros»*. Entende-se por «direito dos estrangeiros» o conjunto de regras *materiais* que reservam para os estrangeiros um tratamento diferente daquele que o direito local confere aos nacionais. De resto, como regra, os estrangeiros são equiparados aos nacionais quanto ao gozo de direitos privados (art. 14.º, 1, do Código Civil). Só assim não será quando exista disposição legal em contrário — disposição esta que constituirá justamente uma norma de «direito dos estrangeiros» — ou quando se verifique o pressuposto a que se refere o n.º 2 do mencionado art. 14.º

São, portanto, dois os princípios que regem a matéria da capacidade de gozo de direitos dos estrangeiros em Portugal, no domínio do direito privado: o princípio da *equiparação* e o princípio da *reciprocidade*. Por força do primeiro princípio, os estrangeiros, pelo facto de o serem, não vêem a sua capacidade de gozo de direitos restringida em Portugal. Diz o n.º 1 do art. 14.º que eles são equiparados aos nacionais. Mas isto não significa que eles tenham precisamente os mesmos direitos que os portugueses. Em concreto, podem ter *mais,* ou podem ter *menos.* Tudo depende da lei aplicável, da lei competente para atribuir o direito. Assim, p. ex., um casal estrangeiro não poderá divorciar-se em Portugal, se a lei aplicável em matéria de divórcio não admitir esta forma de dissolução do vínculo matrimonial, ou a não admitir naquele caso concreto. O princípio da equiparação apenas significa, repita-se, que a qualidade de estrangeiro não é, em regra, motivo para restrições à sua capacidade de gozo de direitos.

O princípio da *reciprocidade,* por seu turno, só funciona quando o estrangeiro pretende exercer em Portugal um direito que o respectivo Estado nacional reconhece aos seus súbditos, ou a estes e aos súbditos de outros Estados com os quais mantenha relações particulares, mas recusa aos portugueses em igualdade de circunstâncias, só *porque* estes são estrangeiros ou *porque* são portugueses. Tem que haver, pois, um tratamento *discriminatório* dos portugueses, fundado na simples circunstância de estes serem portugueses ou serem estrangeiros. É, pois, evidente que podem ser reconhecidos aos estrangeiros em Portugal direitos que o respectivo Estado não reconheça, desde que este não reconhecimento não tenha carácter discriminatório.

O «direito dos estrangeiros» é, portanto, constituído pelo conjunto das *regras materiais* do direito interno (as tais disposições legais em contrário a que se refere a ressalva do n.º 1 do art. 14.º) que dão aos estrangeiros um tratamento diferente (e menos favorável) do que é reservado aos nacionais. Trata-se de regras discriminatórias que estabelecem para as pessoas (singulares ou colectivas) estrangeiras específicas incapacidades de gozo relativamente a certos e determinados direitos (1). Essas regras apenas se preocupam, pois, com a determinação dos direitos e faculdades de que os estrangeiros *não gozam* entre nós e não dos direitos e faculdades de que eles possam porventura usufruir por força da lei aplicável. Este último é já um problema de Direito de Conflitos. Por outro lado, é evidente que essas regras materiais discriminatórias são sempre aplicáveis, independentemente de a regra de Direito de Conflitos considerar ou não competente o direito interno português para regular a relação jurídica em causa.

Na nossa lei há múltiplos exemplos de restrição à capacidade de gozo de direitos dos estrangeiros. Assim, p. ex., as embarcações estrangeiras não podem exercer a pesca em águas territoriais portuguesas; os estrangeiros não podem ser proprietários de navios portugueses; assim como não podem adquirir bens classificados como monumentos artísticos, históricos e naturais ou objectos artísticos oficialmente reconhecidos como tais. A Lei n.º 1994.º proíbe o exercício de certas actividades consideradas fundamentais para a economia da Nação ou para a defesa do Estado a empresas estrangeiras (individuais ou colectivas). Várias outras leis especiais, relativas às indústrias de seguros, dos tabacos, de transportes, de produção e transporte de energia eléctrica, à televisão, etc. consagram certas restrições à capacidade de gozo das pessoas singulares ou colectivas estrangeiras. É nula a alienação a estrangeiros, por qualquer título, de navios portugueses, sem autorização do Ministro da Marinha. Acham-se legalmente condicionadas a entrada e a permanência dos estrangeiros em território nacional. Importa ter ainda em conta a legislação que condiciona o trabalho dos estrangeiros em Portugal, quer o trabalho por conta de outrem, quer o exercício de profissões liberais. Quanto aos direitos políticos, vigora

(1) Cfr. a propósito o art. 15.º do Decreto-Lei n.º 126/72, de 22 de Abril (que regula a execução da Convenção sobre Igualdade de Direitos e Deveres entre Brasileiros e Portugueses, assinada em Brasília em 7-8-71), nos termos do qual «o cidadão brasileiro investido no estatuto geral de igualdade não estará sujeito às restrições que afectam a capacidade de gozo dos estrangeiros em Portugal, com excepção do que respeita aos direitos políticos e aos deveres com eles conexos». Quanto os direitos políticos, cfr. arts. 20.º e segs. do mesmo Decreto-Lei.

o princípio da sua recusa aos estrangeiros (cfr. art. 15.º da Constituição de 1976 (1).

Do exposto se conclui, portanto, que no «direito dos estrangeiros» se incluem, não apenas as normas que restringem a capacidade dos estrangeiros enquanto tais em matéria de direito privado, mas também as normas de direito público que se referem à condição dos estrangeiros: normas de direito constitucional, de direito administrativo, etc.

9. *Autonomia do problema do reconhecimento dos direitos adquiridos?* (2). MACHADO VILLELA, na esteira de PILLET, foi entre nós um estrénuo e pertinaz defensor da autonomia do problema do reconhecimento dos direitos adquiridos no estrangeiro. Este problema seria, segundo ele, um problema cientificamente autónomo em face do problema dos conflitos de leis. Nos casos puramente nacionais, isto é, nas hipóteses em que o direito ou situação jurídica se constituiu num momento em que os correspondentes factos constitutivos se achavam em contacto com um só Estado, teríamos, segundo MACHADO VILLELA, um puro problema de reconhecimento de direitos adquiridos. Nenhum problema de conflitos de leis se divisaria aí, o que constituiria, segundo PILLET e MACHADO VILLELA, a mais segura prova de que aquele problema se não pode confundir com este. Nos outros casos, em que a situação apresentava já carácter «internacional» ou «plurilocalizado» ao tempo da sua constituição, teríamos ainda primordialmente perante nós um problema de reconhecimento de direitos adquiridos, não surgindo o problema de conflito de leis senão num segundo momento e, conforme acentua MACHADO VILLELA, no papel subordinado de «simples elemento de resolução» daquele primeiro problema (3).

---

(1) Cfr., no entanto, o n.º 3 deste mesmo artigo, bem como os arts. 20.º e segs. do citado Decreto-Lei n.º 126/72, pelo que respeita aos brasileiros investidos no estatuto especial de igualdade de direitos políticos e, em geral, aos cidadãos dos países de língua portuguesa.

(2) Cfr. *Âmbito*, pp. 49-73.

(3) Cfr. MACHADO VILLELA, *Tratado Elementar de DIP*, Coimbra 1921, vol. I, pp. 619 e ss.

Desta doutrina, tão cara a MACHADO VILELLA, veio posteriormente a afirmar-se que ela representa uma «complicação inútil», pois que afinal não diria outra coisa senão que deve fazer-se aplicação daquela lei que a regra de conflitos do foro manda aplicar; que tal doutrina dá à teoria dos direitos adquiridos, por isso mesmo, uma versão infecunda e que envolve, tal como esta teoria, um círculo vicioso. Além disso, salienta-se que o que está em causa em qualquer das mencionadas hipóteses, mesmo naquela em que se trata de situações ditas puramente nacionais, é sempre um problema de conflito de leis.

Estas objecções são, pode dizer-se, subscritas por quase toda a doutrina moderna de DIP. Apesar disso, serão tais objecções procedentes? Não o cremos. Há-de dar-se por averiguado que o texto de MACHADO VILLELA contém em si a réplica decisiva a cada uma das referidas objecções. Há-de afinal concluir-se que uma leitura mais atenta e respeitadora desse texto teria arrefecido a *vis* polémica dos seus impacientes opositores.

Comecemos pela hipótese em que a situação jurídica que se trata de reconhecer no Estado do foro é uma situação *puramente interna* em relação a um Estado estrangeiro, isto é, uma situação cujos factos constitutivos, no momento da criação do direito, estavam em contacto com um só país. Seja o caso, p. ex., de um casamento entre franceses celebrado na França. Dizem os autores modernos que, mesmo neste tipo de hipóteses, nos achamos perante um problema de conflito de leis; pois que, se tal problema se não põe no momento da constituição do direito ou situação jurídica, ele já se levanta no momento em que é solicitado o reconhecimento extraterritorial desse direito. É que, neste momento — diz-se —, a situação jurídica entra em contacto com um ordenamento jurídico diferente, com o ordenamento do Estado em que se pede o seu reconhecimento: e aos órgãos de aplicação do direito deste Estado apresenta-se então necessariamente a questão de saber qual o sistema de normas que deverá aplicar-lhe, pois que só o direito criado à sombra da lei competente poderá ser reconhecido. Ora este problema é um problema de conflito de leis, a resolver pelas regras de conflitos do Estado do foro.

A isto deu já MACHADO VILLELA uma resposta categórica e definitiva, salientando que, na referida hipótese, «nunca se poderá dizer que o conflito aparece no momento da execução, dando-se um *con-*

flito de execução, pois a lei do país do tribunal nunca poderia aplicar-se, como lei competente, a um facto que, ao verificar-se, não tinha com ela relação alguma. Só poderia aplicar-se *retroactivamente,* o que seria contrário aos princípios elementares do direito. Em tal hipótese — prossegue —, só há uma coisa a verificar: é se o direito adquirido em país estrangeiro deve ou não ser reconhecido».

Querem estas palavras de MACHADO VILLELA significar, evidentemente, que só entre as leis em contacto com os factos se estabelece em princípio um concurso ou conflito de leis, a resolver mediante uma regra de conflitos. Qualquer lei que não tem — ou não teve — conexão com os factos, vê-se desde logo excluída do círculo de leis potencialmente aplicáveis. Ora, nada de mais exacto — diremos nós —, se o princípio básico de todo o DIP é o princípio universal de direito segundo o qual as normas jurídicas, como regras de conduta que são, só devem ser aplicadas quando os indivíduos podem contar com a sua aplicação e tomá-las como normas orientadoras da sua conduta — e, portanto, só podem ser aplicadas àqueles factos com os quais elas tenham uma conexão temporal e espacial. Só assim poderá assegurar-se um mínimo de respeito pelas expectativas legítimas dos indivíduos e garantir aquele mínimo de estabilidade à sua vida jurídica que constitui um pressuposto básico da experiência e da existência do direito como uma ordem implantada na vida humana de relação. É a este princípio básico que MACHADO VILLELA chama — impropriamente, é certo — princípio do reconhecimento dos direitos adquiridos. Só dentro do campo já basilado pela aplicação deste princípio — isto é, dentro do círculo de leis que a prévia aplicação de tal princípio permite considerar como potencialmente aplicáveis — é que intervêm, posteriormente, as regras de conflitos.

10. *Continuação.* Afirmam, por outro lado, os opositores da teoria dos direitos adquiridos que esta cai num *circulus inextricabilis,* pois que, para se saber se existe um direito adquirido, há que determinar primeiro a lei competente para atribuir tal direito. Ora isto supõe a prévia intervenção duma regra de conflitos que nos indique essa lei. Logo, sendo o direito adquirido um *posterius* relativamente à actuação da regra de conflitos, não pode ser simultaneamente um *prius* [1]. Se apenas é reconhecido o direito que foi regularmente adquirido segundo a lei indicada como competente pela regra de conflitos do foro, é desta regra que depende o reconhecimento de tal direito, e não da aplicação de um pretenso princípio do respeito dos direitos adquiridos.

Como responderia MACHADO VILLELA a esta objecção? Diz o internacionalista português que, «na hipótese de a relação jurídica ser ao mesmo tempo estrangeira e internacional (...), há dois problemas a resolver: um problema de reconhecimento de direitos adquiridos em país estrangeiro e um problema de conflitos de leis. Ao tribunal aparece também nesse caso a questão de saber se tal relação jurídica deve ser reconhecida e, assente em princípio que o deve ser, vai verificar se está nas condições de o ser, entrando no número dessas condições a conformidade com a lei competente para a regular segundo as regras de conflitos do Estado de reconhecimento». «O problema de conflitos de leis aparece então, continua MACHADO VILLELA, como simples elemento de resolução do problema de reconhecimento dos direitos adquiridos». E logo acrescenta: «Se, em princípio, se não se estabelecesse a regra do reconhecimento dos direitos adquiridos em país estrangeiro, escusado era saber se o conflito de leis que se dera na aquisição do direito foi ou não bem resolvido».

É, pois, evidente que, para MACHADO VILLELA, não é a regra de conflitos que está na origem do reconhecimento dos direitos adquiridos; pelo contrário, o recurso à regra de conflitos só se justifica e se impõe porque uma regra *anterior* a ela estabeleceu como princípio o respeito dos direitos adquiridos. O princípio do reconhecimento dos direitos adquiridos é que constitui o *prius,* intervindo as regras de conflitos numa função subordinada e auxiliar, com vista

---

[1] O argumento do círculo vicioso foi já esgrimido por SAVIGNY contra a teoria dos direitos adquiridos: «para reconhecer os direitos como bem adquiridos, é preciso saber primeiro segundo que direito local devemos apreciar a sua aquisição». Fazendo-se eco deste ponto de vista de SAVIGNY, escreve, p. ex., MAURY (*Règles générales des conflits de lois,* Rec. des Cours, 1936 — III, pp. 379 e ss.): «o problema da determinação da lei aplicável é anterior ao da existência do direito adquirido e não pode, portanto, ser explicado por este». É esta a ideia corrente.

à realização ou concretização desse princípio, num segundo momento lógico e normológico.

A posição de MACHADO VILLELA é clara: Há que distinguir entre Direito de Conflitos e Regras de Conflitos. O equívoco dos seus adversários resulta justamente da confusão destas duas coisas. Ele não afirma que o princípio do reconhecimento dos direitos adquiridos representa o fundamento da Regra de Conflitos; antes sustenta, isso sim, que ele constitui uma regra basilar e autónoma, que actua de per si, directamente. Dentro do campo já delimitado por esta regra basilar, segundo a qual a quaisquer factos só podem ser aplicáveis as leis que com eles se achem em contacto, é que intervém, *num segundo momento* (e para resolver o concurso de leis que agora se pode suscitar), a Regra de Conflitos. Onde está, pois, o círculo vicioso? Na mente dos seus opositores, que vivem de tal modo imbuídos da ideia de que a Regra de Conflitos é o radical ponto de partida de todo o DIP que nem se dão conta do sentido das palavras bastante claras de MACHADO VILLELA em que este afirma exactamente o contrário.

11. *Continuação.* Estamos perante um confronto de duas perspectivas diferentes — e até opostas. A Escola Nova (chamemos assim à corrente doutrinal moderna), imbuída da perspectiva savigniana pura, entende a Regra de Conflitos como um ponto de partida absoluto: é ela que *dá começo* à procura da lei aplicável, é dela e só dela que depende a determinação desta lei. Pelo contrário, a Escola Velha entende que é num princípio paralelo ao da irretroactividade das leis que está o ponto de partida radical e o primeiro motor do DIP, não competindo à Regra de Conflitos senão um lugar subordinado e secundário, qual seja o de uma pura regra de conflitos: o duma regra destinada a resolver o concurso entre as leis que, por aplicação daquele primeiro princípio e por força dele, nos possam aparecer como simultaneamente aplicáveis. Donde vem que, se, da aplicação daquele princípio, resulta que só uma lei se apresenta como aplicável, a Regra de Conflitos não tem sequer ocasião de intervir e o problema de DIP se resolve sem que haja que recorrer a ela. Ora isto há-de suceder pelo menos em dois casos: no caso de se estar em face duma situação *puramente interna* (estrangeira ou não) e no caso duma situação internacional ou «plurilocalizada» em que as várias leis em contacto com essa situação estão de acordo sobre qual delas é a lei aplicável.

Por outro lado, adjudicando às Regras de Conflitos um lugar subordinado e uma função secundária ou derivada na construção do DIP, a perspectiva da Escola Velha prepara o terreno para uma maior maleabilidade na aplicação destas regras e para o recurso subsidiário a outra ou outras conexões além da indicada pela Regra de Conflitos principal.

Manda a verdade dizer, porém, que estes corolários de um ponto de vista ou ideia ainda confusamente balbuciante em PILLET, mas já mais transparente e claramente definida em MACHADO VILLELA, por nenhum destes autores foram enunciados ou sequer pressentidos. Importa lembrar que a fórmula do respeito dos direitos adquiridos, entendida à letra, se mostra inadequada; pois o que está em causa é o reconhecimento da lei em contacto com os factos, a qual é competente para decidir tanto sobre a relevância como sobre a irrelevância destes (1). A isto vem juntar-se que a regra básica de DIP, segundo a qual a quaisquer factos se devem apenas aplicar a lei ou leis que com eles se achem em contacto, não deixa ainda assim de funcionar também no caso em que a relação jurídica, sendo internacional, se constituiu «no território do Estado onde é apreciada» — caso este em que PILLET e MACHADO VILLELA apenas vêem «um problema de conflito de leis *puro*».

O haverem estes autores partido da fórmula estreita dos direitos adquiridos parece, pois, ter-lhes barrado o caminho à descoberta de toda uma nova visão panorâmica e crítica da teoria do DIP — visão esta que, no entanto, se continha implícita nas premissas da sua doutrina e na intuição profunda a que obedeceram ao elaborá-la.

O que nos parece indubitável é que a doutrina de MACHADO VILLELA (dum modo mais directo que as anteriores doutrinas de VON BAR, de VAREILLES-SOMMIÈRES e de PILLET) aponta decididamente para uma construção do DIP em que a Regra de Conflitos tem desde logo uma função subordinada e secundária: não é esta que *dá começo* à procura da lei aplicável, como pretende a tradição pós-savigniana

(1) Cfr. *Âmbito*, cit., p. 58.

da Escola Nova. Não, ela apenas se limita ao papel instrumental, mas necessário, de coadjuvar a realização de um princípio universal de direito paralelo (se não até idêntico, como pretende VAREILLES-SOMMIÈRES) ao da irretroactividade das leis. De modo que o título primário de competência das várias leis, ou da sua atendibilidade, decorre, por força de tal princípio, da circunstância de tais leis se acharem em contacto com os factos dos quais deriva ou se pretende fazer derivar um certo direito ([1]).

A doutrina da Escola Nova, quando não esqueceu pura e simplesmente esta directriz, arremeteu contra ela, repudiando-a. Não quis tal doutrina reconhecer à Regra de Conflitos o estatuto mais modesto que o referido ponto de vista lhe outorgava, e meteu por outro rumo, insistindo em tomar aquela Regra de Conflitos como o ponto de partida radical do DIP e em não ver o Direito de Conflitos senão como a soma das Regras de Conflitos. Para quê, afinal? Para vir a aportar na confusão, no cepticismo e no empirismo metodológico que reinam na teoria do DIP dos nossos dias; para, em desespero de causa, chegar mesmo a embarcar no ingénuo sofisma do *regressus ad infinitum,* caindo no expediente absurdo de recorrer a super-normas de conflitos ([2]), a fim de pôr um limite ao âmbito de aplicabilidade das Regras de Conflitos do foro que ela, irreflectidamente, começara por alcandorar à posição de um ponto de partida absoluto.

12. *Cont. Posição adoptada.* Mas significará esta adesão que damos à substância da doutrina de MACHADO VILLELA que devemos aceitar a sua tese, segundo a qual o problema do reconhecimento dos direitos adquiridos é um problema cientificamente autónomo em face do problema do conflito de leis?

De modo algum. Apenas seria assim se confundíssemos o problema dos conflitos de leis ou, mais exactamente, os problemas do Direito de Conflitos, com os problemas que as específicas Regras de Conflitos se propõem resolver. Ora não é esse o caso. E cremos

---

(1) Cfr. o nosso *Les faits, le droit de conflit et les questions préalables, in* «Multitudo Legum Ius Unum» vol. II, Berlim 1973, pp. 444 e ss.

(2) Cfr. *Âmbito,* cit., pp. 82 e s.; e *infra,* Título II, Capítulo V, Secção I, § 1.º

que o próprio MACHADO VILLELA tudo o que pretendeu afirmar foi isso mesmo: que o Direito de Conflitos se não confunde com o conjunto das Regras de Conflitos, que ele não é, como afirma a doutrina moderna, expressa [1] ou implicitamente, a soma destas regras. Só neste sentido estrito aceitaremos o ponto de vista de MACHADO VILELLA. Já não podemos acompanhar o seu pensamento, p. ex., quando ele, na esteira de PILLET, afirma que, nas hipóteses em que a relação jurídica, sendo «internacional», se constitui no território do Estado do foro, temos um problema de conflito de leis «puro». É certo que, nestes casos, não pode pôr-se um problema de reconhecimento de um *direito adquirido* (duma situação jurídica já constituída), visto que se está justamente no momento da criação ou constituição do direito; mas isto não obsta a que funcione também aí o princípio de que se deve fazer aplicação da lei ou leis em contacto com os factos. E é este princípio que, em nosso entender, constitui a base do DIP. O mais que se pode dizer (e isto tem sua importância) é que, neste tipo de hipóteses, a lei do foro é sempre uma das leis em contacto com a situação, uma das leis «interessadas».

Por outro lado, nas hipóteses em que se está em presença duma situação *puramente interna* em relação a um Estado estrangeiro, não é (ou não é apenas) da intervenção de um específico princípio do reconhecimento dos *direitos adquiridos* que se trata, mas da intervenção daquela regra básica (regra da não-transconexão) a que nos acabámos de referir. Tanto assim que, se houvermos de concluir que afinal o direito ou a situação jurídica se não constituiu regularmente em face da única lei aplicável, a solução é a mesma do ponto de vista do Direito de Conflitos: aplica-se essa lei, e conclui-se que tal direito (tal situação jurídica) se não constituiu ou se não constituiu com validade e eficácia plenas.

---

[1] Neste sentido, no sentido de que o DIP é «a soma das regras de conflitos, tal como o direito privado é a soma das normas materiais», cfr. p. ex. RAAPE, *IPR*, 5.ª ed., Berlin 1961, p. 2; e no «Staudinger Kommentar zum BGB», vol. VI, 9.ª ed., p. 3.

CAPÍTULO II

FUNDAMENTO E NATUREZA DO DIP

13. *Problema.* As questões a debater neste capítulo são fundamentalmente duas: *a*) É o DIP um direito de fundamento supra-estadual ou um direito de fundamento estadual? Trata-se de um direito que assenta em princípios próprios do Direito Internacional Público ou de um direito de natureza e fonte nacional? *b*) Que natureza revestem as normas de DIP nos códigos nacionais: são normas de Direito Público ou de Direito Privado? Como se caracterizam estas normas em face das outras normas do sistema jurídico? Que lugar ocupam elas neste sistema?

Estas duas ordens de questões serão versadas em dois parágrafos distintos.

§ 1.° — Fundamento nacional ou internacional do DIP.

14. *Doutrinas internacionalistas.* Podemos enquadrar nesta qualificação todas aquelas doutrinas que definem o problema central do DIP como um problema de fundamento superestadual. Para tais doutrinas, o problema do DIP tem natureza e fundamento supra-estatual, põe-se no quadro das relações inter-estaduais que normalmente transcendem a autonomia de cada Estado em singular. Ora, sendo assim, integrar-se-ia, pelo menos a título *primário* e normalmente, na competência exclusiva do ordenamento próprio da comunidade internacional.

Ponto de vista comum a todas as doutrinas internacionalistas é que não são as exigências da vida interindividual, encaradas do ângulo de visualização do Estado singular, mas antes as exigências da vida interestadual que constituem o fundamento do DIP. Mas isto não significa que para estas doutrinas o DIP deva necessariamente ser formado de normas de fonte internacional.

Alguns autores falam antes de doutrinas «universalistas», ora identificando-as com as internacionalistas, ora formando uma terceira categoria. O universalismo no DIP reflecte a ideia de um *jus inter gentes* e porventura de um direito natural válido *in se*. É neste sentido que a doutrina anglo-americana fala, por vezes, do DIP como de uma parte integrante da *law of nations*.

Uma parte das doutrinas internacionalistas caracteriza-se pelo facto de atribuir ao DIP a função de delimitar a esfera de exercício das soberanias estaduais relativamente à regulamentação das relações jurídico-privadas: o DIP distribuiria as competências legislativas entre as diferentes soberanias estaduais. Os conflitos de leis traduziriam conflitos de soberanias. Considerada a lei como forma suprema do exercício do poder soberano do Estado, o facto de leis estaduais diferentes concorrerem sobre os mesmos factos daria lugar a um conflito entre soberanias. Ora não se concebe — diz-se — que o Estado singular, em face dos outros Estados situados num plano de igualdade, dite normas delimitadoras da esfera de soberania destes outros Estados: — *par in parem non habet auctoritatem*. Portanto, tais normas seriam necessariamente normas de direito supra-estadual.

Atenta esta natureza das normas de DIP, procuram os sequazes deste tipo de internacionalismo estabelecer a existência de um complexo de princípios de Direito internacional (supra-estadual) mais ou menos vagos, mais ou menos concretamente determinados, os quais vinculariam o Estado a manter-se dentro dos limites demarcados no exercício da sua soberania. Frisa-se, por outro lado, o significado do reconhecimento internacional de um Estado. Reconhecer um Estado — diz-se — significaria em primeiro lugar reconhecer o seu ordenamento jurídico; negar o reconhecimento a um ordenamento jurídico estrangeiro equivaleria a negar a existência do respectivo Estado.

15. *Cont. Teoria da delegação.* Em face da inconsistência dos princípios do direito internacional (supra-estadual) delimitadores do exercício da soberania legislativa dos Estados e dada a inexistência de um corpo internacional de normas de DIP, procura-se conciliar a natureza formalmente interna de todas ou quase todas as normas de conflitos com a natureza internacional do DIP. Para tanto, recorre-se *à teoria da delegação:* o DIP, como direito regulador de relações internacionais de carácter privado, integrar-se-ia, por força desse seu objecto, no direito próprio da comunidade internacional, no direito internacional; este, porém, delegaria nos diferentes ordenamentos estaduais a competência para regular tal matéria. Como se não pode falar de uma delegação expressa, há também quem diga que se estaria em face duma espécie de *negotiorum gestio* por parte do legislador estadual, substituindo-se este *motu proprio* à comunidade internacional e assumindo as funções desta.

Partindo de considerações idênticas, a teoria dita do *desdobramento funcional* procura explicar a anomalia da existência de normas de conflitos estaduais, pela sua fonte, e internacionais, pelo seu objecto e função, afirmando que ela se deve ao atraso evolutivo da comunidade internacional em matéria de institucionalização. No futuro, processada a natural evolução da ordem jurídica internacional, todas as funções internacionais passarão a ser desempenhadas por órgãos (legislativos, judiciais, executivos) da comunidade internacional. Na actual fase de transição, muitas dessas funções próprias da comunidade internacional são desempenhadas transitoriamente e a título precário pelos Estados. Tal o que acontece com a regulamentação e decisão das questões internacionais de natureza privada. Os órgãos estaduais, ao desempenharem-se destas funções internacionais — quer ao legislar, quer ao julgar — deveriam compenetrar-se de que agem na qualidade de órgãos internacionais. O DIP, portanto, seria formalmente direito interno e materialmente direito internacional.

16. *Cont. Associação à doutrina unilateralista.* Entendendo que também as normas estaduais de DIP cumprem uma função internacional, afirma-se que existem normas internacionais (supra-estaduais) que distribuem a «competência legislativa» entre os vários Estados ou que, pelo menos, impõem aos Estados certos limites que eles não poderiam ultrapassar sem violação do direito internacional. As chamadas normas internas de DIP nada mais seriam do que a forma por que o Estado cumpre as suas obrigações internacionais. Como o exercício do poder soberano do Estado se torna ilícito sempre que o direito nacional seja aplicado fora dos limites fixados pelo direito internacional, os conflitos entre poderes soberanos seriam, assim, resolvidos por este direito.

De tais premissas parece derivar logicamente que às normas internas de DIP outra função não caberia senão a de delimitar a esfera de aplicação do direito nacional, deixando campo livre, para além da sua esfera de aplicação, ao exercício das soberanias legislativas estrangeiras. A aplicação do direito nacional constituiria exercício da soberania nacional, a aplicação de um direito estrangeiro constituiria exercício de uma soberania estrangeira — já que, nos limites assinalados pelo direito internacional (supra-estadual), qualquer Estado seria detentor de uma competência absoluta, universalmente válida, extraterritorial. Por isso, o direito estrangeiro seria aplicado *proprio vigore.*

Em conformidade com este conceito de DIP como *Grenzrecht* (direito destinado a delimitar o direito material nacional), as normas internas de DIP seriam sempre normas exclusivamente *unilaterais.* Competiria às soberanias estrangeiras ocupar o espaço vazio deixado por esta delimitação do âmbito de aplicabilidade do direito nacional, evitando entrar em conflito com este mediante a observância do direito internacional.

Quando não existissem normas internacionais, competiria igualmente a cada Estado renunciar *sponte sua* ao exercício do seu poder soberano dentro de uma certa esfera, a fim de que os outros Estados pudessem exercer o seu e se evitassem os conflitos. Em qualquer caso, as normas do DIP teriam sempre carácter unilateral. Não poderiam ser bilaterais, no sentido de indicarem também os limites de aplicabilidade dos direitos estrangeiros, pois que um Estado não poderia ditar leis aos outros: — *par in parem auctoritatem non habet.* A solução dos conflitos operar-se-ia pela via de recíprocas renúncias. Às doutrinas internacionalistas vai, pois, associada uma posição *unilateralista* no modo de conceber a função da Regra de Conflitos.

17. *Cont. Crítica.* A ideia inspiradora da maior parte das teorias internacionalistas do DIP é a de que a competência legislativa dos Estados nada mais é que o modo de manifestação da soberania, a qual se deve manter dentro dos limites assinalados pelo direito internacional (supra-estadual). Deste modo, as leis de eficácia territorial seriam manifestação da soberania territorial e as de eficácia pessoal (extraterritorial) traduziriam a soberania pessoal (poder internacionalmente reconhecido aos Estados sobre os seus próprios súbditos, onde quer que estes se encontrem). Daqui resultaria uma eficácia extraterritorial *jure proprio* das leis estaduais nos limites da chamada competência legislativa. Uma tal concepção implica, pois, que, sempre que num Estado se aplica direito estrangeiro, é a soberania estrangeira que se exercita extraterritorialmente; e que, por outro lado, a soberania nacional somente se poderá exercitar através da aplicação do direito nacional.

A doutrina em exame assenta sobre um equívoco na concepção dos conflitos entre poderes soberanos. A soberania é um poder incarnado no aparelho de coacção e a lei, desintegrada de tal aparelho de coerção, não constitui qualquer afirmação de poder efectivo. Consequentemente, a delimitação territorial da soberania exclue de antemão qualquer possibilidade de conflitos de soberanias no plano do DIP. Só na hipótese de invasão violenta ou anexação do território, na hipótese do exercício de actividades coercitivas no âmbito do território de outro Estado, é que se verificaria um conflito de soberanias.

Ora, se a lei, de per si, dissociada do ordenamento ou, melhor, do aparelho coercitivo territorial, não pode constituir manifestação ou exercício do poder soberano, se a soberania, por sua própria natureza, não pode dissociar-se do poder de coerção material nem manifestar-se senão através dele, segue-se daqui que a lei, quanto à sua eficácia, é sempre territorialmente condicionada. E não estão territorialmente condicionadas apenas as leis que se referem, por exemplo, a pessoas que se encontrem no âmbito territorial do respectivo Estado, mas também as leis que se referem a pessoas que se encontrem em Estados estrangeiros. Também estas últimas leis, pelo que respeita à sua eficácia, estão condicionadas aos procedimentos coercitivos que operam exclusivamente no âmbito territorial do Estado soberano.

Posto isto, e dado como assente que no espaço territorial do Estado não pode exercitar-se senão a soberania nacional e que, portanto, mesmo quando o Estado manda aplicar direito estrangeiro no seu território é sempre e ainda a soberania nacional que se exercita ao aplicar esse direito, não pode nem deve estabelecer-se uma relação necessária entre limites da soberania e lei aplicável. Ora, sendo assim, cai pela base a pretensão de deduzir dos limites internacionalmente fixados à soberania estadual os limites do âmbito de aplicabilidade do direito interno. Bem contra as intenções dos internacionalistas deste tipo, o estabelecimento de um vínculo necessário entre soberania e lei aplicável conduziria ao puro territorialismo na aplicação do direito e, consequentemente, ao desaparecimento do DIP.

O resultado útil desta análise é, pois, a tese de que, para podermos sequer falar de um DIP e de aplicação de direito estrangeiro, se impõe partir da separação entre o problema soberania e o da aplicabilidade do direito, nacional ou estrangeiro.

É pertinente observar, à luz do que precede, que a relevância conferida pelos sistemas de DIP ao nexo ou ligação das situações da vida com as esferas de poder estaduais nada tem a ver com a composição de um conflito entre tais poderes, mas, essencialmente, com a estabilidade e intensidade da ligação dos indivíduos, dos seus actos e das coisas com as referidas esferas de poder (ou seja, com uma sociedade territorial) — ligação essa que não é um *facto de poder* que se imponha de per si, mas antes uma realidade sociológica a assumir pelo DIP como elemento de apreciação para formular o seu juízo de valor legal.

18. *Cont. Aplicabilidade das leis dos Estados não reconhecidos* (1). A contraprova do que atrás fica dito sobre a não relevância (imediata e directa, pelo menos) do conceito de soberania para efeitos de DIP poderá ver-se nas consequências que da posição internacionalista se extraem quanto à determinação do direito estrangeiro a aplicar nas hipóteses de não reconhecimento de um Estado (ou governo) estrangeiro e de *occupatio bellica.*

Na primeira hipótese, os ordenamentos de Estados (ou governos) não reconhecidos *de jure* seriam inaplicáveis, aplicando-se em seu lugar a *lex fori* ou o ordenamento estrangeiro extinto (foi o caso, *v. g.*, da aplicação do direito csarista muitos anos depois da revolução

(1) Cfr. H: BATIFFOL-LAGARDE, *Droit International Privé,* 5.ª ed., tomo I, Paris 1970, pp. 308 e ss.

soviética). Ora, se o fundamento da aplicação do direito estrangeiro não está no reconhecimento internacional da soberania do respectivo Estado, mas antes na efectiva conexão das situações da vida social com um ordenamento de facto vigente, o critério decisivo será o da *efectividade* daquele ordenamento, independentemente do reconhecimento ou não reconhecimento do Estado (ou governo) de que ele promana.

Isto não significa que o ordenamento emergente de mutações revolucionárias de regime não possa frequentemente conter normas incompatíveis com os princípios básicos da lei do foro. Todavia, em tais casos, a não aplicação do direito estrangeiro resultará da intervenção da ordem pública internacional do foro e nada tem a ver com o reconhecimento ou não reconhecimento do novo governo saído da revolução (1).

Também na hipótese de *occupatio bellica* está na lógica da doutrina internacionalista que a aplicação de normas procedentes de actos de produção normativa do Estado ocupante dependeria da conformidade ou não conformidade de tais actos com o direito internacional. Mas a isto tem-se objectado que para o DIP apenas assume relevância o critério da efectividade do ordenamento jurídico imposto pelo Estado ocupante, ainda que a ocupação constitua um ilícito internacional. Ressalva-se igualmente a hipótese de as normas deste ordenamento serem contrárias à ordem pública internacional do foro.

Digamos, como remate, que a aplicação deste ou daquele direito estrangeiro é, do ponto de vista do DIP, politicamente indiferente. O que ao DIP importa é a escolha da lei mais adequada à regulamentação dos interesses dos indivíduos, para o que apenas toma em conta o direito que de facto vigora no território de um Estado, qualquer que seja a fonte desse direito.

---

(1) A prova disto temo-la em que a não aplicação de muitas normas do direito soviético pela jurisprudência norte-americana, fundamentada por esta no não reconhecimento do Estado soviético, continuou a verificar-se mesmo após este reconhecimento, mas justificada agora através da noção de ordem pública internacional.

19. *Doutrinas nacionalistas e ecléticas.* Se nas doutrinas internacionalistas são os conflitos de soberania ou outros conflitos «políticos» de qualquer espécie que explicam a existência do DIP, as doutrinas nacionalistas devem, pelo contrário, fazer consistir o problema central do DIP na necessidade de dar satisfação a exigências próprias da vida interindividual — e não interestadual. Para estas últimas doutrinas, o DIP seria dominado por critérios de justiça, de equidade, de oportunidade e necessidade atinentes às relações do comércio jurídico-privado. Ora, como tal, como direito regulador das relações entre indivíduos, o DIP não entraria de modo directo e imediato na competência da comunidade supra-estadual — não seria direito internacional supra-estadual.

Em todo o rigor, não bastará, para qualificar uma doutrina de nacionalista, o facto de ela reconhecer que as normas de DIP (pelo menos na sua maioria substancial) são normas de direito interno estadual. Importa ainda averiguar se ela concebe tais normas como dirigidas à prossecução de finalidades próprias da vida interindividual. Na verdade, a natureza formalmente interna de tais normas não exclui que a sua matéria seja «internacional» — isto é, contenha exigências que transcendam a competência dos Estados *uti singuli,* devendo as normas que as regulam prosseguir finalidades próprias da vida interestadual.

Se uma doutrina admite que o DIP visa a satisfação de interesses de Estados estrangeiros como entidades «políticas», não bastará que ela reconheça a natureza interna das normas de DIP, pelo que respeita à respectiva fonte, para que possa ser qualificada como nacionalista; caber-lhe-á, antes, a designação de eclética. Ecléticas serão também todas as doutrinas que conferem ao DIP um fundamento misto, fazendo-o derivar, já de exigências do comércio jurídico-privado, já de exigências da vida interestadual.

As modernas doutrinas positivistas nacionalistas, partindo de uma concepção dualista das relações entre direito internacional e direito estadual, atribuem às normas de conflitos estaduais o carácter de verdadeiro direito interno (nacional).

Alguns autores negam pura e simplesmente a existência de quaisquer normas gerais de direito internacional público que vinculem os Estados em matéria de DIP. A autonomia e discricionariedade do Estado nesta matéria seria completa. É este o ponto de vista que ainda hoje domina a «comity-theory» anglo-saxónica.

Outros seguem na esteira do chamado «realismo positivista» de KAHN: afirmando embora a natureza exclusivamente estadual dos sistemas de DIP em vigor nos diferentes Estados, admitem a existência de certos princípios muito genéricos de direito internacional geral que vinculam o legislador interno na elaboração do seu direito de conflitos. Assim, por força de um desses princípios, a nenhum legislador estadual seria lícito recusar sistematicamente e como regra a aplicação do direito estrangeiro pelos seus tribunais: todo o Estado estaria internacionalmente obrigado a criar o seu DIP. De igual forma, deveria considerar-se que o direito internacional geral impõe o recurso ao factor de conexão «lugar da situação das coisas» para o efeito de determinar a lei aplicável aos direitos reais imobiliários. Por último, também seria ilegítimo, em face do mesmo direito internacional, aplicar o direito interno da família e das sucessões a pessoas que só transitoriamente se encontram em território do respectivo Estado.

20. *Posição adoptada.* Se o problema em discussão se põe como problema de saber qual o ordenamento em cujo domínio de vigência as normas do DIP estadual se integram — se no nacional, se no internacional —, então a resposta não oferece dúvidas: tais normas são normas estaduais. Apenas poderemos considerar como normas de direito internacional aquelas que vigoram para vários Estados (1). É o que sucede, designadamente, com as Regras de Conflitos que têm por fonte um tratado internacional.

Por outro lado, no que respeita à liberdade de escolha, por cada legislador nacional, dos elementos de conexão considerados relevantes no domínio desta ou daquela matéria (p. ex., se ele deve preferir o princípio da nacionalidade ou o do domicílio em matéria de estatuto pessoal), ela parece não sofrer quaisquer restrições, ou pelo menos restrições importantes, por força de quaisquer princípios do Direito

---

(1) Neste sentido, NEUHAUS, *Die Grundbegriffe des IPR*, p. 1.

Internacional Público. A doutrina positivista-nacionalista parece, pois, a mais aceitável.

Quando, porém, nos interrogamos sobre se um sistema de DIP é susceptível de alcançar o ideal de justiça que se propõe — a harmonia jurídica, isto é, a uniformidade na regulamentação das situações da vida privada internacional e, portanto, o respeito pelas expectativas naturais e legítimas dos indivíduos —, teremos de responder que não. Basta atentar em que as Regras de Conflitos divergem muitas vezes de Estado para Estado, sujeitando-se os interessados a que a relação jurídica seja apreciada diferentemente, conforme venha a ser julgada neste ou naquele país. Sob este aspecto, vale afirmar que «o DIP terá de ser direito internacional se quiser ser um direito plenamente ajustado à sua função» (1). Esta a razão de ser da Conferência da Haia de DIP, de que Portugal é membro, e dos seus persistentes esforços para a criação de Regras de Conflitos o mais possível uniformes através de convenções multilaterais.

Se, por último, indagarmos sobre o *porquê* da limitação da esfera de aplicabilidade dos vários ordenamentos estaduais e do complementar recurso à aplicação de direitos estrangeiros (fenómeno que hoje se verifica em todos os ordenamentos jurídicos); se nos perguntarmos pelo *fundamento* último ou pela própria razão de ser do DIP — então já a resposta há-de ser outra. Conforme por mais de uma vez salientámos, esse fundamento está em último termo no princípio *universal* de justiça segundo o qual as normas jurídicas, enquanto regras de conduta, não devem em princípio aplicar-se àquelas condutas humanas sobre as quais não têm possibilidade de influir como critérios de decisão e orientação. Importa não frustar as naturais e legítimas expectativas dos indivíduos, sobre as quais estes constroem os seus planos de vida. A frustração radical e sistemática de tai expectativas faria desaparecer o próprio chão sobre o qual assenta toda a experiência do Direito, e até a sua própria existência, enquanto ordenação da vida humana efectivamente implantada na sociedade. Por essa razão, porque se trata de um princípio que decorre imediatamente da própria *natureza* do Direito enquanto regra

(1) ETTER, *Vom Einfluss des Souveränitätsgedakens auf das IPR*, p. 146.

de conduta, dizemos que se trata, não apenas de um princípio geral de direito, mas de um princípio *universal* de direito [1].

Determinado assim o *problema* ou *tarefa normativa* própria do DIP, caracterizada a necessidade de regulamentação que este ramo do direito vem preencher, é fácil inferir daqui que o ideal normativo que o deve orientar é o da uniformidade de regulamentação ou da estabilidade das relações jurídico-privadas da vida internacional — ou ainda, por outras palavras, o da harmonia jurídica internacional, também traduzido pelo ideal menos ambicioso do «mínimo de conflitos» [2].

§ 2.º — Natureza do DIP.

21. *Lugar sistemático das Regras de Conflitos.* No nosso Código Civil as regras de DIP aparecem no Cap. III do Título I do Livro I, imediatamente a seguir às normas relativas às fontes do direito e às normas relativas à interpretação e aplicação das leis. Aliás este Título primeiro tem justamente por epígrafe «Das leis, sua interpretação e aplicação».

Todas estas normas do Título I constituem uma categoria à parte: são «normas sobre normas», normas sobre a criação, interpretação e aplicação doutras normas, constituindo no seu conjunto um «direito sobre direito» (*ius super iura, lex legum*). Também se lhes chama «normas de aplicação» e «normas de segundo grau». Elas integram a parte mais geral do direito, correspondendo-lhes uma espécie de «teoria geral das leis». Por isso aparecem por vezes reunidas numa espécie de lei de introdução ou numa *prelègge*.

Dentro desta categoria ampla de «normas de aplicação» destacam-se as normas sobre conflitos de leis no tempo (arts. 12.º e s.) e no espaço (arts. 15.º e ss.) que, sendo embora também «normas

---

(1) Fala-se aqui num princípio *universal* de direito, e não apenas em «princípio geral de direito», porque se trata de um princípio que decorre da própria *natureza* ou modo de ser do direito como regra de dever-ser e que, por isso, é universal. Neste sentido, Norberto BOBBIO, *Principi generali di diritto, in* «Novissimo Digesto Italiano», vol. XIII, p. 894.

(2) Cfr. *infra,* Cap. III.

sobre normas», se caracterizam pela finalidade, que lhes é comum, de traçar limites ao campo de apilcação das leis. A sua função não é, pois, dizer-nos quais são as normas vigentes nem o sentido com que estas devem ser interpretadas e aplicadas, ou como devem ser complementadas em caso de lacuna, mas dizer-nos quais são os limites espácio-temporais da *lex temporis fori* (do ordenamento vigente no lugar e no momento em que a questão é apreciada) e por que lei devem ser apreciados e decididos os casos que caiam fora do âmbito de aplicabilidade dessa lei, assim delimitado. Tal a diferença específica que caracteriza as normas de conflitos em face das restantes «normas sobre a aplicação do direito».

Além disso, podemos caracterizar ainda as normas de conflitos como «normas de conexão» *(règles de rattachement, Anknüpfungsnormen)* na medida em que elas tomam a «localização» dos factos, ou seja, a sua «conexão» com este ou aquele sistema jurídico, como ponto de partida para determinar a lei que lhes é aplicável [1].

22. *O DIP é direito privado.* A distinção corrente entre Direito Privado *(quod ad utilitatem singulorum spectat)* e Direito Público *(quod ad statum rei publicae spectat)* refere-se ao direito *material* [2]. Por isso é que, na concepção de alguns autores, o Direito de Conflitos, que não é direito material ou de regulamentação mas «direito sobre a aplicação do direito», não seria Direito Público nem Direito Privado, mas um *tertium genus.*

A verdade é que os princípios do Direito Transitório, p. ex., são aplicáveis tanto no domínio do Direito Civil e Comercial como no domínio do Direito Administrativo e do Direito Processual. Não se trata, portanto, de um direito que se possa classificar como Direito

---

(1) Cfr. todavia *Âmbito,* pp. 169 e ss., nota 16.

(2) Para uma mais exacta distinção entre Direito Público e Direito Privado (definindo este como «o conjunto de normas reguladoras das relações entre os particulares ou entre os particulares e o Estado ou qualquer ente público, contanto que, neste último caso, o Estado ou o ente público intervenha na relação em pé de igualdade com os simples particulares»), cfr. PIRES DE LIMA e ANTUNES VARELA, *Noções Fundamentais de Direito Civil,* vol. I, 6.ª ed., pp. 49 e s.

Privado ou Público: será uma coisa ou outra, conforme a natureza (pública ou privada) das normas materiais cuja aplicabilidade esteja em causa.

Pelo que respeita ao DIP, importa referir que, ao lado dele, existem um Direito Administrativo Internacional, um Direito Penal Internacional, um Direito Processual Internacional, etc. Se bem que se possa afirmar que, até certo ponto, todos os Direitos de Conflitos são formalmente semelhantes, substancialmente ou quanto ao conteúdo eles são diferentes: os que se referem a normas de Direito Público podem, pelo princípio do acessório, considerar-se ramos do Direito Público, aquele ou aqueles que se referem fundamentalmente a normas do Direito Privado serão, por força do mesmo princípio, ramos do Direito Privado.

Ora o DIP refere-se essencialmente ao âmbito de aplicabilidade das normas de Direito Privado. Além disso, é essencialmente o interesse dos particulares que está na base do DIP. O DIP serve interesses dos particulares, se bem que os interesses que inspiram as suas normas sejam diferentes daqueles que informam as normas de Direito Privado material (*Vide* Cap. subsequente). O facto de, por vezes, algumas disposições de DIP tutelarem também interesses públicos (p. ex., protecção do comércio jurídico interno, protecção dos nacionais, etc.) não invalida a afirmação feita; pois que o mesmo acontece com normas de direito privado material. Nestes termos, se houvermos de aplicar ao DIP a referida classificação dicotómica, parece impor-se a conclusão de que o DIP é *Direito Privado,* e não Direito Público.

Há, todavia, quem o considere Direito Público, e até Direito Constitucional, entendendo que as suas normas são normas sobre a criação de Direito. Não nos parece de aceitar tal ponto de vista. Reconhecemos, porém, que as normas estrangeiras (assim como as normas da lei antiga revogada) aplicadas pelos tribunais do foro não valem *proprio vigore* no ordenamento jurídico da *lex fori.* Logo, o fundamento da validade formal dessas normas neste ordenamento há-de assentar, parece-nos, num princípio subjacente ao próprio DIP (assim pensam, entre outros, QUADRI e WENGLER). Sob este aspecto, a aplicação ao DIP da classificação acima referida não deixa de suscitar dúvidas.

CAPÍTULO III

A JUSTIÇA DO DIP

23. *O facto operativo e a consequência jurídica de DIP. Justiça material e justiça conflitual* (1). A «consequência jurídica» própria do Direito de Conflitos traduz-se na «aplicabilidade duma determinada ordem jurídica estadual» à resolução de certa questão jurídica concreta de direito privado material (2). Trata-se, pois, duma consequência jurídica *sui generis* a que só por transposição de sentido podemos aplicar a designação de «consequência jurídica», visto ela, diferentemente do que acontece com a de Direito Material, não operar directamente e de per si alterações no domínio das situações jurídicas concretas (ou seja, efeitos constitutivos, modificativos ou extintivos de relações ou situações jurídicas).

E qual o facto operativo dessa consequência jurídica *sui generis?* Em princípio, pelo menos, o Direito de Conflitos abstrai do tipo ou natureza dos factos a regular, para atender apenas à sua concreta «localização» (no tempo ou no espaço). Se quiséssemos descrever através duma fórmula geral o domínio de aplicabilidade de dado sistema jurídico, entendendo por tal domínio o conjunto dos factos concretos que, sob este ou aquele aspecto, lhe compete disciplinar, não poderíamos recorrer a conceitos descritivos de tipos de factos: os factos de *qualquer tipo* podem cair ou não no âmbito de aplicabilidade daquele sistema, conforme a concreta «localização» deles. Assim, p. ex., a regra segundo a qual «aos factos passados se aplica a lei antiga» utiliza um conceito («factos passados») que se refere a uma classe de factos concretos caracterizados pela sua identidade de «localização» (no passado), que não pelo seu tipo.

---

(1) Sobre toda a matéria deste Cap., cfr. *Âmbito,* cit., pp. 161 e ss.

(2) Donde se segue que as diferentes consequências jurídicas possíveis do Direito de Conflitos são tantas quantos os diversos ordenamentos jurídicos que aquele direito pode designar como aplicáveis.

Já vemos, portanto, que uma fórmula que se proponha oferecer a solução de problemas de conflitos de leis há-de ter forçosamente uma estrutura diversa da da norma jurídica corrente no Direito Material. Esta, na verdade, descreve na sua hipótese factos típicos, verificados os quais se segue a estatuição ou consequência jurídica. Donde que se deva concluir que os elementos de facto relevantes para o Direito de Conflitos não podem ser os mesmos que relevam para fins de Direito Material. Este reporta-se a factos típicos da vida, ao passo que aquele atende à concreta «localização» dos mesmos factos no tempo ou no espaço.

É claro que no DIP, designadamente, se atende a outros elementos de conexão além do constituído pelo *locus actus*. Nem por isso deixa de ser verdade, porém, que a regra básica de Direito de Conflitos se reporta à «localização» concreta do facto ou relação da vida, pois também nas hipóteses em que o elemento de conexão nos não é fornecido pela «localização» *directa* do facto ou relação mas pela sua «localização» *indirecta*, isto é, pela conexão existente entre um dado elemento da situação de facto e dado sistema jurídico (p. ex., nacionalidade ou domicílio das partes, situação das coisas, etc.), a regra básica de conflitos de leis continua a reportar-se àqueles factos concretos que, por se acharem integrados na situação que está ligada àquele sistema por um dos seus elementos, com ela se devem entender conjuntamente «localizados» no domínio de aplicabilidade de tal sistema (1).

Do exposto decorre que o facto operativo da consequência de Direito de Conflitos é o *elemento de conexão*. O Direito de Conflitos é um «direito de conexão» e «a função de conexão é a função típica da norma de DIP» (2). Portanto, a conexão (concreta) é o facto

---

(1) Cfr. *infra*, n.º 76, B).

(2) Cfr. SPERDUTI, *Saggi di teoria generale del DIP*, Milão 1967, pp. 44 e ss., que, no entanto, se rebela contra esta tese, afirmando designadamente que a regra de conflitos de DIP «deve ser entendida como referindo-se de modo imediato às leis de direito privado dos vários Estados» e que a doutrina que atribui àquela regra a função de estabelecer qual de entre várias leis deve ser aplicada a uma «situação de facto» na realidade deforma a essência de tal regra, «inserindo nela um elemento que lhe é estranho: a referência às *facti-species* de normas de direito material». Como conciliar, porém, a tese de que a regra de conflitos de DIP *se não refere*

que *produz* a dita «consequência» de Direito de Conflitos. Não se trata de um facto jurídico como qualquer outro, por isso mesmo que o seu efeito se não traduz numa alteração das situações jurídicas subjectivas (constituição, modificação ou extinção duma relação jurídica), mas apenas na determinação do sistema normativo pelo qual se deverá determinar o efeito jurídico do facto ou situação de facto em causa.

É, pois, uma dupla circunstância que caracteriza o tipo de justiça próprio do Direito de Conflitos, bem como o seu modo de actuação: por um lado, depender a «consequência jurídica», não dos factos como tais, mas da sua «localização» (1); por outro lado, consistir essa consequência jurídica, não numa alteração no mundo das situações jurídicas subjectivas originada pelos factos de cuja «localização» se trata, mas na atribuição da competência para regular esses factos a um dado sistema de normas.

Daqui se inferem dois importantes corolários. Diz o primeiro que a valoração jurídico-material dos factos da vida não é com o Direito de Conflitos, mas com a lei por ele designada como compe-

---

a factos com a afirmação de que a «consequência» de DIP se traduz na aplicabilidade de certa lei a *certos factos?*

Há aqui uma confusão que só é possível desfazer através da já proposta distinção entre Direito de Conflitos e específicas Regras de Conflitos. Também nós entendemos que em princípio estas últimas se não reportam, nos seus conceitos-quadro, aos factos que constituem as *facti-species* das normas materiais. E, ainda que assim fosse (ou quando porventura assim seja), esses factos, na sua tipicidade, nunca constituiriam os verdadeiros factos operativos de DIP, visto que o conceito-quadro da Regra de Conflitos não determina a aplicabilidade de certa lei, mas apenas serve para definir, mediante a resolução do concurso de leis, o âmbito de competência da lei já determinada pela *conexão* concreta como aplicável *a certos factos*, por força da regra básica de Direito de Conflitos. Esta regra básica, ela sim, é que se refere imediatamente a factos concretos da vida, tomando-os, porém, não por si mesmos, na sua natureza típica, mas atendendo apenas à sua «localização». Isto não impede que, com SPERDUTI, se devam definir as normas de DIP como «normas sobre a aplicação de leis de direito privado», conforme já vimos. Mas não se vê como possa definir-se o âmbito de aplicação das leis sem fazer referência a factos.

(1) Escreve a Prof.ª MAGALHÃES COLLAÇO (*Da qualificação em DIP*, Lisboa 1964, p. 27) que «a justiça própria do direito de conflitos se exprime na conexão».

tente: Direito de Conflitos e Direito Material situam-se em planos distintos, e aquele deve abstrair, em princípio, das soluções dadas por este aos casos da vida. Diz o segundo que o Direito de Conflitos, não tendo a ver com as valorações de justiça *material*, só pode propor-se um escopo de justiça *formal*, consistente fundamentalmente em promover o reconhecimento dos conteúdos de justiça material que «impregnam» os casos da vida imersos em ordenamentos jurídicos diferentes do ordenamento do foro, a fim de salvaguardar as naturais expectativas dos particulares e realizar os valores básicos da certeza e segurança jurídicas [1].

24. *Interesses que inspiram as soluções de DIP.* Referiremos agora os interesses que inspiram as soluções de DIP e que servem de critérios orientadores na interpretação e integração deste ramo de direito.

Vários autores se têm pronunciado modernamente sobre este assunto. Assim, KEGEL [2] começa por salientar que, ao lado da justiça de direito material, importa pôr a noção de justiça de DIP: sempre que é aplicado direito estrangeiro, diz, a justiça de direito privado internacional sobrepõe-se à justiça de direito privado material. Mas, acrescenta, se a justiça de DIP é diferente da do direito

---

[1] Com estes valores se acha intimamente conexo, no domínio do DIP, o ideal da harmonia ou uniformidade de decisões (nos diferentes Estados). Cfr. a este propósito ZWEIGERT, *Die dritte Schule im IPR, in* Festschrift Raape, 1948, p. 50. Salienta-se aí que o princípio da harmonia de decisões representa o elemento distintivo da justiça no domínio do DIP e afirma-se que, «assim como na teoria do caso julgado, no terreno do processo, a segurança e a paz jurídicas são em princípio valores mais altos que o da justiça da decisão, assim também a justiça própria do DIP surge fundamentalmente incorporada no princípio da harmonia de decisões, ao qual vai inerente o relevante pensamento da 'previsibilidade'». Pelo que o escopo do mínimo de conflitos sobreleva, em DIP, ao da justiça do caso concreto. E o autor acrescenta, com razão, que o haver-se transplantado para o plano do DIP o ideal de justiça no seu aspecto material só contribuiu para enfraquecer «a aptidão do direito de conflitos para o desenvolvimento duma justiça que lhe é imanente».

[2] *Begriffs- und Interessenjurisprudenz im IPR,* Festschrift Lewald, 1953, pp. 259 e ss.

material, também os interesses devem ser diferentes; pois que «a justiça que procuramos no direito internacional privado exige uma valoração dos interesses, tal como a exige qualquer outra decisão jurídica». Quais são, pois, esses interesses? KEGEL distingue três ordens de interesses: os interesses das partes, os interesses do tráfico ou comércio jurídico e os interesses de ordem (que se exprimem nos princípios da harmonia interna e da harmonia internacional das decisões). Como excepções ou limites à justiça própria do DIP, promovida pelos ditos interesses, refere seguidamente o princípio da ordem pública e os interesses políticos (e económicos) do Estado.

Interessante é também a posição definida por WENGLER no curso por ele regido na Academia da Haia em 1961 (1). Depois de salientar que nem a natureza específica da relação, nem o fim visado pela norma material aplicanda, nem a qualidade de Estado dotado de competência mais forte, nem o respeito da expectativa das partes relativamente à lei aplicável «podem ser considerados princípios gerais para efeitos de escolha do elemento de conexão em *todos* os casos em que uma relação tem conexões com mais de um território, embora uma ou outra destas ideias possa estar por detrás duma determinada regra de conflitos», escreve: «Mas parece que há pelo menos um outro princípio orientador para *todos* os casos de conflitos. Trata-se da ideia de que uma relação social deve ser adjudicada pelas regras de conflitos à lei de um Estado por tal maneira que seja assegurada tanto quanto possível a uniformidade quanto à determinação da lei aplicável *(uniformity of allocations)* por parte de todos os países». Trata-se do princípio do «mínimo de conflitos» ou da «harmonia de decisões». Deste princípio deduz WENGLER, como directiva válida *de iure condendo* e bem assim no preenchimento das lacunas, que se deve dar preferência aos elementos de conexão mais frequentemente utilizados nas leis dos outros países (o que mostra, diz, o valor dos estudos comparativos no campo do DIP); deduz ainda certas soluções do problema da referência por parte do DIP do foro à lei de um Estado onde vigoram diferentes legislações, assim como o princípio da «igualdade de tratamento da *lex fori* e das leis

---

(1) Cfr. *The general principles of private international law*, in Rec. des Cours, 1961-III, pp. 364 e ss.

estrangeiras». No mesmo critério do «mínimo de conflitos» filia também a regra de que em princípio se deve evitar a aplicação duma lei diferente a cada questão parcial, procurando, antes, estabelecer a lei aplicável a uma questão jurídica como um todo ou, quando tal não seja possível, submetendo a questão parcial que se apresente como preliminar à lei mandada aplicar pelo DIP da lei reguladora da questão central. Na mesma ideia se fundaria ainda, segundo WENGLER, a conveniência de aplicar à «questão prévia» a lei designada pelo DIP do ordenamento competente para a questão principal.

Vários autores italianos, designadamente QUADRI, BETTI, SPERDUTI, CONDORELLI, etc., encontram o fundamento prático e a razão de ser do DIP na tutela da natural expectativa dos destinatários dos comandos jurídicos e assinalam-lhe por escopo «assegurar a continuidade e uniformidade da vida jurídica dos sujeitos», assim como a harmonia entre os ordenamentos jurídicos. Dentro desta mesma orientação, sustenta BARILE (1) que o princípio da harmonia internacional de decisões constitui o próprio fundamento substancial do DIP. Segundo ele, a «uniformidade de regulamentação das relações jurídicas» constitui a verdadeira razão de ser imanente a qualquer sistema de DIP, «o princípio informador quer da elaboração das modernas normas de direito internacional privado quer da sua interpretação», bem como «o único fim que os Estados se propõem com a adopção dum sistema de direito internacional privado», «a única função lógico-histórica» das normas deste direito — e, portanto, aquela função que nos permite determinar a verdadeira natureza de tais normas. De acordo com tal princípio substancial do DIP deverão as normas deste ser interpretadas e as suas lacunas preenchidas.

Referindo-se ao paralelismo existente entre o DIP e o Direito Transitório, escreve BROGGINI (2) que «a manifestação mais significativa desse paralelismo é a que diz respeito à questão do fundamento da norma de conflitos». E prossegue: «Nos últimos tempos insiste-se cada vez mais na ideia da harmonia de decisões como meio de expressão dos interesses de ordem (segurança jurídica, harmonia jurídica)

(1) *Diritto internazionale privato, in* «Enciclopedia del Diritto», vol. XII, pp. 1036 e ss.

(2) *Intertemporales Privatrecht, in* «Schweizerisches Recht», I, 1969. pp. 421 e ss.

do Estado no direito internacional privado. Através desta máxima dá-se expressão ao escopo ou intenção central de toda a norma de conflitos — seja ela temporal, material ou interlocal —: *garantir a continuidade e a unidade das valorações dentro dos ordenamentos jurídicos e entre os ordenamentos jurídicos.* Ora é precisamente estes interesses, estes valores que se ordenam mais a uma justiça 'formal' do que a uma justiça 'material', que a tradicional teoria dos direitos adquiridos visa proteger».

Entre nós, o Prof. FERRER CORREIA, no seu ensino, aponta como principais interesses a considerar na resolução dos conflitos de leis os seguintes: interesses individuais, interesses gerais do tráfico, princípio da harmonia jurídica internacional — que considera o supremo ideal do DIP —, princípio da harmonia interna, princípio da efectividade ou do Estado da melhor competência, princípio da igualdade de tratamento do direito do foro e dos direitos estrangeiros, princípios do *favor negotii* e do respeito dos direitos adquiridos.

Sobre esta matéria dos interesses ou critérios que presidem às soluções dos conflitos de leis pouco mais há a dizer. Insistiremos uma vez mais sobre um ponto que nos parece firmemente adquirido: a finalidade primária do Direito de Conflitos, tanto no tempo como no espaço, é a tutela da natural expectativa dos indivíduos (das partes interessadas em dadas situações jurídicas e de terceiros), a estabilidade e uniformidade de regulamentação das situações jurídicas subjectivas. É este interesse fundamental que nos dá a própria razão de ser do DIP e do Direito Transitório, bem como a razão de ser da aplicação do direito estrangeiro ou do direito antigo. É neste interesse fundamental que desde logo assenta a regra básica do Direito de Conflitos, segunda a qual nenhuma lei deve ser aplicada senão a factos com os quais esteja em contacto. Achamo-nos assim plenamente de acordo com QUADRI, BROGGINI, BARILE e vários outros autores.

Porém, assente este princípio fundamental, nós sabemos que no DIP importa ainda resolver o concurso entre as «leis interessadas» — importa, isto é, optar por uma das várias leis em contacto com a situação, quando seja esse o caso. Põe-se então o problema da escolha da conexão preferível, a qual deverá variar conforme a matéria jurídica em causa. De novo há que atender, para efeitos desta escolha, à natural expectativa das partes e de terceiros e, consequentemente, à estabilidade e uniformidade de regulamentação das situações jurídicas, bem como, em alguma medida, ao interesse geral da colectividade. Há-de optar-se pela conexão que melhor sirva estes interesses, e essa deve ser, em geral, a conexão mais significativa ou mais eficaz (*the most significant connection*) — pois tal será a conexão à qual mais natural e legitimamente se referirá a expectativa dos indivíduos directa ou indirectamente interessados na situação jurídica e ao mesmo tempo aquela à volta da qual com maior probabilidade se alcançará uma harmonia de soluções entre as «leis interessadas» ou, pelo menos, se logrará um «mínimo de conflitos».

Interessará ter em conta, como esquema fundamental, uma certa diferença entre o estatuto das obrigações autónomas, por um lado, e os estatutos pessoal e real, por outro lado. Nas obrigações, enquanto situações jurídicas relativas que são, acha-se exclusivamente ou quase exclusivamente em causa o interesse das partes. No domínio das situações jurídicas absolutas do estatuto pessoal e do estatuto real tem grande relevo, ao lado do interesse das partes, o interesse de terceiros e o interesse geral da comunidade jurídica. Por isso, no domínio das obrigações deverá preferir-se a conexão que melhor corresponda à expectativa das partes e essa será, em regra, uma conexão directamente ligada aos factos ou actos a que elas vinculam a sua expectativa; ao passo que no domínio das situações jurídicas pessoais e reais deverá preferir-se uma conexão directamente ligada às pessoas ou às coisas, com vista a uma melhor tutela não só do interesse das partes mas também dos interesses de terceiros e dos interesses gerais da comunidade jurídica em que a pessoa ou a coisa mais enraizadamente se integram. Este esquema básico deixa muito por determinar; mas parece-nos que é dentro dele que devem jogar os restantes interesses ou critérios apontados pelas doutrinas atrás expostas.

De entre esses critérios parece-nos de destacar o da harmonia internacional de decisões que, no dizer do Prof. FERRER CORREIA, representa o ideal supremo do DIP e, segundo WENGLER, constitui o único princípio de DIP verdadeiramente geral, por ser o único aplicável em todas as hipóteses de conflitos. Quanto a nós, essa posição privilegiada do princípio da harmonia assenta no facto de ele se achar intimamente conexo com aquele interesse que constitui a própria raiz do DIP, lhe define a teleologia intrínseca ou determina a intenção essencial: o interesse da segurança e certeza jurídicas. Por isso mesmo, o princípio da harmonia jurídica, sendo embora um princípio de *justiça formal*, não é um princípio puramente formal e abstracto cuja mecânica operação seja susceptível de justificar resultados contrários ao próprio interesse que o inspira. Deste modo, não será lícito, p. ex., invocar, como já se tem feito, o princípio da harmonia jurídica para justificar a observância de disposições de direito transitório (melhor dizendo, de cláusulas de retroactividade) da lei declarada aplicável. Embora o respeito dessas disposições favoreça decididamente a harmonia jurídica, deve rejeitar-se tal solução quando ela conduza à aplicação da actual *lex causae* a factos com os quais esta lei nenhum contacto teve, por ter entrado em vigor posteriormente à verificação deles (1). Doutro modo teríamos que o princípio da harmonia de decisões, actuando como fórmula vazia, serviria afinal para justificar o sacrifício do próprio interesse em que se inspira: o interesse da segurança jurídica. Além disso, importará ainda, com idêntico fundamento, sujeitar a intervenção do referido princípio a outras restrições, designadamente em matéria de reenvio.

---

(1) Cfr. também *infra*, n.º 76, B).

CAPÍTULO IV

O DIP E O DIREITO INTERTEMPORAL

25. *Estado da questão* [1]. É inegável o parentesco existente entre os dois ramos do Direito de Conflitos: o DIP e o Direito Transitório ou Intertemporal. Mas a questão é a de saber se, além duma semelhança exterior entre estes dois ramos de direito, fundada na circunstância de ambos constituírem um «direito-sobre-direito» e terem por objecto conflitos de leis, existe uma verdadeira analogia intrínseca ou comunidade de princípios fundamentais susceptível de fornecer a base para uma teoria unitária do Direito de Conflitos.

Pode dizer-se que até ao terceiro quartel do século passado esta questão recebeu uma resposta afirmativa por parte de vários e autorizados juristas. Podem citar-se, entre outros, SAVIGNY e LASSALLE. No nosso século, se exceptuarmos a voz discordante de VAREILLES-SOMMIÈRES, pode dizer-se que a ideia da identidade básica das duas ciências que se ocupam do Direito de Conflitos entrou em franco declínio e foi até duramente contestada. Assim tinha de ser, por isso que o desenvolvimento da teoria do DIP veio a centrar-se exclusivamente na análise da técnica da específica regra de conflitos, que não tem paralelo no Direito Transitório.

Mais recentemente, num momento em que aquela ideia já parecia de todo abandonada, eis que surge uma numerosa pléiade de autores contemporâneos que a procuram fazer reviver. Nenhum destes autores, porém, segundo nos parece, aponta claramente o plano sobre o qual se estabelece a identidade de problemas ou a comunidade de princípios dos dois ramos do Direito de Conflitos. E isto por não terem dissociado, no DIP, o problema básico do Direito de Conflitos do problema específico que as singulares regras de conflitos têm por função resolver.

---

[1] Sobre toda a matéria deste Cap., cfr. *Âmbito,* cit., pp. 145 e ss.

26. *Posição adoptada.* Já atrás salientámos que à regra básica do Direito Transitório, segundo a qual a qualquer facto se aplica, em princípio, a lei do tempo da sua verificação, corresponde, em DIP, a regra básica segundo a qual a qualquer facto só deve aplicar-se, em princípio, uma lei que com ele esteja em contacto. Podemos sintetizar isto dizendo que ao princípio da *não-retroactividade* no primeiro corresponde o princípio da *não-transactividade* no segundo.

Por outro lado, também já acentuámos que o interesse ou valor fundamental que ambos os ramos de Direito de Conflitos visam tutelar é o interesse na segurança e certeza jurídicas. Ambos eles, com efeito, visam garantir a «uniformidade e continuidade das situações jurídicas subjectivas» e a tutela das naturais expectativas dos indivíduos. Ambos eles têm a sua última razão de ser no facto de a norma jurídica ser basicamente uma norma de conduta (norma que visa impor e orientar condutas), pelo que ambos assentam à partida no princípio universal de direito segundo o qual qualquer lei só deve aplicar-se aos factos que com ela estejam em contacto.

Sendo assim, parece-nos de sustentar um completo paralelismo ou até identidade entre os princípios fundamentais dos dois direitos de conflitos — princípios esses «com base nos quais», como salienta PACE [1], «é competente, por via de regra e salvo disposição expressa, a lei do tempo e, respectivamente, a lei do espaço em que se verificaram os factos jurídicos». Nestes termos, parece inteiramente viável uma teoria geral do Direito de Conflitos ou, então, uma *parte geral* comum aos dois ramos deste direito.

Mas isto sob condição de se distinguir bem no DIP (o que não tem sido feito) entre o problema fundamental de Direito de Conflitos, por um lado, e o problema *derivado* dos concursos de leis aplicáveis, que as específicas regras de conflitos têm por missão resolver, por outro lado. É que este segundo problema é privativo do DIP e, por isso, no Direito Transitório não há lugar para normas correspondentes às específicas Regras de Conflitos de DIP.

Pois não é líquido que, no Direito Transitório, os princípios fundamentais nos conduzem desde logo e sempre à aplicação duma única lei — a lei antiga ou a lei nova —, não havendo que optar,

(1) *Il diritto transitorio,* 1944, p. 124.

como no DIP, entre a *lex patriae*, a *lex domicilii* e a *lex loci*? Tendo as soluções de DIP precedência sobre as de Direito Transitório, as regras deste direito funcionam já dentro das coordenadas traçadas por aquele e, portanto, não se lhes depara já o problema de decidir entre leis estaduais diversas que simultaneamente se achem em contacto com os factos a regular.

Donde resulta que da *teoria* ou *parte geral* do Direito de Conflitos, comum ao DIP e ao Direito Transitório, deve ser excluída a *teoria da Regra de Conflitos* de DIP, de que trataremos no Título subsequente.

Quer os autores favoráveis à tese da analogia intrínseca entre estes dois ramos do Direito de Conflitos, quer os seus opositores, insistem — e este é um funesto erro de perspectiva — em estabelecer um paralelismo entre a aplicação da lei nova e a aplicação da *lex fori*, por um lado, e a aplicação da lei antiga e a aplicação da lei estrangeira, por outro lado. À aplicação da lei nova no Direito Transitório corresponderia a aplicação da *lex fori* no DIP, e à aplicação da lei antiga naquele corresponderia a aplicação da lei estrangeira neste. Ora esta correspondência é frequentemente quebrada, e daí o concluir-se que existem divergências fundamentais entre aqueles dois direitos de conflitos. Ilustram-se tais divergências dizendo, p. ex., que, no Direito Transitório, o estado e capacidade estão sujeitos ao efeito imediato da lei nova, ao passo que, no DIP, estas matérias são regidas pela *lei nacional* e não pela *lex fori;* e que, de igual modo, os direitos reais sobre imóveis dependem no primeiro da lei nova, ao passo que no segundo estão sujeitos à *lex rei sitae*, e não *lex fori*. Esquece-se, porém, que no Direito Transitório a lei nova é aplicável ao conteúdo das situações jurídicas pessoais e reais criadas sob a lei anterior, não a título de *lex temporis fori*, mas a título de actual lei reguladora da condição jurídica das pessoas e das coisas — pelo mesmo título, portanto, por que no DIP se aplicam, respectivamente, a *lex patriae* e a *lex rei sitae*. Tudo se passa acolá como se houvesse uma mudança do estatuto pessoal ou do estatuto real, por se ter deslocado a sede das pessoas ou a situação das coisas.

Outro exemplo clássico da mencionada divergência é o que se refere ao diferente alcance das regras «locus regit actum» e «tempus regit actum». Ao passo que este último tem, em Direito Transitório, um sentido amplo, levando a aplicar a factos passados tanto as normas da lei antiga sobre a forma dos actos jurídicos como as normas da mesma lei relativas aos requisitos de fundo dos ditos actos, a primeira, no DIP, visa apenas questões de forma. Ora é fácil discernir também aqui a confusão. A lei antiga é aplicável aos actos jurídicos passados, tanto no seu aspecto formal como no seu aspecto substancial, porque ela é ao mesmo tempo o estatuto pessoal, o estatuto real e o estatuto obrigacional no momento em que tais actos são praticados.

Uma vez aceite a analogia intrínseca entre os dois ramos do Direito de Conflitos, nada obsta a que as soluções achadas para um deles possam ser transpostas analogicamente, com as devidas adaptações, para o domínio do outro [1].

---

[1] A este propósito, cfr. também *infra*, n.º 76, B).

Título II | Teoria da regra de conflitos

CAPÍTULO I

ESTRUTURA E FUNÇÃO DA REGRA DE CONFLITOS

§ 1.º — Elementos estruturais da Regra de Conflitos.

27. *Desenho geral da Regra de Conflitos.* Como já sabemos, o DIP, enquanto Direito de Conflitos, não pretende regular directamente as relações privadas internacionais: limita-se a indicar-nos as ordens jurídicas estaduais que hão-de reger essas relações. É principalmente (embora não exclusivamente, como já vimos) através da Regra de Conflitos que ele se desempenha dessa tarefa. Também já vimos que a estatuição da Regra de Conflitos se traduz numa consequências jurídica *sui generis* que não consiste em dirimir um certo conflito de interesses privados, em definir a justiça material do caso, mas, antes, em dirimir um conflito de leis.

Para alcançar este objectivo, a Regra de Conflitos destaca um elemento da situação de facto susceptível de apontar para uma, e apenas para uma, das leis em concurso (leis *interessadas*). Este é o *elemento de conexão* (nacionalidade das pessoas, situação da coisa, etc.). Mas importa notar três coisas: primeiro, que a mesma situação de facto pode suscitar diferentes questões jurídicas; segundo, que um concurso ou conflito de leis ou de normas só se verifica quando pretendam aplicar-se à *mesma questão de direito* normas de conteúdo diferente (isto é, normas que dêem respostas diferentes a essa *mesma* questão); terceiro, que a conexão mais apropriada para determinar a lei aplicável a um certo tipo de questão ou matéria jurídica pode não ser a melhor para determinar a lei competente para reger outra matéria ou questão jurídica.

Daí que as Regras de Conflitos sejam várias: em obediência ao chamado *princípio da especialização,* cada Regra de Conflitos adjudica à lei apontada por uma determinada conexão (p. ex., à lei do lugar da celebração do negócio) uma determinada tarefa normativa, uma determinada matéria ou sector de regulamentação (p. ex., a forma, a questão da validade formal do negócio). Ora o conceito que na Regra de Conflitos designa a matéria, questão jurídica ou sector normativo relativamente ao qual é decisivo o elemento de conexão por essa mesma regra escolhido chama-se *conceito-quadro.*

«Tudo se passa, portanto, como se o Direito de Conflitos, a fim de proceder à regulamentação da vida privada internacional, distribuísse as diferentes funções ou tarefas normativas pelas diferentes ordens jurídicas estaduais em contacto com a situação, conforme o elemento de conexão que, para cada função normativa, considera decisivo» — escrevemos nós noutro lugar (1).

São, pois, dois os elementos que se destacam na estrutura da Regra de Conflitos e por referência aos quais havemos de construir a teoria desta regra: o *elemento de conexão* e o *conceito-quadro.* Exemplifiquemos com a regra contida no art. 45.º, 1, do Código Civil: «A responsabilidade extracontratual (...) é regulada pela lei do Estado onde decorreu a principal actividade causadora do prejuízo»: — *conceito-quadro:* a responsabilidade extracontratual; *elemento de conexão:* lugar do facto danoso.

28. *O elemento de conexão: espécies.* Salientando o papel de especial relevo que tem na Regra de Conflitos o elemento de conexão, afirma a Prof.ª MAGALHÃES COLAÇO que «dele se poderá dizer que representa o centro de polarização em redor do qual se organiza toda a estrutura dessa regra» (1). Observação bem pertinente. Na verdade, o elemento de conexão é que representa o elemento da situação de facto a que podemos imputar a consequência jurídica específica do Direito de Conflitos de que atrás falámos. É através dele e *com fundamento* nele que se opera a designação do direito aplicável à questão ou problema jurídico suscitado pela situação de facto.

As conexões consistem fundamentalmente nas relações ou ligações existentes entre as *pessoas,* os *objectos* e os *factos,* por um lado,

---

(1) Cfr. a nossa colaboração em *Conflitos de Leis,* do Prof. FERRER CORREIA, separata do BMJ n.º 136, pp. 37 e ss.

(1) Cfr. *Da qualificação em* DIP, Lisboa 1964, p. 23.

e as ordens jurídicas estaduais, por outro lado. Enumeremos as mais importantes:

a) A *nacionalidade* duma pessoa, o seu *domicílio*, a sua *residência habitual*, a sua *residência simples*, a *sede* duma pessoa colectiva;

b) A *situação* duma coisa *(lex rei sitae)*;

c) O *lugar* da prática de um facto *(lex loci actus, lex loci delicti commissi)*;

d) O *lugar* do cumprimento duma obrigação (também aqui a conexão se refere a um facto, mas a um facto que deve ser realizado naquele lugar, não a um facto já realizado);

e) A *convenção das partes* sobre a lei aplicável (aqui é a própria vontade das partes que cria — embora não arbitrariamente — a conexão com a lei competente), por força do princípio da *autonomia da vontade*, válido no domínio dos contratos;

f) O *lugar* onde o processo decorre (para efeitos puramente processuais);

g) O *nexo de interligação* com uma outra relação jurídica (que eventualmente poderá também funcionar como conexão decisiva, embora indirecta) (1).

Donde se infere que os elementos de conexão potencialmente relevantes para efeitos de DIP podem ser pessoais ou reais. Os primeiros referem-se aos sujeitos da relação, os segundos ao objecto ou aos factos. Por outro lado, os elementos de conexão tanto podem consistir em dados de natureza puramente factual (conexões factuais: p. ex., a do lugar da situação da coisa ou da prática do facto) como em dados normativos (conexões jurídicas: p. ex., a nacionalidade duma pessoa, o lugar do cumprimento duma obrigação, etc.).

29. *Cont. Unidade e pluralidade de conexões.* A Regra de Conflitos pode ser de conexão *(coligação) simples ou única* e de

---

(1) Ex.: o art. 21 da EGBGB alemã, que manda regular o dever de alimentos do pai em relação ao filho ilegítimo pela lei do Estado nacional da mãe ao tempo do nascimento do filho. Aqui estabelece-se indirectamente a conexão através da pessoa da mãe: a relação da mãe com o filho é que fornece a coordenada básica, por referência à qual se vai decidir da lei aplicável ao dever de alimentos do pai. É caso raro.

conexão complexa. Norma de conflitos de conexão simples é aquela que contém um único elemento de conexão e, portanto, se limita a referir uma única lei aplicável. Ex.: a norma segundo a qual «à tutela e institutos análogos de protecção aos incapazes é aplicável a lei pessoal do incapaz» (art. 30.° do Cód. Civ.).

Normas de conflitos de *conexão complexa* ou *múltipla* são, inversamente, todas aquelas que contenham mais do que uma conexão. A coligação complexa pode ser *subsidiária, alternativa* ou *cumulativa,* conforme as conexões operem sucessiva, alternativa ou cumulativamente.

A norma de conflitos é de coligação complexa *subsidiária* sempre que designa duas ou mais ordens jurídicas como competentes, mas em termos de uma das conexões (a secundária) só funcionar na falta ou impossibilidade de determinação da principal. Ex.: art. 52.°, n.os 1 e 2, do Código Civil: «As relações pessoais entre cônjuges são reguladas pela lei nacional comum. Não tendo os cônjuges a mesma nacionalidade, é aplicável a lei da residência habitual comum e, na falta desta, a lei pessoal do marido.»

Diz-se que a conexão ou coligação é *alternativa* sempre que a norma de conflitos prevê várias conexões como igualmente possíveis e legítimas, podendo um determinado resultado ser obtido com fundamento na lei referenciada por qualquer delas. Exemplo típico é o do art. 65.°, 1, do Código: o testamento será formalmente válido desde que seja observada a lei do lugar onde for celebrado, ou a lei pessoal do autor da herança (quer no momento da declaração, quer no momento da morte) ou ainda a lei para que remeta a norma de conflitos local. Este artigo visa claramente promover a validade formal das disposições *mortis causa (favor testamenti)* e, por isso, utiliza o processo da coligação alternativa, declarando tais disposições como válidas, quanto à forma, desde que qualquer das leis mencionadas as considere como tais.

A *conexão cumulativa* é aquela que se traduz na efectiva aplicação simultânea de dois ou mais direitos a uma única questão jurídica. Há *aplicação cumulativa* propriamente dita quando as leis designadas como competentes para a mesma questão jurídica concorrem em plano de igualdade, são ambas (ou todas) competentes a título primário, de modo tal que certos efeitos jurídicos só se produzem quando sejam simultaneamente reconhecidos pelas leis em concurso. Tem, pois, a cumulação uma função negativa: afastar a consequência jurídica que, sendo estatuída por uma das leis, o não seja também pela outra. Sob este aspecto, a *cumulação* propriamente dita exerce uma função oposta à da coligação alternativa. Exs.: a norma do art. 1.º da Convenção da Haia de 1902, preceituando que o divórcio ou a separação apenas poderão ser decretados quando forem autorizados tanto pela lei nacional dos cônjuges como pela lei do país em que forem pedidos; a norma contida no art. 60.º, n.º 3, do Código Civil, a qual, depois de o n.º 1 do mesmo artigo ter fixado como lei aplicável à constituição da filiação adoptiva a lei pessoal do adoptante ou dos adoptantes, preceitua que a adopção não é permitida «se a lei competente para regular as relações entre o adoptando e os seus progenitores não conhecer o instituto da adopção, ou não o admitir em relação a quem se encontre na situação do adoptando». Sempre que esteja em causa, como nos exemplos apontados, a validade e eficácia de um acto constitutivo, a aplicação cumulativa traduz-se, em última análise, em aplicar a ordem jurídica mais rigorosa, isto é, aquela que exija o maior número de requisitos para a validade do mesmo acto (1).

Da coligação cumulativa deve distinguir-se a *cumulação de conexões,* por força da qual uma determinada lei só é aplicável quando vários elementos de conexão apontam simultaneamente para ela: ser essa lei a lei nacional de *ambos* os cônjuges (art. 52.º), ser a lei do país de que o interessado é nacional e onde tem o domicílio, etc.

Também não deve confundir-se a aplicação cumulativa com a *aplicação combinada* (ou acoplada) de várias ordens jurídicas, a qual se verifica sempre que os vários pressupostos de uma e mesma consequência jurídica devam ser apreciados por leis diferentes. Tal o que sucede com os pressupostos da válida celebração do casamento entre indivíduos de nacionalidade diferente: os impedimentos que

---

(1) Só é fácil conceber exemplos de *aplicação cumulativa* no que respeita à determinação dos pressupostos constitutivos, extintivos ou modificativos duma situação jurídica. Quanto, porém, ao conteúdo da situação jurídica, pelo menos na medida em que este é constituído por deveres de conduta impostos às partes, não parece viável uma aplicação cumulativa de duas leis diferentes sem provocar verdadeiras antinomias ou criar uma disciplina artificiosa e arbitrária para esse conteúdo.

afectem cada um dos nubentes serão apreciados pela respectiva lei nacional (art. 49.º). Nestes casos, a aplicação cumulativa propriamente dita dificultaria muitíssimo a produção da consequência jurídica pretendida, pois cada circunstância relevante teria de ser apreciada por duas ordens jurídicas diferentes. Assim, p. ex., se a noiva ainda não tem capacidade nupcial segundo a lei nacional do noivo, mas a tem segundo a sua própria lei nacional, o casamento poderá ser validamente celebrado, ao passo que, na hipótese de cumulação, subsistiria um impedimento matrimonial (1).

30. *Cont. Determinação dos elementos de conexão no tempo: conexões variáveis ou móveis e invariáveis ou fixas.* Dos elementos de conexão acima referidos uns há que, por sua natureza, são fixos no tempo ou invariáveis (tais são o lugar da situação dos imóveis, o lugar da realização de um acto jurídico e o lugar da prática de um acto ilícito) e outros que são, por natureza, mutáveis ou «móveis» (tais a nacionalidade, o domicílio, a residência, o lugar da situação de um móvel, a vontade das partes, a sede da pessoa colectiva). Ora, toda a vez que a coligação da norma de conflitos se faz através de uma conexão mutável, importa concretizar o momento temporal em que essa conexão deve ocorrer a fim de que o respectivo preceito adquira suficiente precisão.

De todos os factores de conexão acabados de referir, só um é, em princípio, insusceptível de ser «situado» ou «deslocado» por obra dos interessados: o lugar da situação dos imóveis. Todos os outros são, neste sentido, «disponíveis», quer dizer, susceptíveis, em princípio, de ser «situados» ou transferidos pelas partes.

Todavia, na sua maioria, os elementos de conexão não são susceptíveis de deslocamento ou transferência (intencional ou acidental) após o nascimento da relação, já porque são precisados simultaneamente no tempo e no espaço (assim, a nacionalidade que deter-

(1) Contudo, importa observar que há impedimentos matrimoniais bilaterais. Impedimentos bilaterais são, por sua mesma natureza, os impedimentos de parentesco. Mas, neste como em outros possíveis casos, esta bilateralidade resulta do sentido da própria norma material aplicável, e não da norma de conflitos que a manda aplicar.

mina a lei aplicável à sucessão é a nacionalidade do *de cujus* no momento da morte; os elementos de localização objectiva de um contrato são os existentes ao tempo da celebração do mesmo contrato, etc.), já porque apresentam um carácter de instantaneidade (tais o lugar da realização de um acto jurídico ou o lugar da prática de um facto ilícito).

A mobilidade dos elementos de conexão está na origem de certos problemas.

Assim, os elementos de conexão utilizados pelas normas de conflitos que se referem ao conteúdo das situações jurídicas pessoais e reais são abstractamente constantes; todavia, eles podem ser concretamente modificados por facto posterior ao nascimento da situação jurídica em causa, e esta modificação dos elementos de conexão conduz à competência sucessiva de diferentes leis estaduais para regular o conteúdo da mesma situação jurídica. É esta combinação dos factores tempo e espaço que provoca os conflitos a que BARTIN chamou «conflitos móveis». Estamos perante um fenómeno de mudança ou sucessão de estatutos, a que importa aplicar critérios idênticos aos que se aplicam em matéria de sucessão de leis no tempo.

Por outro lado, a mobilidade ou transferibilidade do elemento de conexão confere aos interessados a possibilidade de escolher a lei aplicável à relação jurídica, de atribuir competência à lei que considerem mais favorável, «situando» ou «deslocando» propositadamente o factor de conexão. É um tal abuso que procura reprimir o instituto da fraude à lei (1).

31. *O conceito-quadro e o seu objecto.* O conceito-quadro, como dissemos, circunscreve a questão ou matéria jurídica específica para a qual a Regra de Conflitos aponta a conexão decisiva e, mediante esta, a lei competente. Tal conceito aparece-nos expresso, em regra, pela fórmula designativa de um dos grandes capítulos ou institutos do sistema do direito privado («estado e capacidade», «relações de família», «sucessões por morte», «direitos reais», «obrigações», etc.)

---

(1) Cfr. *infra*, Cap. VIII.

e, por isso, recebe também o nome de «conceito sistemático» *(Systembegriff)*.

Há várias concepções acerca do conteúdo da categoria de conexão, ou seja, sobre o objecto imediato da sua referência.

Segundo uma delas, o conceito-quadro designaria a relação jurídica. Não parece, porém, viável este modo de conceber as coisas, pois uma relação jurídica apenas surge com base num ordenamento jurídico-material determinado, ordenamento esse que a norma de conflitos trata justamente de individualizar.

Uma segunda concepção considera que o conceito-quadro se refere directamente a uma relação ou situação da vida — isto é, a puros factos ainda não juridicamente qualificados. Também esta concepção não parece de aceitar, pois que à mesma situação de facto podem corresponder problemas ou questões jurídicas de vária natureza, e a cada um desses problemas ou questões uma norma de conflitos diferente. Assim, p. ex., o facto «morte de uma pessoa» pode ser relevante para efeitos sucessórios, para efeitos de responsabilidade civil, etc.

Segundo uma outra concepção, a norma de conflitos referiria no seu conceito-quadro uma questão jurídico-privada. Ainda esta maneira de exprimir o objecto do dito conceito merece reparos a alguns autores: uma questão jurídica determinada só se põe, dizem eles, em face de um ordenamento jurídico também determinado — já que diferentes ordenamentos podem ver na mesma situação de facto questões jurídicas diferentes.

Uma última teoria entende que o conceito-quadro designa e circunscreve um certo grupo, classe ou categoria de normas materiais. Suposta uma situação da vida coligada a determinado ordenamento através de certo elemento de conexão, a aplicabilidade das normas que nesse ordenamento regulam tal situação depende de elas terem certa natureza ou pertencerem a certa categoria — a categoria que corresponde a tal conexão ou título de chamamento. Seriam, pois, as normas materiais que constituiriam o objecto de apreciação para o juízo de aplicabilidade da norma de conflitos, e que formariam, portanto, o conteúdo ou objecto do conceito-quadro [1].

---

[1] NEUNER, a pág. 120 do seu estudo *Die Anknüpfung im internationalen Privatrecht*, RabelsZ., 8(1934), escreve: «O DIP decompõe as ordens

Por nós, pensamos que o conceito-quadro da Regra de Conflitos não circunscreve pressupostos de facto, não recorta elementos ou dados de facto juridicamente relevantes; mas que é, antes, à norma material aplicável, e só a ela, que compete dizer quais são os factos juridicamente relevantes. Tanto mais que a definição dos elementos de facto jurídico-materialmente relevantes depende de um juízo de valor jurídico-material (constitui, pois, parte integrante da regulamentação jurídico-material) que só à lei material competente cabe proferir.

O dito conceito-quadro não se refere, pois, a factos. Isto é desde logo intuitivo se tivermos em conta a natureza e a função da Regra de Conflitos. Dissemos que ela se destina a resolver um concurso de leis. Pois bem, as normas deste tipo, tal como as regras sobre antinomias, são normas de *segundo grau* que não nos dizem quais são os factos materialmente relevantes, mas qual das normas antinómicas (qual das duas ou mais normas que se referem à *mesma questão* de direito) deve prevalecer sobre a outra. São normas sobre normas, *regulae de regulis.*

O conceito-quadro duma Regra de Conflitos serve para designar ou circunscrever o tipo de matérias ou de questões jurídicas dentro do qual é relevante ou decisivo para a fixação da lei competente

---

jurídicas em grupos de normas e determina para cada um destes grupos o seu domínio de aplicação». Além de NEUNER, também WENGLER segue esta orientação (cfr. sobretudo *Réfléxions sur la technique des qualifications en DIP,* Rev. Crit., 1954, págs. 661 e segs.). RAAPE, por seu turno, entende (*Internationales Privatrecht,* 5.ª ed., pág. 111) que, «para uma situação de facto aparentemente unitária», podem ser «necessárias duas normas de conflitos», e que normas materiais aparentemente equivalentes podem prosseguir fins diferentes e, portanto, ser referenciadas por normas de conflitos diferentes, ao passo que, por outro lado, normas de diferente espécie ou natureza podem ser cobertas pela mesma norma de conflitos (*op. cit.,* pág. 112). A ser assim, é bom de ver que RAAPE não aceita que o «tipo legal» ou categoria de conexão da norma de conflitos possa ser definido ou circunscrito no plano dos puros factos. Além disso, ao equiparar (*op. cit.,* pág. 108), sob o aspecto metodológico, a norma material a uma situação concreta, e ao afirmar que a norma material é o *quid* concreto e a norma de conflitos, especialmente a categoria de normas materiais por ela designada, o conceito abstracto em que aquela se há-de enquadrar, RAAPE parece orientar-se pela concepção referida em último lugar.

o elemento de conexão a que a mesma Regra de Conflitos se refere. Há-de, pois, reportar-se a essas matérias ou questões jurídicas — há-de visar aquela categoria de normas materiais que respondem a tais questões jurídicas, para significar que, da lei apontada pela conexão em causa, e com fundamento em tal conexão ou *título de chamamento,* só as normas dessa categoria são aplicáveis.

Não significa isto, evidentemente, que o Direito de Conflitos e as Regras de Conflitos se não refiram e apliquem a factos. Esses factos são as situações da vida privada internacional em que estão presentes os elementos de conexão previstos por aquelas regras. Estes elementos de conexão, esses sim, é que se reportam a dados de facto (ainda quando a conexão seja um dado normativo, como o vínculo da nacionalidade, esse dado é assumido como um *quid facti*) e, portanto, os conceitos que os designam hão-de aplicar-se a factos [1].

§ 2.º — Função bilateral da Regra de Conflitos.

32. *Estado da questão* [2]. Pode pôr-se — e tem-se efectivamente posto — a questão de saber se a Regra de Conflitos tem uma função unilateral ou bilateral, isto é, se lhe compete definir apenas o âmbito de aplicação do ordenamento material do foro, ou lhe compete apenas determinar a aplicação de direitos estrangeiros, mas não do do foro, ou se, diversamente, lhe cabe determinar tanto a aplicação deste como daqueles, e em que termos.

Na doutrina que atribui à Regra de Conflitos uma função dupla (posição *bilateralista*), há que distinguir duas variantes: *a*) segundo uns — é esta a concepção tradicional —, a Regra de Conflitos refere-se tanto ao ordenamento do foro como aos ordenamentos estrangeiros, podendo determinar, já a aplicabilidade de normas daquele ordenamento, já a aplicabilidade de normas de qualquer outro ordenamento, conforme o que for designado através do seu elemento de conexão; *b*) segundo outros, a Regra de Conflitos poderia na verdade designar como aplicáveis tanto o ordenamento do foro como um qualquer

---

(1) Cfr. *infra,* Caps. II e III.

(2) Sobre toda a matéria deste parágrafo, cfr. *Âmbito,* cit., pp. 280 e ss.

ordenamento estrangeiro, mas, pelo que respeita àquela sua primeira função, ela só interviria, determinando a aplicabilidade da *lex materialis fori,* nas hipóteses em que houvesse elementos de estraneidade (hipóteses do chamado comércio jurídico internacional) — e não já nos casos «puramente internos», em que a lei do foro seria aplicável directamente ou de per si.

Por seu turno, a doutrina que atribui às normas de DIP uma função única (posição *unilateralista*) apresenta igualmente duas variantes, que se contrapõem: *a*) numa das variantes (tese «unilateralista extroversa», na terminologia de De NOVA), entende-se que a única função da Regra de Conflitos é a de chamar, para a regulamentação dos factos da vida jurídica externa, um determinado ordenamento estrangeiro — pelo que só indirectamente (ou seja, pelo facto de, através da designação do direito estrangeiro como competente, ela vir a estabelecer uma excepção ao princípio geral da aplicabilidade da lei material do foro no âmbito territorial do respectivo Estado) ela delimitaria o âmbito de aplicação da lei interna; *b*) numa segunda e mais importante variante (tese «unilateralista introversa», na terminologia de De NOVA), a única função da Regra de Conflitos seria a de delimitar o âmbito de aplicação do ordenamento material interno (1).

Qualquer das posições apontadas tem tido defensores.

A doutrina unilateralista «extroversa» assenta na concepção de AGO segundo a qual a função própria das normas de DIP é «inserir direito estrangeiro no ordenamento interno». A seu ver, a concepção bilateralista tem de socorrer-se duma artificiosa superfetação lógica, ao subordinar a aplicação do direito interno à prévia intervenção duma norma de DIP. Com efeito, diz-se, se a designação de um ordenamento estrangeiro por parte de uma norma de DIP se compreende, porque serve para tornar aplicáveis pelo juiz do foro normas que de outro modo o não seriam, já nenhum significado pode ter a designação, por parte de uma norma de DIP, do próprio ordenamento de que ela faz parte.

---

(1) É esta a tese unilateralista mais difundida e que tem encontrado maior número de defensores. Sustentada no fim do século passado por SCHNELL e NIEDNER, voltou a ser defendida nos nossos dias, com novos fundamentos, por NIBOYET, por PILENKO e, sobretudo, por Rolando QUADRI.

Por outro lado, e agora sobretudo por parte dos sequazes da corrente unilateralista «introversa», alega-se também contra a tese bilateralista que ela se vê forçada a conferir ao legislador estadual (das normas de DIP) o papel de um legislador supra-estadual, e que, além disso, coloca num mesmo plano, como equivalentes, o direito material do foro e os direitos estrangeiros.

33. *Posição adoptada.* Dado o modo como entendemos a Regra de Conflitos (como norma destinada a dirimir concursos entre leis já previamente determinadas como potencialmente aplicáveis), é claro que devemos aderir à segunda variante da posição bilateralista. Pensamos que, como escreve Edoardo VITTA [1], «a norma de DIP só intervém quando exista uma possibilidade de escolha entre vários ordenamentos, quer entre vários ordenamentos estrangeiros, quer entre um ou vários ordenamentos estrangeiros e o ordenamento italiano» (leia-se: «e o ordenamento português»). Deste modo, deve entender-se que a Regra de Conflitos não tem que intervir, quer nos casos puramente internos em relação ao Estado do foro, quer nos casos puramente internos relativamente a um Estado estrangeiro (casos relativamente internacionais) [2]. Em qualquer destes casos, a lei competente é directamente determinada, como já sabemos, pelo princípio básico do Direito de Conflitos.

É este princípio básico, enquanto princípio universal de direito, que confere às diferentes leis estaduais uma competência de princípio (ou potencial) para regular determinados factos (os factos que com elas estejam em contacto). A Regra de Conflitos, essa nada mais faz do que dirimir o concurso entre as leis designadas como potencialmente aplicáveis por esse princípio universal de direito.

Ora, sendo assim, torna-se fácil responder às objecções que os unilateralistas movem à posição bilateralista. Desde logo, não é ver-

---

(1) *Il principio dell'uguglianza tra «lex fori» e diritto straniero,* 1964, p. 31.

(2) Quanto a este segundo grupo de hipóteses, não se tem feito na doutrina moderna a restrição que aqui fazemos. Mas parece-nos que tal restrição é postulada pela própria lógica do sistema: cfr. *Âmbito,* cit., pp. 292 e ss.

dade que a tese bilateralista implica a usurpação de uma autoridade supra-estadual por parte do legislador estadual das Regras de Conflitos de DIP. Com efeito, não são estas Regras de Conflitos positivas que repartem a competência entre os diversos Estados, dizendo a cada um quais os limites do seu ordenamento jurídico. Essa tarefa é desempenhada, antes, pelo referido princípio universal de direito, subjacente a todos os sistemas nacionais de DIP. As ditas Regras de Conflitos limitam-se simplesmente a desempenhar a função subordinada, mas necessária, de dirimir concursos entre várias leis potencialmente aplicáveis.

Por outro lado, é verdade que a concepção bilateralista coloca em pé de igualdade o direito material do foro e os direitos estrangeiros. Mas fá-lo unicamente para efeitos de resolução de concursos entre aquele e estes, nas hipóteses em que a situação da vida esteja em contacto com um e outros. O critério para a resolução dos ditos concursos deve ser em princípio o mesmo (igualdade de tratamento do direito do foro e dos direitos estrangeiros). Mas isto não significa de forma alguma que as normas de direito material do foro careçam duma espécie de *confirmação* por parte das normas de DIP do mesmo foro para poderem ser aplicadas (1).

Além disso, deve dizer-se que a tese unilateralista dita «introversa», na sua versão mais elaborada e coerente (a que lhe deu QUADRI), afirmando que a Regra de Conflitos, como norma unilateral que tem por função exclusiva delimitar o domínio de aplicação das normas materiais do foro, integra as hipóteses destas normas materiais, confunde Direito Material e Direito de Conflitos e nega a autonomia das Regras de Conflitos. Ora já vimos que Direito Material e Direito de Conflitos se situam em planos diversos, obedecem a critérios de justiça distintos e destacam como relevantes elementos ou aspectos diferentes da realidade de facto (2).

---

(1) Cfr. o nosso estudo *L'autonomia del problema del riconoscimento dei diritti quesiti, secondo Machado Villela, e le sue implicazioni* (trad. do Prof. DE NOVA), in «Diritto Internazionale», 1971, vol. XXV-3, p. 300, e ainda o nosso estudo *Les faits*, etc., cit., pp. 449 e s.

(2) Cfr. *supra*, n.º 23. Cfr. também o citado estudo *Les faits*, etc., *cit.*, p. 450.

Contra a tese unilateralista (dita «extroversa») de AGO, vale dizer que ela assenta numa concepção da função da Regra de Conflitos que, confundindo esta com uma norma material de remissão *ad aliud ius,* igualmente implica uma negação da autonomia do Direito de Conflitos em face do Direito Material. É o que melhor veremos no parágrafo subsequente.

Resta dizer que podem existir, num sistema de Regras de Conflitos *bilaterais,* Regras de Conflitos *unilaterais* que, em certas hipóteses, apenas curem da aplicação do direito do foro. É o que sucede, p. ex., com a disposição formada pelos números 1 e 2 do art. 28.º do nosso Código Civil («excepção de interesse nacional»). Mas repare-se no que logo dispõe o número 3 do mesmo artigo. Além disso, pode ainda haver Regras de Conflitos *bilaterais imperfeitas,* sendo designadas assim aquelas que, referindo-se apenas a situações que mantenham com o Estado do foro uma dada conexão (e não a todas as situações, incluindo aquelas que não tenham com o dito Estado aquela ou até qualquer outra conexão), só para essas determinam a lei aplicável, podendo esta ser a lei do foro ou uma lei estrangeira, conforme a que for apontada por uma outra conexão, considerada decisiva. Anote-se, por fim, que na *Lei de Introdução* alemã (EGBGB) se adoptou um sistema de Regras de Conflitos unilaterais (com algumas bilaterais imperfeitas), mas a jurisprudência e a doutrina encarregaram-se de «bilateralizar» tais regras, como se fazia mister [1].

§ 3.º — A chamada «remissão» para o direito estrangeiro operada pela Regra de Conflitos.

34. *A Regra de Conflitos não é uma verdadeira norma indirecta ou de remissão* [2]. Vimos no parágrafo anterior que a Regra de Conflitos tem uma função bilateral, referindo-se tanto ao direito do foro como aos direitos estrangeiros. Continuando a analisar a função

---

(1) A corrente unilateralista (de sentido «introverso») voltou a ter nos nossos dias defensores apaixonados e inspirou mais que um projecto legislativo.

(2) Sobre toda a matéria deste parágrafo, cfr. *Âmbito,* cit., pp. 297 e ss.

da Regra de Conflitos, vamos agora ver qual o verdadeiro sentido dessa referência, para a distinguir claramente doutros tipos de *remissões* ou referências normativas, designadamente das remissões materiais (de direito material) *ad aliud ius.*

Vem de longe a caracterização da Regra de Conflitos como uma *norma indirecta,* como norma de remissão ou de reenvio. Para muitos, esta caracterização da Regra de Conflitos como norma indirecta significa que ela funciona como verdadeira norma de remissão através da qual o legislador do foro proveria à regulamentação de certas situações da vida mediante o chamamento de normas estrangeiras que viriam integrar o ordenamento jurídico-material do foro. Tal é designadamente a posição de AGO e de outros autores da sua escola que atribuem às normas de DIP a função de «inserir direito estrangeiro no ordenamento interno». E tal é ainda a posição de muitos outros autores. Para outros, porém, a designação da Regra de Conflitos como norma indirecta significa apenas que ela é uma norma que se limita a indicar o sistema jurídico aplicável.

Nós assentámos em que o Direito de Conflitos se situa num plano distinto e autónomo relativamente ao Direito Material e em que a Regra de Conflitos deve ser concebida como uma norma sobre concursos de normas — melhor, como uma norma que, com vista a prevenir conflitos, define o âmbito de competência das leis aplicáveis. Ora esta concepção não se concilia de modo algum com a figuração da Regra de Conflitos como norma indirecta ou norma de remissão *ad aliud ius.* Por outro lado, vimos que a Regra de Conflitos também se refere ao ordenamento material do sistema jurídico a que pertence; ora não se concebe sem artificiosismo que as normas deste ordenamento material careçam de *ser chamadas* através da Regra de Conflitos do foro para que sejam aplicáveis.

Isto não nos impedirá de reconhecer, evidentemente, que o sistema jurídico do foro (como aliás qualquer outro), através de um princípio imanente ao seu DIP, *atribui competência* às leis estrangeiras e, por este modo, confere *validade* no Estado do foro a conteúdos normativos que, doutro modo, a não teriam. Mas esta atribuição de competência não é obra da específica Regra de Conflitos, que, tendo por função dirimir concursos de leis, mais não faz do que delimitar ou definir o âmbito de competência das leis em concurso.

Para decidir com clareza se a Regra de Conflitos é uma verdadeira norma de remissão (ou indirecta), importa definir primeiro o sentido dos termos. Ora o reenvio ou remissão em geral é um expediente de técnica legislativa em que, por uma razão de economia de meios (evitar quanto possível repetições), uma norma indica qualquer dos seus elementos constitutivos, no todo ou em parte, mediante referência (expressa ou implícita) a outras normas (1). O reenvio pode ser *intra-sistemático,* quando é feito a normas do mesmo sistema normativo, e *extra-sistemático* ou *ad aliud ius,* quando feito a normas de um sistema normativo diferente.

No primeiro, o legislador, que resolveu ou pensa resolver certo problema jurídico em dado ponto do sistema, ao disciplinar outro ou outros institutos em que problema idêntico se levanta remete para aqueles preceitos que, naquele outro ponto do sistema *(lugar paralelo),* fornecem a solução desejada. A título de exemplo vejam-se, entre muitas outras, as disposições dos arts. 289.º, 3, 594.º, 678.º 913.º, 939.º, 953.º, 9974.º, 1138.º, 1, 1186.º, 1206.º, etc., do Código Civil. Esta remissão pode ser expressa ou implícita, assumindo neste último caso a feição duma *ficção legal* (2).

O mais frequente é a norma indirecta apresentar-se como uma norma que, «para a hipótese por ela referida, determina a consequência jurídica, não directamente, mas indirectamente, mediante remissão para outras normas jurídicas» (3). Mas, no fundo, trata-se sempre da *aplicação analógica* da norma *ad quam* no domínio de matérias ou instituto jurídico a que se reporta a norma de remissão. Daí que se fale de uma «aplicação correspondente» ou «com as devidas adaptações», o que significa que a norma *ad quam* só mediatamente,

---

(1) Outro expediente de técnica legislativa que visa igualmente, além do mais, à economia de meios é o recurso à elaboração duma *parte geral* ou de *disposições gerais* em que se reúnem disposições comuns às várias partes especiais ou, respectivamente, aos diferentes institutos de cada uma destas partes.

(2) No sentido de que as *ficções legais* são remissões implícitas, cfr. Dias Marques, *Introdução ao Estudo do Direito,* I, 2.ª ed., 1968, pp. 300 e ss.; e Larenz, *Methodenlehre der Rechtswissenschaft,* 1960, pp. 166 e ss.

(3) Larenz, *ob. cit.,* p. 164.

através duma norma *paralela* ou correspondente, pode aplicar-se ao sector de matérias coberto pela norma remetente ([1]). O que sobretudo importa salientar, porém, é que a norma *paralela,* que se vai achar mediante uma adaptação apropriada da norma *ad quam,* desempenha neste sector jurídico exactamente a mesma função que a dita norma *ad quam* desempenha no seu. O problema a resolver tem a mesma natureza neste e naquele ponto do sistema.

Para a remissão *ad aliud ius* valem de igual modo as considerações até aqui feitas a propósito da remissão *intra-sistemática.* Só que, agora, se trata de recorrer a normas de um sistema normativo estranho para integrar o sistema *a quo,* no qual se opera uma verdadeira *recepção* das normas do ordenamento estranho que é objecto da referência (ou de normas *paralelas* a essas normas). Tratando-se duma *remissão material* (remissão feita com vista à disciplina de questões de Direito Material) *ad aliud ius,* as normas chamadas (ou as respectivas normas *paralelas)* ficam a fazer parte integrante do ordenamento material do sistema *a quo.* Deste modo, bem se compreende que estas normas sejam directamente abrangidas pela referência que o DIP do foro faça ao dito sistema *a quo,* isto é, ao sistema que as acolhe, pois é evidente que, dentro do âmbito de competência que lhe caiba, este sistema pode decidir as questões de Direito Material como bem entenda, já regulando-as *directamente,* já *indirectamente,* mediante remissão para um ordenamento estranho.

Dadas estas noções, pergunta-se agora: será a Regra de Conflitos uma verdadeira norma indirecta? A pergunta equivale a esta outra: resolve a Regra de Conflitos o *seu problema,* ou manda resolvê-lo através doutra norma? É que, por um lado, sendo o Direito de Conflitos *autónomo* em face do Direito Material, ele há-de ter a sua *questão* ou o seu *problema* específico; e, por outro lado, na remissão material da norma indirecta, o problema que resolve a norma *ad quam* é, como acabámos de acentuar, da mesma natureza que o problema que pretende resolver a norma de remissão.

([1]) Sobre este ponto, além de LARENZ, *ob. cit.,* pp. 164 e s., ver sobretudo Theodor HELLER, *Logik und Axiologie der analogen Rechtsanwendung,* 1961, pp. 71 e ss.

Ora, posta a questão nestes termos, a resposta não pode deixar de ser negativa. Pois a Regra de Conflitos responde directamente à questão que se lhe põe, *resolve directamente o seu* problema — e não o manda resolver pelas normas materiais das leis a que se refere. Nem isto se poderia dar, pois um problema de conflitos de leis não pode ser resolvido por normas materiais, que decidem questões doutra natureza. Será verdadeira norma indirecta, isso sim, aquela Regra de Conflitos que remeta para outra Regra de Conflitos — como acontece com a regra do art. 55.°, 1, do nosso Código Civil.

Esta conclusão parece de elementar evidência. Todavia, não é nada infrequente encontrarem-se na doutrina, neste ponto, confusões que nos arrastam para fora do plano e da perspectiva próprios do Direito de Conflitos. O erro provém, salienta QUADRI, de se pretender referir a Regra de Conflitos a factos da vida, entendendo-a como norma que *remete* para outra norma a regulamentação desses factos. Com isto esquece-se que a remissão pressupõe que a norma remetente e a norma *ad quam* se situem no mesmo plano normativo e, o que é pior, desfoca-se e deforma-se irremediavelmente a visão dogmático-metodológica de todo o Direito de Conflitos.

Por um lado, deve conceber-se a Regra de Conflitos como norma em certo sentido *exterior* ao direito enquanto ordenamento material — como norma que se situa em plano superior, autónomo, relativamente a este ordenamento. Por outro lado, deve entender-se que as normas materiais estrangeiras «chamadas» pelo DIP do foro não vêm situar-se no interior do respectivo ordenamento material, mas *ao lado* dele, como normas que têm um *âmbito de competência diferente* do das desse ordenamento e que, portanto, regulam factos que, caindo fora da competência dele, ele não teria competência para regular, nem mesmo por remissão (remissão material *ad aliud ius*) para normas estrangeiras. Deve, pois, rejeitar-se a ideia (de AGO e da sua escola) de que a função da Regra de Conflitos se traduz em «inserir direito estrangeiro no direito interno», ao jeito de norma material que opera uma remissão receptícia a um determinado direito estrangeiro. Também este ponto de vista assenta numa confusão de planos resultante de se não caracterizar, distinguir e autonomizar devidamente a problemática do Direito de Conflitos em face da problemática do Direito Material.

35. *Relevância indirecta do direito estrangeiro.* Além da referência directa duma norma a outras normas, de que falámos no número anterior, temos ainda a considerar a referência contida na hipótese de uma norma ao resultado da aplicação doutras normas. Isto verifica-se no caso de uma norma (a norma remetente ou pressuponente, digamos) estabelecer como um dos pressupostos da consequência jurídica que estatui a existência duma situação ou qualidade jurídica (p. ex., a situação ou relação matrimonial, a qualidade de cônjuge, a qualidade de português, a qualidade de filho, etc.) que é já o produto da aplicação doutra norma (que podemos designar também por norma *ad quam*). Neste caso fala-se de remissão ou referência pressuponente, ou ainda de referência de pressuposição (ou ainda de *Begriffsverweisung* — remissão conceitual — como lhe chamam alguns autores alemães). É evidente que as normas pressuponentes não são normas *indirectas,* mas normas *directas* em cujas hipóteses se inserem pressupostos normativos (designados através de conceitos técnico-jurídicos), sendo estes pressupostos (os resultados do funcionamento doutras normas) tomados como se foram puros dados de facto a que aquelas normas ligam efeitos de direito seus próprios (por elas mesmas estatuídos). De modo que a referência indirecta ou implícita contida na norma pressuponente à norma *ad quam* (directamente essa referência vai dirigida às situações ou qualidades jurídicas que resultam do funcionamento desta norma) apenas nos fornece um meio de «constatar» ou verificar a efectiva existência daquele pressuposto em concreto. Trata-se, com efeito, de solucionar, mediante tal referência, uma pura *quaestio facti* — não uma *quaestio iuris.*

Ora também esta referência pode ir endereçada *ad aliud ius* — não no sentido de se dirigir directamente às normas de um sistema normativo estranho, mas no sentido de se dirigir a situações ou qualidades jurídicas criadas à sombra deste sistema. Neste caso, um elemento do enunciado legal duma norma do ordenamento *a quo* é constituído pela verificação de um certo efeito de direito no ordenamento *ad quem* — é constituído, como diz BETTI [1], pelo «produto duma valoração jurídica estrangeira». Esta valoração jurídica estran-

---

(1) *Problematica del diritto internazionale,* 1956, pp. 134 e s.

geira, porém, não é incorporada no ordenamento *a quo,* mas apenas é tomada como pessuposto de efeitos ulteriores por este mesmo ordenamento estatuídos.

Como se distingue então este tipo de referência a um ordenamento estranho da referência própria do Direito de Conflitos ou da do reenvio material *ad aliud ius*? A resposta decorre do que acima vai dito. É que através da referência pressuponente resolve-se apenas uma *quaestio facti* (para efeitos de concreta aplicação da norma pressuponente), ao passo que estas outras formas de referência são utilizadas com vista a responder à *quaestio iuris* (a dar solução a um certo problema de regulamentação jurídica). Por isso se pode dizer que a remissão de Direito de Conflitos e a remissão material *ad aliud ius* implicam reconhecimento, no sistema *a quo,* da validade das próprias normas do ordenamento *ad quem* (ou de normas *paralelas* a essas) que são objecto da referência — e implicam também, portanto, o directo reconhecimento dos efeitos jurídicos ligados por essas normas aos factos a que se referem.

Ora nada disto acontece na referência de pressuposição. Aqui a remissão não coenvolve o reconhecimento de validade à norma *ad quam,* nem o reconhecimento sequer dos efeitos atribuídos por esta norma aos factos que regula. A norma remetente limita-se a ligar à situação jurídica criada pela norma *ad quam* efeitos que ela própria, norma remetente, dita, efeitos ulteriores, sem que isto signifique sequer reconhecimento daquela situação jurídica com o seu conteúdo próprio (com os efeitos que lhe atribui a norma *ad quam*). Não se trata de tutelar *os mesmos interesses* que são tutelados no sistema *ad quem* ao criar a situação-jurídica-pressuposto, nem sequer de reconhecer a essa situação efeitos do tipo daqueles que o dito sistema liga à constituição ou à existência daquela situação. Trata-se, em suma, de resolver um diferente conflito de interesses, de responder a uma *questão jurídica totalmente diversa,* de ligar à situação jurídica em causa (em combinação com um outro facto central que integra a hipótese da norma remetente) *outros* efeitos, que o próprio sistema *ad quem,* que a criou, pode não lhe reconhecer.

São muitos os exemplos de referência pressuponente a um sistema normativo estranho. São frequentes, p. ex., as referências deste tipo no Direito Internacional Público, quando neste se recorre aos ordenamentos estaduais a fim de se determinar quem é chefe de

Estado, quem é agente diplomático, delegado plenipotenciário, etc. A mesma figura se irá encontrar no domínio do DIP sob a forma de «questão prévia», de que falaremos adiante [1], assim como em alguns elementos de conexão das Regras de Conflitos que são designados através de conceitos técnico-jurídicos, como o de nacionalidade, etc. [2]. Segundo vários autores, seria também pressuponente a referência do direito civil ao ordenamento canónico, quando aquele, dentro do regime concordatário, atribui efeitos civis ao matrimónio canónico [3]. Pressuponente seria ainda a referência feita pelo direito positivo a normas técnicas ou a outros complexos normativos extrajurídicos. Assim aconteceria, designadamente, no domínio das obrigações naturais, em que a prestação feita em cumprimento de deveres morais ou sociais conformes à justiça — e, portanto, qualificada como devida em face de um complexo normativo extrajurídico — funcionaria, para o ordenamento jurídico positivo, como facto constitutivo duma situação jurídica subjectiva [4].

A referência pressuponente, como diz BETTI [5], não *jurisdiciza* as normas dos complexos normativos estranhos a que, indirectamente, vai dirigida. Ela apenas lhes confere *relevância,* na medida em que confere relevância às situações, qualidades ou qualificações jurídicas por elas criadas, ao tomar estas situações ou qualidades como pressupostos ou dados de facto.

Note-se, por fim, que uma referência pressuponente tanto pode achar-se numa norma de Direito Material como numa norma de Direito de Conflitos. Neste último caso, isso apenas acontece, como veremos a seguir, para efeitos de determinação de um pressuposto da

---

(1) *Vide infra,* cap. IX.

(2) *Vide* Cap. subsequente.

(3) Neste sentido, Aldo BERNARDINI, *Produzione di norme giuridiche mediante rinvio,* 1966, p. 323, informando ser esta a opinião hoje dominante na Itália. Mas, em sentido diferente, BOBBIO, *Teoria dell'ordinamento giuridico,* 1960, p. 312, e, entre nós, GONÇALVES DE PROENÇA, *Relevância do direito matrimonial canónico no ordenamento estadual,* 1955, pp. 57 e ss. e p. 317.

(4) Cfr. ANTUNES VARELA, *Natureza jurídica das obrigações naturais,* separata da Rev. de Leg. e de Jur., Ano 90.º, n.os 3094-3096, pp. 16 e s. da separata, onde o autor fala da *relevância jurídica* de complexos normativos da vida social não incorporados ou recebidos pelo direito.

(5) *Problematica,* cit., p. 135.

aplicabilidade de certa lei. Mas a referência contida no «chamamento» de certa lei por parte da norma de Direito de Conflitos, essa é que não pode de modo algum, conforme vimos, ser concebida como uma simples referência pressuponente. A dar-se-lhe um nome, deveria antes designar-se, de acordo com a função do Direito de Conflitos, por referência *recognitiva* ou atributiva de competência.

CAPÍTULO II

O ELEMENTO DE CONEXÃO

36. *O elemento de conexão como conceito designativo de um «quid facti»* (1). Acabámos de ver que a referência à lei aplicável contida no Direito de Conflitos não é uma referência de pressuposição, por isso que a referência deste tipo visa um *quid facti* e, no «chamamento» da lei aplicável por parte daquele direito, as normas desta lei são tomadas em si mesmas, enquanto *critérios normativos*. Por outras palavras: as normas da lei estadual «chamada» não são tomadas como pressupostos de facto a que o ordenamento *a quo* (o ordenamento do foro a que pertence o DIP) atribua efeitos jurídicos decorrentes duma valoração jurídico-material feita por sua própria conta, mas são *reconhecidas* em si mesmas como normas válidas e aplicáveis.

Ora, sendo assim pelo que respeita ao funcionamento da regra básica do Direito de Conflitos, por maioria de razão o há-de ser pelo que respeita ao funcionamento da específica Regra de Conflitos. Com efeito, atribuímos a esta a função de dirimir os concursos entre leis potencialmente aplicáveis ou «interessadas». Ora as normas sobre concursos têm necessariamente que designar em cada caso, de entre as leis em concurso, a lei aplicável. E a Regra de Conflitos fá-lo indicando qual a conexão a que se deverá dar preferência para este ou aquele tipo de questões de direito privado — do que resultará, em concreto, a opção por aquela lei que esteja ligada à situação de facto através daquela conexão.

Tudo o que acaba de ser dito não significa, porém, que na Regra de Conflitos não haja referência a pressupostos de facto. Se não a há (em princípio, pelo menos) no conceito-quadro, há-a no elemento de conexão. Com efeito, já vimos que a conexão ou

---

(1) Sobre toda a matéria deste Cap., cfr. *Âmbito*, cit., pp. 375 e ss.

contacto da situação da vida com esta ou aquela lei é a *causa* ou *facto operativo* da consequência de Direito de Conflitos. Logo, a referência que na Regra de Conflitos se faça a tal pressuposto é sempre uma referência a um *quid facti,* mesmo quando vá dirigida a um dado normativo como a «nacionalidade». Pois que, neste último caso, esse dado normativo é assumido igualmente como um *dado de facto,* sendo a referência à lei com base na qual se constitui o vínculo de nacionalidade uma referência pressuponente (1).

Devemos concluir, portanto, que o conceito que na Regra de Conflitos designa o elemento de conexão é sempre um conceito designativo de um *quid facti,* um conceito para cuja aplicação se tem de proceder a uma «constatação» de dados de facto.

37. *Espécies de conceitos designativos da conexão.* A conexão é constituída, como já sabemos, por aquelas circunstâncias que ligam as pessoas, os factos ou as coisas a um determinado ordenamento estadual e que, em último termo, traduzem um contacto entre esse ordenamento e os factos ou situações a regular. A conexão pode, pois, ser pessoal ou real, conforme se refira aos sujeitos da relação ou, respectivamente, ao seu objecto ou aos factos de que ela nasce.

Por outro lado, já vimos que essas circunstâncias que são as conexões tanto podem ser dados de natureza puramente factual ou empírica (p. ex., lugar da situação da coisa ou da prática do facto) como dados normativos (p. ex., nacionalidade, lugar do cumprimento duma obrigação, lugar da conclusão de um contrato entre ausentes, etc.). As primeiras podemos designá-las por conexões factuais e as segundas por conexões normativas ou jurídicas.

Além disso, importa ter presente que os conceitos designativos das conexões tanto podem ser conceitos puramente *descritivos* como conceitos *técnico-jurídicos.* Os primeiros limitam-se a descrever uma realidade de facto (tal, p. ex., o que se refere ao lugar da situação das coisas), ao passo que os segundos, refiram-se ou não a factos, são conceitos já elaborados por outras normas do sistema jurídico,

---

(1) Cfr. *infra,* n.º 38.

achando-se as suas compreensão e extensão predeterminadas por esses outros complexos normativos.

Ora importa não confundir conexões factuais com conexões designadas por meros conceitos descritivos e conexões jurídicas com conexões designadas por conceitos técnico-jurídicos. Na verdade, pode haver conexões factuais designadas através de conceitos técnico--jurídicos. Assim, p. ex., os conceitos que designam a conexão *residência* ou a conexão *domicílio* duma pessoa são conceitos técnico--jurídicos; e, todavia, se, com eles, a Regra de Conflitos pretende designar *os mesmos factos* que, no respectivo direito interno material, preenchem o conceito de *residência* ou o de *domicílio*, tais conceitos exprimem conexões factuais.

É que, na verdade, o conceito técnico-jurídico utilizado pela Regra de Conflitos para designar o elemento de conexão pode ter um de dois sentidos: pode traduzir um simples processo sintético de designação dos factos que são abrangidos por esse conceito, segundo o alcance que ele tem noutras normas ou complexos normativos da *lex fori* (e, neste caso, o conceito refere-se directamente a factos); ou pode significar que a conexão é constituída pela existência de uma certa posição ou qualidade jurídica (e, neste caso, o conceito refere-se a um dado normativo, em termos de referência pressuponente).

Neste segundo caso, ao contrário do que já tem sido afirmado, não é aos factos que estão na base da atribuição da qualidade ou posição jurídica que o conceito designativo da conexão se refere, mas àquele dado normativo em si mesmo. Assim, p. ex., quando a Regra de Conflitos se refere no seu elemento de conexão à nacionalidade de uma pessoa, ela não quer reportar-se em último termo, como pretende MORELLI (1), «àquelas circunstâncias de facto das quais as respectivas normas fazem depender que uma pessoa tenha a cidadania de um dado Estado», mas à própria situação ou qualidade jurídica de cidadão desse Estado. E essa qualidade há-de ser apurada em face da lei do Estado cuja cidadania esteja em causa.

---

(1) Cfr. *Elementi di DIP*, 8.ª ed., 1965, p. 42, onde o autor acrescenta que «falar de nacionalidade ou falar de todos os requisitos de aquisição da nacionalidade é coisa idêntica».

38. *Questão de direito e questão de facto: Interpretação e aplicação dos conceitos designativos de qualidades jurídicas.* Se o conceito técnico-jurídico que designa uma conexão normativa, como o de «nacionalidade», se referisse em último termo a factos, não poderíamos, sem cair numa contradição, aferir em cada caso da existência ou inexistência dessa conexão normativa em face da lei estrangeira cuja aplicabilidade estivesse em causa. Na verdade, isso equivaleria a dizer que a Regra de Conflitos que utiliza tal conceito para designar o elemento de conexão põe determinados factos como pressupostos da determinação e chamamento da lei aplicável, e a afirmar depois, contraditoriamente, que a mesma regra aceita como pressupostos da aplicabilidade e do chamamento de certa lei os factos (diferentes) que esta lei abranger sob o conceito técnico-jurídico em causa (p. ex., sob o conceito de «nacionalidade»).

Um postulado elementar de hermenêutica jurídica diz-nos que os conceitos utilizados pela lei hão-de ser interpretados no contexto (geral ou especial) do complexo normativo em que se inserem. Daqui se segue sem a menor dúvida que os conceitos usados pela Regra de Conflitos do foro hão-de ser necessariamente interpretados em face da *lex fori* — isto é, com o significado que têm para o direito a que pertence a Regra de Conflitos, tendo embora em conta o sentido específico que eles possam revestir no sistema (que há-de ser também unitário e coerente) de DIP. Ora, como este princípio hermenêutico, expressão da unidade e coerência do sistema jurídico, se impõe com uma necessidade lógica inarredável, não faz sentido a doutrina que expressamente proclama que se deve abrir excepção a tal princípio pelo que respeita ao elemento de conexão «nacionalidade», quando esteja em causa uma nacionalidade estrangeira, alegando que em tal hipótese se deveria, por vontade da própria *lex fori,* proceder a uma interpretação *lege causae* do conceito usado pela Regra de Conflitos [1].

Todas estas dificuldades e contradições — e têm sido tantas — são facilmente superadas se entendermos que certos conceitos téc-

---

[1] Cfr. a propósito BARILE, *Collegamento,* in «Enciclopedia del Diritto», VII, p. 355. Ainda num trabalho recente, DÖLLE (*IPR,* 1968, p. 95) concebe a interpretação do conceito de «nacionalidade», bem como do de «coisa imóvel», como *excepção* à regra da interpretação segundo a *lex fori.*

nico-jurídicos como o de «nacionalidade» se não reportam a factos empíricos mas a dados normativos — a qualidades ou situações jurídicas criadas à sombra desta ou daquela lei —, nos termos próprios duma referência pressuponente. Os próprios autores que se aferram à ideia de que tais conceitos têm de ser necessariamente preenchidos *por factos* a determinar segundo a *lex fori* não rejeitam a conhecida figura do reenvio pressuponente *ad aliud ius* em hipóteses como aquela em que uma norma de direito material interno emprega o conceito de «chefe de Estado», referindo-se a chefes de Estado estrangeiros, ou como aquela em que uma norma de direito interno ou de direito das gentes utiliza os conceitos de «agente diplomático», «delegado plenipotenciário», etc.

É claro que é ainda *por interpretação* da Regra de Conflitos (e, portanto, por interpretação a levar a cabo nos quadros duma norma da *lex fori,* e tomando em conta a finalidade específica de tal norma) que se há-de decidir se o objecto da referência do conceito é um *dado empírico* ou um *dado normativo.* Se concluirmos no primeiro sentido, se esse tal *quid* for constituído por factos da vida, estes factos não poderão ser determinados pelo recurso a sistemas jurídicos estranhos ao sistema *a quo (lex fori),* pois isso seria o mesmo que permitir a esses sistemas interferir directamente na valoração do pressuposto e, portanto, na decisão que apenas pertence ao dito sistema *a quo.* Se, porém, concluirmos que esse *quid* é constituído antes por um *dado normativo,* então ele já poderá ser determinado mediante o recurso a um sistema diferente do sistema *a quo,* por isso que, nesta hipótese, a intervenção deste outro sistema se traduz apenas na constituição e no fornecimento do dado, do *quid* a subsumir, e não já na valoração dele para os efeitos previstos pelo referido sistema *a quo.* É que teremos então uma simples *referência pressuponente* ao sistema estranho (sistema *ad quem*) e, conforme já assinalámos, a referência deste tipo não envolve recepção ou absorção de critérios normativos (valorações) do sistema *ad quem,* pois que a este sistema tão-somente se vai buscar o *objecto* da aplicação de critérios normativos próprios do sistema *a quo* — a resposta a uma mera *questão de facto.*

O que importa é distinguir bem entre *interpretação* e *aplicação* duma norma ou dum conceito normativo — entre o problema da determinação da *facti-species* normativa por via geral e abstracta e o problema da identificação ou «constatação» da *facti-species* concreta correspondente. O primeiro problema, que respeita ao significado conceitual, à compreensão e extensão, determinadas por via geral e abstracta, dos termos usados pelo legislador, não pode deixar de ser resolvido no contexto, geral ou especial, do ordenamento em que esses termos se inserem. Mas, no que toca ao segundo problema, pelo que respeita à aplicação concreta dos ditos conceitos ou termos, consistente na verificação ou «constatação» da existência em concreto dos dados da realidade que são subsumíveis a tais conceitos, achamo-nos já num outro plano, e do que então se trata é de emitir juízos da ordem do ser que vão referidos ao domínio de realidade a que aqueles conceitos (e, portanto, as normas que os usam) se reportam. Ora bem pode ser que o legislador, ao usar o conceito jurídico designativo de certo elemento de conexão, se queira referir a uma qualidade jurídica, a uma situação jurídica ou outro dado normativo. Sendo assim, o pressuposto é constituído por esse dado normativo, e não pelos factos que estão por detrás dele. E, sendo esse dado normativo criado pelo sistema *ad quem,* a este sistema se irá perguntar se tal dado existe, ou seja, a este sistema teremos de recorrer para resolver a *questão de facto* (mas não a *quaestio iuris*).

Se é a Regra de Conflitos da *lex fori* que define o pressuposto por ela designado, bem como a compreensão e extensão do respectivo conceito *(quaestio iuris),* não é menos verdade que, sendo tal pressuposto um dado normativo, ele tem de ser verificado e afirmado através de um juízo de realidade baseado nas normas do sistema *ad quem* de que depende a constituição ou a existência do mesmo dado (*quaestio facti*). Mas estas normas, por isso mesmo que, neste contexto, funcionam como normas *constitutivas* e não como normas *reguladoras* do *quid* a subsumir, em nada interferem com as valorações e decisões das normas do sistema *a quo* — isto é, com a resolução da *quaestio iuris.*

Saliente-se uma vez mais que esta forma de «remissão» a um sistema estranho não esvazia de conteúdo a norma do sistema *a quo,* visto ser à face deste sistema e desta norma que se define o sentido e o âmbito geral do conceito que vai ser aplicado aos dados normativos fornecidos pelo sistema *ad quem* (1).

---

(1) Sobre este ponto, v. MAGALHÃES COLLAÇO, *ob. cit.,* p. 121.

39. *Referência a possíveis pressupostos de relevância da conexão.* A Regra de Conflitos pode condicionar à verificação de certos pressupostos a relevância da conexão por ela indicada. Neste caso, esses pressupostos formam um todo funcional com o conceito designativo do elemento de conexão e subordinam-se a idênticos critérios interpretativos.

Desde logo, é concebível uma Regra de Conflitos para a qual certa característica do conteúdo jurídico-material da lei estrangeira a designar seja condição da aplicabilidade desta lei, isto é, seja condição da relevância da conexão que a designa. Assim, p. ex., concebe-se (se bem que não pareça de aconselhar) uma Regra de Conflitos que mande aplicar, de duas leis, aquela que for «mais favorável» a uma das partes (tal a regra que manda aplicar à relação de filiação ilegítima a lei pessoal do pai ou a lei pessoal do filho, conforme seja aquela ou esta a mais favorável ao filho).

É ainda concebível uma outra forma de *remissão condicionada* (*bedingte Verweisung,* como lhe chama KEGEL) em que o pressuposto nos seja fornecido por um DIP estrangeiro. É o que acontece quando a Regra de Conflitos do foro chama determinada lei, sob condição de ela, através do seu DIP, se considerar competente, ou sob condição de uma outra lei (designada por outra conexão) não reivindicar a competência.

Por fim, a Regra de Conflitos pode, pelo recurso a conceitos que exprimem uma classificação de pessoas, de factos ou de coisas, distribuir por leis individualizadas através de elementos de conexão diferentes a competência para a resolução de um problema de regulamentação jurídica que é fundamentalmente o mesmo. Ora também estes «conceitos técnico-jurídicos meramente classificativos», como lhes chama a Prof.ª MAGALHÃES COLLAÇO [1], definem um pressuposto da aplicabilidade da lei individualizada mediante certo elemento de conexão ou, o que é o mesmo, definem um pressuposto da relevância de certa conexão no âmbito de certa matéria jurídica.

Assim, p. ex., certos legisladores de DIP, ao designarem a lei competente para regular a sucessão por morte, dispõem que esta será regulada pela *lex rei sitae,* quanto aos «imóveis», e pela lei do último

---

(1) *Ob. cit.,* p. 194.

domicílio do autor da sucessão, quanto aos «móveis». Também se concebe que um legislador de DIP mande regular a capacidade das pessoas ou a validade dos respectivos negócios jurídicos por leis diferentes, conforme essas pessoas sejam ou não «comerciantes», ou consoante se trate ou não de «actos de comércio». De igual modo se concebe que a responsabilidade extracontratual seja regulada por leis diferentes, conforme a conduta que a origina seja ou não uma conduta «culposa».

Ora também relativamente a estes conceitos técnico-jurídicos «meramente classificativos» (como o conceito de «imóvel», de «comerciante», etc.) se põe a delicada questão de saber se neles há ou não uma referência pressuponente (ou *Begriffsverweisung*) *ad aliud ius* (1). Assim, p. ex., quanto à classificação de certos bens como «imóveis», para efeitos da Regra de Conflitos acima figurada, deverá entender-se que são «imóveis» aqueles que o direito material do país *a quo (lex fori)* considera como tais, ou aqueles que são assim qualificados pela *lex rei sitae*?

Já sabemos (2) que a resposta a esta questão dependerá em cada caso da *ratio*, da finalidade de política legislativa inerente à Regra de Conflitos que utiliza o conceito (3). Em todo o caso, tem de reconhecer-se que, ao contrário do que muitos pensam, não está de

---

(1) Na doutrina, a persistente confusão deste problema com o chamado problema da *qualificação* em DIP só tem contribuído para desfocar este último problema, levando a configurá-lo — como tradicionalmente tem sido configurado — em termos de saber se a qualificação deve fazer-se segundo a *lex fori* ou segundo a *lex causae*.

(2) Cfr. número anterior.

(3) Assim, p. ex., na base da Regra de Conflitos que manda aplicar à sucessão nos imóveis a *lex rei sitae* pode estar a ideia do princípio da *maior proximidade* ou da *competência mais forte* do Estado da situação das coisas; e, sendo assim, a caracterização dos bens como imóveis há-de ir buscar-se à lei desse Estado. Neste sentido, expressamente, o art. 8.º da Lei de Introdução brasileira, o Código civil do Liechtenstein e numerosos autores. Todavia, alguns autores franceses, e bem assim o art. 22.º do projecto elaborado pela Comissão de Reforma do *Code civil*, adoptam o ponto de vista oposto, partindo, porém, de premissas doutrinais que julgamos erróneas ou mal esclarecidas.

forma alguma excluída *a priori* a possibilidade de esses conceitos conterem uma remissão para a *lex causae,* por isso que a referência de pressuposição não implica, como se mostrou no número anterior, qualquer contradição lógica.

40. *Referência às questões prévias do elemento de conexão «nacionalidade».* A respeito do elemento de conexão «nacionalidade» todos concordam que importa recorrer à *lex causae* (ou seja, à lei daquele país cuja nacionalidade esteja em causa) quando se pretenda verificar a sua existência, que o mesmo é dizer, a existência de um vínculo de cidadania entre determinada pessoa e determinado Estado. De facto assim é. Não, porém, porque se trate de uma interpretação de um conceito, usado pela Regra de Conflitos do foro, de acordo com a *lex causae,* como tantos dizem, mas porque naquele conceito se contém uma referência pressuponente (ou *Begriffsverweisung*) à eventual *lex causae.* Tudo vai de concebermos aquele conceito como directamente referido a um *dado normativo* (o vínculo ou qualidade jurídica de nacional de certo Estado), como conceito designativo duma conexão jurídica.

Ora nós já sabemos que, mediante a referência pressuponente, se pede ao sistema *ad quem* a resposta a uma «questão de facto», se vai aí buscar um *resultado normativo,* tomado como pressuposto ou dado de facto. É este resultado, como dado, que importa em último termo. Logo, se tivermos de aplicar a lei da nacionalidade de certo Estado para determinar se certo indivíduo é cidadão desse Estado, temos que resolver também as «questões prévias» da atribuição ou perda da nacionalidade (a existência de certo vínculo de filiação, a existência de uma relação matrimonial, etc.) de conformidade com o ordenamento global desse Estado, tomando inclusivamente em conta as regras de conflitos gerais ou especiais desse ordenamento que venham ao caso [1].

---

[1] Sobre as questões prévias em matéria de nacionalidade podem ver-se, entre outros: MAKAROV, *Allgemeine Lehren des Staatsangehörigkeitschts,* 1947, pp. 230 e ss., ID., *Les cas d'applicaion des régles de conflit étrangères,* na Rev. crit., 1955, pp. 453 e ss.; FRANCESCAKIS, *Les questions préalables de statut personnel dans le droit de la nationalité,* RabelsZ 1958,

Não se trata de acolher esses complexos normativos, essas normas, com os seus critérios de justiça ou as consequências jurídicas por elas estatuídas, mas de tomar o resultado da aplicação delas como pressuposto da consequência estatuída pela Regra de Conflitos do foro. Por isso mesmo, não faria sentido opor à aplicabilidade de qualquer delas, para este efeito, a excepção de ordem pública [1].

41. *Elemento de conexão e conceito-quadro: Diversidade de sentido e função destes dois elementos.* Começámos este capítulo pela afirmação de que o conceito designativo do elemento de conexão se refere sempre a um *quid facti,* a um pressuposto. Vimos depois que esse *quid facti* poderia ser um dado normativo. Para melhor realçarmos, por contraste, o significado destas afirmações, confrontaremos agora este elemento estrutural da Regra de Conflitos com o outro, o conceito-quadro.

Relembremos a função que atribuímos à Regra de Conflitos. Dissemos que, na previsão de hipóteses em que as situações de facto com carácter internacional se apresentem como «plurilocalizadas», o legislador de DIP vê-se na necessidade de prevenir ou dirimir concursos entre as várias leis estaduais «interessadas», ou seja, vê-se na necessidade de fazer corresponder a cada tipo de conexão um determinado «âmbito de competência» — um determinado sector de matérias ou questões jurídicas que adjudica à lei estadual individualizada pela conexão daquele tipo. Dentro de tal «âmbito de competência» tal lei é reconhecida como aplicável, os seus critérios normativos são acolhidos e aplicados pelo julgador do Estado do foro. É o conceito-quadro, evidentemente, que define o dito «âmbito de competência». Portanto, podemos dizer que, se o elemento de conexão funciona como *pressuposto* da aplicabilidade ou competência de

---

pp. 466 e ss.; JAGMETTI, *Die Anwendung fremden Kollisionsrecht durch den inländischen Richter,* 1961, pp. 128 e ss.

No direito português, cfr. a Base VI da Lei da Nacionalidade (Lei n.º 2098, de 29-7-1959): «Só a filiação estabelecida de conformidade com a lei portuguesa produz efeitos relativamente à atribuição da nacionalidade portuguesa».

(1) Cfr. *infra,* n.º 88.

certa lei, o conceito-quadro funciona como *critério de medida dessa* aplicabilidade ou dessa competência.

Já por aqui se vê que são diversas as funções desempenhadas pelo elemento de conexão e pelo conceito-quadro. Dado por assente, porém, que o conceito-quadro se não refere em princípio a factos empíricos, mas a «dados» normativos, não poderia porventura entender-se que naquele conceito se contém também uma referência pressuponente a esses «dados» normativos?

Já vimos que a referência feita pelo DIP do foro a um direito estrangeiro não pode ser uma referência de tipo pressuponente, mas tem de ser, antes, uma referência *atributiva de competência ou recognitiva.* Com efeito, as normas da lei estrangeira são tomadas como critérios normativos, com as suas próprias valorações jurídico-materiais e as consequências jurídicas por elas estatuídas — e não, quer em si mesmas quer nos resultados da sua aplicação, como dados de facto, como pressupostos duma consequência jurídico-material a ditar pela lei do foro. Mas isto não obstaria a que o conceito-quadro da Regra de Conflitos se referisse às normas materiais da lei estrangeira aplicável (ou às qualidades ou situações jurídicas resultantes da sua aplicação) como *dado* ou pressuposto da estatuição da mesma Regra de Conflitos: a aplicabilidade dessa lei estrangeira. A referência contida nesta estatuição, essa é que não poderia ser senão de tipo recognitivo. E, assim, poder-se-ia dizer que também o conceito-quadro se referiria a um *quid facti* — que nele também haveria uma referência pressuponente à *lex causae.* Não falta mesmo quem tenha defendido este ponto de vista.

Todavia, teremos de afirmar que no conceito-quadro da Regra de Conflitos típica não há uma referência a um *quid facti,* mas a simples questões jurídicas; e que, portanto, na aplicação deste conceito jurídico — caso singular, mas não único (1) — não há que verificar uma *quaestio facti.* Senão vejamos.

Sabemos já que o sistema jurídico designado como competente para regular determinada questão jurídica suscitada por certo facto concreto é competente para regular tal questão concreta mesmo que *a não regule,* quer dizer, mesmo que o facto em causa seja havido, em

---

(1) Cfr. *infra,* n.os 43 e 44.

face deste sistema e sob o aspecto considerado, como juridicamente irrelevante, por não caber na hipótese de nenhuma norma nem suscitar um verdadeiro problema de integração da lei (lacuna). A decisão quanto à irrelevância do facto, a extrair do sistema designado como aplicável, é ainda uma decisão jurídica. Se, pela circunstância de a lei designada como aplicável à responsabilidade extracontratual, p. ex., não considerar o facto em causa como facto gerador de responsabilidade devêssemos recorrer a uma outra lei (também em contacto com o facto) cujas normas sobre responsabilidade extracontratual cobrissem tal facto, isso significaria que, afinal, se não reconhecia competência plena àquela primeira lei para regular a dita questão de responsabilidade extracontratual. Configurar como dado ou pressuposto visado pelo conceito-quadro a própria norma material estrangeira que se refira na sua hipótese ao facto concreto em apreço (ou o resultado da aplicação dessa norma) seria, pois, reduzir de modo arbitrário o âmbito de competência da lei chamada.

Quanto ao conceito designativo do elemento de conexão, porém, as coisas passam-se de modo completamente diferente, pois importa verificar *de modo positivo* a existência da conexão mediante a resposta a uma *quaestio facti.* Porque, se se não verifica ou constata como um *quid* positivo, em relação a dado sistema estadual, a conexão prevista pela Regra de Conflitos, falha um pressuposto do «chamamento» desse sistema, falha o próprio *título da sua vocação* ou da sua competência, e ele, portanto, não será aplicável ao caso. Ao passo que, como vimos, se dada conexão se verifica de facto (se se verifica o *título* da competência) mas não se acha no sistema designado qualquer norma, pertinente ao sector jurídico a que se refere o conceito-quadro da Regra de Conflitos que utiliza a dita conexão, que cubra com a sua hipótese o facto concreto a regular, apesar disso a lei «chamada» continua a ser competente, pois afasta a aplicabilidade de qualquer outra lei e o facto em causa deve, consequentemente, ser considerado juridicamente irrelevante na perspectiva da questão jurídica em apreço.

Em resumo, pois: o elemento de conexão só opera se se descobre um *quid* positivo que corresponda ao conceito que o designa, o que significa que a aplicação deste conceito envolve a indagação e resolução duma *quaestio facti;* ao passo que o conceito-quadro não exige, para a sua aplicação ou funcionamento, a descoberta de algum *dado positivo* em que se concretize o seu conteúdo, ou seja, não exige a resposta a uma *quaestio facti.*

Assim se põe a descoberto a raiz da heterogeneidade funcional dos dois elementos estruturais da Regra de Conflitos. E convém salientar que esta heterogeneidade não está de modo algum em o conceito-quadro referir-se a dados normativos e o elemento de conexão a dados de puro facto. Tanto assim não é que o conceito designativo do elemento de conexão (1) pode, como vimos, referir-se a dados normativos sem que a dita heterogeneidade desapareça; pois que, quando tal acontece, esses dados normativos são por este conceito assumidos como *pressupostos* ou como «dados de facto».

A mencionada heterogeneidade de funcionamento dos dois elementos estruturais da Regra de Conflitos fornece-nos, por sua vez, a explicação e a razão de ser da diferença de tratamento que a doutrina dominante lhes dá em matéria de interpretação e aplicação dos respectivos conceitos. Assim, designadamente, para a grande maioria dos autores modernos, o problema da qualificação, na especificidade que assume no DIP, só se põe e discute a propósito da aplicação do conceito-quadro (2).

---

(1) E quem diz este diz também, segundo já vimos, os conceitos designativos dos pressupostos de relevância da conexão, como o conceito de «imóvel», etc.

(2) A referida doutrina dominante, porém, limita-se a afirmar esta tese sem, no entanto, a fundamentar devidamente (cfr. *Âmbito,* cit., pp. 377 e s.). Aliás, o facto de uma boa maioria dos autores persistir em estender o problema da qualificação aos «conceitos técnico-jurídicos meramente classificativos», de que atrás falámos, mostra bem que o dito problema ainda não saiu, para aquela doutrina, do limbo da confusão.

CAPÍTULO III

O CONCEITO-QUADRO

§ 1.º — Introdução: Problemas metodológicos gerais suscitados pelo conceito-quadro.

42. *Da função do conceito-quadro para o conteúdo do conceito--quadro.* Já sabemos que a função do conceito-quadro na estrutura e na operação das Regras de Conflitos (concebidas estas como normas que, distribuindo a competência para regular problemas de direito privado entre as várias «leis interessadas», visam prevenir ou afastar conflitos de normas) consiste em definir ou delimitar o âmbito de competência da lei apontada pela correspondente conexão, por modo a prevenir ou dirimir concursos ou conflitos de leis. Ora desta sua função decorrem necessariamente certas exigências quanto ao seu conteúdo. E põe-se a questão: que natureza e conteúdo deve revestir o conceito-quadro para poder cumprir aquela sua missão?

Da sobredita função resultam logo alguns corolários. Se o conceito-quadro se há-de limitar a definir o âmbito de competência da lei designada, sem interferir com a regulamentação material que a esta compete, parece que não deverá levar dentro de si qualquer conteúdo de direito material. Acresce que, se o conceito-quadro há-de servir para evitar conflitos de leis, terá que tomar para ponto de referência as questões ou matérias jurídicas que serão da exclusiva competência de uma só lei. Por outro lado, se, como salienta RABEL, o DIP coenvolve a aplicação de todas as legislações da terra, pelo que a todas deve compreender no seu círculo de previsão, então tem de entender-se que o conceito-quadro deve referir-se a algo que seja ou possa ser comum a todas as legislações.

Isto posto, que tipo de conceito jurídico será o conceito-quadro? Afirma-se que ele constitui um daqueles «conceitos jurídicos indeterminados» cuja aplicação em concreto exige operações de concretização particularmente complexas [1]. Insiste-se em que a «aplicação das normas de conflito se distingue da técnica tradicional do comando jurídico nos mesmos termos em que o julgar segundo princípios se distingue do julgar segundo supostos de facto» — sendo que aquela julgar segundo princípios «exige uma interpretação em sentido complementador, e não exegético» [2]. Declara-se que, no campo do DIP, mesmo no sector das normas de conflitos legisladas, «se apresenta à actividade do intérprete, dentro de amplos limites, a mesma tarefa que se lhe depara quando se trata de descobrir direito novo» [3]. Mas tudo isto, que é mais ou menos verdadeiro, pouco nos diz acerca da exacta natureza e do conteúdo do conceito-quadro.

Em duas direcções se procurou já determinar o conteúdo e alcance do conceito-quadro: pelo recurso ao direito material do Estado do foro (sem deixar de ter em conta, porém, os fins específicos do DIP e das suas normas) e pela via comparatista. Segundo a primeira orientação, o conceito-quadro haveria de ser preenchido com o mesmo conteúdo que o correspondente conceito do direito material do foro ou, pelo menos, com o núcleo essencial desse conteúdo. Seria sempre nas concretas regulamentações do direito material do foro que se colheriam as notas que vão definir o conteúdo do conceito-quadro [4]. A orientação comparatista, por seu lado, partindo de que a Regra de Conflitos deve ser elaborada e entendida em função de todos os direitos cuja aplicação pode determinar, sustenta que o conteúdo do conceito quadro só pode ser obtido por abstracção a partir dos regimes ou conteúdos jurídicos daqueles vários direitos, para se determinar o que nesses conteúdos há de comum, numa base comparatista [5].

Nem uma nem outra das orientações nos parece inteiramente exacta, por esta razão fundamental: é que ambas se propõem preencher o conceito-quadro com conteúdos de regulamentações jurídicas

---

[1] Cfr. MAGALHÃES COLLAÇO, *ob. cit.*, pp. 192 e ss.

[2] ESSER, *Principio y norma en la elaboración jurisprudential del derecho privado*, trad. espanhola, 1961, p. 349.

[3] RABEL, *Das Problem der Qualifikation*, in RabelsZ 1931, p. 263.

[4] Neste sentido, M. COLLAÇO, *ob. cit.*, pp. 174 e ss.

[5] Neste sentido, RABEL, *ob. cit.*, p. 262 e ss.; IDEM, *Le problème de la qualification*, in Rev. Crit., 1933, pp. 30 e ss., 61 e ss.

positivas. Ora, se esse conceito tem a função que lhe assinalámos, e se se há-de referir a *algo de comum* aos diferentes sistemas jurídicos, não pode referir-se a esses conteúdos normativos positivos, não pode ter o seu conteúdo determinado por tais conteúdos preceptivos, ou seja, pelas regulamentações ou soluções jurídicas de qualquer sistema positivo. Com efeito, no plano das soluções, no plano das respostas de direito positivo às diferentes questões jurídicas, o que nós vemos é diversidades entre os sistemas jurídicos (sendo aliás essas diversidades a própria razão de ser do DIP). Neste plano, poderia afirmar-se, antes, com Walter SELB [1], que o que o direito comparado nos revela é justamente a impossibilidade de obter uma qualificação internacional unitária.

Portanto, devemos procurar esse *algo de comum* aos diferentes sistemas jurídicos num plano *anterior* ao das soluções de direito positivo, num momento anterior ao das *respostas* dadas pelos vários direitos às diferentes questões jurídicas. E esse plano é justamente o plano das *questões jurídicas:* estas é que são comuns aos diferentes direitos. Por outro lado, como o conflito de normas se traduz na diferente solução dada à *mesma* questão de direito por duas normas diferentes, o conceito-quadro, que tem por função, nos termos já ditos, distribuir a competência por forma a prevenir estes conflitos, tem necessariamente que delimitar matérias ou questões jurídicas. Nestes termos, o referido conceito-quadro deve assumir a forma ou a natureza de *conceito-questão* — isto é, de conceito que refere questões jurídicas de direito material, e não as correspondentes respostas normativas [2].

43. *Conflitos de normas e concursos reais de normas.* Salientámos que os conceitos-quadro das várias Regras de Conflito devem repartir a competência normativa por modo a serem afastados conflitos entre norma procedentes de diferentes leis estaduais. Ora também o desempenho desta função exige, como dissemos, que os ditos conceitos circunscrevam questões, problemas ou matérias jurídicas.

---

(1) *Wolff und die Lehre von der Qualifikation*, AcP 1958, p. 347.

(2) Sobre este ponto, cfr. *infra*, n.º 47.

Com efeito, um conflito de normas surge quando *a mesma questão de direito* é diferentemente resolvida por duas normas que se apresentam como simultaneamente aplicáveis. Tal conflito é, pois, um concurso *aparente* de normas. Aparente porque, dada a insuperável contradição entre as normas, pelo menos uma delas tem de ser sacrificada quando se proceda à aplicação concreta do direito. Mas, por outro lado, o concurso de normas, que se verifica sempre que uma situação da vida preenche simultaneamente as hipóteses legais de diferentes normas, também pode ser *real*. É-o quando as diferentes normas em concurso respondem a questões jurídicas *diferentes*. Por isso, as normas em concurso *real* são simultaneamente aplicáveis (1).

Por mais que se tente, não é possível definir um conflito de normas, ou distinguir este do *concurso real* de normas, sem recorrer à noção de questão jurídica. Também o legislador não foi capaz de definir o conflito de decisões (ou oposição de julgados), no art. 763.º do C. P. C., sem recorrer a esta noção. Em qualquer dos casos, a *identidade da questão jurídica* é o único critério que nos pode servir de ponto de referência.

Se as normas ou decisões normativas conflituantes *concorrem* sobre a mesma situação concreta, é evidente a necessidade de resolver o concurso antes de decidir o caso. Com efeito, a mesma conduta não pode ser ao mesmo tempo imposta e proibida, ou proibida e permitida — assim como não pode ser *indiferente* e proibida ou imposta, obrigatória (imposta) e permitida. Portanto, se uma situação de facto está conexa com vários ordenamentos jurídicos, e se a competência simultânea desses ordenamentos não deve ser excluída *a priori*, então o âmbito de competência de cada um deles deve ser definido por forma a não interferir com o âmbito de competência de cada um dos outros (por forma a não haver sobreposições) — o que significa que a competência deve ser distribuída entre eles por forma a que cada questão de direito obtenha apenas uma resposta, seja decidida apenas por um deles.

---

(1) Sobre o conflito e o concurso de normas, cfr. *Âmbito*, cit., pp. 211 e ss., e literatura aí referida.

44. *Paralelismo entre normas e comparabilidade dos sistemas jurídicos. Conclusões e remissão.* É claro que tanto a referência feita pelo conceito-quadro a um *quid* comum aos diferentes sistemas jurídicos como a possibilidade mesma de as normas dos diferentes sistemas entrarem em conflito pressupõem que estas sejam entre si *comparáveis.* No mesmo pressuposto assenta, evidentemente, o Direito Comparado. Ora qual o ponto de partida para essa comparação, qual é o *tertium comparationis* que nos permite o confronto de sistemas diferentes?

Na teoria do direito Comparado, assentou-se modernamente na conclusão de que esse ponto de referência comum ou *tertium comparationis* não nos é dado por um sistema supra-estadual de normas, por um sistema normativo ideal construído *ad hoc,* mas pela identidade dos problemas ou questões jurídicas fundamentais. O ponto de partida é a *questão jurídica* (1). Ao mesmo tempo, afirma-se que é igualmente necessário assumir este ponto de partida comparatista no entendimento dos conceitos usados como conceitos-quadro pelas Regras de Conflitos (2). E com razão, como vimos.

Isto posto, é lícito perguntar agora: mas qual o tipo de operações mentais que estão envolvidas no entendimento e sobretudo na aplicação do conceito-quadro? De que natureza são as operações mentais capazes de legitimar ou tornar possível a *comparação* de sistemas jurídicos diferentes?

Estamos persuadidos de que tais operações do pensamento jurídico são do mesmo tipo daquelas que se utilizam no *discorrer por analogia,* para efeitos de descoberta, no sistema de direito material, de certo tipo de lacunas, ou para a descoberta, também aí, de antinomias ou contradições valorativas. Com efeito, um caso de lacuna pode configurar-se como um «espaço jurídico desocupado», ou seja, um caso em que se suscita uma questão *jurídica* que ficou sem resposta. Partindo do mesmo símile, diríamos que num verdadeiro conflito de normas (concurso aparente) haveria, pelo contrário, um

---

(1) Cfr., entre outros, Karl H. NEUMAYER, *Betrachtungen zum rechtsvergleichenden Unterricht auf internationaler Grundlage,* in RalbelsZ 32 (1968), pp. 405 e ss., 432 e s.; Otto SANDROK, *Über Sinn und Methode zivilistischer Rechtsvergleichung,* 1966, pp. 23 e ss., e p. 46.

(2) SANDROK, *ob. cit.,* lugar citado.

espaço jurídico *duplamente ocupado* (duas respostas à *mesma* questão de direito). A contradição valorativa traduz-se, por seu turno, em soluções ou respostas diferentes a questões jurídicas *paralelas,* que surgem em contextos institucionais diferentes. O desenho conceitual de qualquer destas figuras coenvolve, pois, uma referência à noção de *questão jurídica.* Tal como a coenvolve a figura da oposição ou conflito de julgados a que se refere o art. 763.º do C. P. C.

Pode objectar-se que é do postulado da unidade e coerência valorativa do sistema jurídico que resulta a necessidade de colmatar as suas lacunas e eliminar quanto possível as suas contradições valorativas. E que uma e outra destas operações coenvolve a explicitação e aplicação das valorações do sistema de direito positivo em causa. Pelo que, entrando essencialmente em jogo juízos de valor baseados em conteúdos de um determinado direito positivo, as operações mentais do jurista necessárias à realização destas tarefas não podem ser da mesma natureza daquelas que se requerem para comparar normas pertencentes a sistemas jurídicos diferentes (e por isso subordinadas a postulados valorativos diferentes) ou para comparar estes entre si.

Aceitam-se as premissas, mas rejeita-se a conclusão. As afirmações das premissas são efectivamente verdadeiras, pois as lacunas de um sistema são colmatadas e as contradições do mesmo eventualmente eliminadas pelo recurso a valorações imanentes ao sistema. Mas há que encarar um problema necessariamente anterior, que é este: como se *descobrem* as lacunas e contradições valorativas do sistema?

Tanto aquelas lacunas cujo preenchimento se faz necessariamente por analogia (1) como as contradições valorativas pressupõem um paralelismo de problemas jurídicos. Referimo-nos já a este paralelismo a propósito das normas de remissão. Vimos que a aplicação duma destas normas exige que se elabore, para o domínio ou instituto jurídico a que respeita, uma norma *paralela* à norma *ad quam,* ou seja, uma norma que vá, no contexto institucional em que a norma remetente se situa, resolver um *problema equiparável* (ou desempenhar uma função correspondente) ao que aquela norma *ad quam* resolve

(1) Sobre este tipo de lacunas, cfr. C.-W. CANARIS, *Die Feststellung von Lücken im Gesetz,* 1964, pp. 148 e ss.; e *infra,* n.º 52.

no seu contexto próprio, aplicando a mesma valoração. Assim, p. ex., para se estabelecerem os casos de indisponibilidade relativa no domínio das doações, importa elaborar normas paralelas às dos arts. 2192.º a 2198.º do Código Civil, que resolvem o mesmo problema no domínio das sucessões. É o que afinal resulta do art. 953.º do mesmo Código, que manda aplicar às doações, «devidamente adaptado», o disposto naqueles textos. Apontam-se até estes casos contemplados por normas de remissão como casos de «analogia de remissão» (1). Lembramos ainda que é o referido paralelismo de problemas que está na base do recurso interpretativo aos «lugares paralelos». Tudo isto serve para nos dar uma ideia da base em que assenta o *movimento de reenvio* do discorrer analógico adentro das coordenadas de um sistema.

Se bem repararmos, notaremos agora que é o paralelismo de problemas ou questões jurídicas que nos induz a uma identidade de valorações e de soluções. E não inversamente. É que, antes do problema do preenchimento duma lacuna, põe-se necessariamente a questão de saber se, no caso omisso, estamos em face de uma verdadeira lacuna *jurídica* — em face de um caso merecedor de tutela jurídica —, e não em face de uma simples lacuna *crítica* ou *política*. Ora, como responder a esta questão? No domínio próprio do tipo de lacunas que estamos a considerar responder-se-á dizendo, p. ex.: o problema apresentado pelo caso omisso merece solução jurídica porque um *problema análogo* ou paralelo também a mereceu num outro ponto do sistema. Ou então: o conflito de interesses (ou ainda: a *questão jurídica*) que se apresenta no caso omisso é semelhante ao regulado pela lei em determinada disposição, logo merece um tratamento correspondente. Quer isto dizer que a analogia não serve apenas para preencher lacunas mas também, como modernamente veio salientar ENGISCH (2), e com ele CANARIS (3), para as descobrir. É o paralelismo da questão posta pelo caso omisso com certa questão jurídica que a lei contempla e regula que nos permite concluir que há no sistema

---

(1) No fundo, em todos os casos de analogia há uma *remissão*, ainda que apenas implícita.

(2) *Der Begriff der Rechtslücke*, in Festschrift Sauer, 1949.

(3) *Ob. cit.*, pp. 55 e ss.

um «espaço jurídico desocupado», uma lacuna. Portanto, é deste paralelismo de questões jurídicas que se parte para a identidade de valoração e solução, e não inversamente [1].

---

[1] Atrevemo-nos a sugerir — não sem hesitações — que se pode localizar aqui o critério teórico da distinção entre *interpretação extensiva* e *aplicação analógica*. Diz-se que, na primeira, o caso não abrangido pela letra é todavia abrangido pelo «espírito» da norma, ao passo que, na segunda, o caso omisso não se acha abrangido nem pela letra nem pelo «espírito» da norma — pelo que esta nunca o poderá regular directamente, mas só *correspondentemente* ou *com as devidas adaptações* (quer dizer, mediante a elaboração duma *norma paralela*). Parece que se poderá fazer mais explícita tal distinção. Cremos, na verdade, que o recurso à analogia se distingue da interpretação extensiva por duas características principais: 1.ª) no domínio da interpretação extensiva, o caso não abrangido pela letra da norma situa-se dentro do mesmo contexto ou âmbito de matéria jurídica em que se situam as hipóteses que ela abrange (pelo que haverá uma aplicação directa da mesma norma), ao passo que, no domínio da analogia, a questão omissa é apenas uma questão *paralela* da regulada, ou seja, uma questão semelhante que se situa num contexto normativo distinto daquele em que se situa a norma reguladora do caso análogo (e daí que esta norma só lhe seja aplicável *mutatis mutandis*); 2.ª) no domínio da interpretação extensiva, é a própria valoração da norma (o seu «espírito») que leva a descobrir a necessidade de estender o texto desta à hipótese que ele não abrange, ao passo que, no campo da analogia, não é a valoração da norma reguladora do caso análogo (e que vai ser aplicada *por analogia* ao caso omisso) que permite descobrir a lacuna e a necessidade do seu preenchimento, mas é antes o paralelismo (ou analogia) da *questão* posta pelo caso omisso com a *questão* posta pelo caso directamente regulado que induz à descoberta da lacuna e ao seu preenchimento através duma valoração idêntica e duma norma *paralela* à que regula o dito caso análogo.

A força expansiva da própria valoração legal é capaz de levar o dispositivo da norma a cobrir hipóteses do mesmo tipo não cobertas pelo texto; mas só a remissão analógica, fundada no paralelismo dos problemas ou questões jurídicas, é susceptível de *transplantar* as valorações legais para lugares paralelos situados noutros contextos institucionais. Compreender-se-ia assim que a norma excepcional, informada por uma valoração que toma em conta as particularidades de certas hipóteses em que se suscita a *mesma questão* que aquela a que corresponde o regime-regra, fosse susceptível de interpretação extensiva, pedida ou postulada por aquela mesma valoração, mas já não de aplicação analógica. É que só a valoração informadora do regime-regra orienta a resposta à *questão como tal*, e por isso também só ela seria transferível com base no paralelismo das questões. A valoração do regime excepcional, por isso que não vai referida à *questão como tal*, também não poderia apoiar-se

Do mesmo modo, aquilo que nos induz a uma *comparação de normas* (lembre-se que são normas paralelas as normas que regulam casos análogos) e, eventualmente, à descoberta de contradições ou incoerências valorativas no seio de um ordenamento jurídico é o *paralelismo* entre os problemas ou questões jurídicas que elas se propõem resolver, e não as soluções ou respostas que elas dão a esses problemas ou as valorações que as informam. Aliás, se assim não fora, se não houvesse um ponto de referência que nos permitisse situarmo-nos acima do conteúdo valorativo das normas do sistema, nunca nos seria possível descobrir uma contradição valorativa entre essas normas.

Ora, se a identidade de valorações e soluções jurídicas não constitui fundamento do paralelismo entre normas, antes o pressupõe, então é possível comparar entre si normas de sistemas jurídicos diferentes. Base desta comparabilidade, imprescindível ao Direito Comparado e ao DIP, é o paralelismo ou correspondência entre os problemas ou questões de direito que as normas dos diferentes sistemas se propõem resolver.

Assim, ao mesmo tempo que concluímos pela comparabilidade dos diferentes ordenamentos estaduais, concluímos também, e com igual fundamento, que as operações mentais implicadas na interpretação e aplicação do conceito-quadro são do tipo daquelas que envolve o discorrer por analogia. Não estavam, pois, longe da verdade aqueles autores que, como ESSER e RABEL, sugeriram que a tarefa de interpretar e aplicar Regras de Conflitos envolve operações distintas das necessárias à aplicação das normas jurídicas de recorte tradicional dotadas de uma hipótese legal típica — envolve operações que são antes muito mais próximas daquelas que se requerem para a descoberta de direito novo.

---

no paralelismo entre a questão regulada e a questão omissa para justificar a sua transferibilidade para a regulamentação desta.

Em resumo, e frisando o pensamento do texto: só a interpretação extensiva seria sugerida, justificada e postulada pela *valoração* da norma (e esta só poderia justificar aquela); a aplicação analógica, essa seria sugerida e justificada pelo *paralelismo* dos problemas ou questões, por um lado, e postulada pela unidade e coerência do *sistema* (e não logo pela *valoração* particular de certa norma, como acolá), pelo outro.

É, em suma, a metodologia da interpretação e aplicação dos *conceitos-questão* que está em causa.

A isto só acrescentaremos mais uma observação. Como vimos, o conceito-quadro da Regra de Conflitos não se refere a um *quid facti* e, portanto, a sua aplicação não coenvolve a resolução duma *questão de facto.* Assim teria necessariamente de ser, uma vez que tal conceito se refere a questões jurídicas. O mesmo acontece com a aplicação do art. 763.º do C. P. C., na parte em que este texto se refere à *mesma questão fundamental de direito:* a verificação da questão de saber se dois julgados diferentes decidem ou não a *mesma questão de direito* também não envolve a resposta a uma questão de facto [1].

Por tudo o exposto, bem se compreende que na doutrina haja sido destacado, pela sua particular especificidade no DIP, o chamado problema da *qualificação,* de que trataremos a seguir.

§ 2.º — O problema da qualificação.

BIBLIOGRAFIA: Sobre o tema da qualificação em DIP, ver sobretudo: Na literatura portuguesa: DIAS ROSAS, *As Qualificações em DIP,* Lisboa 1948; FERRER CORREIA, *O problema das qualificações em DIP* (1949-50) e *O problema da qualificação segundo o novo DIP português* — ambos estes estudos publicados agora em *Direito Internacional Privado,* Coimbra 1970, resp. a pp. 1 e ss. e 43 e ss. —; ID., *Lições de DIP,* 1963, pp. 354 e ss., 1969, pp. 343 e ss.; ID., *Conflitos de leis,* Lisboa 1964 (BMJ), com a nossa colaboração; I. M. MAGALHÃES COLLAÇO, *Da qualificação em DIP,* Lisboa 1964 (tese); TABORDA FERREIRA, *Considerações sobre o problema das qualificações em DIP,* in «Scientia Iuridica», tomos VIII e XI. Na literatura estrangeira, ver sobretudo: WENGLER, *Réflexions sur la technique des qualifications en DIP,* in «Revue critique de DIP», 1954, pp. 661 e ss.; ID., *Die Qualifikation der materiellen Rechtssätze im IPR,* in «Festschrift f. M. Wolff», 1954, pp. 337 e ss.; RIGAUX, *La théorie des qualificatinos en DIP,* 1956; SPERDUTI, *Saggi, cit.,* pp. 7 e ss.; QUADRI, *Lezioni di DIP,* 3.ª ed., 1961, pp. 257 e ss.; AGO, *Teoria del DIP,* 1934; ID., *Lezioni di DIP,* 1939 (reed. 1955), pp. 68 e ss.; BETTI, *Problematica, cit.,* pp. 183 e ss.; ZICCARDI, *Introduzione critica al Diritto Internazional,* 1956, pp. 15 e ss., 41 e ss.; BALLADORE PALLIERI, *DIP,* 1950, pp. 63 e ss.; ROBERTSON, *Characteri-*

---

(1) Sobre este ponto, cfr. *Âmbito,* cit., pp. 223 e ss.

zation in The Conflicts of Laws, 1940; RAAPE, IPR, cit., pp. 107 e ss.; NEUNER, *Der Sinn der internationalprivatrechtlichen Norm*, 1932; ID., *Die Anknüpfung*, cit.; KEGEL, IPR, cit., pp. 90 e ss.; DÖLLE, IPR, 1968, pp. 94 e ss.; MAKAROV, *Theoria und Praxis der Qualifikation*, in «Festschrift Dölle», II, 1963, pp. 149 e ss.; BATIFFOL, *Droit International Privé*, Paris 1970, vol. I, pp. 350 e ss.

45. *«Descoberta» do problema e exemplos.* O «problema das qualificações» deve o seu nome ao artigo de BARTIN publicado em *Clunet*, ano de 1897, pp. 225 e ss., sob o título significativo de «De l'impossibilité d'arriver à la suppression définitive des conflits de lois». Pretende BARTIN demonstrar aí que são vãos os esforços dos internacionalistas com vista à unificação definitiva das regras do DIP; e isto porque, mesmo quando estas regras obedeçam nos vários países a fórmulas uniformes, surge uma questão que ninguém parece ter suspeitado e que tornará infelizmente impossível aquela unificação — uma questão que fará com que a finalidade perseguida por todas as tentativas de unificação recue indefinidamente diante de nós. Essa questão é a questão dos conflitos de qualificação. Neste estudo, tornado célebre, vêem os juristas uma verdadeira *descoberta* da ciência do Direito (1). O certo é que o mesmo problema tinha já sido posto na Alemanha por Franz KAHN, a partir de 1891, sob o nome de «conflitos latentes» (2). Foram, pois, dois juristas que, independentemente um do outro, descobriram e resolveram no mesmo sentido o problema que depois veio a ser considerado um dos problemas fundamentais do DIP.

Antes de definir o problema, ilustremo-lo com alguns exemplos.

(1) Ilustremo-lo desde logo com o exemplo tornado clássico pelo referido estudo de BARTIN: o caso apreciado pelo tribunal de

---

(1) Cfr., p. ex., Hans DÖLLE, *Juristische Entdeckungen*, Tübingen 1958, p. 19.

(2) Cfr. KAHN, *Abhandlungen zum Internationalen Privatrecht*, vol. I, pp. 92 e segs.: *Latente Gesetzeskollisionen*. KAHN põe à cabeça desta secção as seguintes palavras: «Entendemos por conflitos de leis 'latentes' aqueles que surgem, não da diversidade das normas territoriais de DIP, não da diversidade dos conceitos jurídicos que estas normas utilizam, mas antes, sem quaisquer normas explícitas, da própria base sobre a qual se levanta o DIP: da diversidade de natureza das relações jurídicas nos diferentes países».

Argel em 24-12-1889. Dois cônjuges anglo-malteses haviam emigrado para a Argélia, onde o marido adquiriu bens imóveis. À morte deste a viúva aparece a exercer sobre estes imóveis o direito conhecido pela lei anglo-maltesa sob a designação de «quarta do cônjuge pobre». Ora, segundo o DIP francês, o regime matrimonial dos cônjuges era determinado pela lei anglo-maltesa; mas a sucessão nos imóveis situados em território francês era (e é) regida pela lei francesa. Logo, se a quarta do cônjuge pobre é uma instituição do regime matrimonial, é a lei anglo-maltesa que deve ser aplicada, e a viúva tem o direito que reclama; se, pelo contrário, a dita *quarta* se integra no regime das sucessões por morte, o direito competente é o direito francês e, como este desconhece tal instituição, a viúva não tem o direito que pretende exercer.

(2) Vejamos agora um dos exemplos sobre os quais raciocinou KAHN. O *Reichsgericht* alemão teve que decidir vários casos do seguinte teor: detentores de cheques (ou promissórias) emitidos nos Estados Unidos e sujeitos à lei americana apresentam-se perante os tribunais alemães a reclamar os seus créditos. Segundo o direito alemão o prazo prescricional destes créditos é de três anos. Segundo o direito americano, a acção para o exercício dos direitos de crédito incorporados em cheques ou promissórias deve ser proposta no prazo de seis anos, doutro modo não será admitida, por força do instituto da *limitation of actions*. Ora, segundo o direito alemão (e bem assim segundo os outros direitos da Europa continental), a prescrição é um instituto de direito *substantivo*. Logo, deve aplicar-se-lhe a mesma lei estatual que se aplica à substância e efeitos do direito subjectivo em causa (cfr. o art. 40.° do nosso Código Civil) — no caso, a lei americana. Mas acontece que, no direito dos Estados Unidos (e bem assim no direito inglês), a prescrição é qualificada como um instituto de direito *processual*, resultando desta qualificação (pelo menos à primeira vista) que a matéria deve ser submetida à *lex fori* (enquanto lei do processo). Portanto, se o tribunal alemão se orientar pela qualificação do direito americano, aplicará a lei alemã *(lex fori)* e, consequentemente, considerará prescrito o direito de crédito, no caso de já terem decorrido os três anos do prazo prescricional estabelecido na sua lei; se, em vez disso, seguir a qualificação alemã, segundo a qual o instituto da prescrição tem carácter *substantivo* (e não processual), fará aplicação do direito

americano e decidirá que o mesmo direito de crédito se não acha prescrito, se ainda não decorreram os seis anos do prazo estabelecido pela lei americana.

(3) Refiramos agora um caso célebre da jurisprudência inglesa: o caso *Re Maldonado, State of Spain v. Treasury Sollicitor,* decidido favoravelmente ao Estado espanhol pela Court of Appeal, em 1954. A espanhola Eloisa Maldonado, domiciliada em Santander, falecera em 1924, sem testamento, e sem parentes que lhe sucedessem. Da herança faziam parte papéis de crédito, no valor de mais de 26 000 libras, depositados num banco londrino. Tanto segundo o DIP espanhol como segundo o DIP inglês a lei competente para reger a sucessão em causa era a lei espanhola. Segundo o Código civil espanhol (art. 956.º), o Estado espanhol era o herdeiro legal da senhora Maldonado. Segundo o direito inglês (Administration of Estates Act, de 1925, secção 46), a Coroa inglesa tem um direito de apropriação sobre os bens deixados na Inglaterra por pessoas que faleceram sem herdeiros (trata-se de um dos casos em que pertencem à Coroa os bens sem dono — *bona vacantia*). Pois bem, se o tribunal inglês, em vez de qualificar o referido art. 956.º do Código espanhol como norma de carácter *sucessório,* lhe tivesse antes atribuído uma função e uma qualificação análogas à daquela norma que, no direito inglês, confere à Coroa o referido direito de apropriação dos *bona vacantia* situados em Inglaterra, não teria sem dúvida reconhecido o direito de herdeiro ao Estado espanhol.

(4) Tomemos agora um exemplo referido por Martin WOLFF. Os cônjuges eram alemães ao tempo da celebração do casamento. Mais tarde, adquirem a nacionalidade austríaca. A mulher propõe na Alemanha uma acção contra o marido, exigindo deste que lhe adiante os fundos necessários para as despesas com o processo que lhe move. Tanto a lei alemã como a austríaca reconhecem à mulher o direito de exigir do marido o referido «adiantamento», mas sob condições diferentes; de maneira que esse direito haveria de ser ou não reconhecido, no caso, conforme se aplicasse uma ou outra das referidas leis. Ora no DIP alemão (como no português, diga-se de passagem), existem duas regras de conflitos relativas às relações entre cônjuges: uma relativa às relações patrimoniais (art. 15.º EGBG), submetendo estas relações à lei nacional do marido ao tempo da celebração do casamento, e outra relativa às relações pessoais dos

cônjuges (art. 14.º do EGBG), que as manda regular pela lei nacional do marido *actual* (melhor: contemporânea do exercício dos direitos decorrentes da relação matrimonial ou das condutas violadoras dos deveres conjugais). Qual destas duas regras de conflitos deve o juiz alemão aplicar? Tudo depende da *qualificação* da questão em litígio, diz-se; ou, como também se diz, da qualificação das normas materiais que nos direitos alemão e austríaco resolvem tal questão. Se a qualifica como questão relativa às relações *patrimoniais* dos cônjuges (tal como a configurava o direito material alemão antes duma recente reforma (1), pois que o referido direito da mulher dependia do regime de bens do casal), deve aplicar o art. 15.º EGBGB e, portanto, deve aplicar ao caso, como lei competente, a lei alemã; se a qualifica como questão relativa às relações *pessoais* dos cônjuges, isto é, como questão conexa com o dever geral de assistência e de alimentos entre os cônjuges (tal como a configura, aliás, o direito material austríaco — e agora também o alemão), então a regra de conflitos que entra em jogo é a do art. 14.º AGBGB e a lei aplicável ao caso é a lei austríaca.

(5) Ponhamos agora um exemplo paralelo ao anterior, mas partindo do nosso Código Civil. Suponhamos que um casal estrangeiro se naturaliza português. Suponhamos ainda que, segundo a lei da anterior nacionalidade dos cônjuges (aquela que eles tinham ao tempo da celebração do casamento), a mulher podia exercer livremente o comércio, sem consentimento do marido, qualquer que fosse o regime de bens. Após a naturalização, ficará a mulher sujeita ao disposto no art. 1686.º, 1, do nosso Código? Tudo depende da qualificação da necessidade ou desnecessidade do consentimento do marido para o exercício do comércio. Se a qualificamos como questão pertinente ao regime das relações patrimoniais, entra em funcionamento a regra de conflitos do art. 53.º do nosso Código, ficando excluída a aplicabilidade ao caso do direito material português (e, portanto, do referido preceito do art. 1686.º, 1); se a qualificamos como questão relativa ao regime das relações pessoais dos cônjuges, entra em jogo a regra de conflitos do art. 52.º do nosso Código e o direito material português será então competente para decidir

---

(2) Cfr. § 1360 a IV BGB.

sobre o ponto em litígio — pelo que será aplicável ao caso o referido preceito do art. 1686.º, 1. É claro que, dos próprios termos em que este preceito se acha formulado (não se requer o dito consentimento quando vigore o regime da separação ou a mulher for administradora de todo o património do casal), se infere imediatamente que o nosso legislador regulou a matéria em estreita conexão com o regime de bens dos cônjuges (relações patrimoniais).

(6) Outro exemplo clássico, já tratado por BARTIN, é o suscitado pelo art. 992.º do Cód. Civ. holandês, que proíbe o testamento ológrafo aos holandeses, especificando que a proibição abrange os testamentos celebrados no estrangeiro. Na França, na Bélgica, etc., o testamento ológrafo é válido. Devemos nós considerar válido ou nulo o testamento ológrafo de um holandês feito na França? O referido preceito do Código holandês, ao proibir o testamento ológrafo aos holandeses, mesmo no estrangeiro, mostra preocupar-se com a protecção da vontade do testador em termos de sugerir que a tal preceito deve caber uma qualificação de norma relativa à capacidade ou ao consentimento do testador. Mas não deverá fazer-se prevalecer antes a regra *lex loci regit actum*? A resposta directa a esta questão temo-la hoje no n.º 2 do art. 65.º do nosso Código, pelo que o caso não apresenta qualquer dificuldade para o julgador português.

(7) Também o art. 1367.º do Código Civil grego, que considera inexistente o casamento de súbditos gregos pertencentes à Igreja ortodoxa, se não forem celebrados por um padre desta igreja, tem levantado problemas aos tribunais de vários países. Seja o caso de dois gregos ortodoxos que celebram na Alemanha (na França, etc.) um casamento civil. Por aplicação da regra do art. 50.º do nosso Código *(lex loci regit actum)* devem os nossos tribunais considerar aquele casamento existente e válido. Todavia, o referido art. 1367.º do Código grego parece dever ter-se por norma relativa às condições de validade intrínseca do casamento, pelo que a sua aplicação ao caso decorreria da regra de conflitos do art. 49.º do nosso Código [1].

---

[1] Note-se desde já que na França, na Alemanha, na Suíça e na Bélgica se entendeu em caso idêntico que o casamento era válido, optando-se, digamos, pela prevalência da qualificação «forma».

46. Cont. *A qualificação e a relação jurídico-material entre situações jurídicas condicionantes e condicionadas.* Os exemplos referidos ilustram o tipo de hipóteses que, segundo a doutrina mais corrente, põem um problema de qualificação. Mas este problema também surge noutro tipo de casos — embora aqui ele seja de solução aparentemente mais fácil. Queremos referir-nos àquele tipo de hipóteses em que, segundo um dado direito material, a preexistência, a constituição ou a extinção duma situação jurídica (situação jurídica condicionante) repercute certas consequências sobre o conteúdo, a admissibilidade, a constituição, modificação ou extinção doutra situação jurídica (situação jurídica condicionada).

A este propósito impõe-se logo notar que o facto de uma das situações jurídicas ser condicionante e a outra ser condicionada não significa para nós, de forma alguma, que o estatuto da primeira sobreleve ao da segunda. É que bem pode acontecer que a lei reguladora desta, da situação condicionada, se refira à situação condicionante como *dado de facto* (como dado de facto de carácter normativo integrado na hipótese legal) do qual faz decorrer uma consequência específica do regime da situação condicionada. Os exemplos no-lo mostrarão. Para já, interessa frisar que a relação de condicionalidade pode ser de dois tipos.

a) Ao primeiro tipo pertencem aqueles casos em que o estatuto, o regime ou a lei da relação jurídica condicionante afecta o regime da relação condicionada, a ponto de até impedir a sua constituição ou a validade desta, ou de submeter tal constituição a requisitos especiais. Temos disto alguns exemplos. Assim, p. ex., segundo o art. 877.º, 1, do nosso Código Civil, os pais ou avós não podem vender a filhos ou netos, sem o consentimento dos outros filhos ou netos. A relação jurídico-familiar (relação condicionante) condiciona a validade (ou os requisitos de validade) da relação jurídica de venda (relação condicionada). É evidente que, neste caso, e apesar de o referido preceito do nosso Código se situar, na sistemática deste, entre as normas reguladoras da compra e venda, a questão jurídica em análise é uma questão pertinente ao estatuto das relações familiares, e a *qualificar* como tal. Com efeito, é para defender interesses ligados às relações familiares que o legislador estatui aquela norma. E é esta conexão de política legislativa com o regime das relações familiares, é esta *ratio legis* da norma, que nos leva a *qualificá-la* ou a enquadrá-la no grupo de normas respeitantes às relações jurídico-familiares. Portanto, na hipótese de uma venda do pai a um filho estar sujeita à lei portuguesa, nem por isso se torna aplicável aquele preceito da nossa lei, desde que, no caso, não seja esta a lei reguladora das relações entre pais e filhos (cfr. art. 57.º).

O mesmo se diga quanto àquelas normas que proíbem os contratos (ou certos contratos) entre cônjuges ou sujeitam tais contratos a um regime especial (cfr., p. ex., os arts. 1761.º e segs.); ou daquelas que sujeitam a responsabilidade extracontratual entre cônjuges, por facto ilícito ou qualquer outro, a particulares requisitos (de culpa, etc.); ou daquelas que, como fazia o art. 820.º do nosso Código de 1867 (situado entre as normas respeitantes à fiança), proíbem a mulher *casada* de afiançar. Em tais hipóteses estaremos em face ainda duma prolação do regime da relação jurídica matrimonial (do regime das relações pessoais ou das relações patrimoniais dos cônjuges) que vai afectar a admissibilidade ou a validade da constituição, ou o regime, duma relação obrigacional (relação condicionada). O estatuto da situação institucional (relação matrimonial, relações entre cônjuges) prevalece sempre sobre o da situação jurídica não institucional (obrigacional).

b) Diferente — e bem diferente — é o segundo tipo de casos. Agora é o estatuto da situação condicionada que, por assim dizer, opera uma *remissão* para a situação condicionante, tomando esta como um *dado de facto.* Este dado de facto pode consistir na preexistência da situação jurídica condicionante, na constituição ou na extinção dela. No primeiro caso, o estatuto da situação condicionada toma a situação jurídica condicionante preexistente como pressuposto da constituição da dita situação condicionada (em regra, pelo menos); no segundo e terceiro casos, o estatuto da situação condicionada *reage* à constituição, modificação ou extinção da situação jurídica condicionante modificando ou extinguindo (por via de regra) a situação jurídica condicionada preexistente.

Alguns exemplos farão transparecer estas formulações.

Seja desde logo o exemplo do art. 2148.º do nosso Código Civil: «se à data da morte do autor da sucessão o cônjuge se encontrar divorciado ou separado judicialmente de pessoas e bens, ...», perde os direitos de sucessão legítima que lhe conferem os artigos 2146.º e seguinte. A lei faz decorrer do facto divórcio (ou separação) esta consequência que se traduz em excluir da herança o cônjuge (ou ex-cônjuge) supérstite. Trata-se, pois, rigorosamente, de um efeito do divórcio (ou da separação). Devemos por isso aplicar a este ponto a lei competente para regular o divórcio (ou a separação) e os seus efeitos? De modo algum; pois que, embora se trate duma consequência do divórcio, trata-se de uma consequência *sucessória* do divórcio. O divórcio aparece aí, na norma do art. 2148.°, como um simples pressuposto *de facto* de um efeito sucessório. Não é o regime do divórcio que está em causa, mas o regime da sucessão. Logo, devem aplicar-se ao ponto em questão os valores, princípios e normas que vigoram no estatuto das sucessões. Em resumo: deve *qualificar-se* a questão a que se refere o art. 2148.° como uma questão sucessória, deve *qualificar-se* a norma contida neste artigo como norma relativa às sucessões, concluindo daí que o seu âmbito de aplicação no espaço é definido pelo art. 62.° Não cremos, de resto, que esta solução possa oferecer quaisquer dúvidas.

Raciocínio idêntico se deverá fazer em face do art. 2019.° do nosso Código Civil (é a lei reguladora da obrigação alimentar, e não a lei reguladora do novo casamento, que tem competência para decidir sobre a cessação do direito a alimentos), e em casos semelhantes. Da mesma forma se deveria proceder em face duma norma que, depois de estipular como regime supletivo o regime da separação, estabelecesse que, a partir do momento em que o casal tenha um filho legítimo, se opera automaticamente a conversão do dito regime de bens num regime de comunhão. Ninguém se lembraria de decidir este ponto por aplicação da lei reguladora da constituição ou dos efeitos da relação de filiação legítima (arts. 56.° e 57.°), visto que se trata sem dúvida duma questão relativa ao regime de bens dos cônjuges (a que se refere o art. 53.°), ainda que a consequência jurídica em causa tenha sido posta na dependência da constituição da relação de filiação legítima.

Da mesma forma, ninguém se lembraria de perguntar à lei reguladora do casamento ou da relação matrimonial quem tem legitimidade para adoptar plenamente, se bem que a nossa lei (art. 1981.° do Código Civil) só permita esta modalidade de adopção a duas pessoas unidas pelo casamento. Aqui, a preexistência da relação jurídica condicionante é pressuposto (pressuposto de legitimidade) para a constituição da relação jurídica condicionada.

Em certos casos, é difícil saber-se se estamos em face de um efeito ou consequência própria do estatuto da situação jurídica condicionante ou em presença duma *reacção* do estatuto da situação condicionada preexistente—e, portanto, se estamos ou não em presença de um efeito apenas *ulterior* (e não próprio) da situação jurídica condicionante. Assim, p. ex., poderá porventura duvidar-se se as modificações operadas em consequência do divórcio sobre a capacidade de exercício ou sobre o nome da mulher divorciada representam um «efeito do divórcio» (um efeito próprio, directo) ou traduzem antes uma *reacção* do estatuto pessoal da mulher (o estatuto regulador do seu nome e capacidade) ao facto «divórcio». WENGLER resolve o problema neste último sentido. O mesmo autor observa que, «sobretudo quando a constituição, a extinção ou a modificação duma relação jurídica dada exercem influência sobre uma *outra* relação jurídica já existente, não é raro ver-se 'qualificar' estes resultados com 'efeitos' da *primeira* relação jurídica». E logo adiante acrescenta: «Convém antes de mais observar que este artifício é ilógico. Ele consiste, com efeito, em fazer entrar na categoria dos efeitos próprios duma relação jurídica os 'efeitos ulteriores' desta relação sobre uma *outra* relação, ao mesmo tempo que lhes é negada a qualidade de efeitos desta outra relação» (1). São pertinentes estas observações.

47. *Noção geral de qualificação. Interpretação do conceito-quadro.* Nos dois números anteriores mostrámos como o problema da qualificação surgiu na doutrina e ilustrámo-lo com vários exemplos. Vamos agora definir o lugar do problema no processo da aplicação do direito e notar as características especiais que o problema reveste no domínio do DIP.

O problema da *qualificação* em sentido estrito é o problema da subsumibilidade de um *quid* concreto a um conceito utilizado por uma norma. *Qualificar* um certo *quid* é determiná-lo como subsu-

---

(1) Cfr. WENGLER, *Nouvelles réflexions sur les «questions préalables*, *in* «Revue critique de DIP», LV (1966), pp. 203 e s., nota 3.

mível a um conceito, por aplicação desse mesmo conceito: é verificar ou constatar em certo *dado* as notas ou características que formam a compreensão de certo conceito. É um problema que se põe no momento da *aplicação* da norma jurídica. Logo, a *qualificação* do *quid* por subsunção ao conceito, ou por *aplicação* deste àquele, pressupõe que determinemos primeiro a extensão e compreensão do dito conceito — pressupõe, por outras palavras, a prévia *interpretação* do conceito. Tratando da aplicação do conceito-quadro, é, pois, pela *interpretação* deste conceito que devemos começar.

Ora quanto ao sentido e alcance gerais do conceito-quadro já dissemos o bastante no parágrafo anterior. Aqui apenas lembraremos que a doutrina é hoje unânime em reconhecer que a interpretação dos conceitos-quadro das Regras de Conflitos da *lex fori* se há-de fazer pela mesma *lex fori*. Nem doutra forma poderia ser, dado que, por força dum princípio absolutamente geral da hermenêutica jurídica, os conceitos e termos de qualquer fórmula legislativa têm de ser necessariamente interpretados no contexto do ordenamento a que pertencem *(eius est interpretari cuius est condere)*. Ora a Regra de Conflitos faz parte da ordem jurídica do foro. Já vimos que o referido princípio hermenêutico geral tem de valer em relação a todos os conceitos utilizados por esta regra — mesmo em relação ao conceito de nacionalidade cuja interpretação, todavia, certos autores ainda hoje continuam a entender (erroneamente, segundo vimos) não deverá fazer-se segundo a *lex fori* (o que constituiria, em seu entender, uma *excepção* ao referido princípio). Tais autores esquecem, como dissemos, a distinção entre *interpretação* e *aplicação* dum conceito ou duma norma [1].

Depois de concordar que o conceito-quadro da Regra de Conflitos deve ser interpretado segundo a *lex fori* (segundo a lei a que pertence), a doutrina hoje corrente insiste na ideia salientada por RABEL (mas já com antecedentes em KAHN) de que todavia essa interpretação deve ser *autónoma,* independente do sentido e alcance que o mesmo conceito tenha no direito material do foro. É que, diz RABEL, nos conceitos-quadro das Regras de Conflito hão-de caber os conteúdos jurídicos de quaisquer ordenamentos estrangeiros —

---

(1) Cfr. *supra,* n.º 38.

todos aqueles conteúdos ou institutos que nos ordenamentos chamados por certa Regra de Conflitos do foro desempenhem a mesma função social ou a mesma tarefa normativa que os conteúdos homólogos do direito material do foro. Logo, haveria que determinar a extensão dos conceitos-quadro através do direito comparado, mediante um procedimento abstractivo.

Já vimos que devemos concordar com RABEL quando este diz que o DIP é um direito aberto a todos os institutos ou conteúdos de qualquer direito estrangeiro, mas não quando ele conclui daí que a compreensão dos conceitos-quadro deve ser obtida por via de abstracção, a partir da comparação dos sistemas jurídicos. Certo é que o DIP assenta na mesma ideia que o Direito Comparado: na ideia de que entre sistemas jurídicos estaduais diferentes há uma ponte de passagem, há algo de comum que os torna *comensuráveis* ou comparáveis; e de que esse algo comum, essa ponte de passagem, é representada pela identidade de tarefas ou funções normativo-sociais do direito, identidade essa que frequentemente se esconde sob a diversidade dos processos técnicos adoptados pelas diferentes leis estaduais. Para que possa apreender esse algo comum, para que possa visar os problemas normativos como tais, o DIP tem que abstrair das diferenças de técnica de regulamentação e da *resposta* dada por este ou aquele direito material a tais problemas. Há-de, portanto e desde logo, como já noutro lugar escrevemos, adoptar uma perspectiva supra-sistemática ou universalista, uma perspectiva capaz de transcender o horizonte restrito do direito material interno e as linhas de contorno dos respectivos conceitos.

Mas significará isto que devemos elaborar conceitos novos, cuja compreensão seja obtida através do Direito Comparado? De forma alguma. Nem a partir dos conteúdos jurídicos ou respostas divergentes dadas pelas diferentes leis a um mesmo problema ou questão jurídica parece possível elaborar um conceito unívoco.

A resposta está antes na distinção referida por BURKHARDT (1) entre *conceitos-questão* e *conceitos-resposta*. Segundo este autor, qualquer conceito jurídico designativo duma figura, um instituto ou um sector de regulamentação pode ser tomado numa das duas refe-

(1) *Methode und System des Rechts*, Zurique 1936, pp. 70 e ss.

ridas acepções. Enquanto *conceito-questão,* o conceito jurídico designa a questão ou o problema jurídico sobre o qual o legislador se deve pronunciar. Nesta primeira acepção, o conceito é independente de qualquer direito positivo, pelo que tem validade geral; mas, em contrapartida, nada nos diz quanto ao teor da solução que um determinado legislador dá à questão por ele designada. Na segunda acepção, enquanto *conceito-resposta,* o conceito em causa apenas pode ser obtido a partir de um determinado direito positivo — o direito positivo sobre cujo conteúdo se pergunta e de cujas soluções se infere a compreensão e extensão do conceito — e referir-se a ele, não sendo, por isso mesmo, dotado de validade geral. Assim, p. ex., se pretendemos definir o conceito de «nacionalidade», podemos achar-nos, segundo BURKHARDT, perante duas questões distintas: a de definir um conceito com validade geral, ou a de definir o conceito de nacionalidade tal como decorre duma determinada lei sobre a nacionalidade, *v. g.,* da nossa Lei da Nacionalidade. A mesma distinção valeria para outros conceitos jurídicos como os de pessoa colectiva, de negócio jurídico, de contrato, de forma, de capacidade, etc. (1).

A distinção entre as duas acepções assenta, evidentemente, na intenção com que usamos tais conceitos nos nossos enunciados. Já por aqui se vê, portanto, que aquelas normas que se referem a concursos ou conflitos de normas, assim como aquelas que delegam a competência para regular certa matéria em determinada autoridade legiferante ou em determinada fonte normativa, como normas de segundo grau que são, hão-de necessariamente recorrer a conceitos que traduzam «questões de direito», e não respostas a essas questões. Hão-de recorrer a uma linguagem jurídica de segundo grau, portanto. Doutro modo, em vez de abandonarem a resolução do problema jurídico às fontes em que delegam ou às normas em concurso, ingerir-se-iam elas próprias na regulamentação material ou directa do dito problema.

Ora também as Regras de Conflitos, como normas sobre concursos de leis e como normas de segundo grau que são, utilizam, tal como o Direito Comparado, uma linguagem conceitual de segundo

---

(1) ID., *ib.,* pp. 62 e ss., 72 e ss.

grau: os seus conceitos-quadro são conceitos-questão — e não conceitos-conteúdo ou conceitos-resposta. Tem razão SPERDUTI (1), quando afirma que as normas de DIP «não adoptam categorias descritivas de factos, mas categorias indicativas de matérias ou questões jurídicas». E também é acertada a afirmação de DÖLLE (2), segundo a qual as Regras de Conflitos, diferentemente das regras materiais, «não fixam uma concreta relação da vida (negócio jurídico, acto ilícito, etc.) à qual ligam uma consequência jurídica, mas formulam a *questão jurídica* de cuja resposta se poderá eventualmente tratar em dado caso e, conforme a espécie de questão que efectivamente se apresente, declaram como aplicável ora este ora aquele direito».

Já por aqui se vê, portanto, que a interpretação dos conceitos-quadro das normas de DIP se tem necessariamente de emancipar do sentido que cabe a conceitos homólogos do direito interno, a fim de que aquelas normas possam desempenhar a sua função específica. Aliás, esta simples ideia de que tais conceitos devem ser interpretados segundo a *lex fori,* mas segundo a *lex fori formalis,* isto é, tendo em vista a específica função do DIP, decorreria logo do conhecido princípio da *relatividade dos conceitos jurídicos:* estes conceitos sofrem uma deformação teleológica e comportam um sentido específico, conforme o ramo de direito em que se integram. O caso mais patente é o da diversidade de conteúdo que podem receber os mesmos conceitos (os mesmos termos técnico-jurídicos) no Direito Civil e no Direito Fiscal. Mais que esta ideia comezinha o que aqui importa acentuar é, parece-nos, o facto de os conceitos-quadro das Regras de Conflito serem conceitos-questão (3).

48. *Da qualificação propriamente dita.* Já dissemos que a *qualificação* consiste rigorosamente na subsunção ou, mais exactamente, na aplicação dum conceito a um *dado,* de modo a poder predicar-se deste *dado* as qualidades ou notas que formam a compreensão do conceito. Qualificar em face de um conceito-quadro duma Regra

---

(1) *Saggi,* cit., pp. 17 e ss.
(2) *IPR, cit.,* p. 96.
(3) Cfr. *supra,* n.os 41 e 44.

de Conflitos seria, pois, determinar ou constatar como existentes em certo *quid* as características que formam o conteúdo do mesmo conceito (1). Para realizar esta operação é preciso saber duas coisas: qual a compreensão do conceito — questão a determinar em sede de interpretação e tendo presente o juízo de valor que inspira a norma em que o conceito é usado, sendo porém certo que o processo interpretativo frequentemente apenas se conclui em face do dado concreto a subsumir, interpenetrando-se os dois momentos: o da interpretação e o da aplicação-subsunção (2) — e qual o *dado,* qual o *quid* no qual havemos de verificar se existem ou não as características que integram a compreensão do conceito.

Em face disto e do que atrás dissemos, já podemos descobrir as razões que levaram a doutrina a singularizar o problema da qualificação em DIP e a fazer dele um problema extremamente complexo e embrulhado — uma questão crucial. Elas acham-se, por um lado, na natureza própria do conceito-quadro como «conceito-questão», como conceito que designa uma certa questão, problemática ou matéria jurídica, em vez de se referir a um *dado* ou descrever uma situação de facto (3); e, por outro lado, na determinação do *quid*

---

(1) Cfr. ENGISCH, *Introdução ao Pensamento Jurídico,* 2.ª ed., Lisboa 1968, pp. 70 e ss., 100 e s., e o n.º 15 do nosso prefácio à trad. portuguesa desta obra.

A qualificação é, pois, uma operação que tem lugar em todos os ramos do direito, não devendo a particular relevância que lhe damos no DIP fazer esquecer o carácter geral de tal procedimento. No estudo do Direito Criminal se ilustra particularmente este ponto. Como o direito é um conjunto de regras gerais, o trabalho do jurista consiste em submeter os casos concretos a categorias gerais, que o mesmo é dizer, consiste em *qualificar* estes casos concretos. Assim, p. ex., qualifica-se um facto como culposo, para concluir pela existência da obrigação de indemnizar, por parte do seu autor; qualifica-se uma coisa como móvel ou imóvel, para a submeter ao respectivo regime; qualifica-se uma dívida como comunicável ou incomunicável, civil ou comercial, para a submeter à disciplina de determinadas disposições do Código Civil e do Código Comercial; etc.

(2) Cfr. autores e lugs. citados na nota anterior.

(3) Pelo menos quase sempre. Isto não quer dizer que se não descubram, embora raramente, normas de conflitos que se referem directamente a factos. Como exemplo de norma de conflitos referida a factos — e que, portanto, impõe a qualificação directa de simples factos — cita-se a norma

que se há-de subsumir a esse conceito (na determinação do objecto desse conceito, portanto), isto é, *qualificar.*

Ora foi precisamente pela resposta *implícita* por ela dada àquelas duas referidas questões (a questão do sentido e a questão do objecto do conceito-quadro) que a qualificação segundo a *lex fori,* sobretudo na modalidade que só veio a ser claramente definida por AGO e pela sua escola, enveredou por um método de qualificação pouco adequado à função própria da Regra de Conflitos de DIP e suscitou a reacção dos defensores da teoria dita da *lex causae* (1).

É que AGO e os seus seguidores partem da ideia de que o conceito-quadro não tem senão em vista aqueles factos que, segundo o direito material do foro, possam ser reconduzidos ao mesmo conceito técnico-jurídico. O conceito-quadro seria, pois, um *conceito-resposta* extraído do direito material do foro, e o seu objecto seria, portanto, constituído por factos da vida, tal como o é o objecto das regras materiais ou de regulamentação. De forma que, interpretar a Regra de Conflitos, e designadamente o seu conceito-quadro, segundo a *lex fori* outra coisa não significaria senão que a este conceito devem ser reconduzidos aqueles factos que, sendo juridicamente relevantes segundo a lei material interna, são enquadráveis num conceito técnico-jurídico homólogo desta mesma lei. Assim, a Regra de Conflitos relativa à responsabilidade extracontratual, p. ex., só abrangeria

---

que resulta dos arts. 50.º e 57.º da Lei francesa de 18-6-1966, do seguinte teor: «As operações de embarque e desembarque de mercadorias, compreendendo as operações (... tais e tais...) que sejam um pressuposto necessário ou uma necessária consequência daquelas, são submetidas à lei do porto em que opera a empresa transportadora». Salienta-se que se trata de exemplo único no DIP francês.

Por outro lado, pode conceber-se uma Regra de Conflitos que, em vez de se referir a uma *questão* jurídica, se refira directamente a uma *consequência* jurídica: a uma pretensão, direito ou faculdade (independentemente do *fundamento* jurídico que, em face de qualquer lei, venha a caber a essa consequência). Assim, p. ex., concebe-se que certo direito da mulher (v. g., o direito a que o marido lhe adiante as despesas de um processo) seja submetido por uma Regra de Conflitos à lei reguladora das relações pessoais dos cônjuges. Neste caso, o objecto da qualificação é a pretensão, ou a consequência jurídica pretendida.

(1) Sobre esta posição (defendida por DESPAGNET, WOLFF e PACCHIONI), cfr. FERRER CORREIA, *Lições* de 1963, pp. 329 e ss., e *DIP*, pp. 12 e ss.

aqueles factos que, no direito interno, são relevantes como factos geradores de responsabilidade extracontratual. Isto teria de ser assim porque, doutro modo, «le législateur ne serait plus maître chez lui», como escrevia BARTIN. Quer dizer: doutro modo o legislador do foro como que abandonaria o comando às leis estrangeiras, podendo mesmo acontecer que, por esta via, estas se viessem aplicar a factos para os quais ele considera competente a sua própria lei. De resto, por que lei determinar então os factos que, sendo subsumíveis ao conceito-quadro, põem em funcionamento a Regra de Conflitos, se é justamente do funcionamento desta regra que depende a determinação da lei aplicável?

Nesta altura do curso já nos achamos perfeitamente habilitados a discernir os vícios deste raciocínio. Contra um tal processo de qualificação objectou-se desde há muito que ele falha e se revela de todo inadequado nas hipóteses em que está em causa a aplicação duma instituição estrangeira desconhecida pela lei do foro. E seria na verdade singular, como nota BATIFFOL [1], que, para saber se a quarta do cônjuge pobre é de natureza matrimonial ou sucessória, o juiz francês se devesse dirigir, segundo a orientação de BARTIN, «não à lei anglo-maltesa que concebeu esta instituição, mas à lei francesa que a ignora». E não seria porventura uma incoerência fazer depender a aplicação da lei competente para regular a responsabilidade extracontratual da circunstância de os factos da causa serem relevantes como factos geradores de responsabilidade extracontratual em face do direito do foro? Porventura ao atribuir à *lex loci delicti* a competência para regular esta forma de responsabilidade não quis o DIP do foro reconhecer-lhe também competência para dizer quais são os factos juridicamente relevantes (ou irrelevantes) para efeitos de responsabilidade extracontratual?

Mas, no nosso modo de ver, o pecado original da teoria clássica da *lex fori* está antes nisto: em ela ter concebido a Regra de Conflitos como ponto de partida radical de todo o DIP, como propulsor único do processo que nos leva à descoberta da lei aplicável e, portanto, como uma verdadeira norma de *reenvio* para o direito com-

---

(1) *Ob. cit.*, I, p. 351.

petente. Deste ponto de vista todas as confusões e ambiguidades são possíveis.

Se, porém, adoptarmos o ponto de vista por nós atrás longamente defendido sobre a natureza e a função da Regra de Conflitos (vendo esta regra como verdadeira regra de conflitos cuja função é dirimir os potenciais concursos entre as leis interessadas), acharemos por implicação necessária definida a nossa posição quanto ao método da qualificação e veremos afastadas da nossa mente muitas das complicações e obscuridades em que anda envolta esta problemática. Tudo se poderá reconduzir a isto: os conceitos-quadro das Regras de Conflitos do nosso Código referem-se, de um modo geral, a matérias ou questões de direito (tal como acontece com os conceitos de função análoga usados por quaisquer regras destinadas a dirimir ou a evitar concursos de normas) e, por isso, são aplicáveis a normas materiais (àquelas normas que respondem à questão de direito em causa), constituindo estas, portanto, o objecto da qualificação (1). As normas de conflitos são, pois, na mais rigorosa acepção dos termos, normas sobre normas.

Foi esta a ideia que inspirou a elaboração do texto do art. 15.º do nosso Código Civil, nos termos do qual «A competência atribuída a uma lei abrange somente as normas que, pelo seu conteúdo e pela função que têm nessa lei, integram o regime do instituto visado na regra de conflitos». Basta consultarmos os trabalhos preparatórios (*Conflitos de leis,* BMJ n.º 136, da autoria do Prof. FERRER CORREIA, com a nossa colaboração) para concluirmos que assim foi. Atente-se, designadamente, em alguns dos argumentos que aí aduzimos para justificar a posição assumida no art. 2.º do anteprojecto e afastar o ponto de vista da doutrina clássica da *lex fori.* São eles os seguintes:

1) Não faria sentido condicionar a aplicabilidade duma lei estrangeira a certa «visualização» do caso por parte da lei material portuguesa, visto não ser da aplicação desta que se trata e visto não ser possível discernir qualquer ligação lógica ou normológica entre aquele pressuposto (um certo tratamento jurídico do caso pela

(1) Isto querendo nós, por facilidade de exposição, atribuir ao conceito-quadro um objecto. Pois que, rigorosamente, este conceito, como *conceito-questão,* não se refere directamente a qualquer *quid* posto como *dado.*

lei portuguesa) e a consequência jurídica que dele se pretenderia extrair: aplicabilidade de certa lei estrangeira.

2) A norma de conflitos bilateral perfeita opera tanto em relação aos direitos estrangeiros como em relação ao direito português. Nisto consiste a sua bilateralidade, como já sabemos. Ao referir-se tanto ao direito português como aos direitos estrangeiros, aquela norma adopta, para a solução dos conflitos, um critério de *paridade de tratamento* da lei do foro e das leis estrangeiras, como também já vimos. A norma de conflitos bilateral, assim entendida, pode analisar-se em tantas normas «unilaterais», de significado idêntico, quantas são as leis a que ela se pode referir. Portanto, quando aquela norma opera em relação a uma lei estrangeira, há-de operar por forma tal que a declare competente sempre que, se essa lei fosse a lei portuguesa e se verificassem relativamente a esta idênticas circunstâncias, a lei portuguesa fosse aplicável por força da mesma norma de conflitos. Por outras palavras: as razões que, em face duma norma de conflitos, nos levam a concluir pela aplicabilidade da lei portuguesa hão-de ser exactamente as mesmas que, em caso paralelo, nos levarão a aplicar certa lei estrangeira, por força da mesma norma de conflitos. Se a norma de conflitos é a *mesma,* a mesma há-de ser a *ratio decidendi.*

Ora a razão determinativa da aplicabilidade da lei portuguesa a certo caso, por força de certa norma de conflitos, no sentido de razão determinativa do âmbito de competência desta lei, não está numa classificação abstracta dos factos da situação; está antes, uma vez verificada em concreto a conexão decisiva, na circunstância de as normas materiais portuguesas que ao caso se referem desempenharem uma determinada função normativa no contexto do ordenamento português ou se acharem ligadas, neste ordenamento, por força duma relação de dependência de política legislativa, a uma determinado instituto. Logo, o mesmo deverá acontecer pelo que respeita à aplicabilidade das normas materiais estrangeiras em circunstâncias paralelas: a função normativa ou o fim social dessas normas no contexto do ordenamento a que pertencem é que decidirá do seu enquadramento no conceito-quadro de certa Regra de Conflitos.

Uma solução diferente levaria a dar à Regra de Conflitos bilateral conteúdos diversos, conforme esta regra se referisse à *lex fori* ou às leis estrangeiras, o que seria contrário ao carácter unitário da mesma regra. Com efeito, esta regra é unitária, não obstante poder ser decomposta em várias normas unilaterais. Logo, a *ratio decidendi* de todas e de cada uma destas normas unilaterais há-de ser a *mesma* — sob pena de termos de ver na referida Regra de Conflitos um simples conglomerado de normas heterogéneas, cuja recondução à fórmula única da regra bilateral não passaria de um grosseiro erro de técnica legislativa.

49. *A distinção entre qualificação primária e secundária e o art. 15.º do Código Civil.* Há que reconhecer, porém, que a fórmula do referido art. 15.º, lida fora do contexto de ideias dos trabalhos preparatórios, pode dar lugar — como efectivamente já deu, em autores estrangeiros — a um entendimento diverso daquele que lhe atribuímos no número anterior. Assim, Rudolfo DE NOVA (1) parece sugerir que aquele artigo se ocupa apenas da chamada qualificação secundária; e NEUHAUS (2) vai mesmo ao ponto de afirmar que o título «qualificações» que encima o mesmo artigo dá lugar a interpretações falsas, «pois quando muito trata-se aí duma espécie de qualificação secundária». Por seu turno, FRANCESCAKIS (3) julga que o art. 15.º do Código português se refere ao problema, por vezes também designado por problema de «qualificação», da extensão do direito estrangeiro aplicável, problema este que, segundo ele, se põe nos seguintes termos: depois de a regra de conflitos do foro ter designado como aplicável uma certa lei estrangeira, deverá entender-se que esta lei é aplicável em todas as suas disposições ou, antes, apenas nas disposições que correspondem à qualificação inicial da regra de conflitos? Na sua opinião, o sistema jurídico estrangeiro designado pela regra de conflitos deverá ser aplicável no seu todo; apenas com a ressalva de que este tomar em consideração as qualificações estrangeiras de direito interno deve excluir totalmente qual-

---

(1) Cfr. *Recenti sviluppi in DIP,* em «Diritto Internazionale», XXII, 1, 1968, p. 41.

(2) Cfr. *Das IPR im neuen portugiesischen ZGB,* no RabelsZ, 32 (1968), p. 506.

(3) Cfr. *Qualifications, in* «Encyclopédie Dalloz—Droit International», II, Paris 1969, p. 708.

quer consideração das regras de conflitos estrangeiras. No entender de FRANCESCAKIS, o art. 15.º do Código português pareceria contrário a tal orientação.

Todos estes autores partem, portanto, da ideia de que, além duma qualificação própria da Regra de Conflitos, que é a qualificação que comanda a designação da lei aplicável, ou *qualificação primária,* haveria um outro problema de qualificação, o da *qualificação secundária,* o qual já nada teria a ver com a determinação da lei competente, visto surgir depois de esta já se achar determinada, mas consistiria antes em determinar quais as normas materiais desta lei que ao caso devem ser efectivamente aplicadas. E note-se desde já que nem todos os autores que distinguem entre estas duas qualificações partem da ideia de que a *qualificação primária* é uma qualificação de factos a realizar pura e simplesmente em face da *lex fori* (da *lex materialis fori*), como a entendeu ANZILOTTI, juntamente com muitos outros sequazes da teoria clássica da *lex fori,* e como a entendeu ROBERTSON, no contexto duma posição doutrinal própria. Antes, vários deles [1] não deixam de reconhecer, como nós, que, para a qualificação própria da Regra de Conflitos (qualificação *primária*), se deve partir, pelo menos quando tal seja necessário, duma indagação sobre o lugar que ocupa uma dada instituição ou uma dada norma material em certo ordenamento estrangeiro. Só que logo acrescentam que tal indagação é feita apenas com vista a pôr em funcionamento a Regra de Conflitos do foro, cuja função própria é determinar a lei aplicável.

Daqui podemos inferir, portanto, que o que está na origem da divergência entre a nossa posição e a deles não é tanto o modo de entender e de aplicar o conceito-quadro, tomado por si mesmo, mas o modo de entender a função da Regra de Conflitos no contexto do Direito de Conflitos. Nós entendemos a Regra de Conflitos como verdadeira norma de conflitos, cuja função é evitar ou resolver concursos de leis; eles entendem-na como verdadeira *regra de reenvio* da qual parte toda a iniciativa que põe em marcha o processo de determinação da lei aplicável e, portanto, consideram que o *quid*

---

(1) Assim, p. ex., BATIFFOL, *ob. cit.*, I, pp. 351 e s., pp. 358 e s.; FRANCESCAKIS, *ob. e loc. cit.*

designado pelo conceito-quadro (consista esse *quid* no que consistir) é sempre um pressuposto da determinação da lei aplicável — um pressuposto da consequência jurídica de Direito de Conflitos que se traduz pela fórmula: *tal lei* (a lei do país *A*) *é aplicável.* Razão de sobra tem, pois, a Professora MAGALHÃES COLLAÇO [1], quando, perguntando-se por que razão o problema da qualificação, que não é mais que o problema geral da aplicação de qualquer norma jurídica, adquire tal retumbância e tal especificidade no DIP [2], responde que o carácter tão problemático e específico da qualificação neste ramo do direito lhe advém do facto de a respectiva problemática pôr em causa, não apenas o sentido e alcance de determinados conceitos usados pela Regra de Conflitos, tomados de per si, mas o sentido e alcance gerais da própria Regra de Conflitos.

Como responder, porém, aos autores que adoptam a posição referida, teimando em conceber a Regra de Conflitos como uma verdadeira norma de reenvio e em ver no *quid* designado pelo conceito-quadro um simples pressuposto que comanda (ou do qual depende) a determinação da lei aplicável? Responderemos com todas aquelas razões que nos levaram a firmar a nossa posição quanto ao sentido e função da Regra de Conflitos no contexto do Direito de Conflitos — e que foram sendo referidas ao longo destas lições. Só queremos acrescentar aqui mais duas considerações tendentes a mostrar a inviabilidade daquela outra posição. Mas de modo muito sucinto.

Começaremos por salientar, como primeiro argumento, que nos parece inaceitável a ideia de que o *quid* designado pelo conceito-quadro representa um pressuposto determinativo específico da aplicabilidade de certa e determinada lei, por isso que o dito conceito-quadro se não refere a um *dado de facto* ou a qualquer outro dado susceptível de ser tomado como um *dado de facto,* mas a uma *questão* ou matéria jurídica — como o reconhecem hoje variadíssimos autores, entre os quais alguns dos que adoptam a posição combatida.

---

(1) Cfr. *ob. cit.*, pp. 31 e 36.

(2) E goza aí da reputação de problema sobremaneira intrincado, acrescente-se.

Ora só um *dado de facto*, só qualquer dado tomado como dado de facto pode ser pressuposto duma consequência jurídica. Parece, pois, que, da circunstância de o conceito-quadro ser um *conceito-questão*, se deve inferir que ele só pode servir propriamente para definir o âmbito de competência (para circunscrever o âmbito de matérias ou questões jurídicas sob a alçada) da lei que tenha com os factos uma determinada conexão. Aplicar-se ou não efectivamente essa lei aos factos, depende de nestes se suscitar uma questão jurídica daquele tipo (do tipo daquelas a que o conceito-quadro se refere).

Mas há mais. Se o conceito-quadro da Regra de Conflitos (p. ex., o conceito «sucessão por morte» do art. 62.º) é *o mesmo*, e insusceptível de se *diversificar* através de concretizações diferentes com relevância específica para a determinação da lei aplicável, quer esta lei venha a ser a final a lei francesa (porque o autor da sucessão era francês) ou a lei italiana (porque era italiano), como podemos dizer que, num caso, esse conceito designa um pressuposto da aplicabilidade da lei francesa e, no outro, um pressuposto da aplicabilidade da lei italiana (ou de *qualquer* outra lei, em qualquer outro caso)? Pressuposto da consequência «aplicabilidade da lei francesa» só o pode ser aquilo de que *especificamente* depende a aplicabilidade da lei francesa — ou seja, a nacionalidade francesa do autor da sucessão ao tempo da morte. A circunstância de se estar em face de um problema de sucessões por morte, essa pode levar, *indiferentemente*, à aplicabilidade da lei francesa, italiana, alemã — de *qualquer* lei, conforme a nacionalidade do *de cuius*. Ora um *quid* (o *quid* significado pelo conceito-quadro) que é compatível com toda e qualquer consequência de DIP não pode ser pressuposto de nenhuma delas. O mesmo já se não pode dizer do *quid* designado pelo elemento de conexão, porque esse, sim, tem diferentes *especificações* (nacionalidade francesa, italiana, etc.) e a cada uma dessas diferentes especificações corresponde uma diferente consequência de Direito de Conflitos.

Para bem compreender esta última consideração, há que ter presente o que atrás dissemos: que uma Regra de Conflitos bilateral pode analisar-se logicamente numa pluralidade de regras de conflitos unilaterais: tantas quantas são os diferentes sistemas jurídicos do mundo. Repare-se agora que, feita esta decomposição lógica, o conceito designativo do elemento de conexão desaparece de cada uma daquelas normas em que se resolveu a Regra de Conflitos, ficando no lugar dele a própria designação da conexão concreta (ex.: *nacionalidade francesa,* na norma: «à sucessão de um indivíduo de nacionalidade francesa aplica-se a lei francesa»); ao passo que o conceito-quadro se mantém e conserva exactamente o mesmo sentido, designando exactamente o mesmo *quid* em cada uma delas. Sim, o conceito-quadro mantém em cada uma das ditas normas o mesmo sentido e designa o mesmo *quid* precisamente porque se refere à *mesma* questão de direito ou ao *mesmo* instituto jurídico. Mas, ainda que o queiramos ver referido a normas materiais (tomando estas como objecto da qualificação), não podemos dizer que ele se refere nas diferentes normas unilaterais a diferentes dados concretos, sendo estes diferentes dados concretos as diferentes normas materiais do mesmo tipo mas tomadas de leis estaduais diferentes (normas sucessórias francesas, normas sucessórias italianas, etc.). Não, pois que o que o conceito-quadro (que se mantém o mesmo em toda aquelas normas unilaterais) designa ou apreende nas normas materiais da mesma categoria mas de diferentes Estados é só aquilo que é comum a todas, qualquer que seja o ordenamento estadual a que pertençam: o serem elas normas que versam sobre a questão ou matéria jurídica a que o conceito-quadro se refere, o terem elas uma determinada função normativa, numa palavra, o que nelas é idêntico e permite, por isso mesmo, reconduzi-las à mesma *categoria normativa.*

Repare-se agora que, diversamente, o conceito em que se traduz o elemento de conexão na Regra de Conflitos bilateral desaparece, como dissemos, nas regras unilaterais em que aquela se resolve logicamente, sendo substituído pelas conexões concretas (nacionalidade francesa, italiana, etc.), que não representam simples concretizações mas verdadeiras *especificações,* verdadeiras *sub-espécies* (nacionalidade francesa, italiana, etc.) com a sua característica própria e *incomunicável* (ou é francesa, ou é italiana, etc.), do elemento de conexão enquanto conceito genérico designativo do tipo de conexão. Logo, são estas especificações do elemento de conexão e só elas que constituem os pressupostos (os factos jurídicos ou *facti-pecies*) determinativos das diferentes consequências do Direito de Conflitos: aplicabilidade da lei francesa, aplicabilidade da lei italiana, etc.

Com este esclarecimento ficará inteligível o argumento aqui sucintamente exposto [1]. Reconhecemos a extrema complexidade do raciocínio; mas não devemos desistir da tentativa de defender uma posição (que julgamos acertada) da lei e da doutrina portuguesas contra um modo de ver de autores estrangeiros que, apesar da incoerência da sua posição, teimam em não abandonar a perspectiva tradicional herdada de SAVIGNY. À conta desta perspectiva devem ser levadas esta e muitas outras complicações da teoria do DIP [2].

A ideia de que a qualificação (a aplicação do conceito-quadro) se destina a definir um pressuposto da determinação da lei aplicável está ainda tão radicada nos espíritos que o próprio BATIFFOL [3] (cujo método de qualificação, aliás, se não afasta substancialmente do nosso, dado o papel de *objecto* da qualificação que ele expressamente atribui às normas da lei potencialmente aplicável) ainda hoje recorre ao argumento do círculo vicioso como contra-prova da validade da teoria da qualificação *lege fori*. Escreve este autor: «Sendo certo que a qualificação é necessária *para determinar a lei aplicável*, como se poderia pedi-la a uma lei estrangeira, quando se ignora ainda se esta lei estrangeira é aplicável ou não?» E mais adiante [4], para afastar a qualificação *lege fori* quando se está em face da lei estrangeira aplicável e apenas se trata de fazer aplicação desta lei (p. ex., para saber se a coisa é móvel ou imóvel a fim de determinar quais as normas materiais da dita lei que são chamadas a aplicar-se), funda-se neste argumento: que a qualificação *lege fori* deixa de ter

---

(1) Para mais desenvolvimentos, cfr. *Âmbito*, pp. 191 e ss.

(2) Pelo que respeita propriamente ao verdadeiro sentido e à interpretação do nosso art. 15.º, o ponto de vista dos autores referidos é decididamente invalidado, como vimos, pelos trabalhos preparatórios. E não se pode rigorosamente censurar àquele texto o ele não excluir a possibilidade do recurso a uma *qualificação primária* nos termos, p. ex., duma doutrina como a de ROBERTSON, e o não impedir por si só o entendimento dos autores citados, que o consideram como apenas respeitante à *qualificação secundária*. É que, como a um texto legislativo de DIP não pode caber a formulação duma concepção doutrinal deste ramo do direito, mas apenas, e quando muito, manifestar as consequências regulamentares duma tal concepção, a fórmula do art. 15.º dificilmente poderia ser concebida doutra maneira.

(3) *Ob. cit.*, I, pp. 350 e s.

(4) *Ib.*, pp. 358 e s.

razão de ser relativamente a «*toda a qualificação que não comanda a designação da lei aplicável*». Dentro desta lógica, observa logo adiante que o problema reaparecerá se for a própria Regra de Conflitos a distinguir entre móveis e imóveis, como acontece com o DIP francês em matéria sucessória, mandando aplicar aos imóveis a lei da sua situação e aos móveis a lei do domicílio do *de cuius*. Neste caso, salienta BATIFFOL, já «da qualificação móvel ou imóvel depende, pois, a lei aplicável, e de novo se põe a questão da qualificação *lege fori*» (1).

Todavia, o mesmo internacionalista, depois de afirmar que «o juiz não pode materialmente dirigir-se a uma lei qualquer enquanto não tiver escolhido uma lei e, portanto, enquanto não tiver qualificado», imediatamente a seguir toma a lei estrangeira como objecto da qualificação, nos mesmos termos que MELCHIOR, RAAPE, BALLADORE-PALLIERI e CHESHIRE (por ele próprio citados), e declara expressamente: «A qualificação comporta, pois, duas fases: uma fase preparatória de análise segundo a lei estrangeira e uma fase de julgamento segundo a lei do foro» (2). Temos aqui, nesta última frase, a afirmação inequívoca da ideia que sempre nos norteou: a ideia de que é a *lex causae* que fornece o *objecto* ou material a qualificar, sendo o *critério* da qualificação fornecida pela *lex fori* (pelo conceito-quadro da Regra de Conflitos da *lex fori*). É a mesma ideia que há muito tempo ganhou curso através da muito divulgada e sugestiva fórmula de MELCHIOR, segundo a qual a qualificação consiste em «meter o material jurídico estrangeiro nas gavetas do sistema nacional».

Mas, sendo assim, como se poderá dizer que o juiz, antes de ter qualificado, não tem a menor possibilidade de se dirigir a uma lei estrangeira? Em nossa opinião, estas incoerências dum grande mestre mostram bem como uma perspectiva errónea mas fundamente enraizada na tradição doutrinal posterior a SAVIGNY continua a provocar confusões na teoria do DIP. É isto que dá razão a QUADRI, quando este salienta que a teoria do DIP anda à matroca, no meio da anarquia de conceitos e do «empirismo metodológico».

---

(1) Sobre esse ponto, recorde-se o que se diz *supra*, n.º 39.

(2) *Ob. cit.*, I, pp. 351 e s.

Quanto àquele particular problema ao qual, segundo FRANCESCAKIS, se referiria o nosso art. 15.º — o problema de saber se da lei determinada como aplicável se podem aplicar todas as disposições ou só aquelas que correspondem à qualificação inicial da Regra de Conflitos —, ele não pode pôr-se senão quando nos achemos perante o chamado «conflito negativo de qualificações» (1). Com efeito, se, como aquele próprio autor reconhece, se deve qualificar tomando as normas estrangeiras no contexto do ordenamento a que pertencem e indagando se elas têm aí uma função idêntica às normas da lei material do foro que cabem no conceito-quadro da Regra de Conflitos cuja aplicação está em causa, é evidente que, como só as normas materiais da *lex causae* que contemplam o caso concreto são objecto de tal indagação, se esta indagação der resultado positivo são estas normas as aplicáveis, e isto justamente porque elas «correspondem à qualificação da Regra de Conflitos». Do nosso ponto de vista, nem poderia ser doutra maneira, visto que, se a Regra de Conflitos adjudica a uma determinada lei estrangeira uma certa tarefa regulamentadora ou certo tipo de questão jurídica, não faria sentido que dessa lei se aplicassem normas que não regulam tal questão ou matéria jurídica, mas uma outra. Portanto, FRANCESCAKIS só pode querer referir-se àqueles casos em que, por força da solução dada a um «conflito negativo de qualificações», uma determinada lei estrangeira é aplicável ao ponto em litígio, apesar de essa lei regular ou contemplar tal ponto através de normas que no sistema estrangeiro não ocupam o lugar — isto é, não desempenham a função — que corresponde à qualificação da Regra de Conflitos (2). Ora o nosso art. 15.º não pode referir-se de modo algum a tal problema, visto que o legislador não considerou nem quis resolver os chamados «conflitos de qualificações».

Resta agora fazer uma brevíssima referência à doutrina de ROBERTSON. O que esta doutrina tem de característico é o distinguir entre uma *qualificação primária*, que é uma qualificação de factos, e uma *qualificação secundária*, que é uma qualificação de normas. Segundo ROBERTSON, o juiz, para saber qual é a Regra de Conflitos

(1) Cfr. *infra*, n.º 51.
(2) *Vide infra*, n.º 51.

aplicável, terá normalmente que proceder a uma qualificação *lege fori* dos factos da causa. É esta a *qualificação primária.* Feita esta operação, está descoberta a Regra de Conflitos que o caso põe a funcionar e logo mediante ela se determina a lei competente. Agora só há que proceder à *qualificação secundária,* a qual se traduz em averiguar se uma ou mais normas da lei competente e atinentes ao caso em litígio pertencem àquela categoria de normas que versam sobre aquela ordem de questões a que se reporta a Regra de Conflitos cujo funcionamento levou à designação dessa lei — sobre aquela ordem de questões, pois, cuja resolução a dita Regra de Conflitos confiou a essa lei. Se for esse o caso, tais normas são aplicáveis [1].

Quanto à qualificação *secundária* de ROBERTSON, nada temos a opor: ela, no seu método, coincide com o ponto de vista por nós adoptado e consagrado no art. 15.° do nosso Código. Quanto à qualificação dita *primária,* que seria uma qualificação de factos em face da *lex fori* e representaria, no sistema construído por aquele autor, uma etapa necessária e decisiva para descobrir a Regra de Conflitos atinente ao caso e, mediante esta, determinar a lei competente, temos a opor-lhe todas as objecções atrás produzidas contra um tal método de qualificação. Quanto à ideia de que tal qualificação primária representaria um passo necessário para determinar a própria Regra de Conflitos que nos há-de levar à lei aplicável, responderemos que, para descobrir a Regra ou Regras de Conflitos chamadas a intervir, assim como para determinar desde logo as leis potencialmente aplicáveis, apenas é necessário *constatar* as concretas conexões do caso com esta e aquela lei: simples matéria de facto, portanto. Além disso, devemos contrapor à mesma ideia a nossa tese, a nosso ver já demonstrada, de que a Regra de Conflitos é uma regra sobre concursos de leis — e como tal funciona, isto é, decide o concurso *entre as leis em presença* —, e não uma verdadeira norma de remissão, como está implícito na concepção de ROBERTSON [2].

---

(1) Cfr. *Characterization, cit.,* pp. 17 e s., 46, 59 e ss., 66 e ss., 118 e ss..

(2) Para a crítica da teoria deste autor, cfr. também FERRER CORREIA, *DIP, cit.,* pp. 66 e ss.

50. *Os chamados «conflitos de qualificações».* Cada Regra de Conflitos reporta-se a uma ordem de questões ou matérias jurídicas diferentes daquelas a que se reporta uma outra Regra de Conflitos. Por efeito da aplicação de duas Regras de Conflitos podem ser chamadas a aplicar-se a um caso normas materiais procedentes de dois ordenamentos estaduais. Dado, porém, que se trata de normas materiais relativas a questões ou matérias jurídicas diferentes, parece que nunca a aplicação simultânea dessas normas deveria poder implicar um concurso ou um conflito de normas. Nesta ordem de ideias, os problemas ilustrados pelos exemplos atrás expostos e que correm na doutrina justamente como exemplos ilustrativos do problema das qualificações, teriam uma solução extremamente simples: atender-se-ia às duas qualificações em causa e aplicar-se-iam as duas leis, de forma que, p. ex., o casamento civil dos gregos ortodoxos na Alemanha, se bem que nada houvesse a objectar contra ele quanto à sua validade formal, uma vez que foram respeitadas as regras de forma da *lex loci,* deveria contudo ser considerado inexistente, por força das normas da *lex patriae* relativas à substância do mesmo acto (art. 1367.º do Código Civil grego). Na verdade, o facto de a *lex loci* considerar um qualquer negócio como válido quanto à *forma,* não exclue que o mesmo negócio deva ser havido por nulo ou inexistente em face da nossa ordem jurídica, desde que a lei reguladora da validade intrínseca (condições de *fundo*) daquele negócio o fira de nulidade ou inexistência, por no caso se não verificar algum dos requisitos essenciais por ela exigidos. O caso é que são *duas* as Regras de Conflitos da lei portuguesa que devem ser aplicadas.

Repare-se, porém, que, na hipótese do casamento dos gregos ortodoxos celebrado em países como a França ou a Alemanha, a aplicação simultânea das normas francesas ou alemãs relativas à forma e da norma do art. 1367.º do Código grego, qualificável, no contexto da lei grega, como norma relativa a uma das condições de fundo do casamento, nos deixa em face duma verdadeira *contradição,* dum verdadeiro conflito de juízos de valor. É que, na verdade, daquela aplicação simultânea resultaria que nunca dois gregos ortodoxos poderiam casar validamente em países como a França ou a Alemanha, uma vez que nestes países só se admite a forma civil do casamento. E, ainda que assim não fosse, da aplicação da lei grega, por força da Regra de Conflitos portuguesa que para ela remete, resultaria inevitavelmente sacrificado o interesse que tutela outra Regra de Conflitos portuguesa, a Regra de Conflitos relativa à forma dos actos e negócios jurídicos, a qual manda aplicar a *lex loci celebrationis* a fim de facilitar às partes a realização de negócios formalmente válidos.

Temos, pois, que a contradição valorativa entre preceitos materiais tirados de leis de Estados diferentes coenvolve uma contradição ou conflito de Regras de Conflito e há, portanto, que optar por uma destas regras, sacrificando a outra — que o mesmo é dizer, há que optar pela aplicação de uma das leis por elas designadas. Em face da ideia de que partimos, da ideia de que as Regras de Conflitos se propõem justamente evitar ou resolver conflitos ou concursos de leis, referindo-se cada uma delas a problemas normativos ou a questões jurídicas distintas, este fenómeno, este conflito de normas materiais agora verificado, surge como algo estranho, e parece à primeira vista que perante ele temos de concluir que as Regras de Conflitos não logram, em hipóteses deste tipo, desempenhar-se cabalmente da sua tarefa, que é a de prevenir ou evitar conflitos, talhando distintamente nos diversos ordenamentos estaduais diferentes sectores normativos — sectores estes que jamais deveriam poder sobrepor-se, a ponto de se suscitarem verdadeiros conflitos ou contradições normativas, por isso que em cada um deles se resolvem *diferentes questões de direito.*

Repare-se, porém, que o funcionamento perfeito das Regras de Conflitos, de acordo com o plano a que obedeceu a sua elaboração, pode ser perturbado pela estrutura ou constituição daquilo a que essas regras vão aplicar-se, isto é, do objecto da qualificação. Bastará, p. ex., que numa única norma material de certo ordenamento se resolvam, sincreticamente, duas questões jurídicas diferentes, correspondentes aos conceitos-quadro de duas Regras de Conflitos distintas, para que o plano de actuação das Regras de Conflitos falhe. A uma norma material dessas parece que deverá caber rigorosamente uma *qualificação mista.* E, na verdade, só admitindo que ela resolve ao mesmo tempo questões jurídicas diferentes poderá acontecer que a sua aplicação a título, p. ex., de norma reguladora da *substância* do acto seja incompatível com a norma duma outra lei chamada a regular a *forma* do mesmo acto (1). Isto em teoria. Mas justamente a distinção nítida entre forma e substância de um acto, e entre os respectivos conceitos, é algo de extremamente problemático. Por isso, só em face do caso concreto e da descoberta de verdadeiras *contradições valorativas* (*Sollenswidersprüche* ou *Wertungswidersprüche,* na terminologia dos autores alemães) se poderá concluir pela inadmissibilidade da aplicação simultânea de duas normas procedentes de ordenamentos jurídicos diversos chamados a títulos diferentes por duas Regras de Conflitos distintas (2).

Em face duma contradição destas, terá de optar-se pela prevalência duma das normas antinómicas, sacrificando a outra, e uma tal solução, conforme salienta a Prof.ª MAGALHÃES COLLAÇO (3), «traduz-se afinal no triunfo da norma de conflitos em que se fundava aquele primeiro preceito», vindo a outra norma de conflitos a ser afastada. E por isso é que a mesma Autora entende ser cabido falar,

---

(1) WENGLER (em *Die Qualifikation, cit.,* p. 362) fala a este propósito de «qualificação múltipla *(Mehrfachqualifikation)* duma regra jurídica».

(2) WENGLER (em *Die Qualifikation, cit.,* pp. 364 e ss.), escreve a propósito destas contradições valorativas: «Se a contradição é tal que um direito impõe a um indivíduo uma conduta *a* e outro direito lhe impõe a conduta não-*a,* ou mesmo se tal contradição apenas consiste em que a consequência jurídica prevista por um dos direitos perturba substancialmente as finalidades visadas pelo outro, então a ordem jurídica cujos tribunais devem decidir fazendo aplicação daqueles dois direitos deve ela própria, mediante um juízo de valor, decidir qual dos grupos de normas considera preponderante, daí resultando que a solução fornecida pelas normas desse grupo deve prevalecer». Figura a seguir este exemplo: As Regras de Conflitos da *lex fori* remetem para o direito *A* a regulamentação do divórcio e para o direito *B* o regime das relações entre pais e filhos. Por hipótese, o direito *A,* em caso de divórcio, impõe como pena ao cônjuge culpado a perda do poder paternal, ao passo que o direito *B* regula o pátrio poder dos pais divorciados sobre os filhos tendo única e exclusivamente em vista o maior bem dos menores, e deixa ao tribunal o encargo de regular o poder paternal dos pais divorciados unicamente à luz daquele critério. Poderá muito bem acontecer que, por aplicação do direito *B,* em dada hipótese, se deva assegurar ao cônjuge culpado o exercício do poder paternal, por ser esta a solução exigida pelo maior bem dos filhos. Em tal caso, porque a lei *A* retira o poder paternal ao cônjuge culpado, teremos um insanável conflito de normas.

(3) *Ob. cit.,* p. 262.

nestes casos, de «conflito de normas de conflito». Tradicionalmente tais conflitos são designados por «conflitos de qualificações». Contra esta designação tradicional (pelo menos na doutrina latina) vale na verdade o reparo que lhe faz a mesma internacionalista: que tal designação pode induzir em erro quanto à raiz do problema ([1]). Quando a usarmos, havemos, pois, de ter em conta esta reserva.

Repare-se agora que o problema da qualificação em DIP aparece frequentemente posto sob este ângulo: sob o ângulo do «conflito de qualificações» — e parece que foi assim que ele surgiu em KAHN e BARTIN. É assim que BATIFFOL, p. ex., o apresenta: como problema de saber «*segundo que lei o juiz deve qualificar o objecto do litígio para determinar a lei que lhe é aplicável,* quando as diferentes leis em conflito adoptam qualificações diferentes» ([2]). Porém, o mesmo Autor, logo adiante ([3]), põe e resolve o problema da qualificação por si mesmo (isto é, o problema da aplicação do conceito-quadro da Regra de Conflitos), sem primeiro estabelecer uma distinção clara entre este problema e aquele. Esta confusão foi de há muito desfeita no ensino e na doutrina portugueses ([4]). É preciso ter bem presente esta distinção entre a «qualificação» propriamente dita e os chamados «conflitos de qualificação», para se entender o alcance do art. 15.º do nosso Código, que se refere exclusivamente àquele primeiro problema. Não o entenderam assim alguns autores estrangeiros, como já vimos. E um desses autores ([5]) voltou recentemente à carga, afirmando que há casos em que importa fazer uma qualificação primária *única,* pois, apesar da diferente configuração das diferentes leis nacionais, estas não respondem, em tais casos, a diferentes questões de direito mas a uma e mesma questão de direito, pelo que só uma delas poderia ser aplicada. Portanto, haveria aí um problema — pre-

---

([1]) *Ib., loc. cit.*

([2]) Cfr. *ob. cit.,* I, pp. 347 e ss.

([3]) *Ib.,* pp. 351 e ss.

([4]) Pelos Profs. FERRER CORREIA e ISABEL MAGALHÃES COLLAÇO, respectivamente em Coimbra e em Lisboa (assim como pela nossa dissertação no curso complementar de ciências jurídicas). Cfr., do primeiro Autor, *DIP, cit.,* pp. 81 e ss., e da segunda, *ob. cit.,* pp. 237 e ss.

([5]) Cfr. NEUHAUS, no RabelsZ 35 (1971), pp. 391 e s., em recensão à versão alemã do trabalho do Prof. FERRER CORREIA sobre a qualificação.

cisamente o problema de qualificação (primária) no sentido tradicional —, e o Código Civil português, sem que nada o justificasse, teria passado em claro esse problema (1).

---

(1) Não conseguimos acompanhar o raciocínio deste Autor. Ele por certo não pode querer significar que haja Regras de Conflitos *diferentes* que se refiram à mesma questão ou matéria de direito. Só pode querer significar, portanto, que há casos em que só uma Regra de Conflitos é chamada a aplicar-se, e não duas, apesar de o tratamento do ponto de direito em causa por uma das leis em presença poder sugerir-nos a ideia de que o problema se enquadra numa outra Regra de Conflitos, quando afinal só aquela, e não também esta, deve intervir, por isso que a questão é *uma* só — por isso que, de qualquer modo, o problema a resolver só se enquadra no âmbito daquela Regra de Conflitos, e não também no desta. Mas, se assim é, se é esta a ideia do referido Autor, o problema que ele tem em vista é um problema de deliminação recíproca *(Abgrenzung)* de regras de conflitos, um problema de definição do âmbito dos respectivos conceitos-quadro, um em face do outro — um problema de enumeração das questões ou conteúdos jurídicos que pertencem exclusivamente à esfera de um ou à do outro. Ora este problema é um puro problema de *interpretação* das Regras de Conflito, necessariamente prévio à aplicação destas regras e, portanto (por maioria de razão), anterior à *qualificação* do *quid* subsumível a certo conceito-quadro por aplicação deste mesmo conceito. O nosso Código não se preocupou em especial com o problema da interpretação das Regras de Conflitos, entendendo que ele deveria ser resolvido por aplicação dos princípios gerais. Tratando o art. 15.º da qualificação propriamente dita, não tinha que se ocupar desse *outro* problema. De certo que definir em abstracto o âmbito duma Regra de Conflitos duma maneira mais ou menos ampla se traduz em optar por uma qualificação de preferência a outras, independentemente de num caso concreto se vir ou não a verificar um «conflito de qualificações». Mas saber se uma determinada consequência jurídica (uma pretensão) é susceptível de pôr a funcionar uma ou outra Regra de Conflitos não é um problema a resolver por *qualificação;* a não ser em face de qualquer Regra de Conflitos que porventura determine desde logo que certa e determinada consequência ou efeito jurídico, certo e determinado direito ou faculdade, são regulados por determinada lei, qualquer que seja o *fundamento* jurídico dessa consequência ou desse direito (e, portanto, qualquer que seja o contexto de política legislativa em que se insira a norma material que estatui aquela consequência). Mas, quando a Regra de Conflitos seja assim concebida ou formulada, o problema de *qualificação* consistente em saber se tal consequência ou pretensão jurídica cabe no respectivo conceito-quadro não levantará em regra grandes dificuldades. Terá, porém, de admitir-se que, em face de tais Regras de Conflitos,

Pois foi sobretudo em relação a estes chamados «conflitos de qualificação» que se veio a sustentar a solução clássica dita da qualificação *lege fori*, sem que se chegasse a isolar e a pôr explicitamente o problema da qualificação propriamente dita (1). E há que reconhecer que, quanto àquele problema, a dita solução continua a ser de longe a dominante.

Sobretudo quando o conflito se apresente em termos de se ter de optar entre a Regra de Conflitos que leva à aplicação do direito material do foro e a Regra de Conflitos que conduz à aplicação duma norma material estrangeira, deveria dar-se sempre preferência, diz-se, à primeira das duas regras — fazendo, portanto, aquilo que pouco correctamente se designa por «qualificação *lege fori*». Nos outros casos, em que não está em causa a aplicabilidade do direito material do foro, a resolução do conflito segundo o critério da *lex fori* traduzir-se-ia em dar preferência àquela das leis materiais designadas em princípio como aplicáveis cuja qualificação ou caracterização jurídico-material do ponto em litígio mais se aproximasse da do direito interno do foro.

Na doutrina portuguesa tem-se vindo a sustentar (2) que a solução de tais conflitos se deve procurar, antes de tudo, tentando estabelecer «uma relação de hierarquia entre as qualificações conflituantes», a qual levaria à eliminação duma das Regras de Conflitos. Haveria, para tanto, que ter principalmente em vista os interesses que as diversas normas de conflitos visam servir, tirando do peso relativo de tais interesses um critério para a hierarquização das mesmas.

---

as consequências jurídicas ou as pretensões deduzidas em juízo constituem o verdadeiro *objecto da qualificação*. Em tais casos, o legislador obriga o juiz a qualificar *antes* de este saber qual a lei aplicável (cfr. WENGLER, *Die Qualifikation, cit.*, p. 357).

(1) Rigorosamente, parece que só AGO e a sua escola, e bem assim ROBERTSON pelo que respeita à qualificação primária, vieram a definir com clareza uma qualificação *lege fori* que se traduz na aplicação do conceito-quadro a factos da vida, sendo os factos subsumíveis a tal conceito determinados pelo recurso à lei interna do foro.

(2) Sobretudo por obra do Prof. FERRER CORREIA: cfr. *Lições de DIP*, 1963, pp. 364 e ss.; 1969, pp. 396 e ss. No mesmo sentido, e com desenvolvida análise do problema, se pronuncia a Prof.ª I. MAGALHÃES COLLAÇO, *ob. cit.*, pp. 261 e ss.

Dentro desta ordem de ideias, o Prof. FERRER CORREIA propõe as seguintes soluções:

a) No conflito entre a qualificação «forma» e a qualificação «substância», ou entre a qualificação «forma» e a qualificação «capacidade», deveria prevalecer a segunda (a qualificação pessoal), sacrificando-se a qualificação «forma».

b) No conflito entre a qualificação pessoal (p. ex., sucessões) e a qualificação real, deveria prevalecer esta última — atendendo sobretudo a que a ligação da coisa com o Estado em cujo território se acha situada é mais forte que a do indivíduo ao respectivo Estado nacional.

c) No conflito entre a qualificação «regime matrimonial» e a qualificação «regime sucessório», não haveria propriamente conflito, devendo antes considerar-se que os dois estatutos são de aplicação sucessiva (a herança não poderia abranger aquela parte dos bens do casal que pertença ao cônjuge sobrevivo por força da lei reguladora do regime de bens do casamento), e tanto bastaria para resolver (normalmente) as dificuldades que se suscitam na aplicação simultânea dos dois estatutos.

Para além destes critérios será porventura ainda possível, noutras hipóteses, estabelecer critérios para uma hierarquização doutras normas de conflitos, de acordo com o princípio atrás indicado. Poderão porventura surgir casos que não possam ser resolvidos pela indicada via da escolha entre as normas de conflitos em causa. Então haverá que mudar de plano e resolver a dificuldade, já ajustando entre si (pela via da adaptação de um ou de ambos) os preceitos materiais entre si contraditórios, já criando mesmo uma norma material de DIP *ad hoc,* para a solução daquele caso. Tal é, resumidamente, a doutrina proposta pelo Prof. FERRER CORREIA para a solução dos conflitos positivos de qualificação.

Pelo primeiro dos critérios atrás expostos (prevalência da qualificação «substância» ou «capacidade» sobre a qualificação «forma») se resolveria, designadamente, a hipótese que temos vindo a considerar: a de dois gregos ortodoxos que casaram civilmente na Alemanha. Assim o têm entendido os Profs. I. MAGALHÃES COLLAÇO [1] e FERRER

---

(1) Cfr. *Ob. cit.*. pp. 290 e ss., 294 e ss.

CORREIA [1]. Donde resultaria que tal casamento deveria em princípio ser considerado como inexistente em Portugal. Mas os mesmos autores logo admitem que uma tal solução é inconciliável com o princípio da liberdade religiosa, inscrito no n.º 3.º do art. 8.º da nossa Constituição. Tal princípio impediria a aplicação em Portugal de um preceito estrangeiro que obrigue os fiéis de qualquer religião à celebração religiosa do casamento (excepção de ordem pública). E assim se viria a chegar entre nós à mesma solução que o problema tem recebido noutros países.

Repare-se que o critério de solução dos conflitos que se começou por aplicar a este caso deveria ser também aplicado àqueloutro atrás referido e que constitui outro exemplo clássico de «conflito de qualificações»: o do testamento de um holandês celebrado em França na forma ológrafa, contra o disposto no art. 992.º do Cód. Civ. holandês, que proíbe esta forma de testar e especifica que tal proibição atinge os testamentos dos holandeses feitos no estrangeiro. Tal testamento parece que deveria ser considerado nulo em Portugal, por força da aplicação do referido critério, mesmo quando não existisse, como hoje existe, a disposição do n.º 2 do art. 65.º do nosso Código. E não poderia, nesta hipótese, recorrer-se à excepção de ordem pública para afastar uma tal solução. Note-se, porém, que esta solução, se o referido art. 65.º apenas se achasse reduzido à disposição do seu n.º 1, seria tudo o que há de mais contrário à finalidade visada por este texto, que consagra nos mais amplos termos o princípio do *favor negotii* em matéria de forma dos testamentos. Em tal hipótese, não poderíamos deixar de reconhecer como válido o testamento em causa, adoptando a solução a que se tem chegado na jurisprudência e na doutrina doutros países por aplicação do método chamado da «qualificação *lege fori*» [2].

---

(1) Cfr. *Lições de DIP*, 1963-64, pp. 368 e ss.

(2) No nosso DIP, o n.º 2 do art. 65.º é justamente uma daquelas disposições — as outras são a da 2.ª parte do n.º 1 do art. 36.º, a do art. 51.º, a do n.º 1 do art. 63.º e a da al. *c)* do art. 64.º — das quais se pode deduzir um princípio geral no sentido de fazer prevalecer as qualificações «substância» e «capacidade» (as respectivas Regras de Conflitos) sobre a qualificação «forma» (sobre a correspondente Regra de Conflitos).

A melhor directiva parece ser aquela que manda olhar às finalidade visadas pelas duas Regras de Conflito em jogo e ao resultado a que é susceptível de conduzir, no caso, a prevalência de uma ou de outra. Tal directiva levar-nos-á sempre ou quase sempre a uma solução idêntica àquela a que chega o sistema chamado da «qualificação *lege fori*», desde que o sistema da lei do foro seja um sistema perfeitamente coerente.

A terminar este número, referir-nos-emos ao problema posto pelo facto de a *prescrição* ser encarada como um instituto de natureza *processual*, segundo os direitos anglo-saxónicos. Sem curar de saber se nestes direitos uma tal qualificação é também relevante para efeitos de DIP, diremos apenas que o conflito entre a qualificação «instituto de direito processual» e a qualificação «instituto de direito substantivo» não se transforma num conflito entre duas Regras de Conflitos ou entre as normas materiais por elas chamadas. Do que se trata fundamentalmente é de saber se a prescrição afecta ou não o direito ou a consistência do direito das partes e se, portanto, se deve procurar para ela uma lei aplicável ou deixar a sua regulamentação à eventual *lex fori* enquanto lei do processo, tal como se deixa a esta lei a disciplina das formalidades processuais. Ora, posto assim o problema, a resposta não oferece dúvidas: a prescrição, como quer que seja concebida, é sempre, para efeitos de Direito de Conflitos, um instituto de direito *substantivo* (e por uma razão ainda mais forte que aquela por que o é, p. ex., o instituto do ónus da prova).

51. *Dupla fundamentação («cúmulo» de normas) e ausência de fundamentação («falta» de normas) duma pretensão ou consequência jurídica.* As nossas Regras de Conflitos referem-se quase sempre a *questões* jurídicas, e não a *consequências* ou pretensões jurídicas. É, porém, um facto bem conhecido que a mesma consequência jurídica (assim como o mesmo direito ou pretensão) pode ter diversos fundamentos [1]. Assim, p. ex., um direito de indemnização pode resultar, já de um contrato, já de um facto ilícito; o direito da mulher

---

[1] Cfr. a propósito *Âmbito*, pp. 214 e ss., e literatura aí citada.

a que o marido lhe adiante os fundos necessários para as despesas do processo pode ter o seu fundamento, já numa obrigação genérica de assistência, por parte do marido, decorrente da própria relação conjugal, já no estatuto particular do regime de bens dos cônjuges; o direito da mulher, por morte do marido, a certos bens que pertenceram ao casal pode fundar-se, já no próprio regime de bens do casamento, já num título de vocação sucessória que a faz herdeira de parte dos bens deixados pelo marido; etc.

Ora está bom de ver que, referindo-se as diferentes Regras de Conflitos a diferentes matérias jurídicas, ou seja, aos *fundamentos* possíveis destas pretensões, pode bem acontecer que uma mesma pretensão venha a aparecer como *duplamente* fundamentada e reconhecida, no caso concreto, por efeito da aplicação de duas Regras de Conflitos. Assim como pode acontecer o caso inverso: que uma mesma pretensão, reconhecida pelas duas leis chamadas por duas Regras de Conflitos, quando tais leis fossem tomadas globalmente, fique afinal desprovida de norma que a fundamente, por isso que a lei *A*, chamada a regular a matéria jurídica *x*, reconhece aquela pretensão ao disciplinar a matéria jurídica *y*, ao passo que a lei *B*, chamada no mesmo caso a regular esta última matéria, regula e fundamenta a mesma pretensão ao disciplinar a primeira.

Do funcionamento ou do *modus operandi* próprio das Regras de Conflitos, tal como nós (e o legislador) as concebemos, podem resultar, pois, fenómenos de «cúmulo» ou de «falta» (vácuo) de normas aplicáveis. A nosso ver, estes fenómenos, quanto à sua origem, não se distinguem essencialmente dos estudados no número anterior (contradições normativas). Só que agora não existe propriamente *contradição* ou *incompatibilidade* entre as normas materiais chamadas por duas Regras de Conflitos e, portanto, não se impõe necessariamente o sacrifício de uma delas.

Tomemos em primeiro lugar o conhecido caso da alemã que celebra com um alemão um contrato de esponsais, válido como tal (como contrato) em face do direito alemão. Suponhamos agora que o noivo rompe o compromisso em Paris, casando com outra. No direito interno francês, onde se não reconhece como válido o contrato de esponsais, olha-se aquele facto, que se traduz na ruptura dos esponsais, sob a perspectiva da responsabilidade por facto ilícito, aplicando-se-lhe o art. 1382.° do *Code Civil,* no caso de o responsável ter agido com culpa.

Partindo do nosso DIP, parece que devemos raciocinar assim, em face deste caso: porque se trata de um contrato de esponsais válido segundo o direito alemão, e este contrato é um contrato familiar ou para-familiar, deverá aplicar-se a lei nacional dos noivos (lei alemã); porque a ruptura dos esponsais teve lugar em França (e a lei francesa considera este facto, se se verificam os requisitos do art. 1382.° do *Code Civil,* como facto gerador da obrigação de indemnizar), deve aplicar-se a lei francesa, como *lex loci delicti commissi,* à responsabilidade extracontratual emergente de tal facto. Deverá admitir-se que a ex-noiva, perante um tribunal português, *cumule* as duas indemnizações: a contratual, fundada na lei alemã, e a extracontratual, fundada na lei francesa? Ou deverá afirmar-se, com LEWALD, que a «competência cumulativa das duas legislações» apenas confere à autora a possibilidade de optar pela lei que lhe for mais favorável? Dever-se-á indagar, antes, para decidir este ponto, se alguma das leis em presença exclue a possibilidade de um cúmulo real de pretensões, sendo uma de natureza contratual e a outra fundada num delito? Ou deverá seguir-se a directiva de WENGLER e decidir da possibilidade de tal cúmulo de pretensões de acordo com a ordem jurídica cujas Regras de Conflitos estão em causa? (1).

A partir da diversidade de tratamento conferida aos esponsais pelos direitos francês e alemão, podemos agora configurar uma hipótese de «falta» de normas aplicáveis. Suponha-se o caso, também clássico, de um francês que troca com uma francesa, em Paris, uma promessa de casamento e mais tarde falta ao prometido na Alemanha, onde casa com outra pessoa. Achar-nos-emos em face de um *vácuo,* duma total falta de normas materiais aplicáveis, se a ex-noiva propõe num tribunal português uma acção a exigir do ex-noivo infiel a reparação dos prejuízos sofridos. É que, por um lado, as disposições da lei alemã relativas ao contrato de esponsais devem qualificar-se como normas que respeitam às relações familiares e, portanto, não são chamadas pela norma de conflitos implícita no nosso DIP relativa a tais relações, visto os noivos serem franceses; por outro lado, as

---

(1) Cfr., por todos, Prof.ª I. MAGALHÃES COLLAÇO, *ob. cit.*, pp. 254 e ss.

normas do direito francês relativas à responsabilidade por facto ilícito extracontratual também não são chamadas pela Regra de Conflitos do n.º 1 do art. 45.º do nosso Código, uma vez que o facto causador do dano teve lugar na Alemanha. (Não encararemos neste momento a possibilidade de aplicação ao caso do n.º 3 do mesmo art. 45.º, pois podem não se verificar os respectivos pressupostos).

A propósito da obrigação do marido de adiantar à mulher as importâncias necessárias para ocorrer às despesas do processo pode configurar-se igualmente um «cúmulo» e um «vácuo» de normas aplicáveis. Exemplo de «cúmulo»: a lei reguladora das relações pessoais dos cônjuges impõe tal obrigação ao marido, a título de obrigação decorrente do dever geral de assistência entre cônjuges; e, por seu turno, a lei reguladora das relações patrimoniais dos cônjuges impõe o mesmo dever ao marido, no caso concreto, por força das regras que disciplinam o regime de bens daquele casamento. Numa hipótese destas parece fora de dúvida que a tutela conferida por qualquer destas leis ao interesse da mulher *consome* ou absorve a tutela reconhecida pela outra ao mesmo interesse. Não se verificará, pois, um cúmulo real de pretensões.

Exemplo de «vácuo»: No caso concreto, a lei reguladora das relações pessoais imporia a referida obrigação ao marido, por força das normas que disciplinam as relações patrimoniais; e a lei reguladora das relações patrimoniais imporia a mesma obrigação, mas enquanto decorrente do dever geral de assistência entre cônjuges. Resultado: se fosse uma só a lei aplicável aos dois tipos de relações, a mulher teria sempre o referido direito; por força do «desmembramento» ou «dépeçage» a que as Regras de Conflitos submetem os ordenamentos jurídicos por elas mandados aplicar, a mulher perderia o seu direito. Num caso como o figurado deve porventura entender-se que a lei reguladora das relações patrimoniais, se não impôs aquela obrigação ao marido ao regular este ou aquele regime de bens, foi porque já lha tinha imposto, duma maneira genérica, ao estabelecer o regime das relações pessoais. Se for lícito raciocinar assim (e isto só num caso como o que estamos a referir), deverá reconhecer-se viável a pretensão da mulher.

Nos casos de cúmulo de pretensões decorrentes do regime de bens do casal e do regime das sucessões por morte, deverá admitir-se em princípio que se trata de um cúmulo *real,* isto é, que o direito que cabe ao cônjuge sobrevivo por força da lei reguladora do regime de bens do casal e o direito que lhe compete por força da lei reguladora da sucessão do cônjuge falecido são direitos distintos e, portanto, perfeitamente cumuláveis. Mas nem sempre assim será: é que em certas leis o direito de um dos cônjuges a participar na comunhão dos bens adquiridos pelo outro está em estreita ligação com as disposições de carácter sucessório da mesma lei que excluem o cônjuge sobrevivo da sucessão do outro, em concorrência com outros parentes deste. Também neste domínio, portanto, se podem configurar hipóteses de «cúmulo» ou de «vácuo».

Figuremos uma hipótese de «vácuo». Na lei sueca, a comunhão da mulher nos bens adquiridos pelo marido é um modo de tutelar os interesses daquela intimamente conexo com a sua exclusão da sucessão deste. A lei inglesa, pelo contrário, chama a mulher à sucessão do marido porque, por outro lado, não conhece a comunhão legal de bens entre cônjuges. Ora suponha-se que dois ingleses casados sem convenção antenupcial adquirem mais tarde a nacionalidade sueca. Morre o marido. À primeira vista, dir-se-á que a mulher não poderia conseguir que um tribunal português lhe reconhecesse quaisquer direitos sobre os bens adquiridos pelo marido [1].

Seja agora o caso do concurso entre o direito da Coroa britânica definido na sec. 46.1.VI do *Administration of Estates Act* (um direito de carácter público, mas que, pelo menos para efeitos do nosso DIP, pode configurar-se como um direito real ou um direito assimilável a um direito real) e o direito de sucessão que se atribuem vários Estados europeus nas heranças deixadas por súbditos seus que morrem intestados e sem sucessíveis. Na hipótese de o concurso em causa se apresentar como um concurso positivo de normas («cúmulo»), parece que deveremos decidir como decidiu a *Court of appeal* no caso *Maldonado:* considerando que se não está em face duma *herança vaga* enquanto o direito sucessório competente designar um sucessível (embora, na verdade, a aplicação deste princípio seja um tanto

---

[1] Veja este exemplo em Prof.ª I. Magalhães Collaço, *ob. cit.,* p. 302.

duvidosa quando o sucessor designado seja o próprio Estado estrangeiro).

Deve notar-se que os nossos tribunais não se considerariam internacionalmente competentes para resolver este tipo de hipóteses, dado os bens a partilhar se acharem situados no estrangeiro. Já tem mais interesse para nós a hipótese de concurso *negativo* ou de «vácuo». Refiramos, pois, um exemplo, nos termos em que o configuram o Prof. FERRER CORREIA (1) e outros autores.

Suponhamos que morre em Portugal, sem testamento e sem qualquer parente sucessível, um inglês com domicílio no Reino Unido. A herança compõe-se de bens situados em Portugal. A lei aplicável à sucessão é a lei inglesa (que se reconhece competente). O direito da Coroa inglesa sobre as heranças vagas, já vimos, pode assimilar-se, para os efeitos que nos interessam, a um direito real (de resto, o preceito da lei inglesa que o reconhece refere-se expressamente apenas aos bens situados em Inglaterra ou no País de Gales). Logo, não podemos recorrer à lei inglesa para sabermos em quem devem ser encabeçados os bens deixados por morte do súbdito inglês: aquele preceito da lei inglesa não tem carácter de norma sucessória.

Por seu turno, os arts. 2152.º e seg. do Código Civil português, que chamam o Estado à herança e lhe conferem a vera qualidade de herdeiro, na falta de todos os parentes sucessíveis até ao 6.º grau e na falta de cônjuge, são decididamente normas de carácter sucessório. Logo, não são aplicáveis ao caso, pois não é a lei portuguesa a competente para regular a sucessão. Como resolver?

Como é de excluir a solução de considerar os bens da herança como bens *sine domino,* como *res nullius,* sujeitos à apreensão do primeiro ocupante (tal solução seria contrária, como observa a Prof.ª MAGALHÃES COLLAÇO (2), aos interesses gerais da economia nacional e aos interesses dos credores do falecido), impõe-se determinar, por integração do direito português, uma norma que habilite o nosso Estado a assenhorear-se das heranças deixadas no seu território, sempre que, segundo o estatuto sucessório, ninguém possa habilitar-se como herdeiro. Deverá porventura considerar-se que o

---

(1) Cfr. *Lições* de 1963, pp. 366 e s.

(2) *Ob. cit.,* p. 301.

nosso legislador não previu este tipo de hipóteses e que a melhor solução estará em alargar a esfera de aplicação do art. 2152.º do nosso Código, atribuindo a herança ao Estado português, tal como se da herança de um português se tratasse — conforme propõe a Prof.ª M. COLLAÇO (1).

Resta acrescentar que as directivas gerais propostas pela doutrina portuguesa para a resolução dos problemas considerados no presente número são as mesmas que foram indicadas no número anterior: tentativa duma prévia hierarquização das Regras de Conflitos do nosso sistema, recurso à *adaptação* do regime material de uma ou de ambas as leis em presença, a maior semelhança duma destas leis com a lei do foro (ou, quando esta seja uma das leis envolvidas no concurso, preferência pela aplicação da *lex fori*) (2).

---

(1) *Ib.*, p. 306.

(2) Para a resolução, quer dos conflitos positivos, quer dos conflitos negativos, vários autores germânicos propõem como orientação a seguir, desde logo, o recurso à *adaptação* ou harmonização dos sistemas jurídicos simultaneamente aplicáveis, tendo em conta os interesses em jogo (cfr. PALANDT, *Bürgerliches Gesetzbuch*, 33.ª ed., 1974, p. 1961). Sobre o método da *adaptação* podem ver-se, entre outros: J. SCHRÖDER, *Die Anpassung Kollisions- und Sachnormen*, Berlin 1961; J. B. MACHADO, *Problemas na aplicação do direito estrangeiro*, no Bol. da Fac. de Direito de Coimbra, vol. XXXVI (1960), pp. 327 e ss.

CAPÍTULO IV

DAS LACUNAS NO SISTEMA DAS REGRAS DE CONFLITOS

52. *Configuração particular do problema das lacunas no DIP.* Estudados os problemas postos pela interpretação e aplicação das Regras de Conflitos, segue-se agora a análise do problema da integração do sistema das Regras de Conflitos — o problema das lacunas.

Ora, quanto a este problema, havemos de ter em conta o art. 10.º do Código Civil que manda preencher as lacunas da lei, primeiro, pelo recurso à analogia e, na falta de norma reguladora de um caso análogo, pela norma *ad hoc* «que o próprio intérprete criaria, se houvesse de legislar dentro do espírito do sistema».

Põe-se-nos agora a questão de saber se as lacunas no sistema das Regras de Conflitos de DIP se nos apresentam da mesma forma que nos restantes sectores do direito, de modo a que possamos recorrer, para o seu preenchimento, aos dois procedimentos acabados de enunciar. A ser este o caso — e não falta quem entenda que sim —, mais não teríamos de fazer aqui do que remeter para aquele art. 10.º e para o que a respeito da matéria se disse na cadeira de *Introdução.* Se houvermos de entender, porém, que o dito problema apresenta no DIP certas particularidades, devemos referir-nos a elas em especial para mostrar a sua razão de ser e a sua conexão com a natureza específica deste ramo do direito. Mas existirão tais particularidades?

No Direito Material, o aparecimento de um caso omisso não significa só por si, como vimos [1], que exista uma lacuna *jurídica.* Para tanto será ainda preciso, em regra, que se demonstre ser tal hipótese merecedora de tutela jurídica em face do plano ou teleologia intrínseca do sistema — que se demonstre, em suma, que a questão posta a propósito do caso omisso é, em face das determinantes valorativas e teleológicas do sistema, uma *questão jurídica*

---

[1] Cfr. *supra*, n.º 44.

(uma questão com relevância jurídica). Se não, tratar-se-á, quando muito, duma simples «lacuna política» (1). Quer isto dizer, portanto, que a própria *descoberta* da lacuna como lacuna jurídica envolve operações delicadas e complexas e não pode fazer-se sem o confronto com outras questões reguladas pelo sistema ou com certos princípios que inspiram este mesmo sistema.

Ora, no âmbito do sistema das Regras de Conflitos, a descoberta duma verdadeira lacuna jurídica, melhor, a qualificação como lacuna *jurídica* duma falta de regulamentação efectivamente averiguada no sistema, parece à primeira vista que já não implicará essas operações delicadas e complexas. Tal lacuna, a existir, é desde logo uma lacuna jurídica *patente;* pois que o seu preenchimento é um pressuposto necessário da solução de um conflito de leis. Se, na verdade, subjaz ao Direito de Conflitos um princípio basilar implícito que manda aplicar a todos e quaisquer factos as leis que com eles se achem em contacto, servindo as Regras de Conflitos para resolver os concursos entre as leis em contacto com os factos, então, sempre que falte uma regra que dirima certos conflitos de leis, verifica-se necessariamente uma lacuna jurídica, pois o caso não pode ser decidido sem que se resolva o conflito de leis. Sempre que se verifique a existência de um conflito de leis não previsto pelas Regras de Conflitos do sistema, existe indubitavelmente uma lacuna. Não há, neste domínio, necessidade de demonstrar a relevância jurídica da «questão» omissa em face do sistema posto, pois todo o conflito de leis, toda a questão de conflito de leis *em aberto,* é necessariamente relevante para o Direito de Conflitos.

É que a matéria a regular pelo sistema das Regras de Conflitos constitui um *todo,* sendo esse todo repartido pelas diferentes Regras de Conflitos. De modo que o conceito-quadro de cada uma delas representa a *parte* desse todo por ela «ocupada» ou «coberta». Portanto, num sistema de Regras de Conflitos suposto completo («ilacunar»), os ditos conceitos-quadro deverão ser *contíguos.* Se há interstícios entre eles, se, depois definida a extensão de cada um em face dos outros, ficam matérias ou questões de direito privado material que não cabem em nenhum deles, é logo patente a existência

---

(1) Cfr. ENGISCH, *Introdução,* cit., pp. 227 e s.

duma lacuna. Define-se, na verdade, lacuna como falha ou falta contrária a um plano: o plano do sistema jurídico como um todo unitário e coerente. Ora o plano imanente ao sistema das Regras de Conflitos abrange necessariamente a referência a todas as questões de direito privado material.

Já ZITELMANN (1), ao fazer a sua distinção entre lacunas *inautênticas* e *autênticas,* havia notado que os exemplos mais frisantes de lacunas deste segundo tipo aparecem nas leis em matéria de DIP. Aponta a propósito a ausência na EGBGB alemã de Regra de Conflitos relativa aos contratos — tal como nós poderíamos apontar, no nosso Código Civil anterior, a ausência duma Regra de Conflitos relativa às sucessões por morte. Ora, para ZITELMANN, existe lacuna *autêntica* naqueles casos em que resulta da própria lei que uma decisão tem de ser tomada, «porque a vontade da lei no sentido de que se proceda a uma regulamentação jurídica de certo tipo é coisa assente», mas, dentro do quadro assim delineado, existem várias possibilidades ou critérios de solução, e a lei não nos diz qual deles prefere.

A terminologia de ZITELMANN é algo inapropriada, porque também as lacunas a que ele chama *inautênticas* são verdadeiras lacunas. Por isso CANARIS (2) designa as lacunas que ZITELMANN chama *autênticas* por lacunas *patentes.* Julgamos esta designação mais apropriada e sugestiva, pois as lacunas em causa, uma vez que a sua *descoberta* é como que automática, são na verdade *patentes.* Diz CANARIS que estas lacunas se caracterizam pelo facto de colocarem o julgador perante a alternativa de, ou proceder ao seu preenchimento, ou incorrer numa aberta denegação de justiça. A este tipo de lacunas contrapor-se-ia um outro, segundo o mesmo autor: o das por ele chamadas «lacunas teleológicas», as quais surgiriam quando é apenas a teleologia intrínseca da lei que postula a integração do direito e se caracterizariam por, na sua *descoberta,* intervirem o argumento de analogia, bem como o argumento *a fortiori* e aquilo a que ele chama a redução e extensão teleológicas (3).

---

(1) *Lücken im Recht,* Leipzig 1903, pp. 27 e ss.

(2) *Die Feststellung,* cit., pp. 131 e ss.

(3) Cfr. CANARIS, *ob. cit.,* pp. 61, 69, 71 e ss., 127 e s., 137, 140 e ss., 148 e s.

Vemos, pois, que a diferença mais característica entre os dois referidos tipos de lacunas reside precisamente no facto de a existência das do primeiro tipo resultar logo da própria estrutura dos comandos do legislador, de forma que não se trata aí propriamente de saber se o «caso omisso» põe ou não uma questão juridicamente relevante, mas de integrar *o próprio mecanismo legal que ficou inacabado.*

Importa aqui também notar, com CANARIS, que esta diferença quanto ao modo de determinação ou descoberta das lacunas dos dois tipos se reflecte também no preenchimento das mesmas. Assim, ao passo que as lacunas ditas «teleológicas», quando determinadas pela via analógica, serão *necessariamente* preenchidas pelo recurso às normas que nos permitiram descobri-las ou revelá-las *(analogia necessaria),* as lacunas *patentes* serão colmatadas por qualquer outro meio, podendo eventualmente ser preenchidas também por analogia (analogia simplesmente *possível*), quando porventura apareça no sistema uma disposição pertinente.

Em face do anteriormente exposto, parece, pois, que deveremos classificar como *patente* a lacuna que se traduz na ausência, no sistema das Regras de Conflitos, duma regra destinada a resolver os conflitos entre normas materiais de direito privado de certo tipo ou categoria.

53. *O problema na doutrina de DIP.* Na sua maioria, os internacionalistas não tratam especificamente do problema das lacunas no sistema das Regras de Conflitos e, quando se referem ao tema, limitam-se em regra a pouco mais do que a afirmar a tese, também sufragada entre nós, de que «a integração da lacuna de Direito Internacional Privado deverá processar-se nos termos gerais que valerem para a integração das lacunas à face da ordem considerada» (1). A doutrina dominante não destaca, pois, qualquer particularidade nas lacunas de DIP.

---

(1) Cfr. MAGALHÃES COLLAÇO, *Da qualificação,* cit., pp. 296 e s., p. 184. Cfr. também pp. 178 e ss.

Um ou outro internacionalista, porém, faz a propósito do tema algumas considerações que sugerem a existência duma certa particularidade na configuração das lacunas no sistema de DIP. É o caso de MONACO [1], ao observar pertinentemente que a jurisprudência nos mostra a efectiva existência de lacunas no DIP mas, curiosamente, essa mesma jurisprudência não «deduz normas novas das existentes, mediante a utilização do procedimento analógico ou em virtude do recurso aos princípios gerais». E logo adiante conclui o mesmo autor que «o conjunto das normas de direito internacional privado vigentes num dado ordenamento não dá vida, de per si, a um sistema jurídico dominado por princípios gerais específicos aptos a colmatar as lacunas de regulamentação concreta» e que «daí se pode tirar também como consequência a impossibilidade de deduzir por analogia normas novas ou cânones ulteriores de valoração das normas existentes».

Repare-se na coincidência entre esta observação de MONACO e aquela que faz um autor como CANARIS, voltado para o estudo da teoria das lacunas em geral. Também segundo este autor, para o qual as lacunas de DIP são (como para ZITELMANN) o protótipo das lacunas *patentes,* «em vastos sectores do direito internacional privado falta ainda um sistema que permita operar dedutivamente» *(ableitungsfähiges System),* ou seja, um sistema do qual possam ser deduzidas novas soluções [2].

Também VIGNANO [3], na esteira de MONACO, salienta a «insuficiência dos princípios em que se inspira o sistema de direito internacional privado da *lex fori*» e reconhece que, «dada a natureza meramente instrumental das regras de aplicação e a sua função particular, é lógico que o problema da sua integração seja indagado numa sede *diversa* daquela em que se situa o problema relativo à eliminação das lacunas no sistema das disposições jurídicas substanciais».

54. *Posição adoptada.* Pelo que já dissemos no início deste capítulo, aderimos à tese de que as lacunas no sistema das Regras

---

(1) Cfr. *L'efficacia della legge nello spazio,* Turim 1952, pp. 80 e s.
(2) CANARIS, *ob. cit.,* p. 108, nota 172.
(3) *Lex fori e Diritto Straniero,* Pádua 1964, pp. 165 e ss.

de Conflitos se apresentam todas com a configuração específica própria das chamadas *lacunas patentes,* isto é, de lacunas de um tipo tal que a alternativa para o seu não preenchimento só poderia ser uma denegação de justiça — e de um tipo tal que, para a sua descoberta ou revelação, não se faz mister recorrer às valorações que informam as Regras de Conflitos preexistentes no sistema nem à analogia com estas regras.

Já um outro grande nome da metodologia do direito, François GÉNY [1], apontou justamente as lacunas de DIP como exemplo de lacunas da lei em que uma regulamentação é postulada como necessária, por não ser possível uma solução propriamente *jurídica* sem que primeiro se proceda a uma positiva integração da lei. Vimos que ponto de vista semelhante foi também adoptado por ZITELMANN e CANARIS. E ainda recentemente, num estudo dedicado às lacunas em DIP [2], o mesmo ponto de vista apareceu de novo explicitamente afirmado.

Por que será assim, o que explica que as lacunas no sistema das Regras de Conflitos se revelem em certo sentido como que directa e automaticamente, isto é, sob a forma de lacunas *patentes*? Já o dissemos: a intenção ou o plano fundamental do DIP é-nos dado pela mencionada regra básica ou primária que lhe está subjacente e que abarca no seu âmbito todas as questões de direito privado material; pelo que a falta duma Regra de Conflitos capaz de abranger no seu conceito-quadro determinada questão jurídica implica *necessariamente* uma lacuna jurídica. É que, se, por força daquela regra básica, a qualquer situação concreta se aplicam as leis que com ela estejam «em contacto», se torna indispensável estabelecer critérios capazes de prevenir ou resolver eventuais conflitos entre estas leis. Daquela regra básica decorre, pois, a postulação de um sistema de Regras de Conflitos *completo.*

Mas, se é assim, parece lícito dizer que a própria teoria das lacunas vem confirmar o nosso ponto de vista de que importa dis-

---

(1) *Méthodes d'interpretation et sources en droit privé positif,* I, 2.ª ed., Paris 1919, pp. 196 e s.

(2) Cfr. Raymond WANDER ELST, *Lacunes en droit international privé, in* «Les Problèmes des Lacunes en Droit», publicação de Ch. PERELMANN, Bruxelas 1968, pp. 405 e s.

tinguir no DIP entre Direito de Conflitos e Regras de Conflitos, para conferir a estas, no contexto daquele, uma posição como que *derivada* e *subordinada;* ou o ponto de vista de que o Direito de Conflitos não se consubstancia na «soma das regras de conflitos, da mesma forma que o direito privado propriamente dito é a soma das normas materiais» (1).

Tem razão QUADRI (2) quando afirma que, se a aplicabilidade das leis estrangeiras fosse o resultado do funcionamento das normas de DIP, então se teria de concluir que, onde tais normas faltassem, passaria a valer o princípio da mais absoluta exclusividade do direito material do foro. Quer dizer, não haveria nenhuma lacuna, pois lá estaria o direito do foro para resolver qualquer questão de direito material que não coubesse no âmbito duma Regra de Conflitos legislada. Ora, continua QUADRI, admite-se que, mesmo que tais normas não existam (e é sabido como são lacunosos, na sua grande maioria, os sistemas de DIP), o DIP continua a existir. Sendo assim, conclui, é preciso assinar às chamadas normas de DIP uma função diversa daquela que lhes é geralmente reconhecida.

Quanto a nós, dissemos que essa função se traduz em delimitar o âmbito de competência de cada uma das leis designadas desde logo como aplicáveis, pela referida regra básica de DIP, por terem contacto com os factos a regular. Mas, se não fora a existência desta regra básica, parece que não poderíamos falar propriamente duma lacuna devida à falta duma Regra de Conflitos específica, pois teríamos sempre a possibilidade de recorrer à lei material do foro. Essa regra básica implícita de Direito de Conflitos é que, ao mesmo tempo que leva a excluir a pura e simples aplicação da *lex materialis fori* a todos os casos não cobertos por Regras de Conflitos legisladas, cria um problema de segunda linha, ou seja, engendra a necessidade de resolver os concursos de «leis interessadas», postulando assim um sistema de Regras de Conflitos completo através do qual sejam prevenidos todos os possíveis conflitos de leis.

---

(1) Afirmação já citada de Leo RAAPE (no seu *IPR*, cit., p. 2) que, aliás, exprime um ponto de vista em que comunga a doutrina corrente, se não mesmo toda a doutrina de DIP.

(2) *Lezioni*, cit., p. 178.

Uma vez assente que as lacunas no sistema das Regras de Conflitos assumem a configuração própria das lacunas *patentes*, alcançamos logo uma conclusão metodológica importante, a saber: que, dos dois procedimentos indicados no art. 10.º do Código Civil para o preenchimento das lacunas, só o segundo, nos termos do qual a situação deve ser «resolvida segundo a norma que o próprio intérprete criaria, se houvesse de legislar dentro do espírito do sistema», tem cabimento neste domínio. Partir-se-á logo da ideia de que falta a norma reguladora de um caso análogo. Mas isto só depois de ter verificado que a matéria jurídica em causa não cabe no conceito-quadro de nenhuma Regra de Conflitos legislada. Ora isto pressupõe que se verifique primeiro, antes de se admitir a existência duma lacuna, a possibilidade de cobrir a matéria jurídica em causa (p. ex., uma instituição jurídica estrangeira de tipo desconhecido para a *lex materialis fori*) mediante a «extensão teleológica» ou *interpretação extensiva* de um determinado conceito-quadro. É que as Regras de Conflitos também são susceptíveis de *interpretação extensiva* — ou algo equivalente no seu plano próprio. O que elas não são, bem vistas as coisas, é susceptíveis de aplicação analógica, pois que, verificada a *analogia* entre determinado instituto jurídico estrangeiro e um certo instituto da *lex fori*, aquele instituto caberá por isso mesmo no conceito-quadro que cobre o correspondente instituto da *lex fori*. Recorde-se, a propósito, que o discorrer por analogia é conatural à própria aplicação do conceito-quadro (1), e que nenhum instituto jurídico estrangeiro é rigorosamente igual ao correspondente instituto da *lex fori*, mas apenas análogo (2). Por outro lado, a verdadeira

---

(1) Cfr. *supra*, n.º 44.

(2) É muito curioso notar que as Regras de Conflitos não são propriamente susceptíveis de *aplicação analógica*, não porque sejam normas excepcionais, mas justamente porque toda a aplicação da Regra de Conflitos do foro a um direito material estrangeiro é já, pode dizer-se, uma aplicação analógica. Neste ponto estamos plenamente de acordo com aqueles autores que salientam a conexão íntima ou até a coincidência básica entre o problema da qualificação (ou seja, o problema da aplicação da Regra de Conflitos) e o problema da descoberta de direito novo, designadamente o problema das lacunas (Cfr. *Âmbito*, cit., p. 401, nota 19, e p. 432, nota 92). Albrecht DIECKMANN (*Die Handschuehe deutscher Staatsangehöriger nach deutschen IPR*, Bielefeld 1959, pp. 20 e s.) acentua expressamente que «a quali-

aplicação analógica parece pressupor a transplantação da norma que regula o caso análogo para o contexto normativo ou institucional diferente em que se localiza o caso omisso [1]. Ora, no plano próprio do Direito de Conflitos, autónomo em relação ao Direito Material, parece não haver lugar para contextos institucionais diversificados, como acontece no Direito Material.

Dito isto, resta-nos chamar a atenção para os critérios ou interesses inspiradores das soluções de DIP, de que falámos atrás [2]. Estes critérios devem também ser tomados em conta quando se trate de preencher uma verdadeira lacuna, mediante a elaboração duma Regra de Conflitos *ad hoc,* nos termos do referido n.º 3 do art. 10.º do Código Civil. De entre esses critérios deve destacar-se sobretudo o da «unidade e uniformidade de soluções», também designado por princípio da «harmonia jurídica» ou do «mínimo de conflitos». É a partir dele ou por sugestão dele que quase todos os autores põem em destaque, a propósito do preenchimento das lacunas do DIP, a necessidade de recorrer a um processo comparatista, para determinar qual o elemento de conexão mais apto a conduzir a uma uniformidade de soluções entre os Estados no que respeita à matéria jurídica em causa. Não falta mesmo quem lembre a propósito o seguinte imperativo categórico, como regra de ouro: «Decide sempre de tal maneira que a tua decisão possa ser aceite por qualquer julgador (razoável) sobre a terra».

A integração das lacunas do DIP nos termos bastante livres consentidos pelo n.º 3 do mencionado art. 10.º deve ainda assim enquadrar-se «dentro do espírito do sistema», conforme refere aquele texto. Ora isto implica que o intérprete se deverá deixar conduzir pelos critérios acabados de mencionar e que inspirem as diferentes

---

ficação e a criação duma nova norma auxiliar se acham numa relação de incindível e intrínseca interdependência» por virtude da qual um certo problema concreto se poderá apresentar, já como questão de qualificação, já como questão relativa à criação duma nova Regra de Conflitos.

Escusado será salientar o interesse deste ponto de vista para o problema metodológico da aplicação da Regra de Conflitos a que já atrás nos referimos (designadamente no § 1.º do Cap. II) e para a metodologia do direito em geral.

(1) Cfr. *supra,* n.os 35 e 44, em especial a última nota deste número.

(2) Cfr. *supra,* n.º 24.

Regras de Conflitos do nosso DIP ou constituam postulados conaturais a este ramo do direito. Poderá designadamente deparar com limites decorrentes de opções feitas pelo legislador ao elaborar as Regras de Conflitos legisladas. Assim, p. ex., em matérias do domínio do estatuto pessoal não deverá em princípio fazer prevalecer a conexão domicílio sobre a conexão nacionalidade, uma vez que o legislador conferiu prevalência a esta última (art. 31.º do Código Civil) (1).

---

(1) É de notar que, num sistema de Regras de Conflitos actualizado como o nosso, não será fácil descortinar, no actual momento histórico, lacunas que possam ser indiscutivelmente configuradas como faltas de Regras de Conflitos específicas. Podem referir-se, sim, instituições jurídicas estrangeiras desconhecidas pelo direito do foro. Mas não será fácil determinar se tais instituições poderão ou não ser abrangidas pelos conceitos-quadro das Regras de Conflitos do sistema, dado que a estes conceitos é conatural, nos termos já vistos, uma grande capacidade de *extensão analógica*. Sobre o ponto, *vide* MAGALHÃES COLLAÇO, *Da qualificação,* cit., pp. 178 e ss., 184 e ss.; e GARDE CASTILLO, *La «institución desconocida» en derecho internacional privado,* Madrid 1947, pp. 63 e ss.

CAPÍTULO V

LIMITES À APLICAÇÃO DAS REGRAS DE CONFLITOS

55. *Indicação da sequência.* Exposta nos capítulos anteriores a teoria da interpretação e aplicação da Regra de Conflitos, bem como a da integração das lacunas no sistema das Regras de Conflitos, segue-se naturalmente o estudo dos problemas da aplicação no espaço e no tempo das ditas regras, isto é, o estudo dos conflitos de sistemas de Regras de Conflitos no espaço e no tempo. Veremos, porém, que o problema dos conflitos de Regras de Conflitos no espaço, posto como um problema de limites à aplicação no espaço das Regras de Conflitos, não faz sentido, visto ser inviável a ideia — afirmada por vários autores — de um DIP de segundo grau ou de um super--DIP. A consideração das Regras de Conflitos estrangeiras poderá ter lugar em certos casos; não, porém, em nosso entender, por força duma super-Regra de Conflitos, mas por força de certas restrições doutro tipo à aplicabilidade das Regras de Conflitos do foro. E estas outras restrições hão-de decorrer, não da interpretação das Regras de Conflitos em si mesmas, mas de um princípio normativo fundamental e das finalidades visadas pelo DIP, as quais representam a moldura dentro da qual as Regras de Conflitos, dado o papel *subordinado* que lhes compete no todo do Direito de Conflitos, haverão de ser entendidas e aplicadas. Tratar-se-á de restrições fundadas em algo de *extrínseco* às Regras de Conflitos tomadas por si mesmas; mas nem por isso se tratará de restrições fundadas em *critérios extrínsecos ao DIP* (à sua teleologia imanente), no mesmo sentido em que as limitações espácio-temporais ao âmbito de aplicação do direito material são determinadas a partir de um ponto de vista exterior ou alheio à visualização, ao plano ou à teleologia próprios deste direito.

Dada a natureza peculiar das Regras de Conflitos, também o problema da sucessão no tempo destas regras apresenta um cariz especial, que definiremos no lugar próprio.

Dividiremos este capítulo em duas Secções. A primeira, relativa aos limites à aplicação da Regra de Conflitos inerentes à posição desta no contexto do DIP, será dividida em dois parágrafos: um, sobre o problema dos pretensos limites à aplicação no espaço das Regras de Conflitos; e outro sobre o chamado problema do *reenvio*. A Secção II, por seu turno, versará sobre o problema da aplicação no tempo das Regras de Conflitos.

Secção I

Limites inerentes à posição «subordinada» da regra de conflitos no contexto do DIP

§ 1.° — Sobre o problema dos pretensos limites à aplicação no espaço das Regras de Conflitos (conflitos de sistemas de DIP no espaço). A nova doutrina dos direitos adquiridos.

BIBLIOGRAFIA: FERRER CORREIA, *Lições* de 1969, *cit.*, pp. 607 e ss.; HAROLDO VALLADÃO, *DIP*, 2.ª ed., 1970, pp. 484 e ss.; J. B. MACHADO, *Âmbito, cit.*, pp. 73-91; QUADRI, *Lezioni, cit.*, pp. 108 e ss.; MEIJERS, *La question du renvoi, in* «Bulletin de l'Institut Juridique International», Abril 1938, pp. 191 e ss., esp. 221 e ss.; FRANCESCAKIS, *La théorie du renvoi et les conflits de systèmes en DIP*, Paris 1958, pp. 194 e ss.; ID., *Conflits de Lois*, «Encyclopédie Dalloz — Droit International», I, pp. 496 e ss.; ID., na «Revue critique de DIP», 1952, p. 94, e 1954, p. 552; BATIFFOL, *Principes de DIP*, Rec. des Cours, 1958, p. 493; ID., *Aspects philosophiques du DIP*, Paris 1966, pp. 310 e s.; MAKAROV, *Les cas d'aplication des règles de conflit étrangères, in* «Revue critique de DIP», 1955, pp. 431 e s.; GRAULICH, *Principes de DIP*, Paris 1961, pp. 174 e s.; RIGAUX, *Le conflit mobile, in* Rec. des Cours, 1966-I, pp. 423 e ss., esp. 429 e ss.; FOYER, *Filiation illégitime et changement de la loi applicable*, Paris 1964, pp. 272 e ss., esp. p. 281 e s.; ROUBIER, *Le droit transitoire*, 2.ª ed., Paris 1960, p. 570; KAHN, *Abhandlungen, cit.*, I, pp. 301 e ss., p. 377; NEUHAUS, *ob. cit.*, pp. 43 e s.; Hugo NEUMANN, *IPR in Form eines Gesetzentwurfs nebst Motiven und Materialien*, Berlin 1896. Por último: P. GOTHOT, *Le renouveau de la tendance unilatéraliste en DIP*, Rev. crit. de DIP, 1971; e FERRER CORREIA, *La doctrine des droits acquis dans un système de règles de conflit bilatérales, in* «Multitudo Legum Ius Unum», vol. II, Berlin 1973, pp. 285 e ss.

56. *A norma de conflitos, como tal, não é uma «regula agendi».* Vimos que o DIP trata dos limites da aplicação das leis no espaço ou dos conflitos de leis no espaço. A verdade é, porém, que, assim como os sistemas de direito material são diferentes de Estado para Estado, também os sistemas de DIP divergem de Estado para Estado. E então pergunta-se naturalmente: Como hão-de resolver-se estes conflitos entre sistemas de Regras de Conflitos? Não há-de porventura o DIP do Estado do foro sofrer limites ao seu âmbito de aplicação no espaço, tal como acontece relativamente ao âmbito de aplicação do direito material do mesmo Estado?

Não falta quem responda afirmativamente a esta questão, referindo-se expressamente à existência de um DIP duplo ou de segundo grau e afirmando a necessidade do recurso a super-regras de conflito. Todavia, em face do ponto de partida por nós adoptado como razão justificativa do DIP ou dos limites à aplicação das leis no espaço, um momento de reflexão basta para pôr em dúvida a legitimidade (e até a viabilidade) de um super-sistema de Regras de Conflitos. É que nós assentámos em que as leis de direito material vêem necessariamente limitado o seu âmbito de eficácia no espaço e no tempo *porque* são normas de conduta, *regulae agendi.* Ora poder-se-á afirmar o mesmo das Regras de Conflitos de DIP?

Recordemos que configurámos estas regras como verdadeiras normas sobre concursos de leis. Vimo-las fundamentalmente como puras *regulae decidendi* que não visam por si atribuir direitos ou impor deveres às partes ou estatuir quanto à conduta que estas devem adoptar para a constituição, modificação ou extinção de direitos, mas tão-só fixar critérios para resolver os ditos concursos de leis. Nesta medida, ou seja, na veste de simples normas *de conflitos,* elas não são *regulae agendi,* e daí que se não ponha a respeito delas o problema dos limites de aplicação no espaço. Todavia, elas poderão às vezes actuar como *regulae agendi,* embora por forma indirecta. Como escreve WENGLER (1), «a conduta das pessoas é influenciada pelo conhecimento que porventura elas tenham sobre qual poderá ser a última decisão do tribunal, de conformidade com as regras

---

(1) *The general principles of private international law, in* Rec. des Cours, 1961-III, pp. 371 e s.

jurídicas aplicáveis por esse tribunal». Quando assim seja, quando se possa e queira dar relevo às Regras de Conflitos do foro enquanto *regulae agendi,* é evidente que, considerando-as nesta veste, temos de limitar o seu âmbito de eficácia aos casos que tenham com o Estado do foro alguma das conexões a que atrás nos referimos.

57. *Doutrinas que procuram assinalar limites ao âmbito de aplicação no espaço das Regras de Conflitos.* É talvez sob o influxo da ideia que acabámos de referir que um vasto sector da doutrina moderna tem vindo a operar na massa dos casos de que se ocupa o DIP uma distinção fundamental: de um lado ficariam aquelas situações jurídicas que tiveram a sua origem fora dos limites do âmbito de eficácia do ordenamento do foro (sem que houvesse qualquer contacto com o Estado do foro, portanto); do outro lado as situações jurídicas que, embora mandadas regular pelas Regras de Conflitos deste ordenamento por leis estrangeiras, todavia apresentavam, já no momento da sua constituição, contactos com o Estado do foro. Relativamente a este segundo grupo de situações as Regras de Conflitos do foro operariam em toda a sua amplitude. Relativamente ao primeiro grupo de casos, porém, as ditas Regras de Conflitos não deveriam intervir nunca, segundo uns, ou não deveriam intervir pelo menos em certos casos, segundo outros. Mais radical ainda é a posição de NIBOYET e aquela que veio a achar expressão no art. 21.° do projecto da Comissão de Reforma do Código civil francês: basta ter-se constituído a situação jurídica fora do Estado do foro e sem que se tenha verificado em relação a este Estado aquela conexão que o seu DIP considera decisiva na determinação da lei competente para que o problema passe a ser um simples problema de reconhecimento da *eficácia internacional de direitos já constituídos,* com o qual já nada teriam a ver as Regras de Conflitos do foro.

Entre os autores que são pelo afastamento da Regra de Conflitos do Estado do foro relativamente a casos que se verificaram sem ligação alguma com este Estado, uns há para os quais esse afastamento deverá verificar-se apenas nas hipóteses em que haja acordo entre as leis *interessadas* sobre qual delas é a lei aplicável. Entre estes ainda há, todavia, quem exija que pelo menos uma «maioria preponderante» (MEIJERS) ou simplesmente a maioria (MAKAROV) das leis interessadas convenha na aplicabilidade duma lei diferente daquela para que remete a Regra de Conflitos do foro, para que a aplicação desta regra deva ser excluída.

FRANCESCAKIS entende que a exclusão da Regra de Conflitos do foro em tais hipóteses resulta de que, «às regras de conflito, tal como às leis internas, deve ser assinado um *domínio de aplicação no espaço*» (1). GRAULICH (2) e RIGAUX (3) também procuram o fundamento para a exclusão da Regra de Conflitos do foro num princípio superior de DIP, ou de um super-DIP, que teria justamente por função dirimir os conflitos entre sistemas de DIP. O primeiro destes autores procura até formular o princípio básico deste super-DIP dizendo que, nas hipóteses em causa, se deve recorrer «à norma de conflitos do sistema no qual se localiza o facto que deu origem ao nascimento ou à extinção da situação ou relação». Também BATIFFOL (4) é de opinião que, para resolver adequadamente o caso em que todas as leis interessadas mandam aplicar uma lei diferente daquela que é designada pela Regra de Conflitos do foro — e é apenas esse o caso que ele considera —, importa admitir a possibilidade de super-regras de conflitos que delimitem o campo de aplicação de cada sistema de conflitos (5).

Um dos Autores que mais contribuiu para este contemporâneo movimento de ideias foi MEIJERS no seu citado estudo de 1938, cujo pensamento veio a ser consagrado no art. 25.°, al. 2, do Projecto de lei uniforme de DIP para os países do Benelux. MEIJERS, adversário resoluto do reenvio, deixara-se no entanto impressionar pelos resultados felizes a que era susceptível de conduzir o chamado reenvio em segundo grau (transmissão de competência), quando o ordenamento por último designado aceita a sua competência e se verifica, portanto, uma harmonia jurídica perfeita. Para ele, tratava-se, pois,

---

(1) Cfr. *La théorie*, cit., p. 194. No mesmo sentido, cfr. ainda *Conflits de Lois (principes généraux)*, *in* «Encyclopédie Dalloz — Droit International», I, p. 497.

(2) *Ob. cit.*, pp. 174 e s.

(3) *Ob. cit.*, pp. 423 e ss., esp. 429 e ss.

(4) *Aspects philosophiques du DIP, cit.*, pp. 310 e s.

(5) Também ROUBIER, (*ob. cit.*, p. 570) afirma expressamente a necessidade e a existência de um DIP *duplo* ou de segundo grau.

de justificar estes resultados sem recorrer ao mecanismo do reenvio em si mesmo. No pensamento de MEIJERS entreluz já a ideia, que havia de prevalecer em 1965 no Instituto de Direito Internacional, de que a consideração das regras de conflitos estrangeiras no chamado reenvio mais não seria do que um simples caso de aplicação de um princípio mais amplo, que transcende os limites estreitos do artifício do reenvio (1).

À primeira vista, dir-se-ia na verdade que a admissão da figura do reenvio que, tal como apareceu recortada nos fins do século passado, coloca topo a topo duas (ou mais) regras de conflito (a nacional e a estrangeira), fazendo-as funcionar simultaneamente, viera escamotear um outro problema, que se suscitara também nos fins do século passado e princípios do actual: o problema da resolução dos conflitos de sistemas. Foram NEUMANN (em 1896) e GABBA (em 1906) os autores que sobretudo pugnaram a favor desta ideia de um DIP à segunda potência. Ambos estes autores preconizaram, para a resolução dos conflitos de sistemas, que cada Estado se provesse de duas camadas sobrepostas de regras de DIP. Num primeiro plano figurariam aquelas normas (super-normas de conflitos) que designariam os Estados cujas Regras de Conflitos deveriam ser chamadas em cada caso a aplicar-se, e, num segundo plano, compreender-se-iam as normas que indicariam a lei material aplicável, para o caso de uma norma daquele primeiro plano ter delegado no Estado do foro a «competência de direito internacional» (2).

58. *Cont. Crítica e posição adoptada.* Em relação a um sistema de super-normas de conflitos como o de NEUMANN e GABBA cumpre

---

(1) Ao próprio MEIJERS não é estranha a ideia de super-normas de conflito, visto que pensa ser possível descobrir princípios «segundo os quais o juiz deve decidir se são aplicáveis as regras de conflitos do seu próprio direito ou, antes, as de um direito estrangeiro (*ob. cit.*, p. 222).

(2) Também ECKSTEIN (*Die Frage des anzuwendenden Kollisionsrechts*, RabelsZ 1934, pp. 121 e ss.) segue em alguma medida as pisadas de GABBA e NEUMANN; mas procura a super-regra de conflitos tomando para ponto de referência a competência jurisdicional: a «competência de direito internacional» deveria pertencer ao Estado cujo juiz tem a competência jurisdicional mais forte *(die stärkste Gerichtsbarkeit).*

desde logo notar que uma tal orientação somente poderia ser fecunda se todos os Estádos adoptassem super-normas idênticas. Doutro modo, voltaríamos ao começo. Por outro lado, pelo que respeita ao conteúdo dessas regras de escalão superior, verifica-se que os dois autores citados se limitam, duma maneira geral, a elevar à segunda potência as Regras de Conflitos de leis dos respectivos países. São na verdade muito semelhantes as regras dos dois escalões, conforme já notara ANZILOTTI [1] ao criticar o projecto de NEUMANN.

Temos para nós que é igualmente errónea a doutrina que recorre a uma super-norma de conflitos para excluir a aplicação das Regras de Conflitos do foro em certos casos. A ideia duma «conexão da conexão» ou de um «DIP do DIP» é um contra-senso, como diz KAHN. Ela vem a traduzir-se, afinal, conforme salienta QUADRI, em tentar fugir às dificuldades pela porta do ingénuo sofisma do *regressus ad infinitum.* Não representa uma solução do problema: representa um adiamento indefinido dessa solução.

Por outro lado, parece-nos que a prisão de que vários autores tentam escapar mediante um tal subterfúgio é construída pelas suas próprias mãos. Com efeito, a necessidade que os força a recorrer a uma super-norma de conflitos resulta da perspectiva em que se fecharam ao visualizar o DIP, perspectiva dentro da qual a Regra de Conflitos é alcandorada a um ponto de partida absoluto, em vez de ocupar, no contexto daquele direito, a posição subordinada e secundária que nós lhe atribuímos desde o início.

Acresce que, para os autores que adoptam aquela perspectiva de inspiração savigniana, o recurso a uma super-norma de conflitos implica, como bem salienta QUADRI [2], uma contradição com o próprio sistema que professam. Para serem coerentes com o seu próprio ponto de partida, eles deveriam adoptar a posição de KAHN. Segundo este, na hipótese de a situação a regular se achar apenas em contacto com as leis A e B e de as normas de conflitos destas duas leis considerarem aplicável a lei B, mas a norma de conflitos do foro mandar aplicar a lei A, é esta última lei que se aplica. Com efeito,

---

[1] Cfr. «La questione del rinvio», agora em «Opere di Dionizio Anzilotti», III, *Scritti di DIP,* Pádua 1960, pp. 345 e s., e nota 205.

[2] *Ob. cit.,* p. 113.

argumenta KAHN, «que sabe ele (o juiz do foro) do Estado B, que para ele é tão estranho o assunto como os Estados X, Y, Z?» A disparidade de soluções a que se sujeitam no caso os interessados não é mais que uma das «inevitáveis consequências da existência de conflitos patentes», acrescenta. E assim KAHN, bem no fio lógico da perspectiva savigniana, embarcado numa Regra de Conflitos do foro como único meio de transporte capaz de o levar ao país de destino (concepção da Regra de Conflitos como *norma indirecta*), chega com toda a coerência a um resultado aberrante. Aberrante porque contrário à finalidade intrínseca do próprio DIP. Pois parece que ao mesmo resultado deveriam ser obrigados a chegar aqueles autores que, como FRANCESCAKIS (1), partem da ideia de que é da Regra de Conflitos do foro «que depende em primeira linha o nascimento do direito pretensamente adquirido segundo uma lei estrangeira material», já que para eles a dita regra é uma *norma indirecta* que reenvia *ad aliud ius.*

Quando, pelo contrário, se não reconduz o Direito de Conflitos à soma das Regras de Conflitos tomadas como *normas de reenvio* mas, antes, se confere àquelas regras um lugar subordinado no contexto daquele direito, como simples critérios de resolução dos conflitos, são duas as consequências que daí resultam: primeira, a Regra de Conflitos, pela sua própria função, só têm que intervir quando haja conflito (não quando as partes já só podiam contar com uma única lei aplicável); segunda, a conexão escolhida por uma Regra de Conflitos não é algo de absoluto e único: bem pode ser que, em face das circunstâncias do caso, essa conexão deva ceder lugar a outra, que aponte para uma outra lei dentro de cujo âmbito de eficácia a situação a regular também se situa. É que toda a teleologia intrínseca do DIP se inspira na ideia de garantir a continuidade ou *estabilidade* da vida jurídica dos indivíduos e a *uniformidade* de regulamentação das situações internacionais; e as Regras de Conflitos,

---

(1) Cfr. *La théorie, cit.* pp. 193 e s. E a confirmar a ideia de que se não trata propriamente do reconhecimento de um direito adquirido, mas de uma delimitação ao âmbito de aplicabilidade das Regras de Conflitos do foro, escreve mais adiante (p. 196): «Seria preciso restringir o sentido da expressão 'direitos adquiridos' e não ver nela de agora em diante mais que a afirmação *negativa* da incompetência do sistema do foro».

como simples critérios instrumentais que são para a resolução dos concursos de leis, não devem na sua actuação opor-se a essa teleologia intrínseca, antes se devem subordinar a ela.

Se estas regras estivessem para o Direito de Conflitos tal como as normas materiais para os respectivos ramos de direito, então sim, poder-se-ia alegar que, para afastar uma norma expressa, não valeria recorrer sem mais aos interesses tutelados ou às finalidades visadas pelo legislador; pois que as próprias normas materiais são também a expressão das finalidades visadas e dos interesses tutelados. Como não é esse o caso no Direito de Conflitos, como as Regras de Conflitos aparecem aqui logo num plano subordinado, numa simples função de critérios instrumentais ao serviço da resolução dos conflitos, parece evidente que hão-de ter o seu campo de acção limitado pela moldura que lhes fixe a intenção central ou teleologia intrínseca do DIP. Logo, as restrições ao dito campo de actuação de tais regras são como que algo inerente à sua *posição subordinada* no contexto do DIP.

É claro que a Regra de Conflitos, como simples critério de solução de conflitos, não tem em princípio que ver o seu âmbito de aplicação delimitado no espaço. Por um lado, porque, enquanto tal, não é uma *norma agendi;* e, por outro lado, porque, desde que haja conflito, importa recorrer a um critério para o resolver. Mas é preciso não esquecer a referida linha mestra do DIP: a função primária deste direito, a sua intenção essencial ao mandar aplicar direitos estrangeiros, é assegurar quanto possível a uniformidade de regulamentação e a continuidade das situações jurídicas subjectivas [1]. Logo, na hipótese de as leis em contacto com a situação estarem de acordo sobre qual delas é a lei aplicável, a solução que se traduz em aplicar esta mesma lei é uma conclusão forçosa, postulada pela própria coerência do pensamento. Pode dizer-se que não há, no caso, conflito algum e que, portanto, não existe o problema que constitui objecto da Regra de Conflitos. A solução oposta,

---

[1] Veja-se a propósito o bem inspirado princípio fundamental do art. 16.º do *Anteprojecto de Lei Geral de Aplicação das Normas Jurídicas,* da autoria de H. VALLADÃO, publicado no BMJ n.º 140, pp. 21 e ss.

defendida por KAHN e outros autores, é tudo o que há de mais contrário à teleologia ou à justiça própria do DIP.

Todavia, esta solução — que envolve uma surpresa total para as partes e a mais completa frustração duma expectativa radicada num estado de direito que até ali elas podiam ter por seguro — é a única que quadra àquela perspectiva de linhagem savigniana que vê no DIP a soma das Regras de Conflitos e mais nada. E não se pense em salvar a face recorrendo ao expediente do reenvio, pois que também este expediente se apresenta, à luz daquela perspectiva, como um artifício inadmissível, conforme mostrou KAHN. Logo, parece que se tem de abandonar a referida perspectiva e substituí-la por uma que, distinguindo à partida entre Direito de Conflitos e Regras de Conflitos, deixe desde logo fora do alcance destas regras certas situações em que não há propriamente um conflito a resolver (um conflito entre as *principais* leis interessadas, apenas, ou um conflito suscitado por qualquer das leis interessadas) (1).

59. *Cont. Outras soluções sugeridas com fundamento na posição «subordinada» da Regra de Conflitos.* A propósito das doutrinas de MEIJERS, MAKAROV, FRANCESCAKIS, etc., expostas no penúltimo número, fala-se por vezes em «nova doutrina dos direitos adquiridos». Mas o certo é que as soluções propostas por tais autores tanto podem explicar-se pela intervenção autónoma de um princípio do reconhecimento dos direitos adquiridos, como pela ideia de um limite à aplicação no espaço das Regras de Conflitos do foro, como pela aceitação do expediente do reenvio, como, finalmente, através duma concepção unilateralista da Regra de Conflitos do foro. A nova doutrina dos direitos adquiridos apresenta-se repleta de ambiguida-

(1) Uma solução deste estilo só a vemos sugerida em Haroldo VALLADÃO que, mantendo-se em alguma medida fiel a uma ideia de MACHADO VILLELA, expressamente afirma que, para os casos em que se trata de reconhecer direitos já constituídos, *«o DIP tem uma solução autónoma, própria, genérica,* diversa das outras que adopta nas regras normais do foro sobre conflitos de leis». A qual solução se traduziria naquilo que ele chama uma «aplicação indirecta da lei estrangeira» (cfr. *DIP,* cit., pp. 484 e s.; e *Anteprojecto, cit.,* art. 16.º).

des. E o mesmo há-de dizer-se de algumas fórmulas legislativas em que se costuma ver consagrada uma tal doutrina.

Convém ter presentes certas distinções que marcam um afastamento progressivo do juiz do foro relativamente à constituição duma relação jurídica internacional. Tem que distinguir-se conforme se trata: I — de *constituir* a relação jurídica no Estado do foro, ou: II — de a *reconhecer,* de aí reconhecer os seus efeitos; e, neste segundo caso, deverá distinguir-se ainda conforme se trate: *a*) de *reconhecer* a relação jurídica por si mesma, nos seus efeitos *directos, próprios* (ou, o que é o mesmo, de fazer aplicação *directa* da lei segundo a qual ela se constituiu), ou: *b*) de tomar a mesma relação jurídica como simples *pressuposto factual* (como *relação jurídica prévia*) de efeitos jurídicos *ulteriores,* não próprios dessa relação (sem reconhecimento ou aplicação directa, pois, da lei da sua constituição) (1).

A esta distanciação progressiva do juiz do foro relativamente à constituição da relação jurídica corresponde, pode dizer-se, uma certa redução gradual da força vinculante das Regras de Conflitos do foro (2) e, em contrapartida, um acréscimo das possibilidades que tem de se ver de algum modo «reconhecida» no Estado do foro uma lei estrangeira não designada por uma Regra de Conflitos deste Estado, mas que efectivamente «impregnou» o caso.

Tratando-se da *constituição* da situação jurídica no Estado do foro, é evidente que não há ainda expectativas radicadas das partes a atender — não há ainda um «direito adquirido», mas um «direito a adquirir». Isto não significa, porém, que, mesmo neste caso, se não deva ter presente a necessidade duma *regulamentação uniforme* da situação a constituir (harmonia internacional), atendendo a que ela deverá produzir os seus efeitos dentro da esfera de eficácia doutra ou doutras leis. Deste aspecto se curará ao falar da chamada teoria do *reenvio.*

---

(1) Ao tipo de hipóteses desta última alínea só nos referimos adiante, a propósito da chamada «questão prévia». Cfr. *infra,* cap. IX.

(2) Bem como uma redução gradual da intensidade com que é susceptível de intervir a excepção de *ordem pública,* como a seu tempo veremos (cfr. *infra,* n.º 88).

Mesmo na hipótese de a situação jurídica se ter constituído no estrangeiro, a circunstância de os factos constitutivos terem estado em contacto com o Estado português através duma conexão secundária no momento da sua constituição, se for esse o caso, não pode deixar de ter relevo para efeitos de se dever prestar maior atenção às nossas Regras de Conflitos, embora elas designem como aplicável uma lei estrangeira. É que as partes poderão porventura ter-se deixado orientar pelas Regras de Conflitos portuguesas. Também disso falaremos adiante, a propósito do art. 19.º, 1.

Quanto aos casos em que a situação jurídica se constituiu no estrangeiro, sem contacto com a *lex fori,* temos a considerar três grupos de hipóteses: *a*) aquele em que a situação se constituiu de acordo com aquela das leis que todas as leis interessadas consideram competente; *b*) aquele em que ela se constituiu de acordo com uma lei que se tem por aplicável e que as *principais* leis interessadas (no domínio do estatuto pessoal, a lei nacional e a lei da residência habitual) consideram competente; *c*) aquele em que ela se constituiu de acordo com uma lei que não é havida como competente por nenhuma das principais leis interessadas, ou o é só por uma delas.

No primeiro caso, a solução, como já dissemos, decorre directamente dum princípio fundamental de DIP, sem que intervenham as Regras de Conflitos.

No segundo caso, a Regra de Conflitos do foro deve ceder, acatando-se a solução uniforme das principais leis interessadas [1].

No terceiro caso, parece que deveria reconhecer-se a situação jurídica, na hipótese de esta ser igualmente reconhecida por aquela das principais leis interessadas para que remete a Regra de Conflitos do foro. E parece que se deveria reconhecer sempre. Com efeito, tratando-se de situações *a reconhecer* (e não de situações *a constituir*), parece que o que importa é que se trate duma situação reconhecida como eficaz pela lei para que remete a nossa Regra de Conflitos, não curando de saber segundo que lei ela se constituiu.

Não é esta, porém, a solução que resulta, em matéria de estatuto pessoal, do art. 17.º, 2, do nosso Código, que abrange tanto as hipóteses de situações jurídicas *a constituir* como as de situações jurídicas

---

[1] Sobre esta hipótese, cfr. também *infra,* n.º 70.

a reconhecer: se a lei da residência habitual considera aplicável o direito interno do Estado nacional, não se aceitará o reenvio feito pela lei deste Estado a uma terceira lei. Justificável no primeiro tipo de hipóteses, esta solução da nossa lei já talvez não seja tão justificável nas hipóteses do segundo tipo: os interessados poderão ter querido justamente constituir uma situação jurídica válida e eficaz no seu Estado nacional, tendo-se deixado orientar justamente pelas Regras de Conflitos deste Estado (1). Há que notar, porém, que os interessados também podem, por hipótese, ter-se deixado orientar pelas normas materiais da *lex patriae,* ou pelas Regras de Conflitos do país da residência habitual, e neste caso já parece de novo justificável a disposição do art. 17.º, 2, pois que então a aceitação do reenvio poderia conduzir à invalidade de um acto que, sem ele, seria válido. Portanto, a melhor solução de *iure condendo* talvez fosse reconhecer em qualquer das hipóteses (alternativamente) a validade da situação jurídica (2).

Note-se, porém, que esta aplicação alternativa baseada no *favor negotii* só poderia justificar-se pelo que toca ao reconhecimento da validade de actos ou negócios jurídicos, nos quais os interessados intervêm consciente e voluntariamente. Tratando-se da constituição, modificação ou extinção duma situação jurídica operadas *ex lege* (p. ex., constituição *ex lege* de um vínculo de filiação legítima, chamamento à herança pela via de sucessão legítima, etc.), já não pode pensar-se em idênticos termos: apenas uma das leis há-de ser chamada a aplicar-se. Essa lei, segundo o sistema do nosso Código, é a lei nacional. Segundo o art. 1.º da Convenção da Haia de 1955, relativa aos conflitos entre a lei nacional e a lei do domicílio — que também não distingue entre situações *constituídas* e situações *a constituir,* nem tem em conta a possibilidade duma aplicação alternativa nos termos que acabámos de sugerir —, essa lei será, no caso de a

---

(1) Sobre esta questão, cfr. *infra,* n.º 63, a propósito do art. 31.º, 2.

(2) Por idêntico fundamento, seria de admitir também uma *aplicação alternativa* na hipótese de *lex patriae* e *lex domicilii* se considerarem ambas competentes e a situação jurídica a reconhecer se ter constituído de acordo com qualquer dessas leis (p. ex., de acordo com a lei do domicílio). No nosso DIP a hipótese acha-se directamente prevista no art. 31.º, 2, pelo que será a propósito desse texto que a versaremos.

lei nacional remeter para a do domicílio e esta para aquela, a lei interna do Estado do domicílio.

A consideração de que o DIP do foro, nas hipóteses em que se trata de *reconhecer* situações jurídicas que se constituíram no estrangeiro sem qualquer contacto com o Estado do foro, não visa outra finalidade senão assegurar a estabilidade da vida jurídica dos indivíduos e tutelar a expectativa legítima destes assente na constituição da situação jurídica em conformidade com uma lei cuja competência internacional é *bem fundada,* bastaria talvez para justificar as soluções expostas. Repare-se, porém, que isto pressupõe uma desvalorização da Regra de Conflitos do foro como comando legislativo — e, portanto, uma relativa desvalorização da conexão por que optou o legislador do foro. Como explicar isto?

Quanto a tal desvalorização, há desde logo que ponderar o seguinte: a opção do legislador do foro por certa conexão não significa de forma alguma que outra ou outras conexões não possam ser subsidiariamente relevantes (cfr. os arts. 20.º, 2, 23.º, 2, 2.ª parte, e 32.º do nosso Código); significa apenas que, em último termo, quando haja um conflito entre duas leis interessadas (e «eficazes»), se dará preferência àquela que tiver a seu favor essa conexão. Mas com isto não se faz desaparecer a realidade e o ponto de partida básico: os factos em causa também se passaram dentro da esfera de eficácia da lei que é preterida por força da Regra de Conflitos. Esta última lei permanece, pode dizer-se, dotada de uma competência potencial. Atente-se sobretudo no que se passa com a opção que é preciso fazer entre a conexão nacionalidade e a conexão domicílio — duas conexões igualmente fundamentais e internacionalmente legítimas. Logo isto nos revela o papel *subordinado* e puramente *instrumental* da Regra de Conflitos no contexto do DIP.

Quanto à aparente inobservância de um comando legislativo, implicada pela exclusão da Regra de Conflitos do foro em dadas hipóteses, há que salientar bem este ponto: *as Regras de Conflitos não estão para o DIP como as normas de direito material para o respectivo ramo de direito.* Estas, as normas materiais, são ao mesmo tempo a *expressão* dos princípios que regem o instituto em que se integram; e, por isso, bem pode dizer-se que tais normas, no seu conjunto, devidamente coordenadas entre si pelo desenvolvimento da sua teleologia ou sentido *imanente,* constituem o instituto ou ramo de direito a que pertencem. Neste sentido, este reconduz-se por inteiro à soma daquelas. Pelo contrário, as Regras de Conflitos, por si mesmas, não são a expressão dos princípios e da teleologia essencial do DIP; representam, antes, simples critérios *instrumentais* de solução de conflitos que operam como que mecanicamente [1]. No contexto do DIP, elas jogam num *plano subordinado*. Logo, a sua intervenção poderá ser facilmente excluída quando a referida teleologia essencial do DIP — que não é imanente às fórmulas daquelas regras nem se exprime nelas, mas antes as transcende e lhes é como que *exterior* — postular ou aconselhar uma solução diversa daquela que resultaria da aplicação delas. Assim — e cremos que só assim — se poderá explicar a facilidade com que no DIP vemos afastar a aplicação duma Regra de Conflitos. Não poderia ser deste modo se as Regras de Conflitos estivessem para o Direito de Conflitos como as regras materiais para o direito material. Na verdade, quando nos achamos no terreno deste último direito, um comando expresso do legislador não pode ser afastado senão muito difícil e muito excepcionalmente — porventura só quando se consiga demonstrar uma contradição insanável no seio da ordem jurídica. Não é isto o que se passa no DIP.

---

(1) É a este operar automático do mecanismo da Regra de Conflitos que se refere HANCOCK (*Three approaches to the choice-of-law problem, in* «XXth Century — Comparative and Conflicts Law», Leyden 1961, pp. 365 e ss., p. 379) quando diz que, em certas situações, «as normas tradicionais sobre a escolha da lei competente parecem criar uma barreira quase invencível a uma solução razoável» e que, noutras situações, as mesmas normas nos arrastam «para uma espécie de armadilha conceitual que nos não permite chegar a uma decisão certa num caso sem ao mesmo tempo nos comprometermos com uma solução errada para outro caso». E conclui: «Em resumo, por virtude do seu carácter sobressimplificado, não discriminativo, as normas sobre conflitos de leis do tipo tradicional constituem um sistema de instrumentos verbais desesperadoramente inadequados para decidir, discorrer ou sequer pensar acerca dos problemas de conflitos de leis». Pensamos que estas observações cépticas e destrutivas (mas argutas) de HANCOCK, indubitavelmente pertinentes e justificadas quando se adopte a óptica tradicional, perdem a sua razão de ser em face duma concepção do Direito de Conflitos que ponha desde logo as Regras de Conflitos no plano subordinado oû «secundário» que, em nosso entender, lhes compete.

Estamos convencidos de que, em todas aquelas hipóteses em que se exclui a aplicação da Regra de Conflitos do foro para respeitar os valores fundamentais do DIP, se não trata, como correntemente se afirma, de um abandono da competência em princípio inerente ao sistema de Direito de Conflitos do foro, mas pura e simplesmente de aplicar este sistema *tal como ele é:* com o princípio inspirador da sua teleologia intrínseca a controlar o jogo desses mecanismos de funcionamento automático que são as Regras de Conflitos.

60. *Referência à doutrina dos direitos adquiridos de* NIEDERER. Este autor [1] concebe a intervenção da ideia dos direitos adquiridos e o afastamento em seu nome da Regra de Conflitos do foro, em benefício duma Regra de Conflitos estrangeira, como um remédio excepcional, semelhante ao da ordem pública: assim como a excepção de ordem pública conduz à não aplicação duma lei em si competente, por o resultado da sua aplicação ser chocante e contrário à justiça, inversamente, a intervenção da ideia do respeito dos direitos adquiridos pode *excepcionalmente* conduzir à aplicação duma ordem jurídica em si incompetente, quando da não consideração desta ordem jurídica incompetente resulte, em face das circunstâncias do caso, uma solução intoleravelmente injusta. Tratar-se-ia duma excepção (semelhante à da ordem pública, mas que de forma alguma se confunde com esta) de que o juiz só deveria fazer uso muito raramente e apenas quando, dadas as circunstâncias do caso, não fosse possível impor aos interessados aquela solução que normalmente decorreria do DIP do foro sem chocar fortemente o sentimento da justiça.

Pressuposto do reconhecimento de um direito adquirido, nas circunstâncias apontadas, seria ainda que a relação jurídica a tutelar tivesse já tido verdadeira *eficácia* no ordenamento jurídico de origem (o que, por seu turno, implica que esse ordenamento se considere a si próprio competente).

Trata-se duma solução casuística, com todos os inconvenientes próprios deste tipo de soluções: insegurança jurídica e incerteza na

---

(1) Cfr. *Einführung in die allgemeinen Lehren des IPR,* 3.ª ed., Zürich 1961, pp. 319 e ss.

aplicação do direito. Por outro lado, não nos parece que realmente tenha trazido qualquer contributo novo para o esclarecimento do problema em causa. Sobretudo, não nos fornece qualquer ponto de vista cientificamente (dogmaticamente) fecundo (1).

61. *As várias atitudes possíveis em face do «rochedo de bronze».* Caso muito divulgado na doutrina é o da validade do casamento celebrado em Moscovo entre um tio e uma sobrinha, ambos suíços, mas com domicílio na Rússia. Tanto a ordem jurídica russa (esta por força do princípio do domicílio) como a suíça consideravam aplicável o direito russo. Por isso, tinham o casamento por válido. Se agora uma terceira ordem jurídica, fazendo aplicação do direito material suíço (art. 100.° do Código Civil suíço), considerar nulo o referido casamento, adopta uma solução que não é a de nenhuma das ordens jurídicas interessadas. Na linguagem imaginosa de RAAPE, um caso como este representa um «rochedo de bronze» contra o qual se vêm quebrar os argumentos dos adversários do reenvio. Haveria que aceitar o reenvio da lei suíça para a lei russa, sob pena de se cair numa solução aberrante.

Este é, pois, um dos modos possíveis de resolver o problema que a hipótese apresenta: o do reenvio. Mas já vimos que há quem se recuse, mesmo em hipóteses destas, a deixar de aplicar a lei designada pela Regra de Conflitos do foro.

Uma outra atitude é a dos unilateralistas (unilateralismo «introverso»), com QUADRI à frente: as Regras de Conflitos têm apenas por função delimitar o âmbito de aplicabilidade no espaço do direito material do respectivo país, pelo que, no caso, deixaria de haver qualquer problema: aplicar-se-ia a lei que se julga competente e que efectivamente regulou a constituição da relação jurídica. É a concepção bilateralista que cria conflitos imaginários, para depois os resolver através do expediente ilógico do reenvio.

---

(1) Todavia, a doutrina de NIEDERER influenciou directamente as concepções de WICHSER, *Der Begriff des wohlerwobenen Rechts im IPR*, Zürich 1955; e de JAGMETTI, *Die Anwendung fremden Kollisionsrecht durch den inländischen Richter*, Zürich 1961, pp. 154 e ss.

Atitude diferente é a de MEIJERS, FRANCESCAKIS e outros autores já citados: deve respeitar-se, no caso, o direito adquirido; isto porque, por força duma limitação ao âmbito de aplicação no espaço das Regras de Conflitos do foro — por força duma super-norma de conflitos, pois —, tais regras não são aplicáveis na hipótese. Não deixa de afirmar-se até expressamente que o conceito de direito adquirido vale aqui como um modo negativo de afirmar a «incompetência do sistema do foro» (FRANCESCAKIS).

Por último, poderá tomar-se em face da hipótese em análise a atitude que atrás tomámos: no caso, não há conflito, pelo que as Regras de Conflitos do foro não são chamadas a intervir. Ele é equiparável a um caso «puramente interno», em que apenas há que reconhecer um direito adquirido. Além disso, noutros casos em que também é de reconhecer uma situação jurídica constituída no estrangeiro, a aparente exclusão do sistema de Direito de Conflitos do foro não é senão uma aplicação deste direito tal como ele é: não há uma *abdicação* da sua parte, pois o limite à sua aplicação não lhe é imposto *de fora,* mas decorre da explicitação da sua própria teleologia.

Sobre a posição que assenta na ideia de uma super-norma de conflitos, já nos pronunciámos. À atitude unilaterialista, temos que opor a objecção central que se dirige ao unilateralismo como sistema: em face dos verdadeiros conflitos de leis, ele deixa-nos desarmados, sem um critério que nos permita resolver tais conflitos.

Ficam em campo duas soluções: a primeira (a do reenvio) e a última (a do reconhecimento de «direitos adquiridos», nos termos indicados). Há quem entenda que esta última solução é prejudicada pela do reenvio, perdendo por isso toda a utilidade; a isto acrescendo que o reenvio leva sobre a dita solução a vantagem de ter um mais vasto campo de aplicação, visto abranger também as situações a constituir no Estado do foro. Em contrário disto poderá alegar-se, porventura, que o reenvio não é em geral admitido na doutrina como princípio mas como expediente ou «artifício» que visa corrigir os resultados do jogo normal das Regras de Conflitos; e que no próprio domínio do reenvio se não deve deixar de ter em conta a distinção entre situações jurídicas constituídas e situações jurídicas a constituir. Nós cremos, porém, que as soluções do reenvio e aquelas que são propostas pela «nova teoria dos direitos adquiridos» não deixam de ter pelo menos uma raiz comum. Com isto não queremos de modo algum significar — note-se — que o problema coberto pela designação de «problema do reenvio» deva ser reconduzido ao problema da determinação do sistema nacional de regras de conflitos que, no caso, há-de decidir da lei aplicável — como parece decorrer, p. ex., da doutrina de MEIJERS [1]. Já vimos as sérias reservas que este ponto de vista nos merece.

62. *Projectos legislativos em que se vê consagrada a «nova doutrina dos direitos adquiridos».* A doutrina dos direitos adquiridos, depois de votada a um longo esquecimento por uma teoria do DIP (a da doutrina de longe dominante) que focava exclusivamente a sua atenção e procurava assentar todas as suas conclusões *no mecanismo da Regra de Conflitos* (e que, por isso, para os casos mais difíceis, só via uma saída no recurso ao mecanismo do reenvio), veio a ressurgir em nossos dias com novo vigor e nos termos atrás expostos. Este ressurgimento doutrinal inspirou vários projectos legislativos.

Dentre estes costuma citar-se em primeiro lugar o art. 21.º do projecto francês da Comissão de reforma do Código civil (correspondente ao art. 53.º do anteprojecto de NIBOYET), que reza assim: «À moins que la loi française ne fût compétente, toute situation créée à l'étranger en vertu d'une loi étrangère qui se reconnaissait compétente, produit ses effets en France».

Refere-se igualmente o art. 25.º, al. 2, do Projecto de lei uniforme de DIP para os países do Benelux, no qual MEIJERS sintetiza o seu pensamento, do seguinte teor: «Quando uma relação jurídica nasceu ou se extinguiu fora dos Países Baixos (da Bélgica, do Luxemburgo) de acordo com a lei aplicável segundo o direito internacional privado dos países essencialmente interessados nesta relação jurídica *(que ce rapport juridique concernait essenciellement)* no momento do seu nascimento ou extinção, este nascimento ou esta extinção são igualmente reconhecidos nos Países Baixos (na Bélgica, no Luxemburgo), mesmo por derrogação à lei aplicável em virtude das disposições da presente lei».

---

[1] Cfr. *ob. cit.*, pp. 222 e ss.

Por seu turno, o citado Anteprojecto brasileiro, da autoria do Prof. Haroldo VALLADÃO, no seu art. 78.º, estabelece: «São reconhecidos no Brasil direitos adquiridos no estrangeiro de boa fé, em virtude de acto ou julgamento ali realizados, de acordo com o direito estrangeiro vigorante, salvo se for caso de competência exclusiva do direito brasileiro, e observadas sempre as reservas estabelecidas no art. 79.º (ordem pública)».

Resta acrescentar que um recente Projecto da Venezuela, no seu art. 5.º, «admite a produção de efeitos de situações jurídicas criadas em conformidade de um direito estrangeiro que se atribui competência com critérios internacionalmente admissíveis, salvo se contrariar os objectivos da lei venezuelana de conflitos ou se o direito venezuelano se atribui competência exclusiva na matéria» (1).

Sobre estes projectos, podem fazer-se as seguintes observações. A posição do projecto francês não parece aceitável, pela mesma razão por que o não é uma concepção unilateralista das Regras de Conflitos. Com efeito, o dito projecto refere-se a todas as situações criadas no estrangeiro, mesmo às que são criadas *ex lege*. Ora como resolver o conflito se, p. ex., duas leis estrangeiras atribuem direitos incompatíveis sobre uma mesma herança a pessoas diferentes? O mesmo reparo já não pode fazer-se ao projecto brasileiro, pois neste fala-se expressamente em «direitos adquiridos no estrangeiro (...) em virtude de *acto* (...) ali realizado». Mas, à parte os casos em que a situação jurídica se constitui (ou extingue?) *ex lege*, ainda assim a fórmula do projecto francês (e agora também a do projecto brasileiro) parece ser excessivamente ampla, por não fazer qualquer exigência sobre o bom fundamento da competência da lei estrangeira à sombra da qual o direito se constituiu (sobre o título ou conexão em que se baseia essa competência). Deve notar-se sobretudo que a constituição de um direito a favor duma pessoa pode representar a perda de um direito por parte doutra, ou a constituição duma obrigação a seu cargo. A isto acresce que a modificação, extinção ou constituição de um direito pode resultar de um simples *acto* unilateral. Por fim, as referidas fórmulas deixam-nos na dúvida sobre

(1) Cfr. H. VALLADÃO, *DIP*, cit., pp. 488 e s.

se a extinção duma situação jurídica deve ser equiparada à constituição. Parece que sim.

Parecem-nos muito mais equilibradas as fórmulas do projecto do Benelux e do projecto venezuelano. Aquele, porque expressamente se refere às leis *essencialmente interessadas,* exigindo a concordância delas; este, porque exige que a competência da lei à sombra da qual a situação jurídica se constituiu seja fundada *em critérios internacionalmente admissíveis.* Em todo o caso deve dizer-se que, no que respeita ao puro reconhecimento da validade de negócios jurídicos celebrados no estrangeiro (por aplicação do princípio do *favor negotii*), se pode e deve ir mais longe do que permite o projecto do Benelux.

63. *A disposição do art. 31.º, 2, do nosso Código.* Há no nosso Código uma norma da qual se pode dizer que se inspira na ideia do reconhecimento dos direitos adquiridos ou, pelo menos, na ideia do *favor negotii,* em matéria de estatuto pessoal: é a do n.º 2 do art. 31.º Neste preceito, depois de se ter estabelecido no n.º 1 que a lei pessoal (lei reguladora do estatuto pessoal: cfr. arts. 25.º, 26.º e 27.º) é a da nacionalidade do indivíduo, dispõe-se no n.º 2: «São, porém, reconhecidos em Portugal os negócios jurídicos celebrados no país da residência habitual do declarante, em conformidade com a lei desse país, desde que esta se considere competente».

Este texto refere-se apenas aos negócios jurídicos do domínio do estatuto pessoal: casamentos, perfilhações, adopções, testamentos, etc. E a sua letra apenas cobre as hipóteses em que tais negócios foram celebrados à sombra da lei da residência habitual dos interessados. Mas pode talvez admitir-se, de acordo com a sugestão do Prof. FERRER CORREIA [1], que a ideia que o inspira, a sua *ratio legis,* seja susceptível de conduzir ao respeito de direitos adquiridos fora destes estreitos limites definidos pela letra da lei.

Quer-nos parecer que o texto em análise é susceptível de ser entendido a partir das seguintes considerações. No domínio do estatuto pessoal, há duas conexões igualmente significativas e internacionalmente legítimas: a da nacionalidade e a do domicílio (resi-

---

(1) Cfr. *Lições* de 1969, pp. 628 e s.

dência habitual). Face à necessidade inarredável de optar por uma delas, para efeito de resolução dos conflitos (quando os haja), o nosso legislador optou pela primeira. Assim, a conexão da residência habitual, apesar de igualmente importante e legítima, foi deixada na sombra, apenas lhe sendo conferida relevância a título *subsidiário* em várias disposições do nosso Código. Mas, como já sabemos, o facto de, para efeito das regras de conflitos, se ter de optar por uma das conexões, não significa de modo algum que as outras, como ligações que são entre os factos a regular e a esfera de eficácia das leis *interessadas* e susceptíveis de juridicamente os «impregnarem», ficam destituídas de toda a relevância. Muito menos será assim quando a conexão preterida é uma conexão tão importante como a da residência habitual.

Pois bem, o legislador terá pensado que, mesmo nos casos em que não é possível reconhecer a esta conexão uma relevância *directa,* dada a preferência pela nacionalidade, lhe poderia ainda assim conferir uma relevância *indirecta* — no plano das *situações a reconhecer* no Estado do foro (que não no plano das *situações a constituir* aí) —, reconhecendo validade aos actos e negócios jurídicos do estatuto pessoal que tenham sido validamente celebrados à sombra da *lex domicilii,* quando esta se repute competente.

Do exposto parece dever concluir-se que o nosso legislador, no referido plano das *situações a reconhecer* (já constituídas) e pelo que respeita à validade dos mencionados actos e negócios jurídicos, permite que, em certas circunstâncias (pelo menos se o acto ou negócio foi celebrado no Estado do domicílio), a conexão «residência habitual» funcione *alternativamente* com a conexão «nacionalidade»: o negócio será reconhecido por válido desde que seja conforme, quer à lei da nacionalidade, quer à lei da residência habitual.

O Prof. FERRER CORREIA [1] faz uma interpretação extensiva do art. 31.º, 2, que nos parece inteiramente cabida. Salienta, em primeiro lugar, que o facto de o texto da lei se referir aos negócios «celebrados *no* país da residência habitual do declarante, não pode ter o sentido limitativo que aparenta; pois não se vê qualquer razão que deva impedir se reconheça validade ao mesmo negócio se este, em vez

(1) *Lições cit.*, p. 628.

de ter sido celebrado naquele país, o foi num outro, mas de acordo com o direito interno do Estado da residência habitual e de modo a ser plenamente eficaz neste Estado». A *ratio legis* imporia um tratamento igual para as duas hipóteses.

Além disso, o citado Autor, vai mais longe ainda, preconizando, mesmo *de lege lata,* o reconhecimento da validade do negócio que, embora não tenha sido celebrado em conformidade com o direito interno (material) do Estado do domicílio, mas de conformidade com a lei de um outro Estado, todavia seja plenamente válido e eficaz em face da ordem jurídica daquele primeiro Estado, por esta atribuir a competência precisamente à lei cujas normas foram observadas na celebração do negócio. Também nos parece de aceitar esta solução, pela razão que já atrás foi indicada: no plano do *reconhecimento* de situações jurídicas já constituídas, tudo o que importa é saber se tais situações têm eficácia jurídica no ordenamento estadual indicado como competente pelo DIP do foro (sem que isto implique, evidentemente, que devam ser invalidades as situações constituídas de acordo com o direito interno daquela lei em todos os casos em que ela se não julgue competente).

Esta solução, porém, terá de ser coordenada com a solução que resulta, para certo tipo de hipóteses, do art. 17.º, 2. Deste preceito decorre, com efeito, que o reenvio da lei nacional para uma outra lei que se considere competente não deve aceitar-se quando as normas de conflitos do país da residência habitual do interessado mandem aplicar o direito interno (*scl.*, material) do Estado da sua nacionalidade. Esta disposição vale tanto no plano das *situações a constituir* como no das *situações a reconhecer.* Agora só nos interessam as hipóteses que surgem neste segundo plano.

Ora bem, suponhamos que os interessados, com vista a constituírem uma situação jurídica pessoal plenamente válida e eficaz no âmbito do seu Estado nacional, celebraram, nesse ou noutro Estado, um negócio ou acto jurídico do domínio do estatuto pessoal, conformando-se com a lei que a sua *lex patriae* manda efectivamente aplicar. O acto é plenamente válido e eficaz no âmbito desta última lei. Verifica-se todavia o pressuposto do art. 17.º, 2, pelo que aquele reenvio da *lex patriae* à outra lei não pode ser por nós admitido. Devemos nós, em Portugal, recusar-nos a reconhecer validade e eficácia ao referido acto? Parece-nos que haveria incoerência em não reconhecer, neste caso, a validade do acto, se, em condições paralelas, se houver de reconhecer (por força duma interpretação extensiva do art. 31.º, 2) a validade dos actos ou negócios jurídicos válidos e eficazes no âmbito da *lex domicilii*, não, porém, por aplicação do direito material desta lei, mas por aplicação do direito que ela manda aplicar — e isto independentemente de a *lex patriae* remeter ou não para o direito material da *lex domicilii*. A incoerência seria tanto maior quanto é certo que, no nosso DIP, a conexão «nacionalidade» prepondera sobre a conexão «residência habitual».

Deste modo, só duas atitudes se nos afiguram possíveis: ou rejeitar a referida interpretação extensiva do art. 31.º, 2, ou entender restritivamente o disposto no n.º 2 do art. 17.º, considerando que esta disposição não é aplicável nas hipóteses em que apenas se tata de *reconhecer* a validade de um negócio ou acto jurídico considerado como válido e eficaz no âmbito da *lex patriae*, por aplicação do direito duma outra lei, que aquela manda aplicar. Com fundamento nas considerações atrás expostas e em nome do princípio do *favor negotii* (tanto mais de acolher quanto é certo que, no plano das situações internacionais, as partes se vêem muitas vezes em apuros para levarem a porto seguro a sua actividade negocial, dadas as contraditórias exigências das diferentes leis interessadas), nós optaríamos por esta segunda atitude [1].

§ 2.º — O «Reenvio» como problema de interpertação do Direito de Conflitos.

BIBLIOGRAFIA: Além da indicada no § 1.º, cfr. especialmente os seguintes trabalhos: FERRER CORREIA, *O problema do reenvio (devolução) em DIP*, agora integrado na obra *DIP, cit.*, pp. 99 e ss., com um

(1) Ao mesmo ponto de vista adere agora FERRER CORREIA, em *La doctrine des droits acquis*, cit., p. 316, onde o Autor justifica a solução dizendo que basta aplicar por analogia às hipóteses figuradas o que o art. 31.º, 2, prescreve para as hipóteses que contempla. Note-se, porém, que tal aplicação analógica coenvolve, em relação ao preceito do art. 17.º, 2, aquilo a que podemos chamar uma restrição «analógica» ou «rectificadora» — isto é, uma restrição pedida pela coerência do sistema. E, sendo assim, não está apenas em causa uma singela aplicação analógica.

Apêndice (pp. 183 e ss.) sobre as disposições relativas ao «Reenvio» no actual Código; ID., *Conflitos de leis, cit.*, pp. 48 e ss.; Isabel MAGALHÃES COLLAÇO, *A devolução na teoria da interpretação e aplicação da norma de DIP*, 1959 (separata de «O Direito», anos 90 e 91); TABORDA FERREIRA, *A teoria da devolução no direito português*, «Jornal do Foro», 1949; ID., *Considerações sobre a teoria da devolução ou reenvio*, 1957; ID., *Novas considerações*, na «Rev. de Dir. e de Est. Sociais», ano IX; ID., *A devolução na jurisprudência portuguesa*, no «Boletim da Fac. de Direito de Coimbra», vol. XXXIII (1957), pp. 215 e ss.; LUSO SOARES, *A teoria da devolução e a consideração nacional da lei estrangeira*, Lisboa 1950; H. VALLADÃO, *A devolução nos conflitos sobre a lei pessoal*, São Paulo 1929; LEWALD, *La question du renvoi*, «Rec. des Cours», 1929-IV, pp. 534 e ss.; ID., *Renvoi revisited?*, «Festschrift Fritzsche», 1952, pp. 165 e ss.

64. a) *Origem do problema e exemplos;* b) *configuração do problema na doutrina. a)* Temos até aqui concebido a Regra de Conflitos como uma norma que essencialmente se destina a resolver concursos de leis. O pressuposto básico da norma de conflitos é, pois, tanto nas suas origens históricas como no seu significado actual, a existência de mais que uma lei que se candidata ou concorre à resolução de certa questão privada internacional — e isto directamente, através das suas normas de regulamentação directa (materiais) ou, quando muito, também através de normas doutro ordenamento *recebidas* através duma norma de remissão material (1).

Dado, porém, que, no decorrer do século passado e do actual, todos os ordenamentos estaduais se foram provendo de regras de DIP, e que estas regras, tal como as normas materiais, são diferentes de Estado para Estado, pode acontecer que a própria lei designada pelo Estado do foro se não considere aplicável nos seus preceitos materiais, mas antes remeta para outra lei; assim como pode acontecer, embora mais raramente, que nenhuma das leis em contacto

(1) Não pode esquecer-se, na verdade, que o problema dito do reenvio é fruto da diversificação ou particularização «nacionalista» do DIP. No momento histórico da elaboração das suas normas de DIP, porém, cada legislador nacional abstraiu deste fenómeno, procurando elaborar o sistema de Regras de Conflitos que se lhe afigurou como ideal. Ao elaborar a sua Regra de Conflitos o legislador não entra em conta com a possibilidade de a lei por ela designada não *querer* aplicar-se; parte, antes, da ideia oposta.

com os factos se considere, naquele sentido, aplicável. Essa diversidade das Regras de Conflitos de leis dos diferentes sistemas nacionais veio pôr em cheque o ideal de uniformidade de soluções a que aspira pela sua própria natureza o DIP — ideal que se deveria traduzir na garantia de que uma dada questão viria a ser apreciada por aplicação das mesmas normas materiais, qualquer que fosse o Estado em que viesse a ser julgada. Foi sobretudo no domínio do estatuto pessoal que mais fundo se cavou o fosso do desentendimento entre os vários Estados, dado muito deles seguirem o princípio do domicílio ao passo que outros aderem ao princípio da nacionalidade.

Vejamos alguns exemplos deste tipo de conflitos de segundo grau, todos referidos ao estatuto pessoal. (1) Brasileiro domiciliado em Portugal: a lei portuguesa manda aplicar a lei brasileira *(lex patriae)* e esta manda aplicar a lei portuguesa *(lex domicilii),* sem aceitar a competência que esta lhe devolve ou retorna. — (2) Brasileiro domiciliado na Alemanha: a lei portuguesa manda aplicar a brasileira, esta manda aplicar a lei alemã, que por seu turno manda aplicar a lei brasileira mas aceitando o retorno que esta lhe faz. — (3) Brasileiro domiciliado na Itália: como no caso anterior, só que a lei italiana, ao mandar aplicar a lei brasileira, não aceita o retorno que esta lhe faz; e nem tão-pouco a lei brasileira, ao remeter para a italiana, aceita o retorno que esta lhe faz (ambas as referidas leis rejeitam expressamente o *reenvio*). — (4) Morre domiciliado em Portugal um cidadão francês, sem testamento, deixando cá móveis e imóveis. Segundo o art. 62.º do nosso Código, a esta sucessão aplica-se a lei francesa. O DIP francês, por seu turno, manda aplicar à sucessão, quanto aos imóveis, a *lex rei sitae,* quanto aos móveis, a lei do último domicílio. Manda aplicar, pois, a lei portuguesa. Todavia, a lei francesa aceita a competência que a lei portuguesa lhe devolve. — (5) Pede-se em Portugal a anulação do casamento celebrado por dois suíços, tio e sobrinha, em Moscovo. O art. 55.º do nosso Código manda aplicar a lei suíça (em face de cujo direito material tal casamento seria anulável, por haver impedimento à sua celebração); esta, por seu turno, manda aplicar a lei russa *(lex loci actus),* a qual se considera competente (visto os interessados residirem na Rússia à data da celebração). — (6) Questão da validade (anulabilidade) do casamento celebrado em Oslo por dois argentinos domiciliados em New York. O nosso art. 55.º manda aplicar a lei argentina, a qual por seu turno remete para a lei norueguesa *(lex loci actus),* mas aceitando o reenvio que esta faça a outra lei. Ora sucede que a lei norueguesa remete para a lei americana *(lex domicilii),* sem aceitar o retorno que esta efectivamente lhe faz, pois a lei americana considera aplicável a *lex loci actus,* não aceitando também a devolução da competência que esta lhe faz. — (7) Dois nova-iorquinos domiciliados na Espanha querem casar em Portugal. Por que lei apreciar se existem impedimentos à celebração do casamento? O nosso art. 55.º manda aplicar a lei americana; esta, por seu turno, devolve a competência à *lex loci,* e não aceita o reenvio. A lei espanhola não é chamada por nenhuma regra de conflitos. Mas a sua posição perante o problema seria a mesma que a da lei portuguesa: aplicação da *lex patriae.* — (8) Sucessão de um dinamarquês que morreu domiciliado em França, deixando bens imóveis em Portugal. O nosso art. 62.º remete para a lei dinamarquesa, esta remete para a lei francesa *(lex ult. domicilii)* que, por seu turno, devolve a competência à lei portuguesa *(lex rei sitae).* — (9) Questão relativa à capacidade de um argentino domiciliado na Grécia. A lei portuguesa (art. 25.º) manda aplicar a lei argentina, esta manda aplicar a lei grega mas aceitando (ao que parece) a devolução que esta lhe faz. — (10) Discute-se em Portugal a sucessão de um dinamarquês que morreu domiciliado em Itália. O art. 62.º remete para a lei dinamarquesa. Esta, que não aceita a devolução, remete para a lei italiana. A lei italiana também remete para a lei dinamarquesa e não admite a devolução. — (11) Trata-se da validade do casamento celebrado na Dinamarca por dois noruegueses aí domiciliados. A lei norueguesa *(lex patriae)* remete para a lei dinamarquesa *(lex domicilii),* que aceita a competência [1].

b) O problema é posto na doutrina em termos de saber qual o sentido da referência feita pela Regra de Conflitos à lei por ela designada: trata-se duma *referência material* ou duma *referência global*? Por outras palavras: pergunta-se se, com a designação da lei aplicável feita pela Regra de Conflitos, se pretende escolher

---

[1] A representação por diagramas das várias hipóteses possíveis, com vista a tornar mais facilmente inteligível esta complexa matéria, foi deixada para as aulas práticas.

directamente as normas materiais que devem regular a questão, ou se se pretende, antes, determinar essas normas *indirectamente,* mediante uma referência à lei designada no seu conjunto — mediante uma referência que abranja também as normas de DIP desta lei. Responde no primeiro sentido a teoria da referência material, e no segundo a tese da referência global.

Independentemente da sua adesão a uma ou outra das referidas teses, a grande maioria dos autores aceita hoje o reenvio — ou os resultados que se conseguem através do reenvio —, quando este conduza a soluções consideradas úteis e desejáveis. Sobre este ponto acham-se os autores geralmente de acordo, na sua maioria; assim como se acham de acordo sobre a inexequibilidade duma aplicação sistemática do princípio do reenvio. Mas já não estão de acordo na determinação dos casos em que o reenvio deve ser admitido. A jurisprudência dos diversos países manifesta-se em geral favorável ao reenvio, pelo menos na forma de devolução simples, e sobretudo nos casos de retorno da competência à *lex fori.* Certos direitos positivos, porém, contêm uma norma em que expressamente se rejeita o reenvio (assim os direitos brasileiro, italiano e grego); e em certos países a jurisprudência não o aceita (assim na Dinamarca e na Noruega, ao que parece).

O Instituto de Direito Internacional decidiu, em 1952, submeter de novo a estudo uma resolução sobre a questão do reenvio. A questão era posta nos termos clássicos, ou seja, como questão de saber se a designação duma lei estrangeira por uma Regra de Conflitos deveria entender-se como feita apenas ao direito material ou também às Regras de Conflitos em vigor na ordem jurídica designada. O relator da 23.ª Comissão (encarregada de submeter uma resolução ao voto dos membros do Instituto), MARIDAKIS (1), propôs que o Instituto adoptasse uma resolução em que se afirmasse como princípio geral a *rejeição do reenvio,* embora admitindo ao mesmo tempo excepções a esta regra. Das opiniões individuais dos membros do Instituto

(1) Ver os dois relatórios de MARIDAKIS e as observações formuladas sobre o primeiro deles por AGO, ALFARO, CHESHIRE, GUTZWILLER, MAKAROV, MAURY, PERASSI, VALLADÃO, VALLINDAS, de VISSCHER, WENGLER, YANGUAS MESSIA e KELSEN no *Annuaire de l'Institut de droit international,* 1957-II, pp. 17 e ss., pp. 1 e ss.

colhia-se que eles não estariam dispostos a votar uma resolução no sentido proposto pelo relator; não, porém, por acharem que a resolução proposta era má em si mesma, mas por entenderem que se estava em face duma questão que não podia ser posta e resolvida isoladamente. Assim, p. ex., WENGLER não admitia que o reenvio fosse tratado independentemente das outras hipóteses em que haverá que tomar em conta as regras de conflito estrangeiras. No seu entender, este problema mais vasto da consideração a dar às regras de conflitos estrangeiras deveria ser enfrentado globalmente. Foi esta a orientação que triunfou. Na sessão de Varsóvia, WENGLER, apoiado por MIAJA DE LA MUELLA, VALLADÃO, BATIFFOL e DE NOVA, apresentou ao Instituto o texto duma resolução em que se afirma que o reenvio, na sua forma clássica, tal como fora conifgurado no fim do séc. XIX, não representa senão um caso particular dum problema mais vasto; pelo que se propõe que seja submetida a estudo a questão geral da consideração a dar às regras de conflitos estrangeiras. Foi esta resolução que teve a seu favor a *communis opinio* dos melhores teóricos contemporâneos do DIP e aquela que foi aprovada.

65. *Teoria da referência global. Devolução simples e devolução integral (foreign court theory).* A favor da teoria da referência global alegaram-se fundamentalmente duas razões. A primeira é a de que a norma material estrangeira não pode ser aplicada abstraindo da regra de DIP que, na lei a que pertence, lhe define o âmbito de aplicação no espaço: aplicá-la noutros termos seria desvirtuá-la. A regra de conflitos constitui elemento integrante da hipótese da norma material, forma com ela um todo incindível. Aplicar esta sem atender àquela não seria aplicar a lei estrangeira: seria, antes, ir contra a vontade dessa lei.

A segunda razão alegada a favor da mesma tese é a de que o entendimento por ela propugnado da referência da Regra de Conflitos como referência global conduz à harmonia jurídica entre leis que têm normas de conflitos divergentes. Assim, p. ex., se a norma de conflitos do Estado nacional manda aplicar a *lex domicilii* e se esta lei se considera competente, um tribunal português, entendendo a nossa norma de conflitos que manda aplicar ao estatuto pessoal a *lex patriae* no sentido preconizado pela teoria da referência global e aceitando, portanto, o reenvio dessa lei para a lei do domicílio, decidirá a questão nos mesmos termos em que ela é decidida por estas duas leis.

O primeiro dos argumentos apontados é destituído de qualquer valor. Primeiro, porque não é verdade que a Regra de Conflitos, enquanto delimita o âmbito de aplicação no espaço das normas materiais da lei a que pertence, entre a fazer parte integrante das hipóteses legais destas normas. Só poderia ser assim se o âmbito espacial de aplicação da norma material fosse uma resultante do mesmo juízo de valor que informa o conteúdo preceptivo dessa norma; se, numa palavra, justiça material e justiça conflitual se confundissem num só plano. Mas não é este o caso; antes, as Regras de Conflitos são perfeitamente autónomas relativamente às normas materiais — e por isso mesmo é que elas podem ter um carácter bilateral (1).

De todo o modo, um tal argumento nunca poderia ser suficiente para afastar a tese da referência material, que faz depender a aplicabilidade das normas estrangeiras no Estado do foro da vontade do legislador deste Estado, expressa através da sua norma de conflitos: o direito estrangeiro seria aplicado, não porque *queira* ser aplicado (porque se considere competente), mas porque o legislador local (da *lex fori*) o manda aplicar, entendendo que é essa a forma mais ajustada ou a mais justa de resolver certo tipo de questão. Não se esqueça a possibilidade que qualquer legislador tem de fazer uma remissão material *ad aliud ius,* transplantando para fora do seu domínio originário de vigência normas que pertencem a outro ordenamento (2).

De resto, o argumento em causa apenas levaria a não aplicar um direito estrangeiro que *não quer aplicar-se,* mas não obrigaria a aceitar o reenvio da norma de conflitos estrangeira para outra lei. Face à recusa do direito designado pela nossa Regra de Conflitos, deveríamos recorrer então a uma conexão *subsidiária* para determinar

---

(1) As regras de conflitos são autónomas em face das regras materiais precisamente porque obedecem a critérios de justiça distintos, que se situam num outro plano (plano conflitual): cfr. *Âmbito, cit.,* pp. 202 e ss., e *supra,* n.º 23.

(2) Cfr. *supra,* n.º 34.

a lei aplicável. É o ponto de vista da teoria da *norma de conflitos subsidiária,* que também tem defensores.

Quanto ao segundo argumento favorável à tese da referência global — o da harmonia jurídica —, pode dizer-se o seguinte: a harmonia jurídica ou a concordância internacional de decisões só em alguns casos poderá ser alcançada; noutros, só poderá conseguir-se uma harmonia parcial; noutros ainda a fidelidade à ideia duma referência global arrastar-nos-ia para um série de remissões em circuito fechado, do qual jamais poderíamos sair — como se faz mister, se queremos chegar, finalmente, à determinação das normas materiais aplicáveis. Vejamos.

Importa antes de mais lembrar que a teoria do reenvio ou devolução tem sido praticada pelos tribunais europeus sob duas formas: sob a forma de *devolução simples* e na modalidade de *devolução dupla* ou integral (esta pelos tribunais ingleses, a partir de 1926: *foreign court theory*). Fala-se de devolução *simples* quando o ponto de vista da referência global se aplica só no momento da partida, isto é, à designação feita pela Regra de Conflitos do foro à lei para que inicialmente remete; mas já se não aplica nos momentos subsequentes — designadamente, já se não aplica à regra de conflitos estrangeira que devolve a competência à lei do foro. Pelo contrário, a devolução *dupla* ou *foreign court theory,* criação da jurisprudência britânica, acolhe plenamente a ideia que está na base da teoria da referência global: o tribunal do Estado do foro deve julgar o caso tal como este seria julgado pelo tribunal do Estado cuja lei é declarada competente pela Regra de Conflitos da *lex fori* (1).

Importa também lembrar que a devolução pode, como é evidente, assumir duas formas: a forma de *retorno da competência* à *lex fori* (retorno directo, se é a lei designada pela regra de conflitos da *lex fori* que manda aplicar esta lei; ou indirecto, se é uma terceira lei, designada pela regra de conflitos da lei primeiramente chamada, que opera o retorno) e a forma de *transmissão da competência* a uma terceira (ou quarta) lei.

---

(1) É a mesma ideia que traduz esta afirmação de KEGEL (*IPR, cit.*, p. 125): «Só quem *decida exactamente como no estrangeiro de facto se decide* aplica efectivamente (em bom rigor) o direito estrangeiro».

Pois bem, o reenvio começou a ser admitido e praticado pelos tribunais de vários países sob a forma de *retorno* e visto segundo a óptica da devolução simples. Foi esta a orientação seguida, p. ex., pelo nosso STJ, no seu acórdão de 28-10-1952, ao aplicar a lei portuguesa à sucessão de um francês que falecera domiciliado em Portugal, com fundamento em que a lei francesa, chamada pela nossa norma de conflitos, devolve a competência à lei do último domicílio. Não atendeu o tribunal português ao facto de que os tribunais franceses, ao aplicarem a sua regra de conflitos, aceitam a devolução que a *lex domicilii* porventura venha a fazer à *lex patriae* (1). Donde resultou que em Portugal se fez aplicação da lei material portuguesa, quando em França se teria aplicado o direito material francês ao mesmo caso.

As coisas passar-se-iam de modo diferente na primeira hipótese atrás figurada: se o tribunal português aplicar ao estatuto pessoal de um brasileiro a lei portuguesa, resolverá a questão nos mesmos termos em que esta seria resolvida no Brasil, visto a lei brasileira não admitir o reenvio. Aqui, alcançar-se-ia a harmonia de julgados.

Em face destes dois casos vejamos as objecções que se podem fazer à teoria da referência global. A primeira é a de que ela é ilógica, pois se não mantêm fiel ao seu ponto de partida: se a Regra de Conflitos há-de ser entendida sempre como uma referência global, esse entendimento terá de valer em relação a todas as regras de conflitos que o tribunal deve considerar, e não apenas em relação à primeira. Ora, se o intérprete procedesse deste jeito, ficaria aprisionado num vaivém perpétuo entre a *lex fori* e o direito estrangeiro. Só porque, de facto, como acontece no segundo exemplo apontado, a lei estrangeira que retorna a competência à *lex fori* não entende a sua regra de conflitos no sentido da referência global (não admite o reenvio), é que a aceitação do reenvio na forma de retorno à *lex fori* conduz à harmonia jurídica.

Isto pelo que respeita ao retorno. Pelo que toca à transmissão de competência o sistema da devolução simples permite alcançar a harmonia jurídica quando a terceira lei chamada se reconhece com-

---

(1) Pelo menos, assim se pensava na altura. A verdade parece ser, porém, que a jurisprudência francesa não aceita a devolução operada pela *lex ultimi domicilii* para a lei francesa *enquanto lex patriae* (cfr. P. LAGARD, *Successions*, «Encyclopédie Dalloz», II, p. 882).

petente. Será o caso, p. ex., de o tribunal português aplicar a lei dinamarquesa à sucessão de um brasileiro domiciliado na Dinamarca. Mas já não será esse o caso se se tratar, p. ex., da sucessão de um argentino domiciliado em Itália, dado que a lei italiana manda aplicar a *lex patriae* ao estatuto pessoal e a lei argentina, embora siga o princípio do domicílio, aceita, ao que parece, o reenvio que a lei italiana lhe faz. Portanto, a devolução simples, mesmo na forma de transmissão de competência, só em certos casos permite alcançar a harmonia jurídica.

Vejamos agora como se passam as coisas na aplicação do sistema da devolução integral. Neste sistema o juiz do Estado do foro, porque deve julgar a questão como a julgaria o tribunal estrangeiro, terá que verificar ainda se, *de facto*, a referência feita pela Regra de Conflitos da lei designada como competente pelo DIP do foro vale aí como referência material ou como referência global. Na primeira hipótese, aplicará a lei que o DIP da lei primeiramente designada manda aplicar — seja ela a própria *lex fori* (retorno), seja uma terceira lei (transmissão de competência).

Na segunda hipótese, temos dois tipos de casos a considerar: o de retorno (directo ou indirecto) e o de transmissão de competência. Na hipótese de retorno, o juiz fica sem saber como decidir, se a lei que retorna a competência à *lex fori* adoptar também o ponto de vista da devolução dupla. Quer aceite ou não o retorno, porém, a harmonia jurídica estará assegurada, dado que o tribunal estrangeiro está disposto a orientar-se pelo critério que ele próprio venha a adoptar. A aceitação do reenvio não é, pois, condição necessária para que a harmonia jurídica se produza. Se se trata de retorno directo e a lei que o opera segue o sistema da devolução simples, o juiz não deve fazer outra coisa senão aplicar a lei que a sua Regra de Conflitos manda aplicar, porque esta, afinal, pela via da devolução simples, se considera aplicável.

Por último, tratando-se de transmissão de competência, o juiz atenderá à remissão operada pela regra de conflitos da lei primeiramente designada, tomando tal remissão com o preciso significado que ela aí tenha, por forma a aplicar aquele direito que, em último termo, aquela lei manda concretamente aplicar. Simplesmente este modo de proceder apenas em alguns casos conduzirá à harmonia internacional de decisões. Só assim será quando finalmente se descubra uma lei que se julgue competente, já directamente, já por força de uma devolução que ela aceite. Assim, p. ex., por aplicação da *foreign court theory*, o tribunal português aplicaria à sucessão de um brasileiro domiciliado na Alemanha o direito alemão; e a solução seria a mesma que o problema teria no Brasil. É que a lei brasileira remete, mediante uma referência material, para a lei alemã; e esta, embora mande aplicar a *lex patriae*, aceita a devolução. Mas já na hipótese de se tratar do estatuto pessoal de um brasileiro domiciliado na Itália ou na Grécia, a aplicação da teoria em causa não conduz à harmonia internacional de decisões, pois que as leis daqueles dois países, tal como a lei brasileira, rejeitam o reenvio. Por isso o caso seria julgado no Brasil por aplicação da lei italiana — ou da lei grega — mas seria julgado na Itália — ou na Grécia — por aplicação da lei brasileira. Em casos como este não pode invocar-se a favor da teoria da devolução o princípio da harmonia de decisões.

66. *Teoria da referência material: rejeição do reenvio ou sua admissão como simples expediente destinado a promover a harmonia de decisões.* Segundo certos autores, a Regra de Conflitos deveria ser entendida, por força da sua própria natureza, como regra de referência material. A escolha por ela feita da lei aplicável é comandada pela concepção de justiça de DIP que tem o legislador do foro, pela sua ideia sobre qual seja a lei mais conveniente e justa para certo tipo de relação, pelo que essa escolha se deve entender directamente referida às normas materiais da lei designada. Qualquer desvio a este princípio tem que ser entendido como uma *excepção* que carece de justificação especial. Como diria ZITELMANN, ao mesmo caso não podem aplicar-se duas normas de conflitos que se contradizem, pois que só uma delas pode ser exacta.

Segundo uma certa tese, hoje superada, o princípio da referência material (e a consequente rejeição do reenvio) não seria mesmo compatível com quaisquer excepções: por isso que o DIP nacional procede a uma repartição de soberanias — a uma repartição de competências legislativas —, não seria concebível uma renúncia a favor duma regra de conflitos estrangeira sem que isso implicasse necessariamente uma desobediência ao comando do legislador nacional. Era este o ponto de vista de PILLET [1]. Próximo deste é o ponto de vista de MACHADO VILLELA [2]: este autor chega igualmente à conclusão de que o reenvio não pode admitir-se, com base na ideia de que as regras de DIP adoptadas por um Estado hão-de ser olhadas como sendo aquelas «que seriam sancionadas por um legislador realmente internacional», dado que é «por insuficiência da organização jurídica internacional que o Estado formula as mesmas regras».

Alguns dos opositores da tese da referência global querem mesmo concluir directamente da sua inexequibilidade em muitos casos (aqueles em que ela conduz a um *circulus inextricabilis*) para a tese oposta, segundo a qual só a teoria da referência material pode corresponder ao verdadeiro sentido da Regra de Conflitos [3]. Esta inferência é ilegítima; pois, da inexequibilidade de certo princípio normativo em dadas hipóteses, por muito numerosas que estas sejam, não pode concluir-se para a invalidade desse princípio em si mesmo, enquanto princípio aplicável nas hipóteses em que o possa ser e dentro dos limites ou com as restrições que as circunstâncias imponham. Os obstáculos que porventura se deparem à realização de certa intenção normativa não servem para demonstrar a inexistência dela. Mesmo que um certo princípio normativo, por força das circunstâncias, só excepcionalmente actue, importa sempre saber se ele actua como *princípio* ou por via de *excepção* a um outro princípio que se lhe contrapõe.

De entre os autores que aderem à tese de que a norma de conflitos é, por natureza, uma norma de referência material, muitos há hoje que admitem o reenvio como *expediente* prático ou como *técnica* capaz de assegurar, em certos casos, a harmonia internacional de decisões. O reenvio, precisamente porque não corresponde ao entendimento *natural* das regras de conflitos, só se justificaria como que a título excepcional, como *correcção* dos resultados do jogo normal dessas regras, quando fosse meio *apropriado* e *necessário*

---

(1) Cfr. *Traité pratique de DIP*, I, p. 532: «La question à trancher est une question de partage de souverainetés... on ne concevrait pas que le souverain se rapportât à l'opinion d'autrui pour savoir jusqu'où s'étendent les prérogatives de sa souveraineté...».

(2) *Ob. cit.*, I, p. 536.

(3) Cfr., quanto a esta observação, I. MAGALHÃES COLLAÇO, *ob. cit.*, p. 32.

para se alcançar a referida harmonia internacional. É esta a posição defendida pelo Prof. FERRER CORREIA [1], cujas ideias influenciaram decisivamente os arts. 16.º-19.º do nosso Código.

67. *Princípios a ter em conta em matéria de reenvio. O art. 16.º do nosso Código.* A doutrina clássica, concebendo o reenvio como um *abandono* da regra de conflitos nacional a favor da regra de conflitos estrangeira, tinha seguramente razão para se recusar a admiti-lo. Isto independentemente de se atribuir ou não ao DIP um fundamento ou natureza supra-estadual, independentemente de se reconhecer ou não ao DIP a função de proceder a uma repartição de soberanias. A verdade exacta é esta: não se pode, sem contradição, trocar a óptica ou a «justiça» do DIP nacional pela óptica ou pela concepção de «justiça» de um DIP estrangeiro. Portanto, se o reenvio deve ser e é (em dadas hipóteses) admitido, é porque a sua admissibilidade, ou os resultados a que a sua actuação conduz, decorrem de princípios imanentes ao DIP. As soluções aceitáveis do reenvio não pressupõem, pois, uma *excepção* aos princípios do DIP do foro, mas uma *actuação* destes mesmos princípios.

Mas, se é da óptica do DIP local que se parte para admitir o reenvio, como poderá dizer-se que o sentido natural da Regra de Conflitos é o que corresponde à teoria da referência material? Só é possível afirmar-se isto quando se coloquem num mesmo plano — como o faz a doutrina tradicional — as Regras de Conflitos e os princípios fundamentais do Direito de Conflitos; isto é, quando se confunda o Direito de Conflitos com o conjunto das Regras de Conflitos. Quando assim se concebam as coisas, as Regras de Conflitos aparecem como a expressão dos princípios e valores que comandam o Direito de Conflitos local. Portanto, dando por assente que esses valores são exactamente aqueles que, em cada Regra de Conflitos, determinam a escolha da conexão relevante e a lei aplicável, a Regra de Conflitos terá necessariamente o significado duma norma de referência material; donde se segue com a mesma necessidade

---

[1] Cfr. *DIP, cit.*, esp. pp. 130 e ss., 156 e ss., 180 e ss.; e *Conflitos, cit.*, pp. 48 e ss.

que a admissão do reenvio representa uma *excepção* e uma troca da óptica e da «justiça» do DIP nacional pela de um DIP estrangeiro. Esta ideia parece, porém, inadmissível (1). Como conciliar as coisas?

Do nosso ponto de vista — já o dissemos — as Regras de Conflitos, na construção do DIP, situam-se num segundo plano, num plano subordinado. O plano superior ou primário é constituído por aqueles dois princípios (o da *estabilidade* e o da *uniformidade*) de que as Regras de Conflitos não representam a directa expressão, pois estas são antes simples critérios de resolução de concursos. Todavia, estas regras, na sua posição subordinada, têm necessariamente que jogar dentro da moldura formada por aqueles princípios. Quer isto dizer que também os valores ou interesses que foram determinantes na escolha da conexão e na fixação da Regra de Conflitos se hão-de subordinar àqueles princípios ou valores supremos do DIP. De forma que, ainda que houvéssemos de entender a Regra de Conflitos como uma norma de referência material, o seu entendimento e aplicação em certos casos (aqueles em que o reenvio é de admitir) como norma de referência global não implicaria abandono da «justiça» do DIP do foro (a sua *troca* pela justiça de um DIP estrangeiro), mas a *realização* dela. Isto é seguro, pois: o reenvio só não implica contradição, só não é uma impossibilidade lógica, quando se funde num princípio *superior* à Regra de Conflitos.

Mas a tese de que a referência da Regra de Conflitos é, por natureza, uma *referência material* será admissível dentro dos quadros que acabámos de esboçar? O problema do reenvio é-nos apresentado como problema de interpretação da norma de conflitos e até mais precisamente como «problema que põe em causa o próprio conteúdo e alcance da estatuição» dessa norma (2). Mas também nos é recordado por MEIJERS (3) que «la question du renvoi est reliée le plus étroitement possible aux fondements du droit international privé même». Parece ser este o fadário de todos os problemas gerais de interpretação da Regra de Conflitos: transformam-se imediatamente (como já vimos a propósito da qualificação, das lacunas, etc.) em

---

(1) Cfr., todavia, a autorizada opinião de FERRER CORREIA, *DIP, cit.*, pp. 163 e ss., 189 e s., 197.

(2) Cfr. I. MAGALHÃES COLLAÇO, *ob. cit.*, p. 41.

(3) *Ob. cit.*, p. 207.

problemas que contendem com a própria concepção de fundo do Direito de Conflitos. Não é possível tratá-los isoladamente, considerando por si mesma a Regra de Conflitos, na sua estrutura verbal e conceitual. E disto parece-nos que dá conta o nosso ponto de vista, ao colocar a Regra de Conflitos, na construção do DIP, numa posição muito particular de subordinação a princípios de Direito de Conflitos que lhe são supra-ordenados.

Pois bem, dentro deste quadro, cremos que é impossível entender a Regra de Conflitos — dado que o seu entendimento tem que subordinar-se àqueles quadros básicos do Direito de Conflitos — como norma de referência material por natureza. É que, afinal, aqueles princípios superiores que intervêm postulando ou aconselhando o reenvio, surgem-nos logo como determinantes e decisivos quando se trata de fixar o próprio sentido e alcance geral da norma de conflitos. Quer dizer: não se trata apenas da interpretação ou do entendimento a dar a esta norma, trata-se duma *interpretação do Direito de Conflitos.* Nestes termos, quem se julgue autorizado a partir da teoria da referência material como princípio geral de interpretação da norma de DIP não poderá, quanto a nós, admitir o reenvio em caso algum.

O facto de o princípio da devolução (da referência global) ser *em regra* inexequível, não significa que ele não possa valer como *princípio* e, muito menos, que deva ser substituído pelo princípio oposto; significa apenas que não pode valer como *regra.* Mas uma coisa é o princípio e outra a regra. O princípio permanece princípio, mesmo que, por força das circunstâncias, não possa actuar senão em casos isolados. Mas então, em tais casos, ele não actua por via de *excepção,* não intervém para afastar um outro princípio que com ele seja incompatível.

Vem aqui de molde referir que o nosso Código Civil estabelece no art. 16.º o «princípio geral» de que, na falta de preceito em contrário, a referência das nossas normas de conflitos se entende feita ao direito interno das leis por elas designadas. Sobre este texto há duas observações a fazer.

A primeira é que, embora a atitude nele definida corresponda à que é própria da teoria da referência material, não cremos que tal texto possa ser interpretado como impondo uma certa concepção de fundo quanto ao sentido da referência de toda e qualquer norma de conflitos. A sua função não é doutrinal, mas prático-regulamentadora: verificada a inexequibilidade da devolução como regra geral e verificado também que a sua utilização em certos casos permite obter resultados valiosos, revela-se praticamente aconselhável partir da regra da sua não admissibilidade, estabelecendo de seguida os desvios que esta regra comporta. Isto significaria, em nosso entender, que a referida regra não exprime propriamente um princípio *valorativo* superior só capaz de ceder em casos excepcionais (e quando outros valores se lhe contraponham), mas uma regra pragmática. Deste modo, os casos de admissão do reenvio previstos na lei não representam verdadeiras *excepções* a um princípio, mas simples *desvios* a uma regra. E isto poderá ter algum interesse para efeitos do art. 11.º do nosso Código (proibição da aplicação analógica das normas excepcionais).

É certo que as disposições do n.º 2 do art. 17.º e do art. 18.º parecem induzir à conclusão de que o nosso legislador parte do *princípio* da referência material, doutro modo deveria ser mais generoso na admissão do reenvio. A nosso ver, porém, o *teste definitivo* da tese da referência material como princípio está nisto: em o juiz do Estado local fazer aplicação, a um caso que não tem qualquer conexão com esse Estado, duma lei que «não quer» ser aplicada, quando nenhuma das leis em contacto com o mesmo caso aplica a dita lei. Quando isso aconteça, então sim, poderá dizer-se que certas normas materiais estrangeiras são aplicadas *só porque* a Regra de Conflitos do foro as manda aplicar: teremos uma verdadeira referência material. Fora disso, a não atendibilidade do reenvio em certas hipóteses poderá ter sempre uma outra justificação. Ora pode afirmar-se que o nosso DIP passa esse teste? Estamos em crer que não. O ponto ficará por enquanto de remissa.

A segunda observação a fazer é a seguinte: mesmo que porventura se devesse entender como *princípio* a regra do art. 16.º, certas soluções a que se chegaria através do reenvio poderiam ainda ser alcançadas por outros meios, como o princípio do *favor negotii* ou o do respeito dos *direitos adquiridos;* pelo que aquele texto não obstaria a tais soluções, quando devidamente fundamentadas.

Os princípios mais altos do DIP são, como sabemos, princípios que exprimem uma justiça puramente *formal,* uma justiça unicamente atenta aos valores da certeza do direito e da segurança jurídica:

o princípio da *uniformidade* de regulamentação e o princípio da *estabilidade* ou continuidade da vida jurídica dos indivíduos (tutela das suas expectativas legítimas e dos seus «direitos adquiridos»). Não pode haver quaisquer normas de DIP ao serviço de valores mais elevados do que estes.

Do exposto decorre que não faz sentido, no domínio do DIP, contrapor *segurança* a *justiça;* assim como o não faz perguntar até que ponto ou dentro de que limites deve ser consentido o sacrifício dos interesses ou valorações que informam as normas de conflitos da *lex fori* a bem da harmonia internacional de decisões. É que, por um lado, a aceitação do reenvio de forma alguma significa sacrifício da justiça (formal) do DIP do foro e, por outro lado, aqueles interesses que presidem à escolha da conexão da Regra de Conflitos subordinam-se necessariamente a interesses ou princípios básicos como o que se exprime na promoção e no respeito da harmonia de decisões.

E, mesmo que assim não fora, haveria que averiguar se, nos casos em que se pode suscitar o problema do reenvio (que são apenas aqueles em que a lei designada pela Regra de Conflitos *não quer* aplicar-se), os interesses que presidiram à escolha da conexão considerada decisiva pelo DIP do foro se não acham já irremediavelmente comprometidos e se em boa medida não falha, pois, o pressuposto de que o legislador partiu ao elaborar a Regra de Conflitos. Ora parece ser este o caso no domínio do estatuto pessoal, que é o que mais nos interessa nesta matéria. Assim, poderá porventura dizer-se que a Regra de Conflitos portuguesa manda aplicar a lei da nacionalidade ao estatuto pessoal por ser essa a lei que melhor se adapta às tendências, aos hábitos, à índole e às necessidades do indivíduo. Daqui poderá concluir-se que é o direito interno da *lex patriae* que a nossa Regra de Conflitos tem em vista: é o legislador do Estado nacional que melhor conhece a índole do seu povo, índole que de certo se terá reflectido nos usos e costumes desse mesmo povo e terá influenciado as instituições jurídicas desse Estado.

Mas as razões apontadas são razões de preferência pelo critério da *lex patriae* como critério universal que todos os legisladores deveriam seguir, a fim de garantir a *unidade* e a *estabilidade* do estatuto pessoal, e razões válidas ainda, em todo o caso, para a hipótese de um concurso efectivo entre a *lex patriae* e outras leis. Quando, porém, a própria *lex patriae* «não quer» aplicar-se, e sobretudo quando ela e a *lex domicilii* estão de acordo em que se aplica esta última, falham aquelas razões que estiveram na base da opção do DIP do foro. Primeiro, é o próprio legislador nacional, conhecedor da índole do seu povo e dos seus costumes, que não vê o seu direito interno como algo que reflicta, em matéria de estatuto pessoal, a idiossincrasia desse mesmo povo (o seu direito pode até ser em larga medida um «direito importado»). Por outro lado, e isto é que é mais grave, em tal hipótese a aplicação mecânica ou sistemática do critério da nacionalidade preferido pela Regra de Conflitos da *lex fori,* em vez de assegurar a unidade e estabilidade do estatuto pessoal, conduz exactamente ao resultado oposto. A isto acresce que a dita Regra de Conflitos funciona tanto no plano das *situações a constituir* como no plano das *situações a reconhecer.* Ora seria de todo o ponto inadmissível que, neste segundo plano, se fizesse prevalecer um direito com que as partes não podiam de forma alguma contar, já que nenhuma das leis em contacto com os factos fazia aplicação desse direito.

Em suma, nas hipóteses figuradas, cessam as razões que determinaram o legislador do DIP local à escolha da conexão «nacionalidade», falha o pressuposto que esteve na base dessa opção e algumas das finalidades visadas através dela — a unidade e a estabilidade do estatuto pessoal — só podem em alguma medida ser ainda alcançadas mediante a aceitação dos resultados do reenvio.

Nestas condições, não tem sentido, como atrás afirmámos, pôr o problema da admissão do reenvio em termos de contraposição entre os valores *justiça* e *segurança,* ou perguntar até que ponto e dentro de que limites deve ser consentido o *sacrifício* dos interesses ou valorações que informam a Regra de Conflitos da *lex fori.* É que, como vimos, quando se suscita a questão da admissibilidade do reenvio, cessaram já as razões determinativas daquela regra no seu significado originário bem como o carácter vinculativo ligado a esse significado *(cessante ratione legis cessat lex ipsa).* Os interesses que a informaram e os resultados que visava acham-se já irremediavelmente comprometidos. Toda a questão que se pode pôr agora é a de saber se aquela Regra de Conflitos deve ser substituída por uma Regra de Conflitos subsidiária (a que utiliza a conexão «domicílio») ou se ela deve valer ainda *em segundo grau,* num destes sentidos: no sentido de fazer prevalecer a solução que o caso efectivamente tenha no âmbito da *lex patriae* (ponto de vista da devolução integral) ou no sentido de fazer prevalecer a solução que para o caso decorre do direito material da *lex patriae* quando no âmbito da *lex domicilii* (ou porventura ainda no âmbito de outra lei em contacto com a situação) este direito é efectivamente aplicado. Mas mesmo esta questão já nem surge se todas as leis em contacto com a situação aplicam o mesmo direito ou se a *lex domicilii* aceita a competência que a *lex patriae* lhe transmite.

Se não faz sentido pôr o problema da admissibilidade do reenvio em termos de limites do sacrifício do valor «justiça» ao valor «segurança» (dos valores tutelados pela Regra de Conflitos ao valor de harmonia de decisões), também não pode estar certa a ideia de que esse problema de limites se põe apenas (ou se põe sobretudo) quando a situação em causa mantém alguma conexão com a *lex fori* e de que, portanto, é aquela (a da necessidade de marcar um limite ao referido sacrifício) a razão pela qual a admissibilidade do reenvio deve, em tal hipótese, ficar sujeita a requisitos mais severos. A este propósito, convém ter presentes as seguintes considerações.

Em primeiro lugar, deve notar-se que a Regra de Conflitos funciona em dois planos: no plano das *situações jurídicas a constituir* (no Estado do foro) e no plano das *situações jurídicas a reconhecer.* Em ambos os planos o seu significado é essencialmente o mesmo; tanto mais que a situação constituída no estrangeiro pode ter-se constituído num momento em que havia entre ela e o Estado do foro uma ligação muito estreita (a da nacionalidade ou a do domicílio das partes, p. ex.) e, por conseguinte, a Regra de Conflitos da *lex fori* era susceptível de funcionar como directiva de conduta (*regula agendi* indirecta) que os interessados podiam ou deviam ter tomado em consideração.

Já nos casos em que se trata de reconhecer uma situação jurídica que se constitui sem qualquer ligação com o ordenamento da *lex fori,* a Regra de Conflitos não pode funcionar senão como aquilo que ela essencialmente é: um simples critério de decisão dos conflitos. Por isso mesmo, nesta última hipótese, é inegável o carácter do DIP como puro *direito de reconhecimento:* do que se trata é de não frustrar a expectativa das partes e de fazer actuar o princípio da *continuidade* ou estabilidade das situações jurídicas preexistentes («direitos adquiridos»), só intervindo a Regra de

Conflitos para dirimir o concurso de leis que porventura se tenha verificado no momento da constituição da situação jurídica. Porém, em todos os casos em que nos achamos perante uma situação jurídica criada no estrangeiro, o princípio do *favor negotii* poderá recomendar o reconhecimento da validade do acto ou negócio jurídico realizado em conformidade com o direito de uma das leis que mais intimamente se acham ligadas à situação: veja-se o que dispõe o art. 31.°, 2.

Em segundo lugar, deve observar-se que o facto de a situação jurídica, no momento da sua constituição, se achar também ligada à *lex fori,* ainda que através duma conexão diferente daquela que decide da lei aplicável, exclui a possibilidade de se afirmar que as partes não podiam de todo em todo contar com a aplicabilidade da lei designada pela Regra de Conflitos local quando essa lei «não quer» aplicar-se e nenhuma outra das leis em contacto com a situação a aplica; pois que então há uma lei em contacto com a situação que manda aplicar aquela lei: a *lex fori.* Não poderá, pois, dizer-se com inteiro rigor que a aplicação da lei designada pela Regra de Conflitos local importa na aplicação duma lei que nenhuma das leis em contacto com a situação considera aplicável. Será o caso, p. ex., de a *lex patriae* devolver sem reenvio para a *lex fori,* a título de *lex rei sitae,* e a *lex domicilii* se considerar aplicável ou remeter para a *lex loci.* Se, nesta hipótese, a *lex fori* não aceita o retorno da competência (cfr. art. 18.°, 2) e persiste em aplicar a *lex patriae,* não se pode dizer que a sua solução seja de todo arbitrária e represente uma surpresa total para as partes.

O que nos parece de todo inviável é a ideia de que, achando-se a situação por qualquer modo ligada à *lex fori,* há que pôr o problema do limite do sacrifício do valor «justiça» do DIP, tal como a *lex fori* a concebe, ao valor «segurança» representado pela harmonia internacional de decisões e sujeitar, portanto, a admissibilidade do reenvio a requisitos mais severos. Assim como nos não parece de modo algum viável partir da ideia de que a «justiça» do DIP local deve em princípio actuar só naqueles casos em que a lei do foro é realmente uma das leis interessadas. Quanto a este ponto, o mais que se pode dizer, como já vimos, é que a Regra de Conflitos da *lex fori* não pode funcionar de modo algum como *norma agendi* se a situação se constituiu sem qualquer contacto com aquela lei.

68. *As regras do art. 17.º* No n.º 1 do art. 17.º admite-se o reenvio sob a forma de transmissão da competência se o DIP da lei designada pela Regra de Conflitos portuguesa remeter para uma outra legislação e esta se considerar competente. Assim, p. ex., deverá regular-se o estatuto pessoal de um brasileiro domiciliado na Dinamarca pela lei dinamarquesa. Mas também se deverá regular o estatuto pessoal de um brasileiro domiciliado na Alemanha pela lei alemã. É que o DIP alemão, diferentemente do dinamarquês, manda aplicar ao estatuto pessoal a *lex patriae,* mas aceita (porque admite o reenvio) a devolução da competência que esta lhe faz. Logo, considera-se competente, para efeitos do art. 17.º, 1.

Não está directamente prevista na letra da lei a hipótese de o DIP da lei designada pela Regra de Conflitos do foro remeter, com uma referência global, para uma outra lei cujo DIP remeta ainda para uma terceira lei que se considera competente. Mas esta hipótese é inteiramente assimilável à anterior, por força da *ratio legis* daquele preceito: havendo *acordo* entre os sistemas jurídicos que participam nesta cadeia de reenvios, deve aplicar-se aquela lei que todos eles aplicam. Note-se, porém, que não basta que essa terceira lei se julgue competente: é preciso também que o DIP da lei designada pela Regra de Conflitos do foro a considere competente, o que só acontecerá se nele se admitir o reenvio (1). Pelo contrário,

(1) Repare-se que, em muitos casos — e designadamente nos casos de retorno — a aceitação ou não aceitação do reenvio representa uma atitude realista em face das circunstâncias existentes; mas implica ao mesmo tempo que aceitemos por parte das leis estrangeiras uma atitude em matéria de reenvio que não é aquela que nós consideramos como sendo a mais racional ou consentânea com os fins do DIP. Designadamente, ao afirmarmos que a admissão do reenvio é postulada, em certas hipóteses, pelos fins do DIP, estamos implicitamente a condenar a atitude antidevolucionista de certas legislações — e estamos a condená-la em nome de postulados inerentes a qualquer sistema de DIP. Em face da norma de certa lei que proíbe o reenvio, não bastará, pois, atentar nesta norma; será necessário ainda perguntar se, no caso concreto, e por força dos referidos postulados, no âmbito dessa lei se não chega aos mesmos resultados a que nos conduziria a aceitação do reenvio por parte dessa lei. Embora aí se rejeite expressamente o reenvio, bem poderá acontecer que se aceitem alguns dos seus resultados — p. ex., através do reconhecimento dos direitos adquiridos ou por aplicação do princípio do *favor negotii.*

se a referência da primeira lei à segunda dever ser entendida como uma referência material, não se verificará nenhum caso de aplicação do n.º 1 do art. 17.º; pois que então a segunda lei, por isso mesmo que remete para a terceira, não se considera competente.

Esta regra do n.º 1 do art. 17.º, porém, sofre logo, em matéria de *estatuto pessoal,* importantes restrições: não será de admitir a remissão da *lex patriae* para qualquer outra lei que não seja a *lex rei sitae* (mas isto por força do n.º 3 do mesmo art. 17.º, que só consideraremos mais adiante), se o interessado tiver a sua residência habitual no nosso país ou em país cujo DIP considere aplicável o direito interno (*scl.,* material) da *lex patriae* (art. 17.º, 2).

Pode dizer-se talvez que a ideia da lei é a de que, no domínio do estatuto pessoal, em que são duas as conexões *principais* (nacionalidade e residência habitual), só há harmonia de decisões susceptível de justificar o reenvio quando ambas as leis designadas por aquelas conexões estejam de acordo. Ora não é este o caso em nenhuma das hipóteses contempladas no texto em análise.

Mas isto não basta para explicar as soluções da lei, pois que o reenvio da *lex patriae* para a *lex loci* (considerando-se esta competente) é admitido, se a *lex domicilii* se considera a si própria aplicável ou remete para a *lex rei sitae.* Ora, neste caso, não há acordo entre a *lex patriae* e a *lex domicilii.* Como justificar aqui, pois, a admissão do reenvio? Pensamos que a explicação da solução legal está nisto: se o Estado local, em tal hipótese, persistisse em fazer aplicação do direito interno da *lex patriae,* arriscar-se-ia a aplicar uma lei (e aqui o problema só pode pôr-se em sede de situação jurídica a *reconhecer*) que nenhuma das leis em contacto com a situação aplica e com a qual, portanto, os interessados não podiam contar. Esta nos parece ser a *ratio legis.* Doutro modo, ter-se-ia exigido o acordo da *lex patriae* e da *lex domicilii,* tal como se exige no n.º 2 do art. 18.º, em matéria de retorno da competência à *lex fori.*

Note-se ainda que a segunda hipótese de exclusão do reenvio, por força do n.º 2 do art. 17.º, pressupõe que o DIP da *lex domicilii* remeta para o direito «interno» da *lex patriae.* Significa isto que a referência da primeira à segunda destas leis deve ser uma referência *material.* Se fosse uma referência global, teríamos que no âmbito da *lex domicilii* se faria aplicação da mesma lei que no âmbito da *lex patriae,* pelo que nos acharíamos em face de um acordo no qual participariam não só estas duas leis mas ainda a lei que em último termo ambas consideram aplicável. Seria, pois, um caso em que a admissão do reenvio não ofereceria quaisquer dúvidas.

Segundo o art. 17.º, 2, portanto, o reenvio não será de admitir se o DIP da *lex domicilii* persiste em considerar aplicável o direito material da *lex patriae.* Mas, segundo o art. 17.º, 3, já assim não será, o reenvio já não será afastado se, tratando-se duma daquelas matérias que esse texto enumera (tutela e curatela, relações patrimoniais entre os cônjuges, poder paternal, relações entre adoptante e adoptado e sucessão por morte), a *lex patriae* remeter para a *lex rei sitae* e esta se considerar competente. Isto ainda que a *lex domicilii* seja a *lex fori.* Como explicar este desvio à regra do n.º 2 do art. 17.º?

A explicação reside em que a *lex rei sitae,* embora não tenha em princípio título para se aplicar em matéria de estatuto pessoal, pode querer aplicar-se às repercussões deste estatuto em matéria de direitos sobre as coisas situadas no seu território. E deve reconhecer-se que, neste ponto, ela é de todas as leis interessadas aquela que está em melhores condições para fazer vingar o seu ponto de vista, uma vez que as coisas sobre que se pretende exercer o direito se acham no seu território. Por isso se diz que ela é a lei dotada da *competência mais forte* ou mais *próxima.* Todavia, o nosso legislador não considerou esta circunstância razão suficiente para atribuir directamente a competência a esta lei, quando ela reivindica a sua aplicação; o que bem poderia fazer, sujeitando o chamamento da *lex patriae,* no que respeita a estas matérias, à *condição* de a *lex rei sitae* não reivindicar para si a competência (hipótese esta em que a remissão da *lex fori* à *lex patriae* seria uma *remissão condicionada*). Mas já considerou que esta última circunstância, associada ao facto de a própria *lex patriae* remeter para a *lex rei sitae* (e de, portanto, no âmbito daquela lei se fazer aplicação desta), tem força bastante para justificar o reenvio numa tal hipótese.

Exemplo: se se trata da sucessão imobiliária de um inglês que faleceu em Portugal, onde se achava domiciliado, deixando imóveis situados na França, nós devemos aplicar o direito francês. É que a *lex patriae* (lei inglesa) manda reger a sucessão imobiliária pela *lex rei sitae,* que é a lei francesa; e da mesma forma procede esta última lei que, portanto, se considera a si própria competente.

Resta fazer aqui mais algumas observações a propósito dos n.os 1 e 2 do art. 17.° A primeira, é a de que importa ter em conta o disposto no art. 19.°, 1, a que nos referiremos mais adiante. A segunda, é a de que havemos também de ter presente a disposição do art. 31.°, 2, a que já nos referimos. Quanto a este último ponto, deve lembrar-se o seguinte. Na hipótese de a *lex domicilii* se considerar competente mas nós devermos aplicar a *lex patriae,* ou, por força do n.° 1 do art. 17.°, uma outra lei para que ela remeta, havemos de reconhecer validade aos actos e negócios jurídicos do domínio do estatuto pessoal celebrados no país da residência habitual do interessado de acordo com o direito que aí vigora. De harmonia com uma certa interpretação extensiva do art. 31.°, 2, deverá ainda reconhecer-se validade a tais actos ou negócios jurídicos, se eles forem celebrados fora do Estado do domicílio mas por forma a serem considerados válidos e eficazes nesse Estado, quer por haverem sido realizados de acordo com o direito material deste Estado, se o respectivo DIP o considera competente, quer por haverem sido realizados de acordo com um outro direito a que o DIP da *lex domicilii* reconhece competência.

A ser de admitir, como nos parece que é, esta interpretação extensiva do art. 32.°, 1, temos então de reconhecer que, na hipótese de a *lex domicilii* remeter para o direito interno (material) da *lex patriae* e esta não se reconhecer competente mas reenviar para uma outra lei — hipótese esta em que nós, por força do n.° 2 do art. 17.°, não podemos aceitar o reenvio —, se deverá reconhecer a validade do acto ou negócio jurídico que seja válido e eficaz, quer no âmbito da *lex domicilii* (por força da referida interpretação extensiva do art. 32.°, 1), quer no âmbito da *lex patriae* (por força duma aplicação analógica do pensamento que está na base do art. 31.°, 2, se for de entender este preceito naquele sentido amplo). Já atrás nos referimos a este ponto [1].

69. *As disposições do art. 18.°.* Este artigo ocupa-se do reenvio sob a forma de *retorno* da competência à lei portuguesa. Já sabemos que este retorno pode ser *directo* (se é a própria lei designada pela

---

(1) Cfr. *supra,* n.° 63.

nossa Regra de Conflitos que devolve a competência à lei portuguesa) ou *indirecto* (se o DIP da lei designada pela Regra de Conflitos transmite a competência a uma outra lei, sob a forma de referência global, e estoutra lei retorna a competência à lei portuguesa). Para qualquer dos casos, o art. 18.°, 1, estabelece que o retorno só é de aceitar se o DIP da lei designada pela Regra de Conflitos portuguesa devolver (directa ou indirectamente, acrescentemos) para o direito *interno* português.

Dos termos da lei parece decorrer que a referência ao direito português por parte da lei estrangeira que o designa como competente há-de ser uma *referência material.* É que, se for uma referência global, essa lei estrangeira, ou aceita afinal a competência que a lei portuguesa lhe atribui (caso do retorno directo, de longe o mais frequente), ou acaba afinal por reconhecer competente a lei designada pelo DIP português. Em qualquer das hipóteses, dir-se-ia, pois, que a aceitação do retorno pela nossa parte não concorreria para a harmonia internacional de decisões, mas antes a prejudicaria. Isto supondo, é claro, que nenhuma das leis em causa adopte a respeito do reenvio a mesma atitude que o legislador português; pois que, se o fizer, se adoptar, ora o processo da referência material, ora o da referência global, conforme o direito português se oriente pela segunda ou pela primeira destas atitudes, cairemos num jogo infindável de cortesias e não conseguiremos determinar se o DIP estrangeiro devolve ou não *para o direito interno* português (teríamos, assim, o caso da divulgada imagem do jogo de espelhos que mutuamente se reflectem).

Parece-nos que é isto o que sucede se a lei estrangeira que remete para a *lex fori* adoptar o ponto de vista inglês, isto é, o sistema do duplo reenvio ou *foreign court theory.* É certo que se poderá dizer que, em tal caso, a referência à lei portuguesa começa por ser uma referência global — e, portanto, não se verificaria o pressuposto do art. 18.°, 1. Mas também se poderá dizer, com inteiro rigor, que se trata duma referência *ao direito interno* português, sob condição de este se considerar aplicável. Logo, a hipótese cabe ainda na letra do preceito em análise.

Poderá a *ratio legis* do preceito indicar-nos aqui uma saída? A razão de ser do art. 18.°, 1, é a salvaguarda da harmonia internacional de decisões. Ora, no caso, tal harmonia será alcançada qualquer que seja a atitude que se adopte. A admissão do reenvio não é aqui um meio necessário para se alcançar a referida harmonia. Mas também a não prejudica de forma alguma. A isto acresce a vantagem de que, pela aceitação do retorno, os tribunais portugueses aplicarão a lei portuguesa, o que facilita a administração da justiça, assegurando uma aplicação mais adequada e mais rigorosa do direito.

Claro é que, em face do nosso DIP, a razão de ordem prática que acabámos de alegar a favor da aceitação do reenvio sob a forma de retorno — maior justiça e certeza na aplicação do direito — não poderá valer quando tal aceitação, em vez de favorecer a harmonia de decisões, a contraria [1]. Assim é que, tratando-se de questões relativas ao estatuto pessoal de argentinos domiciliados no nosso país, não devemos aceitar a devolução da lei argentina para a lei portuguesa, porque aquela lei, admitindo — como parece admitir — a devolução simples, acaba por se considerar competente. Mas já se estiverem em causa questões respeitantes ao estatuto pessoal de brasileiros, dinamarqueses ou noruegueses domiciliados em Portugal, devemos aceitar o retorno à *lex fori,* por isso que as leis dos respectivos países não admitem a devolução.

Dada, porém, a hipótese de se tratar de ingleses domiciliados no nosso país — e acontecendo que tanto a lei inglesa como a portuguesa os consideram domiciliados em Portugal —, aquela razão prática da maior facilidade e segurança na administração da justiça já poderá pesar alguma coisa a favor da admissão do retorno da lei inglesa à lei portuguesa. Só que, nesta hipótese, tal aceitação não é condição necessária da harmonia de julgados, como vimos, uma vez que os tribunais ingleses aplicam a *foreign court theory.* Portanto, se for de admitir que a nossa lei afirma como *princípio* a tese da referência material, considerando que toda a aceitação do reenvio implica um *sacrifício* da «justiça» do DIP nacional e que,

---

[1] Não iremos, pois, até ao ponto de, com WOLFF, (*Das IPR Deutschlands,* 2.ª ed., p. 67; *Private International Law,* 2.ª ed., p. 203), considerar aceitável, porque «salutar» e vantajosa, toda a devolução que permita ao tribunal do foro aplicar o seu próprio direito material, ainda quando essa solução implique discordância com a decisão que seria proferida pelos tribunais do país designado pela sua regra de conflitos.

portanto, o reenvio só deverá ser admitido enquanto meio *necessário* para a obtenção da harmonia de julgados, deveremos responder à nossa questão negativamente: o retorno não será de admitir na hipótese figurada. E é assim que efectivamente o problema aparece resolvido na doutrina dos nossos internacionalistas (1). Temos, porém, as maiores dúvidas sobre a validade dos pressupostos de que parte esta doutrina, pelas razões que já atrás dissemos. Por isso mesmo, inclinamo-nos para a aceitação do retorno na hipótese figurada, com fundamento na razão de ordem prática que referimos (2). Temos para nós que a aceitação do reenvio não tem o carácter duma verdadeira *excepção* e pendemos a crer, por isso mesmo, que bastará que ele represente um meio *adequado* (ainda que não indispensável) à obtenção da harmonia de julgados para que possa ser admitido, quando outras circunstâncias aconselhem tal solução. O ponto, no entanto, é muito duvidoso. De todo o modo, a solução que propomos seria inadmissível se, do confronto do n.° 2 do art. 18.° com o n.° 2 do art. 17.°, se pudesse concluir que o nosso legislador teria uma verdadeira aversão (que aliás não seria racional) ao retorno; ou se se pudesse afirmar, como já se afirmou, que a «justiça» própria das nossas normas de DIP se impõe ao nosso acatamento com maior vigor quando o caso a apreciar, como acontece justamente nas hipóteses de retorno, se acha conectado com a ordem jurídica portuguesa.

Passemos agora à análise do n.° 2 do art. 18.° Segundo este texto, o retorno à lei portuguesa em matéria de estatuto pessoal apenas será de aceitar se o interessado tiver a sua residência habitual no nosso país ou em país cuja lei considere competente o direito *interno* português.

A primeira observação a fazer aqui respeita à diferença entre os requisitos a que a lei sujeita a aceitação do reenvio na hipótese de transmissão de competência e aqueles a que ela submete a dita aceitação na hipótese de retorno. Neste segundo caso, a lei é mais

---

(1) Cfr. FERRER CORREIA, *DIP*, cit., pp. 133 e ss.; e I. MAGALHÃES COLLAÇO, *A devolução, cit.*, p. 59.

(2) À qual aliás se vem juntar a relevante circunstância de o «domicílio» do direito inglês (sobretudo o «domicílio de origem») representar uma ligação muito mais estável com certo Estado que o domicílio dos direitos continentais.

exigente; pois afasta o reenvio, não apenas nas hipóteses em que a *lex domicilii* considera competente o direito interno (material) da *lex patriae,* como no art. 17.º, 2, mas em todos os casos em que, sendo a *lex domicilii* uma lei estrangeira, esta não remeta também (em consonância com a *lex patriae*) para o direito *interno* português. Qual a razão desta maior exigência em matéria de retorno?

Segundo a doutrina do Prof. FERRER CORREIA, autor do Projecto, essa razão assentaria, ao que parece, nas seguintes considerações: 1.ª — Nas hipóteses de retorno não temos perante nós situações que possam considerar-se desligadas da ordem sócio-jurídica do foro, ao contrário do que em regra sucede nas hipóteses de transmissão de competência, a que se refere o art. 17.º, 2; 2.ª — Tratando-se de situações conectadas com o Estado do foro, há que pôr o problema de saber dentro de que limites se pode consentir no sacrifício da justiça da *lex formalis fori* a favor da harmonia de julgados; 3.ª — Nos casos a que se refere a 2.ª parte do n.º 2 do art. 18.º, a norma de conflitos da *lex patriae* só poderá chamar a lei portuguesa a título de *lex loci actus* ou de *lex rei sitae,* o que implica não se verificar, no caso, «aquele mínimo de coincidência que o reenvio pressupõe entre os fundamentos ou os fins das duas regras de conflitos em presença» (a da *lex fori* e a da *lex patriae*); 4.ª — Logo, «a harmonia jurídica que se requer para cobrir o fosso cavado pela divergência entre as regras de conflitos dos dois sistemas não é uma harmonia qualquer (...) — mas é tão-somente a unidade de vozes das duas legislações mais qualificadas (...) nos domínios do estatuto pessoal: *lex patriae* e *lex domicilii*» [1].

Parece evidente que o raciocínio exposto só poderá justificar a referida divergência entre o art. 17.º, 2 e o art. 18.º, 2, se se admitir como válida a segunda consideração: a tese de que, em se tratando de situações ligadas ao Estado do foro, e só então, se põe o problema de fixar um limite ao sacrifício da «justiça» da *lex formalis fori,* estabelecendo requisitos mais severos para a admissibilidade do reenvio. Tanto assim é que, nas hipóteses do art. 17.º, 2, se aceita o reenvio da *lex patriae* para a *lex loci,* sem se exigir a homologação

---

[1] Cfr. FERRER CORREIA, *DIP. cit.*, pp. 163 e ss., 197; e *Conflitos, cit.*, pp. 53 e ss.

deste reenvio por parte da *lex domicilii:* basta que esta lei não remeta para o direito *interno* da *lex patriae.*

A nós parece-nos que a razão da apontada divergência de critérios entre o art. 18.º, 2, e o art. 17.º, 2, nada tem a ver com a ideia duma maior *aversão* ao reenvio (com a ideia de sujeitar a sua admissão a requisitos mais exigentes) nos casos de retorno (1). A nosso ver, o pensamento que informa a nossa lei é o seguinte. Em matéria de estatuto pessoal, a admissibilidade do reenvio pressupõe a concordância das duas leis *fundamentalmente* interessadas: a *lex patriae* e a *lex domicilii* (2). Fora disso, não existirá de facto uma harmonia internacional de decisões que importe salvar através do reenvio, visto que no âmbito duma das leis mais estreitamente ligadas à relação jurídica a questão continuará a ser decidida de maneira divergente.

Que fazer, porém, na hipótese em que o direito material da *lex patriae* não é aplicado no ordenamento da *lex domicilii* e nem sequer o é (em regra) pelo ordenamento da *lex loci* — visto que se tratará normalmente de casos em que a *lex loci* aceita a competência que lhe defere a *lex patriae*? Poderá a *lex fori,* com a qual a situação não tem (em regra) qualquer contacto, persistir na aplicação de um direito que nenhuma das leis em contacto com a situação considerava aplicável? Sim, poderá fazê-lo, se na verdade considerar a remissão operada pela sua Regra de Conflitos como uma verdadeira remissão

---

(1) Se assim fosse, cremos que teríamos que pôr de parte a solução que propusemos para a hipótese de a *lex patriae* devolver a competência à *lex fori* enquanto *lex domicilli* e essa devolução ser uma devolução dupla.

(2) Em face do n.º 2 do art. 17.º poderia também discorrer-se assim: — A Regra de Conflitos que remete para a *lex patriae* vê reforçada a sua posição quando a própria *lex fori* seja a *lex domicilii* ou quando a *lex domicilii* mande (também) aplicar o direito material da *lex patriae.* Logo, em tais hipóteses, não deve o DIP do foro fazer concessões, aceitando o reenvio. — Todavia, dadas as finalidades prosseguidas pelo Direito de Conflitos, cremos que não é tanto a defesa do critério de solução dos conflitos que conta mas a das legítimas expectativas das pessoas na estabilidade e segurança das respectivas situações jurídicas. É o que nos mostra o disposto no n.º 2 do art. 31.º, cujo pensamento, como vimos, parece obrigar até a fazer importantes restrições a este n.º 2 do art. 17.º (Repare-se que o n.º 2 do art. 31.º abrange antes de mais as hipóteses em que a própria lei portuguesa *(lex fori)* é a *lex patriae).*

material, apesar de tudo e contra tudo. Mas, procedendo assim, não cometerá um atropelo menor aos valores de justiça formal do Direito de Conflitos do que se aplicasse o seu próprio direito material, e o aplicasse retroactivamente. Logo, por aqui não é o caminho.

Uma outra possibilidade é recorrer a uma norma de conflitos *subsidiária* que remeta a competência para a *lex domicilii.* Mas este processo também só nos evitaria a dificuldade acima descrita se a *lex domicilii* se considerasse a si própria competente; e, de qualquer das formas, o legislador entendeu por bem não recorrer a ele, achando antes preferível que, a não ser possível aplicar o direito material da *lex patriae,* ao menos se aplicasse um direito que é efectivamente aplicado no âmbito do Estado nacional. Isto, aliás, é significativo da preferência pela conexão «nacionalidade» ainda quando esta opere, por assim dizer, em segundo grau.

Diferentemente, no âmbito de hipóteses a que se refere o art. 18.º, 2, a situação acha-se sempre em contacto com o ordenamento da *lex fori* e, o que é mais, a própria *lex patriae,* ao remeter para a *lex fori,* chama a atenção dos interessados para esta lei. Deste modo, não se poderá afirmar, por um lado, que a Regra de Conflitos portuguesa não possa ou não deva ser tomada em consideração pelos próprios interessados, como directriz de conduta, como *regula agendi;* e, por outro lado, nunca poderá afirmar-se que a *lex fori,* fazendo aplicação do direito material da *lex patriae,* aplica um direito que não é aplicado por nenhum dos Estados em contacto com a situação, dado que o próprio Estado do foro é um Estado em contacto com a situação.

Em resumo: em vez de procurarmos uma justificação para uma pretensa *maior exigência* da 2.ª parte do n.º 2 do art. 18.º quanto aos requisitos do reenvio, devemos antes procurar uma justificação para a *menor exigência* da 2.ª parte do n.º 2 do art. 17.º quanto ao mesmo ponto. E essa justificação, essa razão que nos dá conta da diferença entre os dois preceitos, está nisto: na referida 2.ª parte do n.º 2 do art. 17.º, o legislador, tendo que optar entre deixar de exigir a concordância da *lex patriae* e da *lex domicilii* como pressuposto da aceitação do reenvio ou fazer aplicação dum direito (o direito material da *lex patriae*) que nenhuma das leis em contacto com a situação aplica, não podia deixar de optar pela primeira solução, a qual se vem afinal a traduzir na aplicação de um direito que «quer» ser aplicado e que tem efectiva aplicação no âmbito da própria *lex patriae.* Repare-se que, nas hipóteses a que se refere a 2.ª parte do n.º 2 do art. 17.º, o julgador português nunca poderá ser chamado a apreciar o acto ou relação jurídica senão no plano das *situações a reconhecer,* dado que a *lex fori* nunca poderá ser a *lex loci actus.* A *lex fori* só poderá ser a *lex loci actus* nos casos em que a *lex patriae* remete para a *lex domicilii* ou para a *lex rei sitae.* Ora o primeiro destes casos está excluído do âmbito de aplicação do texto em análise e ao segundo caso a regra aplicável é a do n.º 3 do mesmo art. 17.º que, como vimos, assenta num fundamento especial (1).

Há uma outra diferença entre o regime do art. 17.º (transmissão) e o do art. 18.º (retorno) que importa esclarecer, para bem compreendermos as coordenadas por que se deixou orientar o nosso legislador em matéria de DIP. Trata-se da diferença que se verifica entre a orientação seguida quanto à 1.ª hipótese do n.º 2 do art. 17.º e a observada a propósito da 1.ª hipótese do n.º 2 do art. 18.º Em ambas as hipóteses a *lex fori* é a *lex domicilii.* A questão que se pode pôr é esta: na segunda das referidas hipóteses, a *lex fori,* que é também a *lex domicilii,* adapta-se às circunstâncias, isto é, toma a referência da sua própria Regra de Conflitos como referência global, com vista à obtenção duma harmonia de decisões; ora, por que não proceder do mesmo modo na primeira das referidas hipóteses (hipótese de transmissão), em que a *lex fori* também é *lex domicilii,* de forma a promover e a respeitar a harmonia de decisões, harmonia esta já parcialmente assegurada pelo facto de a lei designada pela *lex patriae* aceitar a sua competência?

Poderia pensar-se em justificar aquela diferença ponderando que, na hipótese a que se refere a 1.ª parte do art. 17.º, 2, há uma radical divergência entre a Regra de Conflitos da *lex fori* e a da *lex patriae,* quando na verdade a aceitação do reenvio, «a troca da perspectiva

---

(1) Com efeito, se a *lex patriae* remete para a *lex rei sitae* e esta se julga competente, aplicar-se-á normalmente o n.º 3 do art. 17.º Pelo que só fica a hipótese de a *lex patriae* remeter para a *lex loci* e esta se julgar competente. Ora, nesta hipótese, a *lex fori* só enquanto *lex rei sitae* poderá ter contacto com a situação — situação que ela, todavia, considera como pertinente ao estatuto pessoal. Afora esta possibilidade, a *lex fori* não terá qualquer contacto com os casos a que nos vimos referindo.

do direito de conflitos local pela do direito de conflitos estrangeiro» (na expressão do Prof. FERRER CORREIA), pressupõe e exige um mínimo de equivalência entre as duas regras de conflitos em presença. Ora esta equivalência mínima, que se não verifica na referida hipótese, já se verifica na hipótese da 1.ª parte do art. 18.º, 2: aqui é a *lex patriae* que devolve para a *lex domicilii.*

Esta consideração, porém, falha o alvo, pois que o retorno da *lex patriae* ao direito material da *lex fori* não se aceita apenas quando a Regra de Conflitos daquela primeira lei chame a *lex fori* a título de *lex domicilii:* aceita-se também quando a chame a qualquer outro título (a título de *lex loci* ou de *lex rei sitae*), desde que efectivamente a residência habitual do interessado seja em território português. A mesma observação se pode fazer ainda a respeito da hipótese da transmissão da competência da *lex patriae* para a *lex domicilii,* que a aceita: o reenvio é de aceitar aqui, mas não pelo facto de «as normas de conflitos dos dois sistemas — *lex patriae* e *lex fori* —» assentarem «numa ideia comum» e terem «idêntica finalidade, só divergindo quanto à escolha de meios» (1). Tanto assim não é que, se a Regra de Conflitos da *lex patriae* chamar a *lex domicilii* a título de *lex loci,* nem por isso o reenvio será menos de aceitar. Somos, pois, forçados a concluir que não é a equivalência ou a falta de equivalência entre os «fundamentos ou os fins das duas regras de conflitos em presença» que pode justificar a referida diferença entre o art. 17.º, 2, e o art. 18.º, 2 (2).

Parece-nos que a explicação do fenómeno apontado se deve procurar num outro fundamento: no valor ou relevância *directamente* (embora só a título subsidiário e para certos efeitos) reconhecida pelo DIP português à conexão «residência habitual». Essa relevância manifesta-se em várias regras de conflitos portuguesas que não faz ao caso enumerar agora. No campo do reenvio e em matéria de estatuto pessoal, temos o seguinte panorama: — Há duas conexões

---

(1) Cfr. FERRER CORREIA, *DIP, cit.,* p. 192.

(2) Não obstante o parecer contrário do ilustre Autor do Projecto, não cremos, pois — sob reserva de melhor opinião —, que no sistema do nosso Código se reflicta a ideia de que «o reenvio pressupõe uma certa comunhão de vistas entre o direito de conflitos nacional e o direito de conflitos estrangeiro» (cfr. FERRER CORREIA, *DIP, cit.,* pp. 197 e s.).

fundamentais a ter em conta: nacionalidade e domicílio (residência habitual). Deste modo, tão legítimo é aplicar às matérias do estatuto pessoal a *lex patriae* como a *lex domicilii;* pelo que, se a primeira remete para a segunda e esta se considera competente, como que nem há problema. Problema há, sim, quando as duas leis estão em desacordo quanto à lei aplicável: neste caso importa optar por um dos critérios (nacionalidade ou domicílio) para resolver o conflito.

A nossa lei optou pelo primeiro. Com isto, porém, não retirou todo o valor ou relevância ao segundo. Só que esta relevância ficou em estado de latência, para vir ao de cima em múltiplas hipóteses, designadamente quando surja o problema do reenvio da *lex patriae* para uma outra lei. Na hipótese de a *lex patriae* não aceitar a competência que lhe defere a *lex fori,* o nosso legislador podia muito bem recorrer a uma norma de *conflitos subsidiária* que mandasse aplicar a *lex domicilii,* pelo menos para a hipótese de esta se considerar competente. Não seguiu o nosso legislador por esta via, que aliás também não é susceptível de afastar ulteriores dificuldades. Todavia, reconheceu a relevância da conexão domicílio nos seguintes termos e para os seguintes efeitos: *a*) duma maneira indirecta, para não desistir da aplicação do direito interno da *lex patriae,* para não aceitar uma devolução desta para outra lei, quando tal direito seja aplicado no âmbito duma lei tão fortemente ligada à situação como é a *lex domicilii* (art. 17.º, 2); *b)* duma maneira *directa,* para aceitar o retorno à *lex fori,* quando esta se ache ligada à situação por um vínculo tão forte como é o *domicílio* (art. 18.º, 2, 1.ª hipótese); *c*) de novo duma maneira indirecta, para aceitar o retorno à *lex fori,* quando o direito interno desta lei, além de ser aplicado no âmbito da *lex patriae,* o seja também no âmbito da *lex domicilii* (art. 18.º, 2, 2.ª hipótese).

Em suma, na 1.ª hipótese do n.º 2 do art. 18.º, o retorno é aceite não (apenas) porque deste modo se alcança a harmonia de decisões; mas porque, além de se verificar que o direito material da *lex fori* é aplicável no âmbito da *lex patriae,* se verifica ainda que aquele direito é o direito de um Estado com o qual a situação a julgar tem uma conexão verdadeiramente fundamental. É a força ou relevância *directa* desse *facto,* dessa conexão de facto (associada à circunstância de a *lex patriae* fazer aplicação do direito material da *lex fori*) que conta, e não a circunstância de a norma de conflitos da *lex patriae* ser inspirada por fins ou interesses semelhantes aos que inspiram a norma de conflitos portuguesa (1).

70. *Coordenadas básicas do regime legal do reenvio em matéria de estatuto pessoal. Casos omissos.* Das disposições dos arts. 17.º e 18.º do nosso Código podemos extrair conclusões bastante significativas sobre o reenvio, em matéria de estatuto pessoal. A primeira é a que respeita à relevância da conexão «residência habitual». Esta conexão é tão importante que, em princípio, se deve exigir o acordo da *lex domicilii* para que se possa entender que há uma harmonia internacional de decisões capaz de justificar aquilo a que chamamos o reenvio (2). Assim é que devemos aplicar a *lex fori*, desistindo (digamos) da nossa Regra de Conflitos, quando as duas principais leis interessadas (*lex patriae* e *lex domicilii*) fazem aplicação do nosso direito material. Mas repare-se que não basta aceitar o reenvio que a *lex patriae* faz à *lex fori*: é preciso que esse reenvio seja confirmado por uma lei a que não chega a designação da nossa Regra de Conflitos: a *lex domicilii*. Pelo contrário, não devemos desistir de aplicar o direito material da lei designada pela nossa Regra de Conflitos, ainda que essa lei remeta para uma outra que se julga competente, desde que a *lex domicilii* faça aplicação daquele mesmo direito. Ao proceder assim, estamos de novo a tomar em consideração uma lei a que não chega a designação da nossa Regra de Conflitos.

Ora destas considerações feitas a propósito da primeira conclusão extrai-se uma segunda: a de que o reenvio a que se refere a

---

(1) Por outro lado, o legislador também se não inspira de forma alguma na ideia de que o facto de a *lex fori* ser também a *lex domicilii* dá maior força ao critério de solução dos conflitos por ele adoptado.

(2) Tal a ideia que sugerimos durante a elaboração do projecto de 1964 e que esteve na origem dos actuais n.os 2 dos arts. 17.º e 18.º E mantemo-la: falar de *harmonia* de decisões nesta matéria do estatuto pessoal, quando a *lex domicilii* discorda, é mera ficção. Só que este modo de ver se não comporta já dentro dos artificiosos quadros tradicionais do reenvio. Daí que, como se diz a seguir, o reenvio a que a nossa lei se reporta, no domínio do estatuto pessoal, já pouco ou nada tenha a ver com o mecanismo do reenvio na sua forma tradicional.

nossa lei nada tem a ver com o mecanismo do reenvio na sua forma clássica, que se traduzia em seguir a remissão da norma de conflitos da lei designada pela norma de conflitos do foro, entendendo aquela norma de conflitos como abrangida na referência que esta faz à lei estrangeira. Não, o reenvio a que se refere a nossa lei, em matéria de estatuto pessoal, não se traduz numa troca da perspectiva da norma de conflitos do foro pela de uma norma de conflitos estrangeira; e nem sequer se traduz propriamente numa coordenação das duas normas de conflitos, como quer BATIFFOL (1). Segundo a lei portuguesa, e *em princípio,* aceita-se o resultado do reenvio, aplica-se o direito para que remete a *lex patriae,* não por força do reenvio, mas por ser esse o direito que *de facto* é aplicado no âmbito das duas leis fundamentalmente interessadas: a *lex patriae* e a *lex domicilii.* Sendo assim — e cremos que é —, parece-nos que deveríamos ir mais longe do que permite o texto legal e fazer sempre aplicação daquele direito que é concordemente aplicado no âmbito das referidas leis, independentemente de a lei aí aplicada se reputar competente (2). Salvo porventura se essa lei remete para o direito material da *lex patriae.* Mas cremos que nem esta ressalva se justifica.

O reparo que poderia fazer-se à conclusão anterior vai permitir-nos uma terceira conclusão. Dir-se-á, com razão, que o art. 17.° manda aceitar o reenvio — e agora sob a forma de um verdadeiro reenvio — em casos nos quais a *lex domicilii* não homologa a remissão da *lex patriae* mas antes se considera a si própria competente ou remete para uma lei que não é a *lex patriae* nem a lei para que esta remete. E, nestes casos, conforme decorre do art. 17.°, 1, a lei designada pela *lex patriae* só será aplicável se aceitar a sua competência.

A atitude da nossa lei quanto a este tipo de hipóteses é também bastante significativa. Ela significa antes de mais — e é esta a nossa terceira conclusão — que o nosso legislador quer evitar que os nossos tribunais façam aplicação dum direito que nenhuma das leis em contacto com a situação aplica. É, pois, esta finalidade que o nosso legislador tem em vista; e não a harmonia internacional de decisões,

(1) Cfr. *ob. cit.*, I, pp. 365 e s.

(2) Ao mesmo ponto de vista adere agora FERRER CORREIA, em *La doctrine des droits acquis,* cit., pp. 308 e s.

pois que esta já está radicalmente comprometida em virtude da discordância da *lex domicilii* e, portanto, dado o ponto de partida da nossa lei, não seria, no caso, susceptível de justificar a aceitação do reenvio.

Para evitar aquele resultado inadmissível — aplicação dum direito que nenhuma das leis interessadas aplica — basta em princípio que apenas se admita o reenvio da *lex patriae* a outra lei quando estoutra se julgue competente; pois que, se ela devolve para a *lex fori*, é porque esta é uma das leis em contacto com a situação (e, portanto, não somos obrigados a desistir da aplicação do direito material da *lex patriae*), e, se ela devolve para o direito material da *lex patriae*, este direito será afinal aplicado no âmbito duma lei em contacto com a situação. Na hipótese, porém, de se considerar competente, há que decidir doutro modo, e há que decidir pela aplicação de um direito que seja efectivamente aplicado por uma das leis em contacto com a situação. Como decidiu o nosso legislador? Decidiu ainda a favor da conexão «nacionalidade», mas fazendo valer esta, agora, *em segundo grau:* não no sentido de que faz dela elemento de um super-sistema de DIP, mas no sentido de que a toma como critério de opção para escolher, de entre os ordenamentos em contacto com a situação, aquele cuja solução concreta tomará por decisiva. E repare-se que a conexão «nacionalidade» vale, mesmo em segundo grau, para excluir a aplicação da própria *lex domicilii,* quando esta se repute, no caso, competente.

Estas parecem ser as coordenadas básicas que se destacam da complexa regulamentação legal do reenvio em matéria de estatuto pessoal [1]. Mas justamente a partir delas teremos de concluir que

---

(1) Delas se deduz também que, pelo menos nesta matéria, o «reenvio» a que se refere a nossa lei não assenta propriamente em nenhum dos fundamentos que poderiam corresponder ao princípio do reenvio no seu sentido clássico. Com efeito, a sua aceitação, por um lado, não é determinada pelo facto de o reenvio operado pela lei estrangeira designada e que se declara «incompetente» abrir a possibilidade de se chegar a uma lei que se reconheça «competente» (harmonia de decisões) — pois que lá está o art. 17.º, 2, a contrariar esta ideia. Por outro lado, também não pode dizer-se que a razão determinante da aceitação do «reenvio» no nosso sistema de DIP está em que a lei estrangeira, sendo designada como «competente» pela *lex fori,* tem, com base nesta mesma designação, *título*

aquela regulamentação está longe de ser exaustiva, antes se revela lacunosa ou incompleta. Isto, sobretudo, se levarmos a sério o princípio de que no Estado do foro se não deve fazer aplicação de um direito que *nenhuma* das leis em contacto com a situação considera aplicável. O problema apenas se põe com toda a acuidade, como é intuitivo, quando o caso não tem qualquer conexão com o nosso ordenamento; e, portanto, há-de surgir sempre no plano das situações *a reconhecer*. É, pois, a regulamentação do art. 17.º que se revela incompleta.

Para demonstrar esta incompletude basta imaginar uma hipótese em que a lei efectivamente aplicada no âmbito da *lex patriae* não aceita a competência que esta lei lhe atribui, nem lha devolve, mas a transmite a uma outra lei que por seu turno a aceita ou, em todo o caso, não remete para o direito material da *lex patriae*. Nesta hipótese, a aplicação em Portugal do direito material da *lex patriae* é solução inviável, visto ser este um direito que nenhuma das leis em contacto com o caso considera aplicável. Parece, pois, que se terá de aplicar a lei para que remete, sem reenvio, a *lex patriae* (que se deverá aplicar, isto é, a lei que é efectivamente aplicada no âmbito desta lei), apesar de ela se não considerar competente. Será o caso, p. ex., de a *lex patriae* remeter, sem reenvio, para a *lex domicilii,* remetendo esta, também sem reenvio, para a *lex loci,* que não aceita a competência mas a transmite à *lex rei sitae* ou à *lex domicilii.* Já no caso de a *lex patriae* remeter, sem reenvio, para a *lex loci,* e esta transmitir a competência à *lex rei sitae,* julgando-se esta aplicável, são três as soluções possíveis: aplicar a *lex loci* (aplicada pela *lex patriae*), aplicar a *lex rei sitae* (que reivindica a sua competência e é também aplicada pela *lex loci*) ou aplicar a título subsidiário a *lex domicilii,* se esta se considera aplicável [1]. Por último, na hipótese de tanto

---

para designar uma outra lei. Para tanto seria necessário que a nossa lei adoptasse o sistema da devolução simples, o que ela não faz. A construção dos arts. 16.º e segs. é, sem dúvida, uma construção muito original e *sui generis.* Mas será difícil dizer-se que se trata aí da figura do reenvio no seu recorte clássico.

(1) Na hipótese, reputando-se a *lex domicilii* aplicável, talvez se deva preferir esta lei. E a dúvida já nem terá muita razão de ser se a *lex domicilii* é a única que se considera competente. Cfr. agora neste sentido FERRER CORREIA, em *La doctrine,* cit., p. 308.

a *lex patriae* como a *lex domicilii* fazerem efectiva aplicação da *lex loci*, embora esta se não repute competente e remeta para a *lex rei sitae* ou para a *lex domicilii*, parece que não deveria hesitar-se em aplicar a lei que aquelas duas leis fundamentais em matéria de estatuto pessoal efectivamente aplicam: *a lex loci* [1].

Para aqueles que entendem que no art. 16.º se contém um verdadeiro *princípio* que atribui às nossas normas de conflitos o carácter de verdadeiras normas de *referência material*, as hipóteses que acabámos de referir não repesentam, como para nós, verdadeiros *casos omissos:* são antes casos não abrangidos pelas normas que estabelecem *excepções* àquele princípio e, por isso, casos que caem directamente sob a alçada do mesmo. Logo, devem ser regidos pelo direito material da *lex patriae.*

Contra este ponto de vista, além do mais que já foi dito, queremos recordar aqui dois argumentos. Primeiramente importa salientar que, ao fixar o regime do reenvio, o próprio legislador se deixou orientar pelo princípio de que não devemos aplicar ao caso um direito que nenhuma das leis em contacto com ele considera aplicável. Já vimos que só esse princípio, e não o da harmonia internacional de decisões (que, na hipótese, se não verificaria), permite justificar a aceitação do reenvio em hipóteses nas quais a *lex domicilii*, se bem que não remeta para o direito *interno* (material) da *lex patriae*, adopta uma solução diversa daquela que esta lei acolhe. Onde estaria aqui a harmonia internacional de decisões capaz de justificar uma «excepção» ao pretenso princípio do art. 16.º (e de legitimar o pretenso *sacrifício* da «justiça» de DIP da *lex fori*), se uma das leis que o nosso próprio DIP considera como fundamentalmente interessada na matéria e cujo ponto de vista é em regra tomado em consideração para efeitos de se admitir o reenvio afirma uma atitude discordante? Doutro ângulo: o que é que justifica a excepção à regra de que a harmonia capaz de legitimar a aceitação do reenvio é só aquela a que a *lex domicilii* dá o seu acordo, senão o princípio por nós apontado?

---

[1] Como já dissemos, no mesmo sentido se pronuncia agora FERRER CORREIA (*ib.*, lug. cit.).

O outro argumento é o seguinte: fazer aplicação ao caso de um direito que nenhuma das leis interessadas efectivamente aplica é desistir de realizar a finalidade precípua do DIP ao mandar aplicar direito estrangeiro: é não ter na menor conta as expectativas naturais e legítimas dos indivíduos, é negar a própria razão de ser do DIP e da aplicação do direito estrangeiro. Por isso, seria mais lógica e de modo algum menos justa ou praticamente menos conveniente (antes pelo contrário) a solução de recorrer em casos tais ao direito material do foro — como propõe LEREBOURS-PIGEONNIÈRE, para as hipóteses em que não é possível, em face do DIP do foro, achar uma regra de conflitos subsidiária que conduza à aplicação duma lei que se repute competente. Seja o caso de se ter de apreciar a validade substancial do casamento de dois brasileiros domiciliados nos Estados Unidos, celebrado na Dinamarca. Está certo aplicar à questão a *lex domicilii* (que tanto a *lex patriae* como a *lex loci* aplicam); pode estar certo aplicar-lhe a *lex loci* (por força de certo entendimento do art. 31.º, 2) [1]; mas não pode estar certo aplicar-lhe o direito material da *lex patriae* [2].

---

(1) Com efeito, no Estado do domicílio (se este é, por hipótese, Nova Iorque) aplica-se o direito material da *lex loci*.

(2) É claro que os pontos omissos que referimos só se revelam à luz das razões (das *rationes legis*) que imputámos às disposições analisadas. Mas tais razões parecem-nos como que postuladas para integrar numa explicação coerente as várias soluções explicitamente fixadas nos textos. Estes só depois de a análise trazer à transparência os princípios que os inspiram permitem na verdade *conclusões significativas*.

Há-de notar-se que, ao considerarmos incompleta ou lacunosa a regulamentação do art. 17.º, não nos estamos propriamente a referir a essa regulamentação enquanto ela define os casos de «reenvio», mas enquanto toma sobre si a tarefa de fixar certo tipo de desvios à regra segundo a qual se deve fazer aplicação do direito interno (material) da lei designada pela nossa Regra de Conflitos (art. 16.º).

Ao abordarmos pela primeira vez a matéria complexa e árida do reenvio, pretendemos vivificá-la com a seiva dos princípios. Tal pretensão arrastou-nos para fora das calhes sobre que normalmente circula a teoria do reenvio. Foi exíguo o tempo de reflexão, pelo que nos tememos da ousadia. Disto queremos deixar o leitor advertido.

71. *Art. 19.º, 1.* Segundo este preceito, do reenvio não poderá resultar a invalidade ou ineficácia de um negócio jurídico que seria válido ou eficaz segundo a lei designada pela nossa Regra de Conflitos, nem a ilegitimidade de um estado que de outro modo seria legítimo.

Entendido à letra, este texto comportaria soluções que se diriam absurdas. Imaginemos que dois noruegueses domiciliados na Dinamarca casam neste país e que tal casamento, válido segundo a lei interna norueguesa, é nulo ou anulável em face do direito dinamarquês. Como a lei norueguesa remete para a lei dinamarquesa e esta se considera competente, aceita-se aqui a devolução. Nos dois únicos Estados em contacto com o caso no momento da celebração do casamento este é tido por nulo ou anulável. Havemos nós, mais tarde, quando porventura um tribunal português tenha de apreciar a validade do referido casamento, de fazer intervir a nossa Regra de Conflitos que remete para a lei norueguesa *(lex patriae)* e considerar o acto como validamente celebrado? Não pode ser; tanto mais que no momento da celebração se não verificava qualquer efectivo conflito de leis que justificasse o recurso a uma norma de conflitos.

Significa isto, portanto, que temos de sujeitar o texto legal em questão a uma interpretação fortemente restritiva. Para tanto, temos que procurar adivinhar primeiro qual seja a sua *ratio legis.* Ora supomos que a ideia inspiradora do art. 19.º, 1, é, conforme salienta o Autor do Projecto [1], a ideia do *favor negotii:* quando os interessados podiam ter sérias e fundadas expectativas na validade e na eficácia do acto ou negócio que celebraram, não deve admitir-se que, pelo mecanismo do reenvio, essa confiança legítima venha a ser frustrada. Portanto, o acto ou negócio será válido e eficaz se o for, tanto em face da lei que nós aplicaríamos mediante a aceitação do reenvio, como em face da lei directamente designada pela nossa Regra de Conflitos.

Mas, sendo assim, teremos de reconhecer que o art. 19.º, 1, bem ao contrário do que sugere a sua letra, terá um campo de aplicação muitíssimo exíguo.

---

[1] Cfr. FERRER CORREIA, *DIP, cit.*, pp. 199 e ss.

Desde logo, ele não deverá ser tomado em linha de conta no momento da celebração do acto ou negócio no nosso país, quando nessa celebração intervenha um oficial público. Este deverá fazer aplicação da lei a que se chega através das normas dos arts. 17.º e 18.º e advertir disso mesmo as partes. Assim, p. ex., se um brasileiro, um norueguês ou um dinamarquês domiciliados em Portugal pretendem celebrar o seu casamento numa conservatória do registo civil português, o conservador deverá apreciar os impedimentos matrimoniais em face da lei portuguesa.

Em segundo lugar, para que a confiança dos interessados seja legítima, séria e digna de tutela será preciso que ela seja *fundada*. Ora, quando se poderá dizer que essa confiança é séria e fundada? A nosso ver, isso só poderá verificar-se quando as partes efectivamente se tenham deixado orientar pela Regra de Conflitos portuguesa, tomando-a como verdadeira *regula agendi,* embora indirecta; ou porventura ainda pela Regra de Conflitos de outro país interessado, de teor idêntico ao da nossa. Será talvez o caso de dois brasileiros domiciliados em Portugal que celebram uma adopção na Itália, de conformidade com o direito interno brasileiro. Ora nós já sabemos que as nossas Regras de Conflitos só poderão de todo em todo actuar como *regulae agendi* — isto é, só serão susceptíveis de influir sobre a conduta das partes — nos casos que se encontrem ligados ao nosso ordenamento por alguma daquelas conexões já nossas conhecidas e a que o DIP pode conferir relevância. E o mesmo se diga, *mutatis mutandis,* em relação às Regras de Conflitos de qualquer Estado estrangeiro.

É claro que a isto se pode responder dizendo que os interessados que assim se deixaram orientar pelas Regras de Conflitos portuguesas afinal não tomaram estas regras com o seu verdadeiro sentido e alcance, tal como resultaria dos textos relativos ao reenvio. É verdade. Mas este seria um dos casos em que, por decisão do próprio legislador, a ignorância da lei escusa. E, assim, se os interessados mostrarem que foram induzidos em erro pelo sentido literal e imediato duma Regra de Conflitos portuguesa, pois que o tomaram como directriz da sua conduta negocial, será de respeitar a sua confiança na validade e eficácia do negócio. Reconhecemos que estas considerações não são muito convincentes; mas supomos que serão as únicas capazes de nos dar conta do sentido e alcance de um texto legal que talvez não seja lá muito feliz — e que de todo em todo é mal inspirado no seu teor literal, este carecido, sem dúvida, de interpretação correctiva [1].

Só assim não seria se víssemos a inspiração do referido texto noutra ideia: na ideia de que a expectativa dos indivíduos na aplicabilidade de certa lei, fundada no simples facto da existência de certa conexão (a conexão considerada pelo nosso DIP como decisiva) entre a situação da vida a regular e essa lei, é sempre legítima e digna de tutela, independentemente de a dita lei «querer» ou não aplicar-se ao caso. A conexão escolhida pela Regra de Conflitos do foro seria sempre, de sua natureza, a mais condizente com a expectativa natural e legítima dos indivíduos, e sobre essa expectativa nenhuma influência poderia ter o facto de a lei designada por tal conexão se julgar incompetente e devolver a competência a outra lei. Mas uma tal *ratio legis* levar-nos-ia longe de mais, pois que nos conduziria em linha recta à recusa do reenvio em todo e qualquer caso — salvo porventura quando se tratasse de conseguir através dele a validade de um acto ou negócio jurídico que, por aplicação da lei directamente designada pela nossa Regra de Conflitos, seria inválido ou ineficaz. Ora tal ponto de vista, além de permitir a solução absurda de reconhecer como existente e válida uma situação jurídica tida por inexistente ou nula em face de todas as leis interessadas, não se harmonizaria de forma alguma com as disposições da nossa lei sobre o reenvio.

Por nós — já o dissemos — propendemos até para uma solução baseada na ideia oposta: a de, pelo menos nos casos mais ou menos desligados do ordenamento da *lex fori,* se reconhecer validade aos negócios jurídicos do domínio do estatuto pessoal que as partes, com vista a constituírem situações jurídicas válidas em face da sua *lex patriae,* celebraram em conformidade com o direito material da *lex domicilii,* mandado aplicar por aquela lei, apesar de a *lex domicilii* se não reconhecer competente e não ser, portanto, de admitir o reenvio.

---

(1) Correctiva, bem entendido, no sentido de implicar «correcção» da letra da lei — como aliás se diz em texto —, não no sentido de interpretação revogatória (ab-rogante), a qual só seria admissível em caso de antinomia insanável.

72. *Art. 19.º, 2: lei designada pelos interessados.* Segundo o art. 19.º, 2, o reenvio não é de admitir no caso de a lei estrangeira ter sido designada pelos interessados, quando tal designação é válida. Quer este texto referir-se às hipóteses em que vigora o princípio da autonomia da vontade em DIP, ou seja, àquelas em que a lei competente é a directamente designada pela vontade das partes. Trata-se, portanto, apenas das hipóteses abrangidas no art. 41.º: obrigações provenientes de negócios jurídicos. Só neste domínio é que o nosso DIP permite que a lei competente seja directamente designada, dentro de certos termos, pela vontade dos interessados.

É fácil de entender o art. 19.º, 2. O que aí se diz resultaria necessariamente do entendimento do art. 41.º; pois que o poder ou faculdade que este preceito delega na vontade dos interessados é o de escolher directamente a regulamentação material mais apropriada do negócio. É apenas da ordem jurídica escolhida pelas partes que em último termo se trata. De modo que, se, por hipótese, for de entender a convenção de escolha no sentido de que a lei aplicável é a lei designada por uma outra lei que se indica, aquela lei é que constitui objecto directo da escolha, não servindo a indicação desta senão como meio de designar aquela. Portanto, ainda numa hipótese com esta configuração, não se trataria de forma alguma de um fenómeno de reenvio, nos termos dos arts. 17.º e 18.º; pois que se trataria sempre e apenas de determinar a lei que foi escolhida pelas partes, mediante interpretação duma cláusula negocial. E é essa a lei para que directamente nos remete a Regra de Conflitos do art. 41.º (1).

73. *A regra «locus regit actum» em matéria de forma.* A nossa lei admite ainda uma forma especial de reenvio nos arts. 36.º, 2, e 65.º, 1, em matéria de forma dos negócios jurídicos. A declaração negocial é formalmente válida se for observada a forma prescrita na *lex loci,* salvo o disposto na 2.ª parte do n.º 1 do art. 36.º e no n.º 2 do art. 65.º Mas se, em vez dos preceitos de forma da *lex loci,* tiverem sido observados os da lei para que remete a norma de conflitos da *lex loci,* o negócio será ainda formalmente válido — salvo

(1) Pelo menos, tal foi a ideia do legislador.

também o estabelecido nas disposições que acabámos de referir. É claramente a ideia do *favor negotii* que está na base da aceitação desta espécie de reenvio, nestes casos.

Analisadas bem as coisas, verifica-se que as duas regras de conflitos em causa (arts. 36.° e 65.°) são regras de conexão alternativa. Ora nós já sabemos que as regras desta espécie se inspiram no princípio do *favor negotii;* designadamente, visam facilitar a contratação ou, mais genericamente, visam facilitar a validade da constituição de relações jurídicas internacionais, conferir segurança ao comércio jurídico internacional. Sendo este o seu propósito, não deve em princípio aceitar-se um reenvio que, contrariando esse mesmo propósito, produza a invalidade formal dos actos ou negócios cuja validade a aplicação pura e simples da regra *lex loci regit actum* asseguraria. Mas, para além disso, deverá tomar-se como conexão alternativa a própria conexão a que a norma de conflitos da *lex loci* confere relevância na matéria — isto é, deverá estender-se a ideia de conexão alternativa à própria lei designada por esta norma de conflitos. Isto equivalerá a aceitar o reenvio, só para efeitos de favorecer e não de prejudicar a validade do negócio, da *lex loci* para a lei que ela manda efectivamente aplicar, muito embora tal lei se não reconheça porventura competente.

74. *Convenção da Haia para regular os conflitos entre a lei nacional e a lei do domicílio, de 15-6-1955.* Esta Convenção estabelece as seguintes disposições: — Art. 1.°: Se a lei do domicílio do interessado manda aplicar a sua lei nacional, e esta manda aplicar aquela, todo o Estado contratante aplicará o direito interno da lei do domicílio. Art. 2.°: Se a lei da nacionalidade e a do domicílio do interessado mandam aplicar, ambas, a lei do domicílio, aplicar-se-á o direito interno desta última lei. Art. 3.°: Se ambas as referidas leis mandam aplicar a lei nacional, será o direito interno desta lei o aplicável.

Só o art. 1.° desta Convenção, portanto, contém uma disposição que se não conforma com os preceitos do nosso Código em matéria de reenvio. Uma vez ratificada a Convenção por Portugal, haverá que ter em conta esta divergência para todas as hipóteses em que o interessado esteja domiciliado num Estado contratante ou tenha a nacionalidade de um Estado contratante (art. 7.° da Convenção).

Secção II

Sucessão no tempo das Regras de Conflitos: o DIP transitório

BIBLIOGRAFIA: ZITELMANN, *Verhältnis der örtlichen und zeitlichen Anwendung zu einander, in* «Jehrings Jahrbücher», 1900, vol. 42, pp. 189 e ss.; KAHN, *Abhandlungen, cit.*, vol. I, pp. 363 e ss.; ANZILOTTI, *Intorno ad alcuni piú generali rapporti fra le norme di diritto transitorio e quelle di diritto internazionale privato* (La questione della retroattività delle regole di d.i.pr.), estudo de 1906, agora em «Scriti di Diritto Internazionale Privato», Pádua 1960, pp. 375 e ss.; DIENA, *De la retroactivité des dispositions législatives de d.i.p.*, Clunet 1900, pp. 925 e ss.; ROUBIER, *Les conflits dans le temps en d.i.p.*, na «Rev. de dr. int. privé et pénal», 1931, pp. 79 e ss.; SZÀSZY, *Les conflits de lois dans le temps*, Rec. des Cours, 1934 (t. XLVII), pp. 149 e ss.; X. MARIN, *Essai sur l'application dans le temps des règles de conflits dans l'espace*, Paris 1928; Ch. GAVALDA, *Les conflits dans le temps en d.i.p.*, Paris 1955; GRAULICH, *Conflit de lois dans le temps*, «Encyclopédie Dalloz — Droit International», vol. I; Andrea GIARDINA, *Successione di norme di conflitto*, Milão 1970; J. B. MACHADO, *Âmbito, cit.*, pp. 93 e ss.

75. *Introdução e estado do problema.* No início da Secção anterior salientámos que a Regra de Conflitos essencialmente é uma «norma de conflitos», e não uma «regula agendi», embora acessoriamente, e apenas em dadas situações, possa porventura desempenhar também a função de uma «regula agendi» mediata ou indirecta. De seguida mostrámos que, enquanto «norma de conflitos», a dita regra não sofria quaisquer limites ao seu *âmbito de aplicação no espaço.* Agora põe-se-nos o problema de saber se a mesma regra sofre limites, e quais, ao seu *âmbito de aplicação no tempo.* É o problema da sucessão no tempo das Regras de Conflitos, ou seja, o problema do DIP Transitório, que temos agora perante nós (1).

Este problema constituiu objecto de vivo debate doutrinal sobretudo a partir da entrada em vigor, em 1900, do Código Civil alemão, em cuja Lei de Introdução se continham normas de DIP (arts. 7.º-31.º) e normas de Direito Transitório (arts. 153.º-218.º).

---

(1) Sobre a mtéria desta Secção veja-se *Âmbito, cit.*, pp. 93 e ss.

A solução do problema que faria mais larga carreira, porque a ela adere fundamentalmente ainda hoje a doutrina dominante, achou-a ZITELMANN. Segundo este Autor, ao referido problema devem aplicar-se (*por analogia,* entendia ele, já que faltava na lei alemã disposição expressa nesse sentido) as regras do Direito Transitório comum do foro. Donde resultaria que são aplicáveis as regras de conflitos novas em todas aquelas hipóteses em que, a ser-lhes aplicável o direito material do foro, se faria aplicação da lei nova; e as regras de conflitos antigas em todas aquelas hipóteses que, a ser-lhes aplicável o direito material do foro, seriam regidas pela lei antiga. Seria esta aliás a solução imposta por uma simples consideração de ordem prática, pois que a aplicação retroactiva da nova norma de DIP implicaria desrespeito dos direitos adquiridos exactamente da mesma forma que a aplicação retroactiva da nova norma material. Pois que, mediatamente embora, a mudança da norma de conflitos teria o mesmo efeito que a mudança da norma material.

É este fundamentalmente, como já dissemos, o ponto de vista da doutrina dominante. A ele aderem, entre outros, DIENA, ROUBIER, BATIFFOL, GAVALDA, GRAULICH e Haroldo VALLADÃO.

Outros autores, porém, como NIEDNER e SZÀSZY, entendem que as Regras de Conflitos se aplicam imediatamente a todos os litígios pendentes ou futuros, e, portanto, não haveria que pôr a respeito delas o problema da não-retroactividade; sendo aliás certo, por outro lado, que as disposições de Direito Transitório não têm por objecto aquelas regras.

Diferente é a posição de ANZILOTTI, pois embora este Autor entenda que as regras de DIP são «puramente formais e, consequentemente, insusceptíveis de dar vida a direitos subjectivos individuais, uma vez que o seu objecto é constituído, não pelas relações entre indivíduos, mas pelas leis reguladoras destas relações», logo acrescenta, porém, que não pode deixar de reconhecer-se que a situação jurídica é de facto submetida a duas leis materiais diferentes. Ora para a resolução deste problema de sucessão de leis materiais haveria que recorrer, segundo ANZILOTTI, ao Direito Transitório do ordenamento designado pela *nova* Regra de Conflitos.

Coube a KAHN contestar directamente a opinião de ZITELMANN, afirmando que não existe qualquer analogia entre o problema da sucessão no tempo das normas materiais e o problema da sucessão no tempo das normas de DIP e que o DIP Transitório é, consequentemente, um direito transitório *autónomo*. Segundo KAHN, a Regra de Conflitos de DIP, por isso que não fornece uma regulamentação da relação jurídica material mas responde, antes, a uma questão de regulamentação dos *limites das leis*, não faz presa sobre aquela relação, não a «impregna». Assim, se a relação não tinha, quando se constituiu, qualquer conexão com o ordenamento do foro, nenhuma razão há que possa opor-se à aplicação da Regra de Conflitos nova. E a mesma solução seria de adoptar ainda, segundo o dito Autor, em todos os outros casos, salvo naquele em que a situação jurídica que agora vai ser apreciada tinha com o ordenamento do Estado do foro, quando se constituiu, exactamente aquela conexão que, segundo a Regra de Conflitos a esse tempo vigente, decidia da lei aplicável. Só neste último caso haveria que ter em conta a antiga Regra de Conflitos.

Por sua vez, Xavier MARIN defende o ponto de vista de que, se a situação jurídica nasceu no Estado do foro, por aplicação do respectivo direito material, ou se ela tem por sujeito um nacional deste Estado, se deve resolver o problema da sucessão de leis no tempo por aplicação do Direito Transitório daquele Estado cuja lei era declarada competente pela antiga Regra de Conflitos. Em todos os outros casos, não haveria que atender às antigas Regras de Conflitos.

Entre nós, o Prof. FERRER CORREIA, no seu ensino [1], aderiu à opinião de que há casos «em que é de aplicar a nova regra de conflitos, mesmo às relações anteriormente constituídas: quando se trate de relações constituídas num país estrangeiro, e que nunca tiveram qualquer espécie de conexão apreciável com o direito do Estado local (*lex fori*)». É que, segundo o mesmo Autor, a observância do princípio da irretroactividade das leis se funda na consideração dos legítimos interesses dos particulares. Ora, na hipótese focada, «não há que tomar em conta esses interesses, uma vez que as partes não

---

[1] *Direito Internacional Privado*, lições policopiadas de 1950-1951, pp. 480 e ss.

poderiam ter contado com a aplicação da norma de conflitos da antiga *lex fori,* pois que a relação não teve nunca conexão alguma com esta» [1].

76. *Posição adoptada.* A doutrina dominante assenta tranquilamente na ideia de que as disposições de Direito Transitório interno são também aplicáveis às Regras de Conflitos de DIP. Embora reconheça, por outro lado, que a questão de DIP tem precedência sobre a de Direito Transitório [2]. Segundo esta doutrina, tudo se reconduziria a um esquema bem simples: se as disposições de Direito Transitório conduzem à aplicação da lei antiga, aplica-se a Regra de Conflitos antiga. Uma vez determinado através da Regra de Conflitos o ordenamento estadual competente, este, por seu turno, dirá quais os factos que devem ser regulados pelas suas disposições de direito material vigente (lei nova) ou pelas suas disposições de direito material antigo (lei antiga) [3].

Parece-nos ser esta uma doutrina fundamentalmente errónea, porque assenta em postulados falsos que, por sua vez, obscurecem a verdadeira perspectiva do Direito de Conflitos, em vez de contribuir para a consciencializar.

A) *A Regra de Conflitos como «norma de conflitos» e como «regula agendi».*

Logo a intuição, o simples bom senso, nos sugerem fortes reservas àquela doutrina, pois não se vê que direitos subjectivos ou expectativas legítimas poderiam ser afectados pela aplicação da Regra de

(1) Também RAAPE (no Staudingers Kommenar, vol. VI, 2.ª parte, 1931, pp. 42 e ss., 346 e ss., e no seu *IPR,* cit., pp. 13 e s., nota 17) e Werner GOLDSCHMIDT (*Sistema formal del Derecho de Colision en el espacio y en el tiempo, in* «Revista critica de Derecho Inmobiliario», Madrid, Ano XX, p. 719) aderem a um ponto de vista fundamentalmente idêntico, divergindo, pois, da orientação dominante.

(2) Assim, expressamente, conforme vimos, NIEDNER, ZITELMANN e KAHN, e implicitamente toda a duotrina corrente.

(3) Neste sentido, fazendo-se eco da doutrina corrente, cfr. ainda por última PALANDT, BGB, *cit.,* p. 1961.

Conflitos nova à determinação da lei competente para regular um facto ou situação que se haja verificado antes da sua entrada em vigor, quando este facto ou situação nenhum contacto teve com a *lex fori*. Nestes casos, nada repugnaria aceitar a tese dita da «retroactividade» da Regra de Conflitos.

A isto opõem os sequazes da doutrina dominante que a retroactividade da Regra de Conflitos, de facto, se traduziria, mediatamente, na retroactividade das regras materiais por ela designadas. Do ponto de vista dos resultados práticos, a retroactividade da primeira *equivaleria* à retroactividade das segundas. Segundo certo autor, que pretende pôr a descoberto o sentido e os fundamentos da doutrina dominante, sempre assim teria de ser, porque a norma material, «enquanto a regra de conflitos a não tornou competente, não tem força por si mesma» (1).

Diga-se de passagem que este ponto de vista estaria certo dentro dos quadros lógicos da concepção de BALDONI e de AGO, visto que para estes autores a função da Regra de Conflitos consiste em incorporar no ordenamento da *lex fori* as normas materiais estrangeiras que designa. Já sabemos, porém, o que pensar desta teoria (2).

Doutro modo, sustentar que é a Regra de Conflitos que «dá força» à norma material por ela designada parece-nos representar justamente uma inversão da perspectiva própria do Direito de Conflitos. É que este direito é fundamentalmente, segundo a sua intenção central, um «direito de reconhecimento». Em princípio, ele não «dá força» ou confere eficácia à lei designada, mas limita-se a reconhecer a eficácia dessa lei, atendendo à circunstância de se acharem «impregnados» por ela os factos cuja regulamentação está em causa.

A afirmação da doutrina dominante seria exacta se a aplicação da nova Regra de Conflitos a factos passados implicasse a aplicação a esses factos de uma lei material que não teve contacto com eles no momento da sua verificação. Mas isso não é possível, dado o princípio fundamental de todo o Direito de Conflitos, segundo o qual só são aplicáveis as leis em contacto com os factos, ou seja, as leis dentro de cujo «âmbito de eficácia» tais factos se situem. Por con-

---

(1) Cfr. GAVALDA, *ob. cit.*, pp. 154 e 167.

(2) Cfr. *supra*, n.os 33 e 34.

seguinte, com a substituição da Regra de Conflitos antiga por uma nova não teremos uma alternação do «âmbito de eficácia» das leis, mas apenas uma mudança no seu «âmbito de competência» — quer dizer, uma alteração no critério pelo qual se há-de resolver o concurso entre leis *eficazes* ou *interessadas*. Portanto, o fundamento último da aplicabilidade da lei escolhida, a *eficácia* desta, não é criação do Direito de Conflitos, pois constitui antes para este direito, por princípio, um *prius*, um ponto de partida. A Regra de Conflitos não *cria* um contacto entre a lei aplicável e os factos a regular: pressupõe-no.

De resto, posto assim, o problema está mal posto. Para formular claramente e sem ambiguidades a questão da aplicação no tempo da Regra de Conflitos, importa antes de mais distinguir entre o contacto ou conexão dos factos *com a lei mandada aplicar pela Regra de Conflitos* e o contacto ou conexão dos mesmos factos *com a própria Regra de Conflitos* (ou seja, com o ordenamento a que ela pertence). O primeiro dos ditos contactos é sempre postulado pelo referido princípio básico do Direito de Conflitos. E o segundo? Será que a Regra de Conflitos também tem a sua aplicabilidade limitada pela existência de certa conexão entre ela (entre o ordenamento a que pertence) e os factos a regular?

A questão fundamental é, portanto, a de saber se a Regra de Conflitos tem também um âmbito de eficácia limitado no espaço e no tempo (tal como a regra material). Ora a esta questão nós responderemos que a Regra de Conflitos, na veste de «norma de conflitos», tem um âmbito de aplicabilidade ilimitado, quer no espaço, quer no tempo; e só considerada enquanto *norma agendi* pode ver esse seu âmbito de aplicabilidade limitado pela esfera de eficácia possível do ordenamento a que pertence (ou seja, pela existência duma conexão entre o facto a regular e esse ordenamento). Vemos, pois, que as considerações atrás feitas [1] a propósito dos possíveis limites ao âmbito espacial de aplicabilidade da Regra de Conflitos valem fundamentalmente para o problema, agora em causa, relativo ao âmbito temporal de aplicabilidade da mesma regra.

---

[1] Cfr. *supra*, n.os 56 e 58.

Havemos de reconhecer, pois, que a Regra de Conflitos, enquanto «norma de conflitos», isto é, considerada no seu sentido e função intrínsecos, não sofre qualquer restrição ao seu âmbito de aplicabilidade. Em princípio, portanto, ela não está sujeita à regra da não-retroactividade da lei. Repare-se que, na verdade, a Regra de Conflitos responde a uma questão de definição dos limites das leis (ou, se se prefere, resolve um concurso de leis), não decide uma questão de regulamentação material dos factos. Por isso, não faz presa sobre estes, não os «impregna», como diz KAHN, pelo que também não gera direitos ou expectativas que postulem a intervenção do princípio da não-retroactividade.

É que este princípio, como já vimos, é um princípio *universal* de direito postulado pela natureza fundamental da norma jurídica enquanto regra de conduta *(regula agendi)* (1), por isso que nenhuma de tais regras pode ter a pretensão de orientar condutas que se verificaram quando ela ainda se não achava em vigor. Daí o levarem implícito um «doravante».

Mas tal já não acontece com a Regra de Conflitos, a qual não é por essência uma *regula agendi*. Por isso, aqueles autores (e são a maioria) que, muito tranquilamente e sem se darem conta das dificuldades, afirmam que no domínio das Regras de Conflitos, tal como em qualquer outro domínio, se deve fazer aplicação do princípio da não-retroactividade, obedecem afinal ao automatismo de um esquema abstracto e vazio, a um simples eco mental do princípio ou fórmula da não-retroactividade, pois não curam de saber se estão ou não presentes a razão de ser de tal princípio e os interesses que este visa acautelar.

Mas, por outro lado, em certas hipóteses, e designadamente naquelas em que, de acordo com a anterior Regra de Conflitos, era o ordenamento do foro o competente, a aplicação da nova Regra de Conflitos à determinação da lei reguladora de situações passadas poderá conduzir ao desrespeito de direitos adquiridos, poderá frustrar expectativas inteiramente legítimas. É que, naquelas hipóteses em que

---

(1) Por isso autores como SAVIGNY afirmam, com razão, que ele decorre da essência da lei.

a *lex fori* era uma das leis *interessadas* (fosse ela ou não a lei competente), por ser, p. ex., a *lex patriae,* a *lex domicilii,* a *lex rei sitae,* ou por o acto ter sido celebrado perante um oficial público do Estado do foro, bem poderiam as partes ter-se deixado orientar pela Regra de Conflitos deste Estado, esforçando-se até por conformar os seus actos e disposições com as regras que no mesmo Estado eram aplicáveis, com vista a garantir aí a sua posição jurídica.

A mesma consideração valerá ainda na hipótese em que os interessados ou um dos interessados obteve o reconhecimento da sua posição jurídica através duma sentença do Estado do foro, ou pelo reconhecimento neste Estado duma sentença estrangeira; assim como em qualquer outro caso em que a situação jurídica, embora criada no estrangeiro à sombra de leis estrangeiras, veio por qualquer forma [1] a adquirir eficácia no Estado do foro, antes da entrada em vigor da nova Regra de Conflitos. Em tais hipóteses, não deverá aplicar-se em princípio a nova Regra de Conflitos, mas a antiga.

É que a Regra de Conflitos, embora não seja essa a sua função específica, também pode operar indirectamente como *norma agendi,* encaminhando os interessados para a observância de um determinado direito estadual (principalmente quando eles pretendam garantir eficácia a dada situação jurídica), ou, relativamente àquelas situações jurídicas que só após a sua constituição vieram a entrar em contacto com o ordenamento do foro, levando os interessados a confiar numa situação jurídica que então era eficaz em face deste ordenamento, bem como a dispor e a planear a sua vida de acordo com o que então, em face das Regras de Conflitos vigentes, podiam ter por seguro.

A Regra de Conflitos, porém, só poderá intervir na veste de *regula agendi* dentro do âmbito de eficácia da *lex fori,* isto é, relativamente àquelas situações que alguma vez tiveram, no momento da sua constituição ou posteriormente, uma conexão com aquela lei. Quanto a todas as outras situações, é desde logo seguro que nenhum obstáculo se levanta à imediata aplicação da Regra de Conflitos

---

(1) Na hipótese de se tratar, p. ex., duma relação familiar, porventura até pelo facto de os cônjuges terem vindo estabelecer o domicílio conjugal no Estado do foro.

nova [1], dado que, relativamente a elas, a Regra de Conflitos antiga nunca poderá ter tido outra função que não fosse a que lhe é peculiar: a de norma de conflitos» [2].

B) *Coordenação entre as soluções de DIP e as de Direito Transitório: o facto constitutivo (modificativo ou extintivo) como ponto de partida comum.*

Temos partido sempre do suposto de que o princípio fundamental de ambos os ramos do Direito de Conflitos é o mesmo, embora assuma, em cada um deles, expressões diferentes: no Direito Transitório apresenta-se como princípio da *não-retroactividade,* no DIP assume a forma de princípio da *não-transactividade.* Ora, sendo assim, a questão da aplicabilidade dos princípios de Direito Transitório às regras de DIP confunde-se de certo modo com a da aplicação do DIP ao DIP, ou do Direito Transitório ao Direito Transitório, ou daquele princípio da não-retroactividade *a si próprio.* Dissemos já a este respeito que a *conexão da conexão,* ou um Direito de Conflitos de segundo grau, é algo de absurdo. Devemos antes reconhecer que

---

(1) A qual, como dissemos, apenas vem dar preferência a um outro critério de escolha entre as leis interessadas.

(2) Dada uma situação internacional em que são, por hipótese, duas as leis interessadas, as partes não podem confiar em que, em todos os Estados, lhe seja aplicada a lei *A,* em vez da lei *B.* A sua posição psicológica é, pois, semelhante àquela em que os indivíduos se acham quando a norma material aplicável comporta duas interpretações distintas: não podem ter expectativas seguras. Daí que a nova lei interpretativa se aplique «retroactivamente», com ressalva daquelas hipóteses em que ocorreu um qualquer outro facto que de algum modo equivalha a uma definição ou reconhecimento da situação jurídica (cfr. art. 13.º do Código Civil). Pois também a nova Regra de Conflitos deve ser aplicada «retroactivamente», com ressalva, porém, dos casos em que se verificou uma qualquer circunstância susceptível de levar as partes a confiar numa certa definição da sua situação jurídica em face do ordenamento do foro. A substituição da Regra de Conflitos antiga pela nova resulta, em última análise, do facto de o legislador actual entender que, das duas leis que «impregnaram» os factos (ou das duas leis *interessadas* nos factos), se deve preferir a lei *B,* em vez da lei *A* (designada pela Regra de Conflitos antiga), porventura até porque, segundo o melhor juízo do dito legislador, o contacto da lei *B* com os factos é de considerar mais estreito ou «mais eficaz» que o da lei *A.*

o referido princípio básico do Direito de Conflitos é, *hoc sensu*, independente do espaço e do tempo.

Observação semelhante se poderia fazer a respeito da questão de saber qual dos dois tem precedência sobre o outro: o DIP ou o Direito Transitório. A questão equivaleria, no fundo, a perguntar se o referido princípio da não-retroactividade tem precedência sobre si próprio.

Note-se, porém, que a resposta que a doutrina corrente dá ao referido problema (ou pseudo-problema) da precedência tem a sua explicação. Também nós já dissemos que o Direito Transitório interno pressupõe resolvido o problema da determinação do ordenamento estadual aplicável — pressupõe, isto é, que tal ordenamento seja o seu. Não, porém, porque o DIP seja de hierarquia superior — que não é, visto assentar até no mesmo princípio —, mas porque neste ramo do Direito de Conflitos são mais numerosas as possibilidades de opção (*lex patriae, lex domicilii, lex rei sitae*, etc.) e, portanto, se torna logicamente necessario fazer a escolha da conexão relevante (se a nacionalidade ou o domicílio, p. ex.) para concretizar o ordenamento estadual cuja aplicação está em causa. Mas, quanto à *determinação do facto cuja «localização»* (cuja conexão) *decide da lei aplicável*, nenhum dos ramos do Direito de Conflitos tem precedência sobre o outro: antes, os dois são entre si *solidários*, pelo que as respectivas soluções têm de coordenar-se ou harmonizar-se entre si.

Assim como os dois ramos do Direito de Conflitos assentam numa base comum, assim também as duas coordenadas espaço e tempo não correm paralelas e estranhas uma à outra, mas encontram-se ou cruzam-se no mesmo ponto: o facto (1).

No Direito Transitório, compreende-se bem que o que importa é o momento a considerar para definir a lei aplicável e, portanto, o facto ou evento que assinala esse momento. Mas já assim não parece ser no DIP. Neste há conexões, tais como a nacionalidade, a situação da coisa, etc., que parecem nada ter a ver com a verificação de um facto em dado momento.

---

(1) A saber, o facto constitutivo, modificativo ou extintivo da relação ou situação jurídica em causa.

Mas a verdade é que também no DIP o momento decisivo para a determinação da lei aplicável é assinalado pela verificação de um facto — exactamente como no Direito Transitório. Mais: tal facto tem de ser em princípio aquele mesmo facto cuja verificação determina a lei aplicável no domínio do Direito Transitório. Sobre esse facto hão-de cruzar-se as coordenadas espaço e tempo.

É que conexões como a da nacionalidade, a da situação da coisa, etc., que na Regra de Conflitos apontam a lei estadual competente, representam características concretas que se hão-de verificar num dado momento temporal, e esse momento há-de ser precisamente aquele em que se verifica o *facto* cuja «localização» (no espaço e no tempo) releva para efeitos de Direito de Conflitos e decide da lei aplicável. Podemos assim dizer que, se a norma de Direito Transitório pressupõe uma conexão espacial entre o facto que considera decisivo e a lei estadual, a norma de DIP pressupõe uma conexão temporal entre o mesmo facto e a lei por ela designada.

Não tem isto que nos surpreender, uma vez que é o mesmo o princípio fundamental que inspira as soluções dos dois ramos do Direito de Conflitos. E, por isso mesmo ainda, havemos de reconhecer que uma contradição entre a solução fornecida pelo Direito Transitório e a solução determinada pelo DIP representará uma insuportável incoerência normativa, uma *antinomia.* Ilustremos esta afirmação com dois exemplos.

O art. 59.º, 1, do nosso Código dispõe que à constituição (admissibilidade, pressupostos, modo de constituição) da relação de filiação ilegítima se aplica a lei pessoal do progenitor «à data do reconhecimento». Suponhamos que, como já mais de uma vez se decidiu entre nós, a norma de Direito Transitório deduzida do art. 12.º do mesmo Código (ou da teoria do facto passado) manda aplicar aos pressupostos da investigação da paternidade a que o art. 1860.º daquele Código se refere a lei do tempo da verificação dos mesmos. Imaginemos agora que, sendo o investigando francês ao tempo do nascimento do filho e da verificação dos factos susceptíveis de funcionar como pressupostos da acção, posteriormente adquire a cidadania portuguesa. Se agora o pretenso filho intenta a acção de investigação, a lei aplicável é a portuguesa, por força do referido art. 59.º, 1. A admitirmos, porém, que na nossa lei vigora a mencionada regra de Direito Transitório, estamos caídos num impasse, porque: *a*) ou aplicamos a lei portuguesa contemporânea dos ditos factos, frustrando a única finalidade possível da dita regra de Direito Transitório, visto que a lei portuguesa nenhum contacto teve com tais factos; *b*) ou aplicamos a lei francesa vigente ao tempo dos mesmos factos, contrariando abertamente o disposto no citado art. 59.°, 1. Pelo que, em face do direito português vigente, bastaria o disposto no mencionado art. 59.°, 1, se outras razões não houvesse, para devermos concluir que a norma de Direito Transitório manda reger os pressupostos da acção de investigação da paternidade pela lei vigente ao tempo da propositura da acção.

Outro exemplo. O DIP português manda regular a sucessão testamentária (bem como a legítima e a legitimária) «pela lei pessoal do autor da sucessão ao tempo do falecimento deste» (art. 62.° do Código Civil). Suponhamos então que existe na lei portuguesa uma disposição de Direito Transitório nos termos da qual a sucessão testamentária é regida pela lei vigente ao tempo do testamento. Imaginemos agora que o testador, estrangeiro no momento da feitura do testamento, vem a morrer com a nacionalidade portuguesa. Nesta hipótese, seriam duas as soluções logicamente possíveis: aplicar a lei estrangeira vigente ao tempo da feitura do testamento, ou aplicar a lei portuguesa vigente no mesmo momento. Mas nenhuma destas soluções é aceitável. A primeira, porque implicaria violação frontal do citado art. 62.° A segunda, porque frustraria o sentido e o fim da suposta disposição de Direito Transitório: esta, mandando aplicar a lei vigente ao tempo do testamento, pressuporia necessariamente uma conexão espacial relevante entre aquela lei e o dito acto, conexão essa que, se o testador a esse tempo era estrangeiro e fez o seu testamento no estrangeiro, se não verifica relativamente à lei portuguesa.

Assentemos, pois, em que a tarefa do Direito de Conflitos é simplesmente determinar a lei *material* aplicável às relações da vida, mas que esta determinação depende de duas coordenadas que têm de passar sobre o mesmo facto. Este facto é aquele que constitui, modifica ou extingue uma situação jurídica [1]. No domínio das

---

[1] Vê-se, pois, que, embora a conexão possa ser, p. ex., uma conexão pessoal (referida a pessoas), o que afinal de contas releva é essa conexão pessoal *no momento* em que se verifica certo facto, porque o que importa é

Regras de Conflitos de DIP, trata-se fundamentalmente, pois, de indicar a conexão preferível para *esse facto,* em função da *natureza* da situação jurídica que ele constitui, modifica ou extingue. Mas o que importa basicamente é esse facto (1). Ora, se nos dois ramos do Direito de Conflitos o facto é o mesmo, se é da conexão ou «localização» do mesmo facto que se trata, então o momento da fixação ou concretização da conexão relevante no DIP há-de coincidir com o momento decisivo para a determinação da lei competente em Direito Transitório.

As considerações que precedem levam-nos a afirmar, como já atrás fizemos (2), que é possível transpor analogicamente de um para o outro dos dois ramos do Direito de Conflitos as soluções legais que sejam conformes aos princípios (3) — mas já não, evidentemente,

---

«localizar» esse mesmo facto no domínio desta ou daquela lei. Pode dizer-se, portanto, que também a conexão pessoal se destina a «localizar» factos, conforme já atrás salientámos (cfr. *supra,* n.º 23).

(1) Da pluralidade de elementos de facto que podem concorrer para a formação duma situação jurídica, *só interessa* à determinação da lei aplicável o facto com o qual se desencadeia o efeito de direito material (a constituição, modificação ou extinção da situação jurídica). É este facto que importa «localizar», é em relação a este facto que importa determinar a conexão concreta. E note-se que a exacta determinação deste facto é, em DIP, *de mais fundamental importância que a própria definição do tipo da conexão que é decisiva.* Com efeito, um erro na escolha da conexão (tomando por decisivo o domicílio em vez da nacionalidade, p. ex.), se aquele facto foi exactamente determinado, não pode conduzir à aplicação duma lei sem contacto com o facto que deu origem ao direito ou situação jurídica (e ao qual, por isso mesmo, se vinculou a expectativa dos interessados), ao passo que um erro na determinação daquele facto pode levar a tal.

(2) Cfr. *supra,* n.º 26.

(3) E. por vezes, também aquelas que, sem constituírem verdadeiras excepções, representam soluções de compromisso para situações perfeitamente paralelas. Um exemplo: — Certo indivíduo estrangeiro adquire a nacionalidade portuguesa. Doravante, uma acção de investigação de paternidade intentada contra este indivíduo será regida pela lei portuguesa (art. 59.º, 1, do Código Civil). Portanto, tal acção tem de ser proposta no prazo a que se refere o n.º 1 do art. 1854.º do nosso Código. Supondo, porém, que este prazo já decorreu, mas que, segundo a anterior lei pessoal do investigando, o direito de acção só caducaria daqui a um, dois ou mais anos, deverá conceder-se ao investigante o prazo de um ano a partir da aquisição da nacionalidade portuguesa

aquelas que tenham carácter excepcional ou correspondam a particularidades que só num deles se verificam.

As mesmas considerações, e designadamente a ideia de que o DIP e o Direito Transitório assentam sobre o mesmo princípio básico, prosseguem a mesma finalidade e realizam interesses idênticos, levam-nos também a olhar com grande suspeição uma outra concepção simplista da doutrina corrente. Trata-se da concepção segundo a qual, depois de determinado pelo DIP o ordenamento estadual aplicável, a este competiria decidir como bem entendesse o problema da sua aplicação no tempo, dizendo quais os factos a que se aplica a lei nova e quais aqueles a que se aplica a lei antiga. Parte esta tese da precedência do DIP sobre o Direito Transitório e a sua ideia fundamental é a de que o chamamento do DIP abrange as disposições de Direito Transitório da lei designada como aplicável.

Vimos há pouco o que pensar deste ponto de vista quando o ordenamento estadual designado pela Regra de Conflitos é o da *lex fori*. Pois considerações idênticas hão-de valer quando esse ordenamento sejam um ordenamento estrangeiro. O DIP determina a lei estadual aplicável a certo facto tendo justamente em conta o *momento da verificação* desse facto. Pelo que, aplicar agora ao dito facto uma lei material que não vigorava nesse momento seria tornar vã toda a preocupação do DIP, seria, afinal, contraditar o espírito que o anima e frustrar os interesses que inspiraram dada solução [1].

---

pelo investigando, em aplicação do pensamento do art. 19.º do Decreto-Lei n.º 47 344 (Decreto Preambular).

[1] Isto será patente sobretudo nos casos em que a conexão considerada pela Regra de Conflitos já não existe na data em que entra em vigor a lei nova retroactiva. Mas não deixa de ser assim também nos casos em que essa conexão se mantém ainda nesta data, pois que a norma de DIP pretende justamente que se aplique uma lei material com a qual as partes poderiam contar no momento em que surgiu o facto constitutivo, modificativo ou extintivo da relação jurídica. Por isso mesmo valeria mais (por ser mais conforme às finalidades do DIP) aplicar uma lei designada por uma conexão subsidiária (quando esta exista, e sobretudo quando, além disso, a lei por ela apontada se julgue competente) do que aplicar retroactivamente a lei indicada pela conexão principal. Nesta matéria, podem porventura ocorrer-nos considerações semelhantes às que se fizeram atrás a propósito do chamado reenvio. Mas há que levar em conta que a lei primeiramente designada, tal como vigorava ao tempo do facto, poderia justamente considerar-se a si pró-

Parece, pois, que se deverá recusar a aplicação retroactiva da lei estrangeira designada, com fundamento em que ela contraria a finalidade duma norma portuguesa: a norma portuguesa de DIP.

Começámos este extenso capítulo relativo aos limites à aplicação da Regra de Conflitos lembrando que esta regra não é, por si mesma, uma *regula agendi*. Salientámos de seguida que o Direito de Conflitos visa essencialmente tutelar a estabilidade e uniformidade de regulamentação das situações jurídicas (vindo, assim, ao encontro das naturais e legítimas expectativas das pessoas), pelo que, no seu contexto, a Regra de Conflitos não pode deixar de ter uma posição subordinada: subordinada, isto é, àqueles fins *essenciais* e superiores do DIP. À luz desta ideia, mostrámos que podia ter relevância a distinção entre *situações já constituídas* e *situações a constituir* e que, em princípio, se não deverá reconhecer como aplicável a dada situação uma lei que lhe não seja efectivamente aplicada por nenhum dos ordenamentos em contacto com ela. Por último, retomando a ideia (que está, ela também, intimamente ligada ao respeito das legítimas expectativas das pessoas) de que o ponto de partida do Direito de Conflitos são os *factos*, acabámos agora de verificar que os factos cuja «localização» releva para a determinação da lei aplicável são os factos constitutivos, modificativos ou extintivos das situações ou relações jurídicas (1).

---

pria aplicável. Por isso, será de aplicar em princípio essa lei: a lei material designada vigente ao tempo do facto, entendendo que é justamente esta lei *material* que a Regra de Conflitos directamente designa.

(1) Algumas destas ideias afloram agora também no bem inspirado estudo de Ferrer Correia, *La doctrine des droits acquis*, etc., já citado.

CAPÍTULO VI

APLICAÇÃO DO DIREITO ESTRANGEIRO

BIBLIOGRAFIA: § 1.º: — DE NOVA, *Il richiamo di ordinamenti plurilegislativi*, Pavia 1940; ID., *Les systèmes juridiques complexes em DIP*, «Rev. critique de DIP», 1955, pp. 1 e ss.; WENGLER, *General principles, cit.*, pp. 289-325; ID, *Skizzen zur Lehre vom Statutenwechsel*, RabelsZ 1958, pp. 535 e ss.; Ch. GAVALDA, *Les conflits dans le temps en DIP*, Paris 1955. § 2.º: — KNITTEL, *Geltendes und nicht geltendes Auslandsrecht im IPR*, 1963; VÁRIOS, em *Die Anwendung ausländischen Rechts*, Berlin 1968; SAUVEPLANNE, *L'interprétation du droit étranger par le juge national et les conséquences de l'ignorance du contenu de ce droit, in* «Revue Hellénique de DI», 1960, pp. 7 e ss.; MORELLI, *Diritto processuale civile internazionale*, 1954, pp. 53 e ss.; WENGLER, *Fragen der Faktizität und Legitimität bei der Anwendung fremden Rechts, in* «Festschrift Lewald», 1953, pp. 615 e ss.; NEUHAUS, *ob. cit.*, pp. 222 e ss.; KEGEL, *IPR, cit.*, pp. 176 e ss.; NIEDERER, *ob. cit.*, pp. 341 e ss.

§ 1.º — Aplicação do direito estrangeiro formal: Referência a um ordenamento plurilegislativo.

77. *O problema e as soluções que comporta.* Decidido o problema do reenvio, parece que nos deveríamos achar imediatamente perante as normas materiais aplicáveis à questão privada internacional. Pode, porém, não ser assim. Pode acontecer que, no Estado cuja legislação determinámos como aplicável, vigorem direitos diferentes para os diferentes *sectores do território* desse Estado (conflitos interlocais), ou para diferentes *grupos de pessoas* (conflitos interpessoais), ou ainda em diferentes *momentos* (conflitos intertemporais, sucessão de leis no tempo). Nestes casos, põe-se o seguinte problema: Deve entender-se que a função do DIP do foro se esgota ou se exaure com a designação do ordenamento estadual competente, ficando agora a determinação das regras materiais aplicáveis ao caso a cargo das regras formais (regras de conflitos) desse ordenamento, ou será que o DIP do foro deve orientar os nossos passos até à final descoberta das normas materiais que hão-de decidir a questão privada internacional? Antes de pensar numa resposta a esta questão, temos que ter presentes os diferentes tipos de hipóteses que se nos podem deparar.

Pelo que respeita ao caso da vigência de diferentes sistemas de normas materiais em diferentes regiões do território de um Estado (conflitos interlocais), podem ainda verificar-se duas hipóteses:

a) A divisão legislativa territorial respeita apenas às normas materiais, mas há uniformidade legislativa no plano do direito interlocal e no plano do DIP. Era o que acontecia na Polónia, dividida em cinco regiões legislativas, depois de as leis de 1926 terem unificado tanto o direito interlocal como o DIP. Era ainda o que se verificava na França, depois de a Alsácia-Lorena ter sido nela integrada, após a primeira guerra mundial: após 1921, o DIP francês passou a vigorar também nesta região, ao mesmo tempo que se criou um direito interlocal unitário. É o que acontece na Espanha, onde, ao lado do Código civil de 1889, vigora em certas províncias (Catalunha, Aragão, Navarra, parte da Biscaia e Baleares) um direito foral próprio, pois o referido Código civil regula unitariamente o DIP (arts. 9.º-11.º) e o direito interlocal (arts. 14.º e 15.º).

b) A divisão legislativa territorial verifica-se não só no plano das regras materiais, mas também no plano das regras de conflitos. É o que se dá nos Estados Unidos da América, onde cada Estado da União (e ainda o District of Columbia) tem o seu direito material próprio e, além disso, o seu próprio «conflicts law» que vigora, quer como direito interlocal, quer como DIP. Algo de semelhante se passa no Reino Unido (Inglaterra, Escócia, Irlanda do Norte, Ilhas do Canal, Ilha de Man e Colónias) e noutros países anglo-saxónicos.

Em segundo lugar, o direito privado (principalmente no domínio do direito de família e das sucessões) pode variar, dentro do mesmo ordenamento estadual, conforme a comunidade religiosa, a etnia ou casta a que as pessoas pertencem. É o que acontece em vários países islâmicos (Síria, Líbano, Líbia, etc.), na Índia e no Paquistão. Teremos então conflitos interpessoais, quando pessoas pertencentes a grupos diferentes são partes na mesma relação jurídica (p. ex., casam entre si). Estes conflitos têm que ser necessariamente resolvidos pelo próprio ordenamento estadual que estabelece a diversidade de regimes jurídicos. Para além destes conflitos, o problema que se põe ao juiz do foro quando tem de aplicar um destes sistemas plurilegislativos parece-nos ser extremamente simples: ele deve aplicar as normas materiais do Estado designado pela sua Regra de Conflitos. Ao aplicar estas normas, porém, terá que ter evidentemente em conta o seu âmbito pessoal de aplicação. Logo, terá que verificar qual o grupo a que a pessoa pertence ao fazer aplicação do direito material designado como competente.

Por último, temos os conflitos intertemporais, determinados pela sucessão de leis no tempo dentro do ordenamento local que o nosso DIP determinou como aplicável. Neste caso, o direito intertemporal desse ordenamento é necessariamente unitário. A doutrina corrente é no sentido de que o juiz do foro deve fazer aplicação do direito intertemporal da lei designada como competente. Cremos, porém, que terão de ser exceptuados pelo menos os casos em que a nova lei estrangeira pretende aplicar-se *retroactivamente;* pois nenhum sentido faria aplicar certa lei estrangeira com vista a respeitar as expectativas dos indivíduos, a continuidade das suas situações jurídicas ou os «direitos adquiridos» para, em último termo, por efeito da aplicação retroactiva da nova lei estrangeira, sacrificar radicalmente os mesmos interesses que nos levaram a declarar competente aquele ordenamento estadual (1).

Isto posto, verifica-se que a diversidade legislativa dentro do mesmo Estado levanta problemas sobretudo quando é de carácter territorial ou regional. Fundamentalmente, estes problemas poderiam resolver-se por uma das duas seguintes vias: 1.ª) Deixar inteiramente a decisão ao direito estrangeiro designado pelo nosso DIP; 2.ª) Decidir tanto quanto possível por aplicação dos princípios ou critérios do nosso DIP. Não está demonstrado que qualquer destas soluções se imponha *a priori* como a única defensável. E o caso é que, na hipótese de a diversidade legislativa dentro do ordenamento estrangeiro aplicável se verificar também no plano das normas de conflitos interterritoriais e de DIP, a primeira solução mostra-se, afinal, inviável: agora não podemos recorrer ao direito de conflitos do Estado estran-

---

(1) Cfr. *supra*, n.º 76, B).

geiro, pois que há aí vários (a não ser nas hipóteses em que eventualmente haja coincidência entre as regras de conflitos de diferentes territórios).

A doutrina dominante costuma distinguir conforme a conexão da Regra de Conflitos da *lex fori* que designa o sistema plurilegislativo aponta directamente para um lugar determinado — isto é, pode ser interpretada como significando uma ligação entre a pessoa, o facto ou o objecto e um determinado lugar —, ou essa conexão representa antes uma ligação com um Estado (com uma comunidade estadual no seu conjunto). São do primeiro tipo as conexões que nos conduzem *à lex loci actus*, à *lex rei sitae*, à *lex loci delicti*, etc. Ao segundo tipo pertence sobretudo a conexão «nacionalidade», que exprime directamente um vínculo político com determinado Estado.

No primeiro caso, entende-se que a Regra de Conflitos do foro designa sem mais o direito vigente no lugar para onde aponta a conexão. No segundo caso — no caso de o sistema plurilegislativo ser chamado a título de *lei nacional* —, haverá ainda que distinguir conforme no ordenamento do Estado plurilegislativo existam ou não normas de conflitos de direito inter-regional ou de DIP comuns às várias circunscrições legislativas. No caso afirmativo, o problema deverá resolver-se fazendo aplicação dessas disposições unitárias do direito de conflitos estrangeiro. Fora desse caso, terá de regressar-se ao DIP do foro e construir a partir dele a solução.

Mas, quanto a esta solução, já não há unanimidade de pontos de vista. Ao passo que uns sugerem que se recorra imediatamente a uma Regra de Conflitos subsidiária, entendendo que tudo se deve passar como se não fosse possível determinar a nacionalidade do interessado ou como se este fosse apólide, outros propõem que se construam critérios subsidiários capazes de determinar apenas um dos sistemas regionais vigentes dentro do Estado nacional. Esta segunda orientação, que foi designadamente a seguida por uma lei sueca e pelo anteprojecto de 1951 do Prof. FERRER CORREIA, manda atender, em primeiro lugar, à nacionalidade de cada um dos Estados federados — quando se trate de um Estado federal e, além da nacionalidade federal, se reconheça ainda um vínculo de nacionalidade estadual —: na falta deste vínculo de subnacionalidade recorrer-se-ia, sucessiva e subsidiariamente, ao domicílio actual num dos territórios do Estado em causa, ao último domicílio num desses territórios (se o interessado se acha agora domiciliado noutro país) e, por último (no caso de o interessado nunca ter tido domicílio num dos territórios do Estado em causa), aplicar-se-ia o direito vigente na capital do Estado plurilegislativo.

78. *As soluções do art. 20.º do nosso Código.* No anteprojecto FERRER CORREIA de 1964 preconizou-se, antes, a primeira das referidas orientações, e foi por esta que o nosso legislador optou. Considerou-se que a orientação do primeiro anteprojecto, além de complexa e um tanto arbitrária numa das suas soluções (aquela que consiste em aplicar o direito vigente na capital do país, quando o interessado nunca teve domicílio no seu Estado nacional), talvez não fosse inteiramente justificável. É que o vínculo de subnacionalidade que liga a pessoa a um dos Estados federados tem em geral um reduzido significado jurídico e pesa bem pouco no ânimo dos interessados. Além de que, em regra, a nacionalidade particular de um dos Estados federados estará ligada ao domicílio nesse Estado; e, nos casos em que isso se não verifique, essa nacionalidade particular dilui-se quase por completo em face da nacionalidade federal, sobretudo se o interessado tem o seu domicílio em país estrangeiro.

Por outro lado, havia que considerar a importância fundamental da *lex domicilii* em matéria de estatuto pessoal. A aplicação da *lex patriae* não é nenhum imperativo categórico; é antes o resultado duma opção necessária entre duas conexões, ambas fundamentalmente válidas e legítimas em matéria de estatuto pessoal. Por último, há-de notar-se que o problema apresenta uma certa semelhança com aquele que resolve o n.º 2 do art. 23.º: perante a impossibilidade de determinar com segurança o conteúdo das normas materiais da *lex patriae* aplicáveis ao caso, haverá que recorrer a uma regra de conflitos subsidiária.

No n.º 1 do art. 20.º o nosso legislador estabelece como princípio básico o princípio segundo o qual, designada a lei de um Estado plurilegislativo em razão da nacionalidade de certa pessoa, é o direito interno desse Estado que fixa em cada caso o sistema legislativo local aplicável. O n.º 2 do mesmo artigo logo nos esclarece sobre quais as normas do «direito interno desse Estado» que importa aplicar para determinar o sistema legislativo local competente: são as normas do direito interlocal unitário e, na falta destas, as normas do DIP unitário do mesmo Estado.

Por último, a 2.ª parte deste mesmo n.º 2 determina que, na hipótese de nenhum dos indicados procedimentos nos fornecer a solução, devemos considerar como lei pessoal do interessado a lei da sua residência habitual. Esta última hipótese verifica-se, portanto, quando não exista no Estado plurilegislativo um direito interlocal ou um DIP unificado (como é o caso dos Estados Unidos da América). Assim, p. ex., a sucessão de um americano que morreu em França, onde teve a sua última residência habitual, será regulada em Portugal pelo direito francês.

Por seu turno, o n.º 3 do art. 20.º refere-se à hipótese de a legislação designada como competente ser territorialmente unitária, mas com sistemas de normas diferentes para os diferentes grupos de pessoas. Neste caso, manda a nossa lei observar sempre o estabelecido nessa legislação quanto ao conflito de sistemas.

Pode nem haver propriamente um conflito, pois pode tratar-se duma relação jurídica entre pessoas do mesmo grupo. Neste caso, é evidente que o julgador português, ao aplicar as próprias normas materiais estrangeiras, terá que ter em conta o âmbito *pessoal* de aplicação destas normas e, portanto, aplicará este ou aquele sistema de normas materiais, conforme o cidadão estrangeiro em causa seja, p. ex., judeu, muçulmano ou cristão. Assim, se se trata da validade de um casamento celebrado em Beirute entre um muçulmano e uma judia, ambos sírios, aplicará o direito sírio. Mas aplicará, quanto ao homem, o direito sírio «islâmico» e, quanto à mulher, o direito sírio «judeu». Além disso terá em conta qualquer norma (material ou de conflitos) que porventura se refira especialmente aos casamentos mistos deste tipo.

§ 2.º — Aplicação do direito estrangeiro material.

79. *O direito estrangeiro aplicável.* Assenta-se, por via de regra, em que o direito estrangeiro chamado pelas normas de conflitos é aquele direito privado que efectivamente vigora no território de um determinado Estado. Todos os preceitos de direito privado normal e efectivamente aplicados no território de um Estado são abrangidos pela referência do direito conflitual do foro.

Não será necessário que tais preceitos emanem directamente de fonte estadual: basta, como se disse, que constituam direito privado vigente no domínio territorial de um Estado. Exs.: as normas de direito canónico ou religioso vigentes em Portugal, Espanha, Grécia, nos países islâmicos e na Índia. Serão ainda aplicáveis no Estado local, por força da remissão das regras de conflitos, as normas de direito internacional recebidas no ordenamento estrangeiro designado como competente, assim como as normas jurídico-privadas de comunidades supra-estaduais (v. g., as da Comunidade Europeia do Carvão e do Aço) que vigorem nesse mesmo ordenamento. Por outro lado, entende-se geralmente que também são em princípio aplicáveis mesmo aquelas normas de direito estadual porventura contrárias ao direito internacional (1).

São igualmente aplicáveis, segundo a opinião comum, a título de normas do ordenamento do território ocupado, aquelas aí postas em vigor pelas autoridades de ocupação; e bem assim, inclusive, as normas editadas por um governo exilado, relativamente aos respectivos súbditos residentes no país do exílio, enquanto direito vigente neste último país.

Por último, é irrelevante o facto de um Estado, um governo ou uma aquisição territorial não serem internacionalmente reconhecidos, ou não o serem pelo Estado do foro: o que importa não é senão aplicar as regras de direito privado efectivamente vigentes no território que certo Estado ou governo domina de modo eficaz. Isto, pelo menos em princípio.

Por outro lado, o direito estrangeiro a ter em conta, para efeitos de aplicação no Estado do foro, é aquele que for criado pelas respectivas fontes formais, isto é, através dos modos ou processos como tais reconhecidos pelo ordenamento respectivo. Se este ordenamento reconhece o costume como fonte de direito, o tribunal local aplicará as regras consuetudinárias estrangeiras. Se nessa ordem jurídica vale o princípio do *stare decisis,* se nela vigora um direito de formação jurisprudencial como o *case law* anglo-saxónico, também o juiz do

---

(1) Contra, NIEDERER, *ob. cit.*, pág. 343.

foro terá de se ater às decisões anteriores dos tribunais estrangeiros com força de precedentes.

Pelo que toca ao controle da constitucionalidade das leis estrangeiras, o tribunal português poderá exercê-lo nos precisos termos em que o poderia fazer um tribunal do respectivo Estado. Assim, se o direito a aplicar for o de um dos Estados Unidos da América, o juiz poderá verificar a conformidade da norma aplicanda com a Constituição federal norte-americana; mas já não assim se o direito aplicando for o francês ou o suíço. No entanto, a verificação da inconstitucionalidade de uma lei estrangeira exige a máxima prudência. A inconstitucionalidade não deverá em regra ser declarada senão quando os tribunais ou um sector bem representativo da doutrina do respectivo país estrangeiro se tenham pronunciado nesse sentido. Valem aqui as considerações que serão feitas no número seguinte sobre a interpretação do direito estrangeiro.

80. *Interpretação do direito estrangeiro.* Se o nosso DIP nos remete para um direito estrangeiro, isso significa que há-de ser actuada a valoração jurídico-material desse direito. Mas o verdadeiro significado e alcance de qualquer norma de um sistema jurídico é algo que, frequentemente, só a sua aplicação jurisprudencial e a sua interpretação através de certas *regulae artis* permitem estabelecer [1]. Por isso se assenta hoje pacificamente na seguinte regra: o juiz que aplica o direito estrangeiro há-de interpretá-lo de conformidade com a jurisprudência e doutrina dominantes no país de origem. É esta também a orientação seguida pelo Tribunal Internacional de Justiça.

Por conseguinte, são de observar antes de mais as regras estrangeiras sobre interpretação. Assim, o juiz continental que aplica a *statute law* anglo-saxónica deve ater-se a uma interpretação predominantemente gramatical e lógica, tal como é de uso nos países anglo-saxónicos, renunciando à interpretação teleológica. Inversamente, o juiz anglo-saxónico, ao aplicar regras dos direitos continentais,

---

[1] Sobre o valor constitutivo dos princípios interpretativos, enquanto princípios heurísticos, cfr. ESSER, *Grundsatz und Norm*, págs. 107 e segs.

deverá dar preferência à interpretação teleológica sobre a interpretação lógico-gramatical.

A jurisprudência e a doutrina estrangeiras devem ser observadas e seguidas com o mesmo respeito que no respectivo Estado lhes for tributado. O juiz português só deverá afastar-se da interpretação usual no Estado estrangeiro cujo direito aplica se tiver bons fundamentos para crer que essa interpretação, no caso *sub judice*, não é correcta. Sem dúvida, ele não é forçado a imitar servilmente, sempre e em cada caso, a interpretação que a uma regra jurídica é dada no país de origem — não se lhe impõe um tal *sacrificium intellectus*. No entanto, como ponto de partida, há que presumir que tal interpretação é a exacta e dela não deve o juiz arredar-se sem necessidade e bons fundamentos. Se não pode rigorosamente dizer-se que na interpretação do próprio direito se é arquitecto, ao passo que na interpretação do direito estrangeiro se é fotógrafo (GOLDSCHMIDT), convém, todavia, ponderar que, no exercício desta *ars inveniendi* que é a aplicação do direito, a ousadia ou liberdade na forma de operar deve proporcionar-se ao conhecimento da matéria — e sem dúvida que o juiz do foro não está tão familiarizado com o direito estrangeiro como com o seu próprio. Tacto e prudência — sempre de bom conselho — são especialmente de recomendar aqui.

O facto de a mesma regra jurídica vigorar simultaneamente em vários países não impede que a respectiva interpretação seja diferente de país para país. Haja vista ao que sucede, por exemplo, com o art. 970.º do Código civil francês. Este texto, que manda datar um testamento ológrafo para que o acto seja válido, foi literalmente transcrito para o Código civil belga. Sucede, porém, que, por interpretação do mesmo texto, o testamento ológrafo erroneamente datado é reputado nulo em França (conforme jurisprudência assente do supremo tribunal francês) e havido por válido na Bélgica (jurisprudência firme desde 1875). Em hipóteses desta natureza, bem como em todos os casos de disparidade interpretativa, deve sempre ter-se em conta a interpretação que à regra aplicanda é dada na ordem jurídica que no caso for competente. Isto, mesmo que a referida regra esteja integrada no próprio ordenamento do foro e aí receba uma interpretação diversa. Assim se procedeu, e bem, em França, relativamente ao supramencionado art. 970.º: aplicando o direito belga, o juiz francês deu ao texto a interpretação estabelecida pela jurisprudência belga [1].

Mas frequentemente sucederá encontrar-se a jurisprudência estrangeira dividida quanto à interpretação de determinado preceito. Como deverá o juiz proceder nesta hipótese? Se envereda por uma interpretação inteiramente autónoma, corre o risco de desvirtuar a norma aplicanda, dando a noções jurídicas estrangeiras, ao inseri--las nos quadros conceituais do direito local, um sentido que lhes não é adequado. Para obviar a tais inconvenientes, convirá que o juiz se integre, na medida do possível, nas concepções jurídicas próprias do direito aplicando, procurando sempre ater-se à interpretação que razoavelmente lhe apareça como aquela que virá a prevalecer na jurisprudência do respectivo país. Para tanto, basear-se-á eventualmente na opinião da doutrina dominante nesse país, nas práticas correntes ou nas doutrinas estabelecidas em sistemas jurídicos aparentados, ou ainda nos princípios gerais de direito. A interpretação da regra estrangeira segundo as concepções próprias da *lex fori* é que só se conceberia como um último remédio — um remédio a que porventura nunca será preciso recorrer.

É dentro deste espírito que deve entender-se o disposto no art. 23.º, 1, do nosso Código: «A lei estrangeira é interpretada dentro do sistema a que pertence e de acordo com as regras interpretativas nele fixadas».

81. *Conhecimento e prova do direito estrangeiro.* Para decidir juridicamente um caso precisa o tribunal de conhecer duas coisas: os factos e o direito. Em regra, os factos são alegados e provados pelas partes (princípio dispositivo), ao passo que o direito deverá ser conhecido pelo tribunal, ou ser investigado e determinado por sua própria iniciativa *(princípio da oficiosidade): iura novit curia.* Mas poderá exigir-se do tribunal o conhecimento e a aplicação oficiosa do direito estrangeiro?

Nos países anglo-saxónicos, o direito estrangeiro é tratado como um facto que tem de ser alegado e provado pelas partes. Todavia

---

[1] Cfr. SAUVEPLANNE, *ob. cit.*, p. 10.

esta prova, que deve ser feita principalmente através de peritos, não é actualmente apreciada pelo júri (como a prova dos factos), mas pelo juiz.

Na França, os tribunais não aplicam por via de regra o direito estrangeiro oficiosamente, mas apenas quando as partes nele se baseiam. A prova é geralmente posta a cargo das partes *(certificats de coutumes).* Na doutrina francesa, porém, continua em aberto a discussão sobre o problema da aplicação *ex officio* do direito estrangeiro, bem como a questão de saber se é susceptível de cassação a sentença que tenha violado esse direito.

Na Alemanha, admite-se (como base no § 293 ZPO) que o tribunal deve aplicar *ex officio* o direito estrangeiro e, na medida do possível, investigar por sua iniciativa o respectivo conteúdo. Em caso de necessidade, poderá exigir a prova deste conteúdo à parte que fundamenta a sua pretensão em tal direito. O mesmo se passa no ordenamento austríaco. Solução idêntica vigora na Suécia, mas baseada em texto legal mais explícito (§ 2.º do Código de processo civil de 18-6-1942).

É esta também a orientação actualmente dominante em diversos outros países: o juiz deve conhecer e aplicar oficiosamente o direito estrangeiro, mas poderá exigir das partes a sua prova, sempre que tal se revele necessário. De igual modo, a doutrina largamente dominante vota decididamente no sentido da aplicação *ex officio* do direito estrangeiro e da admissibilidade de um recurso de cassação ou revista para o Supremo Tribunal com fundamento em violação, falsa interpretação ou incorrecta aplicação de tal direito [1].

Vejamos agora qual é a posição do direito português, quanto a este ponto. Segundo o art. 348.º, 1, do Cód. Civ., embora a parte que invoca o direito estrangeiro deva produzir a prova da existência e do conteúdo desse direito, deve porém o juiz, oficiosamente, servir-se dos meios ao seu alcance para obter o respectivo conhecimento [2]. Do n.º 2 do mesmo artigo resulta ainda que o juiz, sempre

---

(1) Esta tendência doutrinal encontrou já tradução apropriada nos arts. 408.º e 412.º do Código de Bustamante.

(2) Em diferentes países, existem instituições aptas a fornecer aos respectivos tribunais informações sobre direito estrangeiro. Tais são, em França, o «Office de législation étrangère et de droit international», subor-

que lhe cumpra decidir com base em direito estrangeiro, deve conhecer e aplicar este *ex officio,* isto é, independentemente da sua invocação pelas partes (cfr. ainda o n.º 3 do mesmo artigo). Por outro lado, do art. 721.º, 2 e 3, do CPC, resulta que a violação do direito estrangeiro, quer consista em erro de interpretação ou aplicação quer em erro de determinação da norma aplicável, constitui fundamento do recurso de revista. Temos assim que o direito estrangeiro é tratado pela nossa lei, mesmo sob o aspecto processual, como direito — e não como puro facto.

82. *Desconhecimento do conteúdo do direito estrangeiro.* Determinado qual o direito estrangeiro aplicável, pode excepcionalmente acontecer que, apesar das diligências desenvolvidas nesse sentido, em conformidade com o disposto no citado art. 348.º, pelas partes e pelo tribunal, se não consiga obter a prova do conteúdo desse direito. Há-de aqui notar-se, porém, que não pode dar-se o conteúdo do direito estrangeiro como não provado, logo à primeira dúvida que se levante sobre tal conteúdo. Desde logo, há que ponderar a eventual necessidade de preencher uma lacuna no ordenamento estrangeiro. Ora, em tal hipótese, não poderá dizer-se que o conteúdo do direito estrangeiro pode ser determinado com toda a segurança. Em segundo lugar, importa ter em mente que a certeza humana, e especialmente a do juiz, não passa de simples probabilidade. Significa isto que o juiz português que tem de aplicar direito estrangeiro se deverá contentar com uma prova do conteúdo desse direito suficiente para formar a sua convicção. Entre duas soluções possíveis imputadas ao direito estrangeiro, optará naturalmente por aquela que se apresente como a *mais provável.*

Para formar esta convicção do juiz poderão contribuir sem dúvida certos elementos de direito comparado, como sejam o conhecimento

---

dinado ao Ministério da Justiça; na Itália, o «Istituto di diritto comparato e di studi legislativi», de Roma; na Alemanha, o «Max-Planck-Institut für ausländisches und internationales Privatrecht». Também o «Institut Juridique International» da Haia fornece informações sobre direito estrangeiro e internacional.

do modelo legislativo que seguiu a legislação estrangeira cuja aplicação está em causa ou do conteúdo de um dos direitos pertencentes à mesma família ou grupo de leis, bem como o conhecimento de certos princípios ou tradições jurídicas que inspiram o direito aplicando. Não pode esquecer-se que, entre a falta de prova do direito estrangeiro e a sua prova plena (se é que esta é possível), flui uma série de graduações de probabilidade crescente. Deverá, pois, presumir-se como sendo conteúdo do direito estrangeiro aquele que tenha a seu favor uma probabilidade maior ou uma probabilidade suficiente.

Pode, porém, acontecer — embora muito raramente — que não seja possível sequer determinar com suficiente probabilidade o conteúdo da lei estrangeira sobre um determinado ponto de direito. Achar-nos-emos então em face da hipótese a que se refere o art. 23.º, 2, do nosso Código: a de «impossibilidade de averiguar o conteúdo da lei estrangeira aplicável». Como proceder neste caso?

Certa doutrina propõe para a hipótese uma solução baseada nas regras objectivas sobre o ónus da prova: o tribunal deveria decidir contra aquela das partes cuja pretensão se fundamenta num direito estrangeiro cujo conteúdo não pôde ser averiguado. Devemos observar, porém, que uma solução deste tipo, além de poder conduzir a resultados mais injustos do que a pura e simples aplicação da *lex fori* (1), parece não se coadunar com o sistema da nossa lei. Nesta, o direito estrangeiro não é tratado como matéria de facto; pelo que não faria sentido resolver o nosso problema por aplicação das regras sobre o ónus da alegação e da prova dos factos no processo.

De todo o modo, o certo é que o nosso legislador preferiu adoptar critério diferente, estabelecendo que, «na impossibilidade de averiguar o conteúdo da lei estrangeira aplicável, recorrer-se-á à lei que for subsidiariamente competente». Procede-se, pois, como se não existisse (ou se não conseguisse determinar) a conexão utilizada

---

(1) E há-de notar-se que, em muitos casos, a ordem pública do Estado do foro, na sua função positiva (*vide* Cap. subsequente), teria de intervir para afastar certos resultados iníquios.

pela nossa Regra de Conflitos, recorrendo-se por isso a uma conexão subsidiária.

Pode, porém, acontecer que, para a conexão utilizada por certa Regra de Conflitos, se não ache uma conexão subsidiária; assim como pode acontecer que seja também impossível averiguar o conteúdo do direito designado através da conexão subsidiária. Nestes casos — por certo muito raros — deverá aplicar-se o direito material da *lex fori,* conforme resulta do art. 348.º, 3: «Na impossibilidade de determinar o conteúdo do direito aplicável, o tribunal recorrerá às regras do direito comum português». É evidente que, sendo o direito aplicável um direito estrangeiro designado por uma regra de DIP, a impossibilidade a que se refere este preceito só se verificará quando também o conteúdo do direito subsidiariamente competente (se o houver) se revelar de averiguação impossível (art. 23.º, 2).

83. *Impossibilidade de determinação da conexão relevante.* A respeito da verificação concreta da conexão utilizada por certa Regra de Conflitos pode pôr-se um problema idêntico ao que versámos no número anterior: não ser possível determinar com segurança se uma determinada conexão se verifica ou não (p. ex., se certo indivíduo tem a nacionalidade de determinado Estado, ou se é apátrida), ou qual o Estado em relação ao qual essa conexão se verifica (p. ex., não se sabe se certo indivíduo é holandês ou belga).

Também nestes casos se deve começar por recorrer à regra da *maior probabilidade.* Se certo indivíduo é mais provavelmente apátrida do que nacional de certo Estado, deve ser tratado como apátrida. Se o apátrida tem a sua residência mais provavelmente na Bélgica do que na França, deve aplicar-se o direito belga ao seu estatuto pessoal. Se certo indivíduo é mais provavelmente alemão do que holandês, será considerado alemão. Tudo depende, evidentemente, de os elementos de prova disponíveis serem ou não bastantes para criar aquele grau de probabilidade considerado suficiente para as decisões humanas. E o certo é que, quando a dúvida respeita apenas à questão de saber em relação a qual de dois Estados a conexão efectivamente se verifica, só muito raramente deixará de haver indícios ou circunstâncias capazes de fazer presumir como bastante mais provável uma das hipóteses postas em alternativa.

Para a hipótese, porém, de se revelar impossível determinar com suficiente probabilidade «os elementos de facto ou de direito de que depende a designação da lei aplicável», a 2.ª parte do n.º 2 do mencionado art. 23.º manda proceder do mesmo modo que na hipótese de impossibilidade de averiguação do conteúdo da lei aplicável. Quer dizer: deverá recorrer-se a uma conexão subsidiária. Na hipótese extremamente improvável de também não ser possível resolver a dificuldade por esta via, haverá que, em último termo, aplicar ao caso a *lex fori*.

CAPÍTULO VII

DA ORDEM PÚBLICA INTERNACIONAL

BIBLIOGRAFIA: Além dos trabalhos adiante citados, merecem consulta: GAMA E SILVA, *Da ordem pública no DIP,* São Paulo, 1944; NIEDERER, *ob. cit.,* pp. 284 e segs.; TABORDA FERREIRA, *Acerca da ordem pública no DIP, in* «Rev. de Direito e Est. Sociais», ano X (1959), pp. 1-15 e 185-200; LAGARDE, *Recherches sur l'ordre public en DIP,* 1959; MAURY, *L'éviction de la loi normalement compétente: l'ordre public international et la fraude à la loi,* 1953; MALAURIE, *L'ordre public et le contrat,* 1953; CONSTANTIN SIMITIS, *Gute Sitten und ordre public,* 1960; KARL H. NEUMAYER, *Zur positiven Funktion der kollisionsrechtliche Vorbehaltsklausel, in* «Festschrift Dölle», vol. II, 1963, pp. 179 e ss.

84. *Ordem pública interna e ordem pública internacional.* Frequentemente o legislador recorre a conceitos indeterminados ou a cláusulas gerais («boa fé», «bons costumes», «justa causa», «diligência de um bom pai de família», etc.). Por esta via, permite tomar em conta as circunstâncias particulares do caso (justiça individualizante, *ius aequum*) — transferindo para o juiz a tarefa de *concretizar* a disposição legal no momento da sua aplicação —, permite adaptar o direito à modificação das circunstâncias decorrentes da evolução social-histórica e permite tomar em conta regras e valores extrajurídicos. Os sectores do direito em que vigoram as referidas cláusulas gerais são, portanto, sectores «abertos»: abertos à consideração das particularidades do caso, abertos à consideração de valores e máximas extrajurídicos, abertos à evolução das concepções sociais e da técnica.

Dentre as cláusulas gerais merece especial destaque, pela sua proeminência, aquela que se refere à *ordem pública.* No direito interno, tal cláusula acha expressão no art. 280.º, 2, do nosso Código: «É nulo o negócio contrário à ordem pública, ou ofensivo dos bons costumes». Para o DIP, temos o art. 22.º, 1, do mesmo Código, dispondo: «Não são aplicáveis os preceitos da lei estrangeira indicados pela norma de conflitos, quando essa aplicação envolva ofensa dos princípios fundamentais da ordem pública internacional do Estado português».

Em direito interno costumam qualificar-se como *de ordem pública* (ordem pública interna) aquelas normas e princípios jurídicos absolutamente imperativos que formam os quadros fundamentais do sistema, sobre eles se alicerçando a ordem económico-social, pelo que são, como tais, inderrogáveis pela vontade dos indivíduos. Seriam, assim, de o. p., entre outras, aquelas normas que estabelecem as regras fundamentais da organização económica, as que visam garantir a segurança do comércio jurídico e proteger terceiros, as que tutelam a integridade dos indivíduos e a independência da pessoa humana e protegem os fracos e incapazes, as que respeitam à organização da família e ao estado das pessoas, visando satisfazer um interesse geral da colectividade, etc.

Poderíamos, em suma, dizer, com MALAURIE, que a o. p. se consubstancia no «bom funcionamento das instituições indispensáveis à colectividade». Ela coordena e limita os institutos e princípios basilares do sistema jurídico, em ordem a garantir a subsistência de cada um, só possível dentro do equilíbrio do todo. Representa, por assim dizer, o sector-piloto do sistema (1).

Todavia, a despeito de tais princípios constituírem as linhas de resistência e as coordenadas básicas da ordem jurídica interna, a verdade é que em numerosas situações de natureza internacional eles deixam de operar, por isso que o DIP local manda aplicar a tais situações leis estrangeiras, de conteúdo vário e desconhecido. Quer dizer: certas relações que, enquanto relações de ordem interna, estariam subordinadas a disposições de o. p. da lei portuguesa, são por força do nosso DIP submetidas a leis estrangeiras, porventura dominadas por princípios diferentes ou até opostos.

Exemplos: (1) É de o. p. a norma de direito interno segundo a qual a maioridade se alcança aos 21 anos. Não obstante isto, um egípcio muçulmano será indubitavelmente considerado maior em Portugal desde a idade de 18 anos, porque assim o estabelece a respectiva

---

(1) Sobre a «ordem pública» e os «bons costumes» no direito interno, cfr. sobretudo VAZ SERRA, *Objecto da obrigação*, no B. M. J., n.º 74, pp. 135 e ss., 174 e ss.

legislação nacional. (2) O nosso DIP subordina os direitos e obrigações pessoais dos cônjuges, em princípio, à lei da nacionalidade de ambos. Ora as leis estrangeiras relativas a esta matéria, muito diversas entre si e sempre modificáveis pelo respectivo legislador, não foram nem poderiam ser conhecidas e apreciadas, em pormenor, pelo nosso. Suponhamos então que uma lei estrangeira dessa categoria atribui ao marido o direito de sujeitar a mulher a cárcere privado: será aplicável entre nós uma norma deste teor, tão contrária às concepções da nossa ordem jurídica? (3) Pensemos agora numa daquelas convenções em que a liberdade contratual se consome a si própria — em que se vincula a liberdade individual desmesuradamente — como, por ex., uma convenção de não-concorrência sem limites no tempo e no espaço, e suponhamos que o indivíduo vinculado por tal contrato — submetido a uma lei estrangeira que porventura o permita — vem para Portugal exercer o ramo de comércio em causa. Poderá a outra parte obter do tribunal português a execução do convénio? (4) Suponhamos, por último, que pretendem casar-se em Portugal dois estrangeiros cuja lei nacional proíbe o casamento, por diferença de religiões ou de raças. Deverá o conservador do Registo Civil respeitar esta norma proibitiva da lei estrangeira?

Facilmente se vê, pois, que o sistema das regras de conflitos, no primeiro impulso dos princípios que o norteiam, passa por cima de todas as diversidades dos ordenamentos jurídicos estrangeiros, a todos abrangendo no seu chamamento. Opera-se, assim, como diz RAAPE, um «salto para o desconhecido» («Sprung ins Dunkle»). Mas serão inteiramente irrelevantes, no âmbito do DIP, todas essas possíveis divergências entre o nosso ordenamento material e os ordenamentos materiais estrangeiros?

Toda a ordem jurídica está orientada para determinado ideal de justiça, satisfaz determinados postulados sociais, políticos e económicos, e todo o Estado tem um interesse elementar na conservação da harmonia interna e na manutenção da pureza das concepções nacionais basilares, em impedir «a miscegenação com concepções fundamentalmente heterogéneas».

Ora, por um lado, nós sabemos que a designação de uma lei estrangeira para regular determinada relação jurídica não significa que essa relação não possa manter conexões mais ou menos estreitas com o Estado do foro (o domicílio ou a residência das partes, por ex.); e que, através dessas ligações, uma situação efectivamente moldada pelo direito estrangeiro pode ser um elemento estranho e perturbador no corpo da ordem jurídico-social do foro, verdadeira pedra de escândalo das concepções éticas («bons costumes») que são moeda corrente nesta comunidade. Por outro lado, aquele voto de confiança que o direito de conflitos concede aos legisladores estrangeiros vai certamente condicionado, mesmo que a situação a julgar não tenha qualquer ligação efectiva com a *lex fori,* ao pressuposto de que esses legisladores não ditarão normas ofensivas dos mais elementares princípios de justiça (tal como concebidos nas nações civilizadas). É que, como refere BATIFFOL, o elemento normativo-racional de todo o direito tem, por natureza, uma vocação universal. Por outras palavras: como não podia deixar de ser, o próprio DIP está ainda sob o comando daquela concepção mais elementar de justiça que gerou as linhas de rumo essenciais da ordem jurídica global (incluindo as normas de Direito de Conflitos) e à qual nenhuma lei pode renunciar sem se negar a si própria.

Daqui se segue que o juiz precisa de ter à sua disposição um meio que lhe permita precludir a aplicação de uma norma de direito estrangeiro, quando dessa aplicação resulte uma intolerável ofensa da harmonia jurídico-material interna ou uma contradição flagrante com os princípios fundamentais que informam a sua ordem jurídica. Esse meio ou expediente é a *excepção de ordem pública internacional* ou reserva da ordem pública.

Vemos, assim, que há um domínio dentro do qual joga livremente o princípio da «justiça internacional», da justiça própria do DIP (e que KEGEL denominou «der internationale Gerechtigkeitsspielraum») — domínio em que o legislador estadual abdica das suas particulares concepções de justiça material por as reconhecer espácio-temporalmente condicionadas — e que esse domínio é limitado, *a posteriori,* ao contacto com as diversas realidades factuais e legislativas, pela consideração de fundamentais interesses jurídicos, económicos, ético-religiosos e políticos da ordem jurídica do foro.

Em face do que vai dito, já podemos avançar o seguinte:

a) Há normas e princípios de o. p. *interna* que o não são de o. p. *internacional.*

b) A origem do problema da o. p. internacional reside na carência de uma genuína comunidade jurídica internacional, pois, se todos os Estados estivessem subordinados aos mesmos princípios ético-jurídicos fundamentais, é evidente que tal problema não surgiria.

c) A o. p. internacional funciona por via de excepção, desencadeando o seu efeito no momento da aplicação da lei estrangeira designada, ao contacto com as combinações ímpares e imprevisíveis das circunstâncias do caso com o teor da norma estrangeira a aplicar.

85. *Concepção apriorística e concepção aposteriorística da o. p.* Entendemos, pois, por excepção ou reserva de o. p. internacional a reserva que vai implícita em toda a remissão que o DIP opera para os direitos estrangeiros, reserva essa que se destina a impedir que a aplicação de uma norma estrangeira conduza, no caso concreto, a um resultado intolerável. Neste sentido, trata-se de uma cláusula ou princípio geral, equiparável às fórmulas da «boa-fé» a do «abuso de direito» na ordem jurídica material interna, e é comum a todos os ordenamentos jurídicos.

Já por aqui vemos também qual seja a função da aludida reserva: afastar o direito estrangeiro de cuja aplicação ao caso resultaria uma lesão grave para a boa harmonia e equilíbrio da nossa ordem jurídica, ou ofensa dos seus pressupostos mais essenciais; significando a sua intervenção, portanto, uma *excepção* à aplicação da ordem jurídica designada como competente [1].

Outra foi, porém, a concepção da o. p. internacional dominante entre os internacionalistas dos países latinos (especialmente franceses e italianos) — concepção a que se tem chamado «apriorística». Para estes autores, a o. p. internacional consubstancia-se numa *qualidade inerente a determinadas normas materiais do foro,* que postularia a extensão do domínio de aplicação destas mesmo a hipóteses ligadas por certos elementos de conexão a ordenamentos estrangeiros, em derrogação a normas de conflitos gerais porventura existentes no

---

[1] Trata-se, simplesmente, de precludir, no caso *sub judice,* um resultado intolerável. Não se emite um juízo de valor sobre a norma estrangeira como tal, nem — muito menos — sobre a ordem jurídica estrangeira no seu conjunto.

sistema. Tais normas materiais eram então chamadas leis ou regras de o. p. internacional.

Esta orientação vem, na doutrina francesa, desde PILLET, para quem as leis de o. p. eram as leis de garantia social, as quais teriam competência territorial e valor extraterritorial. Seriam, pois, leis de competência absolutamente normal, como quaisquer outras. Os tribunais locais, quando chamados a aplicar as leis de o. p. dimanadas do seu próprio legislador a uma relação ligada a sistema jurídico estrangeiro por algum dos seus elementos, fá-lo-iam porque essas leis postulam de per si uma aplicação geral: seriam leis de competência territorial, leis gerais para todos os indivíduos e todas as situações jurídicas.

Mas hoje os melhores tratadistas, mesmo os latinos, abandonaram já essa posição (1), e, quando se referem à o. p. internacional, costumam visar apenas a cláusula geral de reserva no sentido atrás referido. Admite-se, em regra, a possibilidade de, em certos domínios jurídicos *mais sensíveis,* se elaborarem regras de conflitos unilaterais (latentes no sistema inacabado do direito conflitual e a que por vezes se chama «cláusulas especiais de o. p.»), pelo recurso a elementos especiais de conexão com o ordenamento do foro, na escolha dos quais encontrariam expressão as particulares concepções ético-jurídicas, económicas ou religiosas desse ordenamento. Tais regras de conflitos unilaterais é que conduziriam sempre à aplicação da lei do foro, qualquer que fosse o conteúdo da lei estrangeira que, na ausência delas, seria a competente. Quanto a tais normas de conflitos, sim, é que se poderia falar de uma preclusão *a priori* da aplicação da lei estrangeira (2).

---

(1) Tal não é, porém, o caso de QUADRI, que se mantém fiel à ideia de que a o. p. internacional «não é juridicamente um 'limite', um 'obstáculo' à aplicação do direito estrangeiro; mas é, pelo contrário, a própria esfera de vigor excepcionalmente amplo de alguns princípios da *lex fori*». Teria, pois, um sentido e alcance «positivo», e não «negativo». Cfr. *Lezioni, cit.,* p. 309.

(2) Tais normas de conflitos unilaterais encontrar-se-iam implícitas em muitas leis ou normas que contendem com a salvaguarda da organização política, social ou económica do Estado do foro, leis essas que poderiam ser por isso mesmo designadas como «leis de aplicação imediata ou directa», no sentido de que se subtraem às regras normais de Direito de Conflitos. Sobre esta matéria, cfr. *Âmbito, cit.,* pp. 277 e ss.

Quando se fala, porém, em o. p. internacional, tem-se geralmente em vista evitar os resultados chocantes a que se seria conduzido através do jogo normal das próprias regras de conflitos (escritas ou elaboradas por via interpretativa) — e o carácter chocante desses resultados somente ganha corpo no momento da aplicação, combinado o conteúdo normativo da lei material chamada com as circunstâncias do caso.

Resta dizer aqui que estão fora do âmbito do problema específico da o. p. internacional as leis políticas, as leis penais, as leis de polícia e segurança, bem como as leis monetárias e fiscais — enfim, todas as leis de direito público, já que o primeiro pressuposto do recurso àquele expediente é que se esteja em presença de um caso de competência normal da lei estrangeira designada pelo nosso DIP.

86. *Critérios gerais de delimitação da o. p.* Está fora de causa a necesidade da reserva de o. p. Mas também é patente a necessidade de «indicar critérios juridicamente fundamentados», que sejam aptos a conter dentro dos limites convenientes a «corrente livre do sentimento jurídico do juiz» (GUTZWILLER). Com efeito, o perigo inerente à excepção de ordem pública reside na sua *indeterminação* e na consequente possibilidade de se fazer dela um uso excessivo.

O problema não se resolve com uma definição, pois a ordem pública é indefinível conceitualmente, como indefinível é o «estilo» ou a «alma» de uma ordem jurídica. Por isso a noção de ordem pública não é unívoca, *se bem que o seja a sua função.* Por outro lado, todos os conceitos substitutivos valem o mesmo em última análise: eles apenas nos darão, como diz KAHN, «no melhor dos casos, valores aproximados para a grande incógnita: *sentido e espírito de uma determinada ordem jurídica*».

A ordem pública escapa aos maiores refinamentos da análise, porque transcende sempre, em último termo, as coordenadas analíticas com que a tentamos apreender. É que não se trata de um valor jurídico entre muitos outros, mas — digamos — do lugar geométrico de todos os valores jurídicos. Importaria acordar para a vida, no substracto ético-jurídico da comunidade, historicamente sedimentado, os radicais ou «étimos» do sistema (1) para nos assegurarmos daquilo que a sua dinâmica interna (o seu «metabolismo») rejeita como inassimilável (2).

Por isso é que, quando se trata de fixar o conteúdo da reserva ou excepção de ordem pública, de determinar conceitualmente, isto é, por via geral, as hipóteses em que tal excepção deve intervir, todos os critérios propostos pelos tratadistas falham ou se revelam insatisfatórios. Vários têm sido esses critérios, todos contendo uma parcela de verdade, nenhum sendo, porém, decisivo.

a) *Critério da natureza dos interesses ofendidos:* — A ordem pública intervém sempre que a aplicação da norma estrangeira possa envolver ofensa dos interesses superiores do Estado ou da comunidade local. É esta a ideia fundamental da doutrina de MANCINI. Mas ela não resolve o problema; pois restaria apurar quais são esses interesses superiores intangíveis, como podem ser lesados e qual o grau de lesão que ainda consentem em nome do princípio da «justiça do DIP».

b) *Critério do grau de divergência:* — A aplicação do direito estrangeiro será precludida sempre que, entre as disposições aplicáveis desse direito e as disposições correspondentes da *lex fori,* exista divergência essencial. Este critério também se revela insatisfatório. É claro que somente quando essa divergência for na verdade essencial deverá intervir a excepção de ordem pública. Casos há, porém, em que existe tal divergência e, todavia, o problema da ordem pública não se põe. E qual será, depois, o critério para aferir da essencialidade da divergência?

---

(1) «Toda a ordem é mantida e continuamente se renova por virtude das mesmas forças que lhe deram origem» (STEINTHAL).

(2) Não tem que nos surpreender esta indeterminação conceitual. Observa SCHNITZER que o direito não pode renunciar a tais conceitos lábeis, porque é um sistema vivo que se modifica com a mutação das circunstâncias. Também o teor de conceitos como «boa fé», «bons costumes», «cuidado de um *diligens paterfamilias*», «man of the street» (ou «homem médio»), «abuso do direito», etc., sofre alteração com a variação das condições culturais e técnicas. Diríamos que, através destes expedientes da técnica jurídica, considerações de «justiça natural» são reintroduzidas no direito positivo, por força dos princípios deste mesmo direito.

c) *Critério da imperatividade:* — Serão de ordem pública as disposições rigorosamente imperativas do sistema jurídico local. Para evidenciar o defeito deste critério, bastará dizer que nem todas as normas da *lex fori* absolutamente imperativas são normas de ordem pública internacional. Característica das normas de ordem pública é serem imperativas — mas essa nota não basta.

Obteremos porventura uma maior aproximação da verdade fazendo uma síntese de todos estes critérios. Diríamos então: será recusada a aplicação da lei estrangeira competente sempre que ela contenha uma regulamentação essencialmente divergente da consagrada em disposições correspondentes da *lex fori,* quando estas disposições sejam inspiradas pelos interesses gerais da comunidade e sejam, por isso mesmo, rigorosamente imperativas.

Essas características, porém, convêm não só às leis de ordem pública internacional como às de ordem públicas interna. Ora nem todas as normas de ordem pública interna são normas de ordem pública internacional. Exemplo: as normas que exigem para a validade de certos negócios jurídicos a forma autêntica, visando garantir a segurança do tráfico jurídico e sendo, pois, de ordem pública interna, não impedem que se aplique em DIP, na generalidade dos casos, a regra «locus regit actum». O mesmo se diga, *mutatis mutandis,* em relação à norma do Cód. Civ. que proíbe os testamentos conjuntos.

Aproveitando este critério misto, haveria que completá-lo, pois, com outros elementos. Diríamos então que, para que possa ou deva intervir a excepção de ordem pública internacional, será necessário que as disposições de direito privado da *lex fori* divergentes das da lei estrangeira normalmente aplicável sejam fundadas em razões de ordem económica, ético-religiosa ou política.

Este critério, porém, não vale por uma definição: não tem senão um valor de aproximação e não pretende mais que fornecer uma orientação ao juiz. A este competirá, em face de cada caso concreto e socorrendo-se do seu senso jurídico, apurar se a aplicação da lei estrangeira considerada competente importaria na hipótese um resultado intolerável [1], «quer do ponto de vista do comum sentimento

---

[1] Traduzido, no plano psicológico, por uma reacção fortemente desaprovadora do seu espírito de jurista, formado no estudo do direito interno.

ético-jurídico ('bons costumes'), quer do ponto de vista dos princípios fundamentais do direito português: algo de inconciliável com as concepções jurídicas que alicerçam o sistema» (1).

Não é possível estabelecer um catálogo completo dos princípios de o. p., mediante uma indagação abstracta; isto porque, além de ser impossível prever as flutuações da consciência colectiva e do conteúdo do direito vivo, o carácter de o. p. de certo princípio muitas vezes só se revela através da experiência, isto é, da prática judicial (2).

87. *Termos em que deve circunscrever-se a o. p. internacional; pressupostos da sua intervenção.* Mas não consentirá a intervenção da o. p. internacional quaisquer outras delimitações? Da função assinalada à o. p. podemos já concluir que ela se flecte à curvatura concreta da situação, que leva em si uma medida que varia conforme as circunstâncias concretas do caso.

Ora, segundo a doutrina dominante, a dita excepção ou reserva vê-se desde logo balizada na sua intervenção pelo facto de o juiz a não poder fazer valer senão «quando uma ligação estadual de intensidade 'primária' torne efectiva a dissonância entre a *lex fori* e a lei estrangeira» (GUTZWILLER). O caso deveria apresentar uma ligação suficientemente estreita com a ordem do foro para que se justificasse a intervenção da ordem pública. É este também um dos importantes ensinamentos de KAHN. A existência de uma conexão com o Estado local («Binnenbeziehung», «Inlandsbeziehung») importaria de maneira decisiva para a intervenção da ordem pública.

Este ponto de vista merece ser acolhido, em princípio. Como afirma NIEDERER, a questão da exigência ou não exigência de uma conexão do caso com a lei do foro depende em última análise de se identificar o objecto tutelado pela ordem pública, os princípios e ideais da própria ordem jurídica, com o conceito de uma *justiça*

---

(1) Cfr. FERRER CORREIA, Anteprojecto de 1951, nota ao art. 34.º («Boletim do Min. da Justiça», n.º 24).

(2) Por isso se reconhece hoje que a resolução de 1910 do Institut de DI (v. *Annuaire*, 1910, pp. 458 e ss.), recomendando aos legisladores que precisassem quais as suas disposições de o. p., se baseou num postulado ingénuo.

absoluta em si ou com o conceito de uma *justiça apenas relativa.* Partindo do único suposto razoável «de que nenhum humano sentimento jurídico, por mais perfeito que seja, pode valer como expressão da justiça divina absoluta» (NIEDERER), de que, portanto, esse sentimento jurídico depende do tempo, lugar e outras circunstâncias, deverá afirmar-se a exigência de uma ligação da hipótese à ordem jurídica do foro como pressuposto da intervenção da o. p.

Com efeito, é somente então, dada essa conexão com a *lex fori,* seja ela qual for (nacionalidade ou domicílio de uma das partes, etc.), que o caso virá a ter impacto no ordenamento da *lex fori,* enquanto ordem jurídica efectiva (1); ganhando, assim, aquela divergência entre a *lex fori* e a lei estrangeira relevância decisiva, em virtude de se poder vir a criar uma situação jurídica que, como corpo estranho e inassimilável, ficaria a «poluir» o dito ordenamento do foro.

Por outro lado, reconhecida a relatividade do conceito de justiça, já estará certo exigir do juiz que renuncie ao seu próprio sentimento jurídico, local e temporalmente condicionado, sempre que a hipótese não apresente qualquer relação com as circunstâncias de lugar e de tempo nas quais e das quais nasceu, afinal, tal conceito de justiça.

Nesta doutrina, a intensidade da o. p., determinada pela divergência entre as concepções da justiça material *fori* e as da lei estrangeira, seria tanto maior quanto mais forte fosse a ligação do caso com o Estado do foro — o que provocaria uma compressão ou uma expansão conceito de o. p., uma variação do seu grau de incidência, conforme a situação concreta. Em todo o caso, para a o. p. intervir, será sempre necessário que o direito estrangeiro aplicável *atropele grosseiramente* a concepção de justiça de direito material, tal como o Estado do foro a entende. Será sempre preciso que esse direito estrangeiro comova ou abale os próprios fundamentos da ordem jurídica interna (pondo em causa interesses da maior transcendência e dignidade), que ele seja de molde a «chocar a consciência e provocar uma exclamação», para que se justifique um desvio da linha de justiça do DIP através da excepção da o. p.

---

(1) No sentido de efectivamente vivida e realizada, na prática jurisprudencial e administrativa e na conduta dos indivíduos espontaneamente conforme com a lei — e não como sistema jurídico abstracto.

No entanto, no caso de divergências abissais entre as duas ordens jurídicas materiais, isto é, no caso de leis estrangeiras que abalem o mais profundo do sentimento jurídico interno por entrarem em conflito com os princípios fundamentais da ordem jurídica nacional considerados como inamovíveis e imutáveis, como património intangível de que compartilha uma comunidade cultural — em tal caso há que renunciar à exigência da referida «ligação» com o Estado do foro («Inlandsbeziehung»). Aqui, o simples facto de um tribunal interno ser chamado a aplicar tais normas — ficando o caso tangencial à ordem interna — seria pressuposto suficiente para fazer intervir a excepção de o. p. Estariam neste caso, por ex., a expropriação sem indemnização (confisco), a negação de direitos fundamentais aos judeus na Alemanha nazi, certos direitos sobre pessoas nas comunidades primitivas, etc. É que o princípio que manda reconhecer capacidade jurídica a todos os seres humanos, assim como o princípio da igualdade de todos perante a lei e o respeito pelos direitos fundamentais da pessoa humana são princípios jurídicos que nós consideramos como *expressão de uma justiça absoluta* ([1]).

Fora destes casos, fica de pé aquela «medida objectiva da ligação da relação jurídica com a ordem do foro» ([2]).

([1]) Diz-se a este propósito que a primeira função da o. p. é defender o «direito natural» *(lato sensu)* ou os ideais de justiça comuns às nações civilizadas. Também a jurisprudência britânica se reporta por vezes à «natural justice» quando faz intervir a sua «public policy». Contudo, deve notar-se que essas concepções fundamentais comuns sofrem refracção através da óptica particular da ordem jurídica estatal, onde se combinam com interesses vitais complexos próprios de estruturas sociais fortemente evoluídas e diferenciadas. Os pontos mais delicados ou sensíveis dessa ordem jurídica podem-no ser não só em razão da corresponderem a um presumível direito natural, como também em razão da sua essencialidade na construção do conjunto ou por força de uma política legislativa reformadora que encontra forte reacção por parte de uma opinião pública dividida.

Por isso é que todos os autores concordam em que o direito natural não poderia justificar senão uma parte das intervenções da o. p. (aquela parte em que ela intervém na sua veste verdadeiramente «internacional», segundo alguns).

([2]) KALLMAN, *Anerkennung und Vollstreckung, cit. apud* VISCHER, *Die rechtsvergleichenden Tatbestände im IPR*, p. 95. No mesmo sentido, SCHNITZER, *Handbuch*, 4.ª ed., pp. 234-236.

Vemos, assim, que o conteúdo da lei estrangeira competente não é, em geral, só por si decisivo para fazer entrar em jogo a excepção de o. p. Serão antes as circunstâncias ou os resultados da aplicação dessa lei ao caso concreto os factores decisivos do seu afastamento por uma razão de o. p., entre essas circunstâncias se contando — a maior parte das vezes, mas não sempre — um elemento de conexão com o Estado do foro.

Nem estará porventura excluída a hipótese referida por certos internacionalistas — mas que será deveras rara — de dever afastar-se, em razão da o. p. internacional, a aplicação duma lei cujo conteúdo em nada contradiz os princípios jurídicos do foro, por essa aplicação conduzir a resultados chocantes no caso em apreço, em virtude de uma complexa e anormal combinação das circunstâncias.

Normalmente, depois de estabelecida a *incompatibilidade abstracta* (referida ao conteúdo da lei estrangeira), será mister estabelecer uma *incompatibilidade concreta,* isto é, determinar se a intensidade da ligação da relação considerada à ordem jurídica do foro, ou outras circunstâncias do caso, justificam a intervenção da reserva de ordem pública.

Importa, pois, afirmar de uma maneira mais geral que é a *aplicação ao caso* da lei estrangeira que há-de revelar a chocante contradição com as concepções ético-jurídicas que têm curso na ordem do foro e, assim, justificar a intervenção da reserva da o. p. Por isso, será necessário examinar as circunstâncias de facto dessa aplicação antes de se decidir sobre a intervenção da dita reserva.

A fórmula do art. 22.º, 1, do nosso Código, segundo a qual não são aplicáveis os preceitos da lei competente «quando essa *aplicação* envolva ofensa» da nossa o. p., parece justamente apontar para a ideia de que a violação da dita o. p. deve ser apreciada em face do caso concreto.

88. *Características da o. p.; situações constituídas no estrangeiro e efeito atenuado da o. p.* Também da função que lhe assinalámos se deixam deduzir as características definidoras da o. p. internacional.

Antes de mais, já vimos que a o. p. tem um carácter de *excepção* — excepção à aplicação da lei normalmente aplicável —, intervindo *a posteriori.* Claro que os princípios que determinam a sua aplicação são princípios inspiradores de todo o sistema — os seus arquétipos, diríamos. Dado, porém, o carácter *contingente* e *concreto* por que a o. p. em regra se determina e a afirmação do princípio de justiça do DIP, postulado pelos interesses que serve este direito, a o. p. não poderá deixar de intervir em geral por via de *excepção,* como um elemento perturbador do sistema, um mal necessário, que, como tal, se deverá reduzir ao mínimo. É que a própria remissão da regulamentação do caso para uma legislação estrangeira significa que em regra a situação concreta gravita na órbita de uma ordem jurídica que não é a local — e daí, até, como já fizemos ressaltar, a exigência, em princípio, de uma qualquer ligação com o Estado do foro como pressuposto da intervenção da o. p.

Além daquele carácter de excepção, do carácter contingente e concreto, do carácter nacional ou relativo a uma ordem jurídica determinada — que é de per si evidente — e da sua essencial *imprecisão,* a o. p. afirma-se ainda com um carácter de «*actualidade*». Com efeito, facilmente se compreende que esse *remédio* é função da concepção que domina no país do foro no *momento do processo.* Também esta característica é inerente à própria função assinalada à o. p.: o «visto» que o juiz do foro dá, no dia do julgamento, à lei estrangeira designada como competente, deve ser concedido segundo as exigências ético-jurídicas contemporâneas do litígio (1). Sobre esta «actualidade» da o. p., a doutrina internacional é mais ou menos pacífica. Não é possível estabelecer aqui cânones gerais: quase tudo depende do tacto e segurança do senso jurídico do juiz, o qual terá de sopesar uma pluralidade de concepções na sua constante mutabilidade, ao executar esta tarefa, que se lhe impõe, de

---

(1) Entende-se que, se uma situação jurídica se constituiu validamente no estrangeiro de acordo com a lei que lhe é aplicável, o facto de a intervenção da o. p. se opor à sua efectivação no Estado do foro não significa que ela seja ferida de nulidade: ela é simplesmente afectada de ineficácia, na direcção visada ou *in totum,* relativamente ao *actual* ordenamento jurídico do foro. Isto importa, pelo menos, a seguinte consequência: sobrevindas modificações na ordem jurídica local das quais resulte que tal situação já não é contrária à sua o. p., poderá ela, nessa altura, ser reconhecida e produzir efeitos aí.

decidir em estreita ligação com a vida e a conjuntura do momento. É que a o. p., como acentuámos, reveste um carácter de *remédio* ou *válvula de segurança* que opera no momento da decisão.

Não quer isto dizer, porém, que o facto de se tratar de uma *relação já constituída ou de um direito adquirido não exerça o seu peso na balança de precisão da o. p.* Esta é exactamente, de sua natureza, extremamente sensível a todos os pormenores e elementos fácticos que na situação se congreguem. E por isso bem se compreende o ensinamento da doutrina corrente segundo a qual, em matéria de reconhecimento no Estado do foro de efeitos de situações jurídicas constituídas no estrangeiro, a intervenção da o. p., se bem que não deva ser excluída em princípio, tem um *efeito atenuado,* quer dizer, só se manifesta nos casos mais graves.

Assim, p. ex., muito embora a nossa o. p. se oponha ao casamento poligâmico, talvez já não deva levantar obstáculo a que uma das mulheres de um estrangeiro, casada regularmente no seu país de origem, possa exigir alimentos do marido ou se habilite como sua herdeira. Pode mesmo entender-se que, em casos destes, o que violaria a o. p. portuguesa seria o próprio facto da constituição (ou da extinção) da situação jurídica em Portugal; de modo que, se esse facto teve lugar no estrangeiro, a nossa o. p. não foi propriamente afectada.

Um outro exemplo que pode referir-se neste contexto é o do reconhecimento de sentenças estrangeiras de divórcio. Como o sistema português de reconhecimento de sentenças estrangeiras é o sistema de revisão formal ou delibação, o tribunal português de revisão não aprecia, em regra, o mérito da causa (cfr. arts. 1094.º e segs. do C. P. C.). Deste modo, parece que o tribunal revisor, ao verificar o requisito da al. *f)* do art. 1096.º (que a sentença a rever «não contenha decisões contrárias aos princípios de ordem pública portuguesa»), deverá em princípio indagar apenas se a decisão em si mesma é contrária à o. p. portuguesa. Ora o divórcio, em si, não é contrário à nossa o. p., visto o nosso direito admitir o divórcio. E o resultado será que, pela via da confirmação das sentenças estrangeiras, poderão ser reconhecidos em Portugal certos divórcios que não poderiam ser decretados pelos tribunais portugueses, por estes se recusarem, em nome da nossa o. p., a decretar um divórcio com fundamentos que, embora relevantes para o efeito em face da lei pessoal dos cônjuges, não sejam simultaneamente admitidos pela lei portuguesa.

Deve ainda salientar-se que, conforme acertadamente nota AGO [1], a o. p. do Estado do foro apenas se opõe à aplicação neste Estado de *critérios normativos* estrangeiros cuja aplicabilidade decorre duma Regra de Conflitos; mas já nada tem a ver com aquelas outras normas que fornecem à norma aplicável um dos seus pressupostos de facto. AGO ilustra este ponto de vista com o exemplo corrente na doutrina em que o problema a resolver consiste na determinação dos direitos sucessórios do filho de um muçulmano polígamo. Escreve a este propósito: — «A norma de DIP da *lex fori* insere no ordenamento interno, para regular a questão, a norma relativa à sucessão da lei nacional do *de cuius,* norma segundo a qual serão atribuídos determinados direitos aos filhos legítimos. Para se saber o que entende a norma estrangeira por filhos legítimos, será portanto necessário recorrer a outras normas do mesmo ordenamento estrangeiro, e particularmente àquelas que regulam a filiação legítima e a validade do matrimónio poligâmico. Mas importa não esquecer que tal referência a outras normas do ordenamento estrangeiro diferentes daquelas para que remete a regra de conflitos, mais não é do que um elemento do processo de interpretação da norma estrangeira sobre as sucessões (...), e que isso não constitui de modo algum uma regulamentação da relação de filiação ou da relação matrimonial na ordem jurídica interna, e não implica qualquer inserção em tal ordenamento das normas estrangeiras relativas àquelas relações».

AGO refere-se aqui àquelas hipóteses, que adiante definiremos como hipóteses de «questão prévia» ou de «referência pressuponente», em que as normas estrangeiras relativas a uma situação jurídica prejudicial ou condicionante não são objecto de chamamento por parte da Regra de Conflitos, mas apenas são *consideradas,* no processo de aplicação da norma material chamada por esta regra, enquanto fornecessem o dado ou pressuposto a que a dita norma material aplicanda se reporta na sua hipótese legal. Como tais normas relativas à situação prejudicial não são *aplicadas* no Estado do foro, a *o. p.* deste Estado não é por elas afectada.

---

[1] *Teoria del DIP, cit.,* pp. 321 e ss.

Queremos ainda salientar que a o. p., se bem que o seu efeito primário seja sempre negativo ou impeditivo, porque se traduz sempre em afastar a aplicação do preceito estrangeiro em princípio aplicável, pode, em relação a uma determinada situação jurídica, exercer uma de duas funções: uma função proibitiva ou negativa e uma função permissiva ou positiva. Dá-se o primeiro caso, quando a o. p. impede a constituição ou extinção duma situação, permitida pela lei competente. É o que se passa quando os tribunais portugueses se recusam a decretar o divórcio entre estrangeiros por fundamentos triviais ou por fundamentos que não correspondem aos da lei portuguesa. Dá-se a segunda hipótese, p. ex., quando nos recusamos a aplicar uma norma estrangeira que estabeleça como impedimento à celebração do casamento a diversidade de raças ou de religiões. Neste caso, admitiremos a celebração do casamento em Portugal, apesar de a lei pessoal dos nubentes o não permitir. A o. p. portuguesa exercerá, em tal hipótese, uma função *positiva* ou permissiva. O casamento em causa produzirá todos os seus efeitos próprios (jurídico-familiares) na ordem jurídica portuguesa. Já, porém, quanto aos efeitos *ulteriores* desse casamento (como, p. ex., os efeitos sucessórios), a nossa o. p. não nos vincula a admiti-los e, por isso, o problema haverá de ser resolvido de acordo com o critério a seguir em matéria de «questão prévia», de que falaremos adiante [1].

89. *Consequências da intervenção da o. p.* Façamos um apanhado dos princípios já postos quanto ao sentido e alcance da o. p. internacional. Afirmámos que a o. p., considerada na sua actuação, tem o carácter e a função de uma *excepção;* fizemos observar que o seu domínio operacional se situa ao nível dos *casos concretos sub judice* e notámos que a sua intervenção não comporta o significado de um juízo de desvalor sobre a própria norma estrangeira cuja aplicação é afastada, nem muito menos sobre o ordenamento estrangeiro no seu conjunto. Ora isto significa que toda a acção preclusiva da o. p. incide directa e unicamente sobre os *efeitos jurídicos* que,

---

(1) Cfr. *infra*, Cap. IX.

para o caso, defluem da lei estrangeira, não sobre esta *lei em si mesma* [1].

Pois bem. Afastado o *efeito* chocante que a lei estrangeira tenderia a produzir, deu-se satisfação a um postulado da ordem local, neutralizando-se a disposição da lei estrangeira, na medida em que se excluiu aquele seu efeito. A o. p., por si, não exige senão isso mesmo: a preclusão daquele resultado intolerável. Resta saber se, por fatalidade das coisas, a sua intervenção não importará, por via reflexa, em certos casos, outras consequências ulteriores.

Ora os autores em geral referem que a amputação produzida na lei estrangeira pelo afastamento da norma lesiva da o. p. do foro pode abrir uma lacuna que necessite de preenchimento, e interrogam-se sobre qual seja a lei que deverá preencher tal lacuna.

Do ponto de vista da teoria apriorística da o. p., atrás referida, parece claro que apenas à *lex fori* compete preencher o vácuo deixado pelo afastamento do direito estrangeiro competente. Nesta concepção, com efeito, a o. p. não desempenha o simples papel de uma excepção: a sua função é antes conduzir sempre à aplicação da *lex fori* em questões que respeitem a determinados sectores jurídicos e que estejam particularmente vinculadas a princípios estruturais que são autênticas linhas de resistência da ordem jurídica do foro.

É assim que, para os internacionalistas italianos que seguem na esteira de AGO, não há propriamente problema: o direito civil nacional tem uma validade geral e o direito de conflitos constitui um direito excepcional para as relações privadas internacionais. Ora, se a *excepção* não pode funcionar, deve regressar-se automaticamente à *regra*.

O problema apresenta-se a uma luz diferente quando se toma como ponto de partida — e assim o fizemos nós — a concepção aposteriorística da o. p.: a o. p. tem aqui a função de uma excepção e, por isso, a sua actuação deve ser limitada ao mínimo. Tão-pouco cabe duvidar de que, do ponto de vista desta tese, as lacunas abertas pela cláusula geral de reserva deverão ser colmatadas, sempre que

---

(1) Esta distinção é explicitamente afirmada por AGUILAR NAVARRO, *in* «Rev. Española de Derecho Internacional», 1953, p. 69, onde anota ter ela especial importância para a compreensão da o. p. e muito particularmente para a fixação dos seus limites.

possível — e sempre que por essa via se alcance uma solução que faça bom sentido —, a partir do ordenamento jurídico em princípio aplicável. Esta a doutrina quase unânime dos internacionalistas alemães.

Nesta última orientação nos parece estar, com efeito, a boa solução do problema. Notemos, porém, que a evicção da lei competente raramente conduz à formação de autênticas lacunas.

Assim, excluído o efeito impeditivo que a lei estrangeira atribua aos votos religiosos, à *disparitas cultus* ou à disparidade de raça para efeitos matrimoniais, o casamento passa sem mais a ser válido, desde que não haja na *lex patriae* outros impedimentos que se oponham à sua validade. Verificada a incompatibilidade de certo efeito de uma sentença estrangeira com a o. p. portuguesa, a recusa do *exequatur* deve limitar-se a esse efeito parcial, desde que, feita a amputação, o dispositivo da sentença em causa conserve ainda um significado útil. Afastada a aplicação à hipótese *sub judice* de uma norma estrangeira que permita o divórcio por fundamentos que o não são para a lei portuguesa, o divórcio será pura e simplesmente recusado.

Nestas hipóteses, tudo se resolveu com a exclusão do efeito ou resultado chocante — com a evicção da lei competente, como também se diz.

Mas subsiste a possibilidade de a intervenção da o. p. provocar autênticas lacunas, por via reflexa — e para tais hipóteses se formularam justamente as doutrinas expostas acima. Ora toda a questão está em saber se, nesses casos em que surge lacuna e se torna necessário colmatá-la, o juiz deve recorrer ao seu direito ou ao direito estrangeiro competente, despojado das suas estatuições chocantes.

Para a doutrina germânica, como vimos, deverá recorrer-se ao próprio direito estrangeiro, sempre que possível. E isso é sobretudo possível quando o que há de chocante no ordenamento estrangeiro resulta de uma derrogação por ele feita a uma sua regra geral ou de direito comum, pois nessa hipótese cabe aplicar a respectiva regra [1].

---

(1) Note-se que, em tais hipóteses, a lei estrangeira já não é aplicável directamente. Tratar-se-á antes de saber, afirma MAKAROV (*Internationales Privatrecht und Rechtsvergleichung*, 1949, pág. 43), se na lei competente não haverá outras disposições que possam ser aplicadas analogicamente.

É nestes termos que a solução nos é apresentada por NUSSBAUM, WOLFF e GOLDSCHMIDT, entre outros.

Entre os raros casos de autênticas lacunas provocadas pela evicção da lei competente referidos pelos autores contam-se os dois seguintes:

O crédito objecto do pleito estava submetido à lei suíça, a qual decreta a imprescritibilidade para créditos daquele tipo. Ora a imprescritibilidade de um crédito repugna à o. p. alemã. Afastada a norma da lei suíça, surge a necessidade de estabelecer o prazo prescricional a aplicar. O Supremo Tribunal alemão preencheu essa lacuna pelo recurso às disposições suíças sobre prazos de prescrição (1).

Declarada nula uma cláusula de certo contrato por contrária à o. p. portuguesa e afastada, assim, quanto a esse ponto, a solução que da *lex contractus* defluiria, a que lei competirá decidir se, uma vez considerada sem efeito tal cláusula, a convenção deve sobreviver quanto às restantes (redução do negócio jurídico) ou ser anulada *in toto?* À *lex contractus* competirá resolver o problema.

Em consonância com o que atrás vai dito, parece de aceitar o princípio do «mínimo de dano causado à lei estrangeira». Segundo este princípio, sendo afastada por força da o. p. a aplicação de uma regra especial da lei estrangeira, deve em princípio recorrer-se à correspondente disposição geral da mesma legislação, apenas se recorrendo à *lex fori* no caso de a aplicação da lei estrangeira ser de todo em todo inviável. A mesma ideia inspira o art. 22.º, 2, do nosso Código, o qual estabelece que, na hipótese em causa, se deve fazer aplicação das «normas mais apropriadas da legislação estrangeira competente», só se recorrendo ao direito interno português *subsidiariamente,* isto é, no caso de não ser possível resolver a dificuldade por aquela primeira via.

---

(1) Mas nada obstaria a que se aplicasse um prazo mais longo de prescrição, eventualmente contido na lei alemã: não se ofenderia a o. p. alemã e obter-se-ia, assim, um resultado mais próximo da valoração jurídico-material da lei suíça.

CAPÍTULO VIII

DA FRAUDE À LEI

BIBLIOGRAFIA: VERPLAETSE, *La fraude à la loi en DIP* (1938); *Reappraisal of the concept of evasion of law in private international law, in* «Rev. Hell.» 11 (1958), pp. 264 e segs.; MAURY, *L'éviction de la loi normalement compétente: l'ordre public et la fraude à la loi* (1952); RÖMER, *Gesetzesumgehung im deutschen IPR* (1955); CARRARO, *Il negozio in frode alla legge* (1943); VIDAL, *Théorie générale de la fraude* (1957); RIEZLER, *Internationales Zivilprozessrecht,* pp. 329 e ss.; NIEDERER, *ob. cit.,* pp. 322 e ss.; CASTRO FREIRE, *A fraude à lei no DIP, in* «Rev. da Ordem dos Adv.», anos 14.º-16.º, pp. 68 e ss.; MARIDAKIS, *Réflexions sur la question de la fraude à la loi d'après le DIP, in «Mélanges Maury»,* tomo I, pp. 231 e ss.; LOUIS-LUCAS, *La fraude à la loi étrangère, in* «Rev. crit.», tomo LI (1962). pp. 1 e ss.; FRANCESCAKIS, *Fraude à la loi, in* «Encyclopédie Dalloz-Droit International», II, pp. 54 e ss.

90. *Configuração do problema e exemplos.* Vimos já que as conexões das normas de conflitos são, na sua grande maioria, situáveis ou deslocáveis por acção das partes. Esta observação suscita a pergunta: poderão então as partes, manejando os elementos de conexão como alavancas de comando, determinar a seu arbítrio a lei aplicável? E tal pergunta faz surgir estoutra: se, como ensina a teoria geral do direito, não é permitido às partes frustrar o fim visado por uma norma material, se lhes não é lícito, por exemplo, subtraírem-se à proibição de uma norma de direito interno colocando-se, por meio de artifícios fraudulentos, sob o manto protector de uma outra, ser-lhes-á consentido escapar a tal proibição pelas portas de fuga que seriam as normas de conflitos, dado que, em tal caso, se trataria de excluir a própria aplicabilidade da norma proibitiva? Como já frisámos, é propósito e função normal do direito de conflitos ir ao encontro das necessidades próprias do comércio jurídico internacional, regular as situações internacionais tendo em conta a sua condição de situações não pertencentes à vida jurídica interna. Ora poderão as partes, «internacionalizando» artificialmente a sua «situação», aproveitar-se das normas de conflitos para beneficiarem da aplicação da lei que lhes for mais vantajosa?

Eis a questão que está na base do problema da fraude à lei em DIP. Ilustremo-lo com alguns exemplos:

(1) Seja o primeiro o do célebre caso Bauffremont-Bibesco, que está na origem da moderna discussão do problema. A princesa Bauffremont, súbdita francesa, depois de ter obtido em França a separação do seu primeiro marido, naturalizou-se no ducado de Saxe-Altemburgo e, valendo-se da sua nova lei nacional, que assimilava a separação ao divórcio, casou seguidamente em Berlim com o príncipe romeno Bibesco. Os tribunais franceses declararam nulo este segundo casamento, com o fundamento de que a interessada apenas havia adquirido a sua nova nacionalidade para iludir a proibição do divórcio que, ao tempo (e até 1884), existia na lei francesa.

(2) Um português naturaliza-se inglês, com vista a privar da legítima um filho natural judicialmente reconhecido (a lei inglesa permite dispor livremente por testamento da totalidade da herança), ou para se subtrair às normas da lei portuguesa que permitem a investigação judicial da paternidade ilegítima (a lei inglesa não autoriza tal investigação).

(3) Uma sociedade anónima, fundada com capitais franceses, dirigida por franceses e explorando a sua actividade exclusivamente através de filiais francesas, constituiu-se com sede na Inglaterra para se subtrair aos preceitos rigorosos da lei francesa sobre a constituição das sociedades por acções. Os tribunais franceses viram no caso uma fraude à lei francesa, pela que a sociedade foi declarada nula e instaurado o procedimento de liquidação.

(4) Dois portugueses celebram um contrato de mútuo em Portugal. A fim de se subtraírem às disposições da lei portuguesa sobre a taxa de juro legalmente consentida, escolhem para reger o seu contrato a lei brasileira (ou outra qualquer que não restrinja a taxa de juro).

(5) Uma coisa móvel, que pelo estatuto da sua actual situação não é alienável nem onerável, é transportada para outro país, a fim de aí ser vendida ou sobre ela se constituir um direito real de garantia.

Como é sabido da teoria geral do direito [1], a fraude à lei representa um procedimento pelo qual um particular realiza, por forma inusitada, um tipo legal em vez de um outro, a fim de provocar a consequência jurídica daquele, em vez da deste (KEGEL). Na fraude há, pois, a considerar a regra jurídica que é objecto de fraude — a norma a cujo imperativo se procura escapar —, a regra jurídica a cuja protecção se acolhe o fraudante, a actividade fraudatória pela qual o fraudante procura modelar artificiosamente uma situação coberta por esta segunda regra, e — para muitos autores, pelo menos — uma intenção fraudatória *(animus fraudandi).* São quatro, pois, os elementos constitutivos da fraude à lei que a doutrina costuma destacar: 1) norma fraudada; 2) norma-instrumento, 3) actividade fraudatória e 4) intenção fraudatória.

Para os autores que admitem a relevância da fraude à lei em DIP, esta não passaria de um simples caso de aplicação, neste ramo de direito, da noção geral de fraude à lei. A única diferença residiria em que a evasão à lei imperativa se opera aqui através de um meio específico: a modelação artificiosa dos supostos factuais ou jurídicos de que depende a designação da lei aplicável. A actuação fraudatória consistiria aqui *na fuga de uma ordem jurídica para outra,* em vez de consistir na fuga de uma norma ou instituto jurídico para outro dentro de uma e mesma ordem jurídica.

Entende-se vulgarmente que há fraude à lei em DIP quando os interessados, no intuito de escaparem à aplicação de um preceito material de certa legislação, criam o elemento de conexão que tornará aplicável uma outra ordem jurídica, mais favorável aos seus intentos. Assim, os cônjuges, cuja lei nacional não permite o divórcio, adquirem a nacionalidade de um outro Estado em que o divórcio possa ser obtido.

Ora isto pressupõe a possibilidade de as conexões relevantes no direito conflitual poderem ser modeladas, «situadas» ou «deslocadas» por acção das partes. É justamente o que sucede com a quase totalidade dos elementos de conexão, como já vimos [2]. Conhecida

---

[1] Sobre os negócios em fraude à lei, ver Andrade, *Teoria geral da relação jurídica,* II, p. 337; e Vaz Serra, *Objecto da obrigação,* loc. cit., pp. 171 e ss.

[2] Cfr. *supra,* n.º 30.

a norma de conflitos que manda regular o estado e capacidade, as relações de família e as sucessões pela lei nacional das partes, estas, através de uma mudança de nacionalidade, intentam subtrair-se aos preceitos de certa lei estadual relativos, por exemplo, aos impedimentos matrimoniais, à indissolubilidade do vínculo conjugal, à investigação da paternidade ilegítima, às reservas legais à liberdade de testar (legítima), etc. Sabido que as formalidades dos actos jurídicos são reguladas pela lei do lugar da celebração, os indivíduos procuram escapar às formalidades mais rigorosas do Estado em que vivem indo celebrar o negócio jurídico a um outro Estado cuja lei seja menos rigorosa. Para escapar a uma certa lei estadual cujo direito das sociedades os não satisfaz, os interessados constituem uma sociedade anónima ou estabelecem a respectiva sede num Estado cujo direito seja mais conforme aos seus interesses.

Segundo a concepção mais divulgada, pois, a fraude à lei em DIP traduzir-se-ia na fuga a uma certa *norma material interna* — a qual seria, portanto, a norma fraudada. A actividade fraudatória das partes, por outro lado, incidiria sobre *a modelação do factor de conexão* de uma norma de conflitos, à qual caberia o papel de norma instrumental da fraude. Adiante veremos se é esta a configuração que dogmaticamente deve caber ao mecanismo da fraude em DIP.

91. *Doutrina que afasta o conceito de fraude à lei do campo do DIP.* Certos autores — entre os quais NIEDERER — opõem-se à relevância da fraude à lei em DIP com os fundamentos que a seguir destacamos.

Seria desde logo questionável a transposição do conceito de fraude à lei para o DIP. Com efeito — dizem — é o próprio legislador que indica às partes o caminho através do qual estas podem escapar à aplicação das suas leis internas. O domínio de competência do direito imperativo interno é limitado através das normas de conflitos. Ora seria ilógico falar de fraude à lei imperativa interna quando essa mesma lei não é aplicável. Só poderia haver fraude desde que tal lei fosse aplicável. A solução conflitual, a determinação da esfera de aplicabilidade da lei interna, constitui um *prius* relativamente à possibilidade de violação (directa ou indirecta) desta lei.

Uma segunda objecção contra a admissibilidade da noção de fraude à lei em DIP consistiria na dificuldade de determinar, em certos casos, qual o direito fraudado. Os adeptos da relevância da fraude à lei em DIP partem da ideia de que tem de ser de antemão havida como única competente, pela própria natureza das coisas, uma ordem jurídica determinada. O órgão aplicador do direito terá — isso sem dúvida — de considerar como «fraudada» aquela ordem jurídica que se apresentaria como competente se as partes não tivessem «montado» a conexão «fraudulenta», se elas não tivessem realizado a actividade fraudatória. Ora, se em muitos casos a determinação de tal lei não oferece dificuldades — tal o que sucede, por exemplo, na hipótese do alemão que atravessa o lago Constança e se dirige à povoação suíça de Krauzlingen para se subtrair às formalidades a que a lei alemã sujeita a validade das doações —, noutros será mesmo impossível decidir sobre qual haja sido a lei fraudada. Assim, se um americano, um inglês e um francês, depois de haverem examinado as disposições pertinentes das leis inglesa, francesa, suíça e liechtensteiniana, decidem constituir uma sociedade anónima no Liechtenstein, com o fito de escapar aos preceitos que regulam as sociedades por acções e aos preceitos de natureza fiscal vigentes nos outros países, qual o direito fraudado: o americano, o inglês, o francês ou o suíço? (1) Qual destes direitos deve ser havido como competente e por que conexão o haveremos de determinar, se a conexão que seria a normal ou «natural» não se concretizou (e não pode, portanto, funcionar) em virtude da própria actividade fraudatória?

Por último, constituiria ainda objecção de peso à admissibilidade da doutrina da fraude à lei em DIP a própria insegurança quanto aos efeitos a derivar da mesma fraude e a incerteza jurídica que provocaria a aplicação no direito de conflitos de uma cláusula geral repressiva da fraude à lei. Com efeito, é notável a insegurança que se verifica no domínio do DIP quanto às consequências da fraude à lei. Alguns autores, deixando-se inspirar pelo brocardo *fraus omnia corrumpit*, consideram que são nulas tanto as relações ou efeitos jurídicos visados através da fraude, como os outros efeitos das actua-

---

(1) NIEDERER, *ob. cit.*, p. 332.

ções fraudatórias. Seriam, portanto, de considerar como nulos, v. g., não só o divórcio obtido por aplicação de um direito estrangeiro, como ainda a própria aquisição da nacionalidade estrangeira como meio de tornar viável aquele fim (e, portanto, operada com intuito fraudatório). Segundo outros autores, somente os efeitos jurídicos visados pelas partes — o divórcio, no exemplo *supra* — seriam nulos. Finalmente, sustenta-se ainda uma terceira opinião, nos termos da qual o juiz deverá sempre ater-se ao direito fraudado, limitando-se a excluir os efeitos por este proibidos ou a fazer actuar os efeitos por ele imperativamente estatuídos.

Por todas estas razões, e ainda porque a aplicação do conceito de fraude à lei criaria no DIP uma insegurança jurídica (a incerteza sobre se o divórcio obtido no estrangeiro e o subsequente casamento são ou não válidos, etc.) de tal modo grave que as suas possíveis vantagens seriam superadas pelas desvantagens inerentes a tal estado de incerteza, conclui-se que a aplicação da doutrina da fraude no direito conflitual seria dogmaticamente ilógica e praticamente inconveniente.

Na sequência de considerações deste tipo opina NIEDERER que tanto os actos praticados com o fim de iludir a lei como o próprio efeito visado através da fraude devem ser reconhecidos no interesse da segurança jurídica, a não ser que o direito positivo da *lex fori* disponha expressamente outra coisa. No entanto, o fraudante não deverá receber protecção jurídica sempre que a actuação fraudatória implique simultaneamente um abuso do direito. Tal o que acontecerá, por exemplo, quando ele adquira uma outra nacionalidade apenas para se eximir às obrigações contraídas através da venda da própria herança. Neste caso haveria abuso do direito, pois o fraudante usa o seu direito de mudar de nacionalidade somente com o fim de prejudicar um terceiro.

92. *Doutrina segundo a qual a fraude à lei em DIP não seria mais que uma forma particular de violação da ordem pública.* Para muitos autores, a teoria de fraude à lei em DIP careceria de autonomia, nada mais sendo que um caso particular de aplicação da teoria da ordem pública internacional. As duas teorias, segundo BARTIN, produzem os mesmos resultados, com a única diferença de que, enquanto o efeito da ordem pública é desencadeado pela perturbação social que produziria a aplicação da lei estrangeira em *razão do seu conteúdo,* na teoria da fraude o mesmo efeito resulta da perturbação social que causaria tal aplicação *em razão das circunstâncias de facto* em que interviria. Na verdade, embora as disposições legais fraudadas não sejam necessariamente de ordem pública internacional, elas vêm a assumir tal carácter por virtude das circunstâncias de facto, por efeito da própria intenção fraudulenta.

Os próprios autores que aderem a esta tese acentuam o carácter particular que reveste o problema da fraude no âmbito da teoria da ordem pública. Apenas um autor (Helene BERTRAM) conclui expressamente, a partir da doutrina que subordina o conceito de fraude ao de ordem pública, que aquele é supérfluo em DIP, sendo suficiente a teoria da ordem pública para tratar adequadamente os casos de fraude.

A doutrina exposta tem como consequência natural a irrelevância da *fraus legi extraneae facta* — de toda a fraude que não vá dirigida contra uma disposição da lei interna do foro —, pois a ordem pública, rigorosamente, só protege os interesses próprios da *lex fori.*

Na Alemanha, onde tal doutrina é a dominante (1), faz-se notar, em seu abono, que a fraude à lei em DIP, tal como a ofensa à ordem pública, se traduz em última análise na violação do fim de uma lei (norma) interna (EGBGB, art. 30.º).

93. *Orientação preconizada.* Antes de mais, importa situar adequadamente o problema da fraude à lei no plano do DIP. Assenta-se correntemente na ideia de que a fraude à lei em DIP se traduz em defraudar-se o imperativo de uma norma material de certo ordenamento através da utilização — como instrumento — de uma norma de conflitos. Desta forma, a fraude à lei em DIP não se configura como fraude a uma norma de DIP. A norma de conflitos apenas desempenharia, no mecanismo da fraude, a função de norma instrumental *(Umgehungsnorm).* Objecto da fraude sê-lo-ia sempre uma

(1) Segundo RAAPE, *ob. cit.,* p. 89, e RÖMER, *ob. cit.,* p. 131.

norma de direito interno (1). É com base nesta ideia que alguns autores (como vimos) argumentam, aparentemente como boa lógica, que a noção de fraude à lei não pode ter aplicação no campo do DIP, já que a norma material que se configura como fraudada só verdadeiramente o poderia ser... se fosse aplicável.

Mas esta maneira de ver as coisas situa-se no plano do direito material e dele parte. Ora o verdadeiro problema, como problema de DIP, é o problema da fraude a uma norma de conflitos e das consequências que lhe devem ser imputadas. Deve permitir-se que o fraudante frustre o imperativo de uma norma de conflitos e leve a melhor? Se não, a noção de fraude à lei terá relevância no DIP e a objecção lógica acima referida perderá todo o alcance — pois a norma material, a cujo imperativo o interessado procurou escapar ao tentar evadir-se ao imperativo da norma de conflitos que a manda aplicar, continua sendo aplicável se esta também o for.

Como KEGEL (2), nós cremos que a questão de saber se a fraude deve ou não ser reprimida é uma questão a pôr naquele plano a que chamamos plano da justiça do DIP, é uma questão a dirimir por interpretação das normas de conflitos: «Face aos interesses que conduziram à conexão normal, pode, neste caso, em que um elemento de conexão foi realizado por forma anormal e apenas em razão da sua consequência jurídica própria (a aplicação de determinadas normas materiais), intervir impeditivamente a consideração do interesse da autoridade da ordem jurídica. O interesse da autoridade da ordem jurídica é, mais exactamente, o interesse da autoridade do nosso DIP».

É de ponderar que a dificuldade encontrada por muitos na configuração da fraude a uma norma de conflitos talvez resida no facto de aqui não aparecer claramente recortada a distinção entre a norma fraudada e a norma-instrumento. KEGEL opina que *objecto da fraude* é aquela parte da norma de conflitos que remete para o ordenamento a cuja aplicação se pretende escapar, e que a *regra instrumental da fraude* é aquela outra parte da mesma norma de conflitos que designa o ordenamento cuja aplicabilidade se pretende provocar. Se a consequência jurídica verdadeira e própria de uma norma de

---

(1) Assim, por exemplo, CARRARO, *ob. cit.*, p. 161.
(2) *IPR*, p. 135.

conflitos é a aplicabilidade de uma legislação determinada, poderemos afirmar que a norma de conflitos designa a sua consequência jurídica por forma genérica [1] e que são tantas as consequências jurídicas — e, portanto, tantas as normas — que logicamente se contêm no esquema abstracto de uma norma de conflitos quantas as ordens jurídicas existentes. Figurando assim a norma de conflitos, teríamos que a norma fraudada seria aquela que tem por consequência jurídica a aplicação da legislação *A*, e a norma instrumental aquela cuja consequência jurídica consiste na aplicação do ordenamento *B*.

Dogmaticamente, portanto, é possível a construção da fraude à lei em DIP [2]. De resto, seria estranho e inexplicável que um conceito da teoria geral como este da fraude à lei — que, por definição, há-de ter relevância em todos os ramos de direito — devesse ser banido exclusivamente do sector do DIP. E também não vemos que a objecção baseada na insegurança jurídica resultante de se conferir relevância à fraude neste domínio seja decisiva. Pois não conduzirá porventura o remédio da ordem pública internacional a uma insegurança semelhante, se não maior?

Aderimos, pois, à doutrina de que a noção de fraude à lei no DIP mais não é do que a extensão, a este domínio jurídico, da noção geral de fraude à lei. Foi aliás esta a doutrina que inspirou o nosso legislador, como resulta do teor literal do art. 21.º: «Na aplicação das normas de conflitos são irrelevantes as situações de facto ou de direito criadas com o intuito fraudulento de evitar a aplicabilidade da lei que, noutras circunstâncias, seria competente».

94. *A fraude à lei e a ordem pública.* Também nos não parece de forma alguma defensável a doutrina que considera a fraude à lei em DIP como um caso particular de aplicação da teoria da ordem pública — tanto mais que esta, longe de ter um carácter mais especializado que a teoria da fraude, apresenta características de maior generalidade e indeterminação.

---

(1) Cfr. NEUHAUS, *ob. cit.*, pp. 50-51.

(2) No sentido de que o conceito de fraude à lei tem aplicação, tanto em relação à *lex materialis* como à *lex formalis*, VERPLAETSE, *La fraude*, pp. 211 e ss., e *Reappraisal...*, p. 268.

As duas figuras jurídicas, se bem que aparentadas, revelam certas diferenças bem marcadas.

Assim, a excepção de ordem pública limita-se a proteger o meio jurídico interno contra os efeitos nocivos que poderiam resultar da *aplicação* de uma lei estrangeira normalmente competente. O conteúdo da lei estrangeira em causa actua sempre, por si ou em combinação com as circunstâncias do caso, como factor determinante da intervenção da ordem pública. Diversamente, o recurso à fraude não é utilizado porque a aplicação da lei estrangeira seja inconciliável com as concepções jurídicas do foro, ou por qualquer razão que se ligue com o conteúdo do direito estrangeiro.

Vistas as coisas na devida perspectiva, resulta igualmente patente que, através da excepção de ordem pública, a justiça privada material do foro se sobrepõe à justiça própria do DIP, ao passo que a questão da relevância da fraude à lei é apenas uma questão de justiça de DIP. Por outras palavras: no caso da ordem pública, o direito material interno afirma a sua pretensão de validade internacional de um modo anómalo, por forma a quebrar (como verdadeira excepção) os quadros traçados pelo próprio direito de conflitos; no caso de fraude à lei — na hipótese de o direito iludido ser o direito interno do foro —, a lei interna afirma a sua validade por um modo inteiramente normal, em consonância com o próprio direito de conflitos rectamente entendido. Donde que, logicamente, o problema da ordem pública só deva mesmo pôr-se depois de resolvido o da fraude à lei, pois, se houver fraude e fraude relevante, verificar-se-á que a lei estrangeira aparentemente aplicável não é, afinal, a lei chamada pelo DIP — que ela não é a lei normalmente competente. A sanção da fraude à lei conduz, como veremos, à aplicação da lei fraudada, sem que haja, na realidade, qualquer alteração ou excepção à normal distribuição da competência legislativa internacional.

Por último, a excepção de ordem pública apenas protege os interesses da *lex fori* — é, como diz Raape, uma «questão doméstica» —, ao passo que o expediente da fraude à lei serve ainda para reprimir a chamada fraude à lei estrangeira.

De tudo o exposto resulta a autonomia da doutrina da fraude à lei relativamente à da ordem pública. Isto não significa, porém, que os pressupostos da intervenção da ordem pública e os da fraude à lei não concorram, por vezes, na mesma situação de facto, nem que a própria actividade fraudatória, atentas as circunstâncias do caso, não possa eventualmente chocar por tal forma os «bons costumes» que dê por si fundamento bastante à intervenção da ordem pública.

95. *Pressupostos da fraude à lei no DIP.* O objecto da fraude à lei no DIP é constituído por aquela norma cujo imperativo viria a ser frustrado se a manobra fraudatória resultasse. Trata-se, portanto, daquela norma de conflitos (ou parte da norma de conflitos) que manda aplicar o direito material a que a fraudante, em último termo, pretende subtrair-se. O que se poderá dizer é que o fim dessa norma de conflitos não será afectado na medida em que o não seja também o fim da norma material a cuja aplicação o fraudante quis escapar.

Assim, quando o legislador submete o divórcio à lei nacional dos cônjuges, a este preceito está subjacente o intuito de situar os indivíduos, para efeitos da regulamentação de uma importante relação de família, na ambiência daquela ordem jurídica com a qual eles têm mais afinidades, por sob ela terem formado a sua personalidade e sob ela viverem. Acresce que o legislador pouco interesse terá em regular segundo a sua ordem jurídica nacional as relações de família dos estrangeiros. Ora estes pressupostos já se não verificam se um nacional adquire uma cidadania estrangeira «provisória» [1] com o fito de se divorciar nesse país, iludindo a proibição do divórcio da sua lei nacional, sem de resto alterar, no mínimo que seja, as suas condições de vida. Mas se os cônjuges realizam a mesma manobra fraudatória na suposição errada de que o seu direito nacional lhes não permite o divórcio e, afinal, se vem a verificar que eles se poderiam ter divorciado no seu próprio país, já se não pode dizer que haja fraude à lei. Com efeito, o fim da norma de conflitos fraudada não é frustrado aqui, uma vez que não é aplicado à situação um direito substancialmente diferente daquele a que — aliás sem motivo — se pretendeu fugir.

---

[1] Como no caso Bauffremont, em que, logo após a obtenção do divórcio, a interessada adquiriu automaticamente, pelo segundo casamento, a nacionalidade romena do marido.

O segundo pressuposto da fraude à lei é a utilização de uma regra jurídica, como instrumento da fraude, a fim de assegurar o resultado que a norma fraudada não permite. Essa regra é, no DIP, a norma de conflitos (ou aquela parte da mesma norma de conflitos) que indica como aplicável aquele direito que melhor se conforma com os intuitos do fraudante. Esta regra, através das manobras fraudatórias, é desviada do seu fim normal, por tal forma que o uso que as partes dela fazem representa antes um «abuso» [1].

Por seu turno, a actividade fraudatória há-de traduzir-se no emprego de *meios eficazes* para a consecução do fim visado pelas partes: o desencadeamento da consequência jurídica da norma-instrumento e, conexamente, o da consequência jurídica da norma ou normas da lei estrangeira que se pretende ver aplicadas. Não se poderá falar de fraude (relevante) se, por exemplo, a mudança de domicílio foi simplesmente simulada ou aparente — se as partes, v. g., adquiriram um domicílio estrangeiro sem que tivessem deixado de residir no país do foro —, pois que então não se terá verificado sequer o pressuposto da aplicação da norma-instrumento. Também se não poderá falar de fraude à lei na hipótese de «conexão falhada», isto é, na hipótese em que as partes realizam, não a conexão decisiva para uma norma de conflitos do foro, mas a conexão de uma norma de conflitos estrangeira, a fim de obterem, nesse país estrangeiro, um certo resultado jurídico. Tal o que sucederia se um casal espanhol, ao qual a lei nacional não permite o divórcio, adquirisse um domicílio no Estado de Nevada para se divorciar em Reno. Cremos que não caberá igualmente falar de fraude à lei em DIP se a situação que representa a conexão fraudulenta for constituída em fraude a uma lei material interna. Falha então, de igual modo, o pressuposto do meio eficaz.

Quanto à *intenção fraudatória,* ela é normalmente exigida pela generalidade dos autores, no campo do DIP, como pressuposto necessário do preenchimento do conceito de fraude. Esta tese é geralmente fundada na ideia de que só a fraude intencional tem aptidão bastante para provocar uma perturbação social capaz de desencadear medidas repressivas, de que só ela é de molde a fazer perigar a

---

(1) Cfr. RIEZLER, *ob. cit.,* p. 331.

autoridade e valor imperativo da lei, por ser uma manipulação consciente (e cientemente deformante) da mesma lei [1]. Se alguém se vai casar ao estrangeiro tão-somente «para dar nas vistas» (fim ostentatório), e não para se subtrair à forma matrimonial da lei portuguesa (intuito fraudulento), não haverá fraude à lei.

96. *Consequências da fraude à lei.* Convêm em geral os autores em que a sanção da fraude à lei se traduz na aplicação da norma cujo imperativo a manobra fraudulenta procurou iludir. Assim, os actos jurídicos realizados e os direitos adquiridos em fraude à lei do foro serão ineficazes neste ordenamento jurídico. Mas só nisto se traduz a sanção da fraude — e não também na ineficácia absoluta dos actos praticados ou das situações constituídas com o fim de viabilizar a fraude. É que a defesa da norma fraudada, a protecção do seu imperativo — e tal é a função e o escopo da sanção da fraude à lei — não exige mais do que isso. Assim, se alguém se naturaliza no estrangeiro com o fim de se subtrair a uma disposição da lei nacional, do ponto de vista da disposição fraudada, não há qualquer motivo para negar eficácia em termos gerais à cidadania estrangeira

---

[1] O direito não pode ser mero «instrumento» posto à disposição dos particulares para ser ajustado aos fins que estes muito bem entendam, sujeito a quaisquer manobras combinatórias possíveis — pois que é informado por valores que são um fim em si. Sendo assim, a ideia que, em última análise, virá a fundamentar a repressão da fraude à lei é a de que o direito tem de sobrepor-se às manipulações dos particulares, tem de impedir que os seus destinatários o convertam em «objecto» ou matéria a afeiçoar tecnicamente aos seus desígnios, tem de evitar deixar-se «comandar» — para poder manter o comando. É neste ponto que intervém a consideração do respeito pela autoridade da lei, pelo seu imperativo, consideração esta que não vai sem implicar uma referência a cânones éticos como o da boa fé. — Por aqui se vê que o direito, que começa por apoiar eticamente a sua pretensão de validade, acaba por se acolher de novo a considerações de natureza ética para garantir os valores que o informam contra a inteligente «instrumentalização» das suas normas pelos indivíduos.

Estas considerações sugerem que a autoridade da lei será tanto mais ameaçada, a «perturbação social» tanto maior — e tanto maior, portanto, a necessidade de repressão —, quanto mais um tipo de casos de fraude à lei fizer escola. Cfr. KEGEL, *ob. cit.*, p. 155.

adquirida pelo fraudante. A naturalização será apenas ignorada na medida em que o tomá-la em consideração redunde em «prejuízo» da norma fraudada: o juiz limitar-se-á a recusar-lhe os efeitos jurídico-privados que o fraudante através dela procurou obter e que estejam em desacordo com os efeitos previstos pela norma fraudada.

O exposto não significa, porém, que, por vezes, as situações constituídas ou os actos jurídicos praticados como meios de se fugir a uma lei e de conseguir o abrigo de outra não devam ser apreciados autonomamente ou de per si à luz da doutrina da fraude à lei, para o efeito de eventualmente serem havidos como ineficazes em razão da fraude. É bem possível, por exemplo, que um Estado, cuja cidadania foi adquirida com intuito fraudulento — para fins de divórcio, v. g. —, considere essa aquisição como viciada de fraude e, como tal, inoperante. Em tal hipótese, tratar-se-á de fraude a uma lei material e o fraudante nem logrou tão-pouco realizar a conexão que tornaria aplicável, através da norma de conflitos instrumental, a nova ordem jurídica. A sua pretensão é desde logo frustrada no plano do direito material e ele não consegue sequer realizar um dos pressupostos necessários para haver fraude à lei no plano do DIP: a utilização de um meio *primo conspectu* juridicamente eficaz para o fim que tem em vista (1).

---

(1) Cfr. VIDAL, *ob. cit.*, pp. 148 e ss. Sobre a fraude à lei em matéria de conflitos de jurisdições, cfr. RIEZLER, *ob. cit.*, pp. 329 e ss.; e FRANCESCAKIS, *ob. cit.*, pp. 61 e s.

CAPÍTULO IX

DA REFERÊNCIA PRESSUPONENTE OU «QUESTÃO PRÉVIA» NA APLICAÇÃO DA LEI COMPETENTE

§ 1.º — O problema no DIP.

BIBLIOGRAFIA: — Sobre a «questão prévia» em DIP, os trabalhos básicos são ainda: MELCHIOR, *Die Grundlagen des deutschen IPR,* 1932, pp. 246 e ss.; WENGLER, *Die Vorfrage im Kollisionsrecht,* RabelsZ 1934, pp. 148 e ss.; ID., *Nouvelles réflexions sur «les questions préalables»,* na «Revue critique de DIP», 1966, pp. 165 e ss. Na literatura jurídica portuguesa, são os seguintes os trabalhos publicados sobre a matéria: CORTES ROSA, *Da questão incidental em DIP,* Lisboa 1960; AZEVEDO MOREIRA, *Da questão prévia em DIP,* Coimbra 1968; FERRER CORREIA, *Da questão prévia em DIP,* no volume *DIP, cit.,* pp. 241 e ss.; BAPTISTA MACHADO, em *Âmbito, cit.,* pp. 315 e ss; e *Les faits,* etc., *cit.,* pp. 450 e ss. Para mais bibliografia, cfr. estas obras.

97. *Introdução geral: configuração do problema e suas implicações; autonomização do problema por* WENGLER. O ordenamento designado como competente por uma nossa Regra de Conflitos bem pode, ao estatuir o regime daquelas matérias ou questões jurídicas que são da sua competência, dar certa relevância à existência de situações jurídicas cuja constituição ou cujo conteúdo não são porventura da competência do mesmo ordenamento. Isto acontece quando temos perante nós o fenómeno já atrás configurado como repercussão duma situação jurídica (a condicionante) sobre *outra* situação jurídica (a condicionada), devido ao facto de uma norma reguladora desta última remeter para aquela, tomando-a como pressuposto de facto (1).

---

(1) Cfr. *supra,* n.º 46.

Temos assim que uma situação jurídica, além de produzir os seus efeitos próprios e directos (os que constituem o seu conteúdo próprio), por força da lei que a rege, é ainda susceptível de produzir consequências ou efeitos *ulteriores,* por força da lei reguladora duma outra situação jurídica. Assim, p. ex., a situação jurídica matrimonial, a situação jurídica de filiação, etc., além de produzirem consequências jurídico-familiares (direitos e deveres que formam o conteúdo da relação matrimonial, da relação paterno-filial, etc.), podem produzir ainda consequências sucessórias. Estas últimas consequências não são, evidentemente, da alçada do estatuto familiar, mas da do estatuto sucessório.

Paralelamente, no Direito Transitório, pode acontecer que a lei nova, designada como competente para regular o problema jurídico suscitado por certo facto central que se verificou sob o seu domínio, se refira a certos factos (ou outros pressupostos) que, tomados por si mesmos, não caem sob a alçada da dita lei, por se terem verificado sob o domínio da lei antiga. Seja, p. ex., a hipótese de a lei nova, na vigência da qual faleceu o *de cuius* (facto central), ter vindo qualificar como fundamentos de indignidade sucessória certos factos que, na vigência da lei antiga, não eram havidos como tais, dando-se o caso de, na hipótese *sub iudice,* os factos em causa se terem passado sob o império da referida lei antiga.

Vê-se, pois, que, quer no DIP, quer no Direito Transitório, ao fazermos aplicação duma norma material da lei designada como competente, se nos pode deparar na hipótese legal dessa norma uma referência a pressupostos (a factos ou a situações jurídicas) que poderão eventualmente, tomados *de per si,* exorbitar do domínio de competência dessa lei ou até nem ter com ela conexão alguma. Quando isso aconteça, põe-se-nos um problema interessante, mas difícil: o problema de saber se a lei designada como competente pode ainda «aplicar-se» (em certo sentido) a situações jurídicas ou a factos que exorbitam da sua esfera de competência. Por um lado, parece que se deverá responder que sim: a aplicação integral, a aplicação *verdadeira* da lei material competente assim o impõe, já que doutro modo se corre o risco de «desnaturar» essa lei, desrespeitando o seu verdadeiro significado. Por outro lado, porém, parece que deverá responder-se que não: pois doutro modo seríamos levados a violar os princípios de Direito de Conflitos e, eventualmente, a violar até aquela regra básica que não consente que uma lei seja aplicada senão a factos com os quais se ache em contacto. Ora como poderia, p. ex., «aplicar-se» a lei nova a um facto passado sem violação desta regra básica? Ou como poderia «aplicar-se» um certo direito estadual a uma questão ou situação prejudicial que não tem com tal direito a conexão considerada decisiva pela Regra de Conflitos de DIP, ou não tem até conexão alguma?

Este é, pois, o aparente dilema: se, por um lado, devemos respeitar a solução dada à questão prévia ou prejudicial pela *lex causae* da questão principal *em nome da aplicação da justiça material* desta lei, ou seja, para respeitar integralmente o regime a que esta lei sujeita a dita questão principal (a situação jurídica condicionada); por outro lado, impõe-se-nos o respeito das coordenadas ou das regras decorrentes do Direito de Conflitos. Ora deste dilema só poderemos sair, se demonstrarmos que a referida solução consistente em aplicar a *lex causae* tal como ela é — e em decidir concretamente a questão principal tal como a lei competente a decide, portanto — não implica violação do Direito de Conflitos.

Na doutrina do DIP, o autor que primeiro teorizou e autonomizou o problema em termos assimiláveis aos acima expostos foi WENGLER, no seu citado trabalho de 1934. Este autor identificou desde logo o problema como um problema de interpretação e aplicação de normas materiais aplicáveis a certa questão principal (ou de certos conceitos usados por estas normas, nos quais se contém uma referência a uma situação jurídica condicionante) e tem vindo a salientar desde então que, no problema chamado por MELCHIOR da «questão prévia» *(Vorfrage)*, o que está em causa é a determinação de um pressuposto de facto dessas normas (o problema relativo à decisão da questão prévia equivaleria ao da determinação de um *puro dado de facto*), e não propriamente um problema de escolha da lei aplicável. Por isso mesmo, tal problema poderá suscitar-se também na hipótese de a questão principal ser regida pelo direito material da *lex fori* [1].

---

[1] Conforme decorria já dos termos em que WENGLER pôs o problema desde o início, se bem que este ponto de vista só apareça expressamente afirmado no citado trabalho de 1966.

Não pode todavia esquecer-se o valioso trabalho de pioneiro de MELCHIOR, datado de 1932. Só que este autor põe e resolve o problema — tal como de resto o faz ainda hoje a doutrina corrente — como problema de saber qual deve ser o DIP a ter em conta para resolver a «questão prévia»: se o da *lex fori* ou o da *lex causae;* e, em consonância com este ponto de partida, salienta expressamente que tal problema só se põe quando à questão principal seja aplicável um direito estrangeiro (1). Por isso é que, sem desconhecer o valiosíssimo contributo de MELCHIOR — sobretudo no que respeita à tentativa para distinguir entre questão prévia e questão principal ou parte da questão principal —, se houvermos de reconhecer como acertada a «impostação» de WENGLER, havemos também de afirmar que foi este quem primeiro definiu cientificamente o problema de que MELCHIOR fora o primeiro a dar-se conta.

98. *Determinação do conteúdo do conceito prejudicial. Substituição.* É claro que o problema que estamos a encarar é essencialmente um problema de interpretação da norma material que, ao tratar da constituição, modificação ou extinção da relação jurídica condicionada, se reporta *pressuponentemente* à relação jurídica condicionante (2). Ele consiste, mais precisamente, na determinação do conteúdo do conceito normativo em que essa norma faz uma referência *de pressuposição* à situação condicionante, conceito esse a que na doutrina se vem chamando, desde WENGLER, «conceito prejudicial».

O caso é que, muito frequentemente, uma norma jurídica se refere na sua hipótese a elementos normativos, subordinando a produção da sua consequência jurídica à verificação de pressupostos que não são apenas constituídos por factos materiais. Assim, p. ex., as normas materiais que utilizam os conceitos de «cônjuge», de «descendente», de «filho», de «herdeiro», etc., remetem implicitamente para outras normas (nacionais ou estrangeiras) onde se define o teor desses conceitos. Designadamente, o art. 2133.º do nosso Código

---

(1) Cfr. *ob. cit.*, pp. 246 e 258.

(2) O próprio WOLFF não deixa de afirmar (*Das IPR Deutschlands, cit.*, p. 71) que a decisão da questão prévia «depende da interpretação da norma material estrangeira que é aplicável à questão principal».

civil, ao estabelecer as classes de sucessíveis, refere-se aos «descendentes», ao «cônjuge», etc. Ora a aplicação duma norma como esta a situações da vida internacional pode suscitar o problema da determinação do conteúdo de tais conceitos através de normas de um direito estrangeiro. E é lícito inquirir: a situação jurídica de filiação, que funciona como pressuposto da consequência sucessória a que se referem os arts. 2139.° e segs. do nosso Código, é só aquela que se haja constituído de conformidade com o nosso direito material, ou é também toda e qualquer filiação que se haja constituído de acordo com uma lei estrangeira, designadamente, de acordo com a lei estrangeira que a nossa Regra de Conflitos designa como competente em matéria de filiação?

Repare-se que esta questão nada tem de absurdo. O facto de o nosso DIP atribuir a competência para reger a filiação a certa lei estrangeira não significa *necessariamente* que tenhamos de reconhecer a uma filiação estabelecida de acordo com essa lei os efeitos sucessórios que o nosso direito das sucessões, quando seja este a aplicar-se, atribui à filiação; significa tão-somente que lhe temos de reconhecer os efeitos jurídico-familiares que lhe são próprios. Para efeitos de aplicação do nosso direito sucessório, temos de nos orientar pelos princípios e valorações que o informam. E sabe-se como no próprio direito interno um mesmo conceito ou termo jurídico pode variar de significado conforme o contexto normativo em que é utilizado (p. ex., no direito civil, no direito fiscal, no direito penal, etc.). Significa isto que o conteúdo do conceito jurídico dito «prejudicial» é susceptível de sofrer uma deformação teleológica, por força das valorações que informam as normas materiais que o utilizam.

Por conseguinte, o problema a que nos vimos referindo pode igualmente ser definido como um problema de *substituição*. Este, nos próprios termos de LEWALD (1), «consiste na questão de saber se se pode substituir a uma relação de direito interno, considerada pela lei interna como condição prejudicial de um efeito jurídico determinado, uma relação análoga de direito estrangeiro». É claro que uma tal questão só se põe naqueles casos em que o direito interno é

---

(1) Cfr. *Règles générales des conflits de lois,* Rec. des Cours, 1939-III, p. 132.

aplicável a uma relação *(condicionada)* e toma como *pressuposto* da constituição, modificação ou extinção dela uma outra relação *(condicionante)* que pode ser submetida pelo DIP do foro a uma lei estrangeira. Já não se pode pôr, evidentemente, naqueles casos em que apenas esteja em causa o reconhecimento da situação jurídica (com os seus efeitos próprios) cuja constituição foi deferida à competência duma lei estrangeira pelo nosso DIP: recusar a tal situação jurídica os seus efeitos próprios (aqueles que integram o seu conteúdo ou dele directamente derivam) seria o mesmo que recusar a aplicação da nossa Regra de Conflitos que designa como competente certa lei estrangeira. Há-de tratar-se, portanto, de efeitos *ulteriores* da relação jurídica prévia ou condicionante, isto é, de efeitos que lhe são ligados pela lei competente para reger *outra* situação jurídica: a situação jurídica condicionada ou principal. Significa isto, necessariamente, que o problema dito da *substituição* só pode pôr-se quando o próprio DIP deixa à lei reguladora da relação condicionada ou principal a liberdade de, ao estabelecer o regime desta relação, tomar ou não como pressuposto a relação jurídica condicionante ou prejudicial e, portanto, lhe deixa também a liberdade de determinar as características ou a particular configuração deste pressuposto normativo, que para ela equivale a um qualquer outro pressuposto ou dado de facto [1].

Nestes termos, bem se compreende que uma situação jurídica criada no estrangeiro de acordo com a lei competente e, por isso mesmo, reconhecida no Estado do foro, possa não ter aqui relevância para aqueles efeitos jurídicos *ulteriores,* próprios da situação jurídica condicionada; e que, inversamente, uma situação jurídica criada à sombra dum ordenamento estrangeiro mas não reconhecida no Estado do foro possa ser aqui relevante, não com o seu conteúdo próprio, mas como simples *dado de facto,* para efeitos próprios duma situação jurídica diferente (a situação condicionada).

Como exemplo típico do problema da *substituição* costuma apresentar-se o caso Ponnoucannamalle v. Nadimoutoupoulle, tirado da jurisprudência francesa. A questão em litígio era uma questão de

---

(1) Sobre a «substituição», cfr. também o nosso trabalho *Problemas na aplicação do direito estrangeiro,* loc. cit., pp. 339 e ss.

direito sucessório: havia que decidir acerca de um pretenso direito de sucessão legítima do filho adoptivo do *de cuius* sobre um imóvel situado na Cochinchina. De acordo com o DIP do Estado que na hipótese figura como Estado do foro, o Estado francês, o direito regulador da sucessão sobre o imóvel em causa era o próprio direito material francês, visto o dito imóvel se achar situado em território francês. De acordo com este direito, ao adoptado cabiam os mesmos direitos de sucessão que teria um filho ou outro descendente legítimo (art. 356.° do *Code Civil*). No caso, verificava-se que o *de cuius* havia adoptado validamente o seu sobrinho de acordo com o direito hindu, que o próprio DIP francês designava como estatuto da adopção. Logo, uma tal adopação não poderia deixar de ser reconhecida como válida em França. Todavia, o problema em causa não era o do reconhecimento da validade da adopção ou dos seus efeitos próprios. Se o fosse, o tribunal francês não poderia deixar de resolver afirmativamente a questão — sob pena de inobservância do próprio DIP francês. A questão em causa respeitava antes à aplicação do referido art. 356.° do Código francês e era, portanto, uma questão sucessória. Mas esta questão principal suscitava uma questão prévia ou preliminar: a da relevância daquela adopção estrangeira para efeitos sucessórios: para efeitos de aplicação do referido art. 356.°. Valeria aquela adopção hindu «adopção» para efeitos deste texto? Questão de *substituição.*

Ora, no caso, verificava-se que o adoptante já tinha filhos legítimos ao tempo da adopção. Nem por isso a adopção deixava de ser válida em face do direito competente, o direito hindu. Em face do art. 344.° do *Code Civil,* porém, a adopção não era consentida a quem já tinha filhos legítimos. Claro que esta disposição não era aplicável àquela adopção, visto ela ser regida pelo direito hindu, e não pelo direito francês. Logo, a adopção em causa era válida, mesmo em França. Mas, pelo que respeita à questão de saber se uma relação adoptiva constituída em tais circunstâncias é susceptível dos efeitos sucessórios que o direito francês, competente para reger a sucessão, atribui à relação adoptiva, o problema põe-se noutros termos: tudo está em saber se aquela concreta adopção vale «adopção» para efeitos do referido art. 356.°. Ora da própria lógica interna do direito francês podia inferir-se que o legislador só quis atribuir efeitos sucessórios às relações adoptivas constituídas num momento em que o adoptante não tinha filhos legítimos (em cuja constituição tivesse sido satisfeito, pois, o requisito exigido pelo referido art. 344.º), uma vez que teria sido preocupação do legislador francês defender a posição sucessória dos filhos legítimos contra uma possível concorrência dos adoptados. Com fundamento nestas considerações, poderá justificar-se a decisão da Chambre des Requêtes, que indeferiu a pretensão do filho adoptivo.

Significa o que acabámos de dizer que é através das valorações e dos princípios que informam o direito material que regula a situação condicionada ou principal que há-de decidir-se da verificação ou não verificação do pressuposto normativo a que aquele mesmo direito se refere. Não se trata, portanto, de forma alguma, de um problema de Direito de Conflitos, mas de um problema de direito material: de um problema de interpretação e aplicação duma regra de direito material no contexto do respectivo ordenamento.

Mas, se assim é e se, por isso mesmo, a situação jurídica condicionante que é reconhecida como válida no Estado do foro não releva necessariamente como pressuposto daquelas consequências jurídicas *ulteriores* estatuídas pelas normas materiais do mesmo Estado que se aplicam à situação condicionada, parece que não está excluída a possibilidade de a inversa também ser verdadeira; isto é, parece que não está excluída a possibilidade de que uma situação jurídica constituída no estrangeiro à sombra duma lei estrangeira, não sendo embora reconhecida em si mesma, por força dos princípios do DIP do foro, possa todavia relevar como simples pressuposto ou dado de facto para aquelas normas materiais do foro que estabelecem o regime da situação condicionada. Tudo depende das valorações e da teleologia destas normas: em face da interpretação delas é que se há-de decidir se tal ou tal pressuposto preenche o conteúdo do chamado «conceito prejudicial».

Assim, p. ex., de acordo com a jurisprudência do nosso STJ [1], não podem ser reconhecidos em Portugal certos divórcios, aliás

---

[1] Cfr. assento do STJ de 8-7-1965, BMJ, n.º 149, pp. 155 e ss. Antes deste assento, era outra a orientação do nosso STJ: cfr. acs. de 5-12-1958 (BMJ n.º 82. p. 429) e de 22-4-1949 (BMJ n.º 86, p. 378).

Mais convincente ainda será o seguinte exemplo: — Um italiano, casado com uma portuguesa, morre, deixando bens em Portugal. O casamento em decretados de conformidade com a lei competente e pelos tribunais do Estado nacional dos cônjuges. Um dos casos era o seguinte: — Um alemão contraíra casamento canónico em Portugal com uma portuguesa. Esta, por efeito do próprio casamento, adquirira a nacionalidade alemã, perdendo a portuguesa. Este casamento foi dissolvido por divórcio na Alemanha e o marido contraiu novo casamento. A mulher regressou a Portugal e pediu o reconhecimento da sentença alemã de divórcio. Foi recusado tal reconhecimento. O divórcio alemão, enquanto divórcio, nada vale em Portugal. Mas suponhamos que a mulher, depois de readquirir a nacionalidade portuguesa, morre sem testamento. Verificados os demais pressupostos dos arts. 2146.° e seguinte do nosso Código Civil, deverá o ex-marido alemão ser chamado à sucessão desta portuguesa, ou deverá antes fazer-se aqui aplicação do art. 2148.° do mesmo Código? Parece de sustentar, pelo menos em certos casos, a aplicabilidade deste último texto, que exclui da sucessão o cônjuge «divorciado» ou «separado de pessoa e bens» (1). E então teremos que aquele divórcio alemão, que nada vale no nosso país para efeitos jurídico-familiares, valerá «divórcio» para efeitos sucessórios (para efeitos do referido art. 2148.°) — e isto independentemente do reconhecimento da sentença de divórcio.

---

questão fora dissolvido por uma sentença italiana de divórcio que não pode ser reconhecida em Portugal. Supondo que o direito sucessório italiano exclui da sucessão *ab intestato* o cônjuge contra o qual foi proferida sentença de separação ou de divórcio, nós deveríamos, para efeitos de aplicação da norma sucessória italiana, considerar relevante aquele divórcio. O divórcio, ainda que não *reconhecido*, seria *relevante* como pressuposto de facto.

(1) Para fundar a consequência sucessória (negativa), não se invocará uma mudança (jurídica) do *status familiae* (a ser assim, haveria que reconhecer primeiro a sentença de divórcio e levá-la a registo), mas uma situação de facto decorrente de um divórcio que se tornou efectivo, mesmo juridicamente, em certo país estrangeiro (o da nacionalidade e do domicílio dos cônjuges). Esta situação de facto é que, atenta a *ratio legis* do citado art. 2148.°, deveria, em nosso entender, ser equiparada ao divórcio para efeitos desta disposição. Dir-se-ia — sobretudo se o cônjuge português pediu a revisão da sentença de divórcio mas não chegou a ter a oportunidade de pedir e obter a separação de pessoas e bens em Portugal — que o legislador não contemplou hipóteses como aquela que nos ocupa.

99. *O problema da questão prévia como problema da determinação de um pressuposto de facto.* O problema configurado nos números anteriores é exactamente o problema autonomizado por WENGLER como problema da «questão prévia». A doutrina corrente, porém, distingue entre o problema da *substituição* e o problema da *questão prévia* (1). O primeiro seria pura e simplesmente um problema de direito material: um problema de determinação do conteúdo do conceito que na norma material aplicanda se reporta à relação jurídica prejudicial (ou condicionante). Bem diferentemente, o segundo seria um problema de direito de conflitos ou de «choice of law», e traduzir-se-ia nisto: uma vez averiguado que a lei material designada como competente *(lex causae)* para regular determinada questão (questão principal ou condicionada) faz depender a resolução desta da resolução duma outra questão (questão prévia ou condicionante) para a qual o DIP do foro dispõe duma Regra de Conflitos autónoma, por que DIP se deverá determinar a lei competente para reger esta outra questão quando ela nos surja, não autonomamente, mas enquanto questão prévia de cuja resolução depende a decisão da questão directamente posta em juízo ou questão principal: pelo DIP da *lex fori* ou pelo da *lex causae* (lei reguladora da questão principal)?

A doutrina corrente distingue, portanto, entre o problema da equivalência de conteúdos (problema da *substituição*) e o problema da determinação da lei competente para fornecer o conteúdo cuja equivalência haverá, depois, de ser aferida (problema da *questão prévia*). Assim, p. ex., num caso semelhante ao caso Ponnoucannamalle, pode configurar-se um problema de questão prévia. Suponhamos que a questão sucessória se pôs perante tribunais portugueses e que a lei aplicável à sucessão é, segundo o nosso DIP, a lei francesa. Chegados a esta lei material, verificaríamos que ela atribuía ao adoptado direitos de sucessão legítima sobre a herança do adoptante (art. 356.º do *Code civil*). Surge portanto a questão de saber se entre aquele que se habilita à herança e o *de cuius* existiu ou não uma relação de adopção

---

(1) Também nós, em *Problemas na aplicação do direito estrangeiro,* loc. cit., p. 341, distinguimos entre substituição e questão prévia — mas com intuitos meramente expositivos da doutrina corrente e antes de podermos consultar (cfr. nota 1, p. 327) o trabalho de WENGLER sobre a questão prévia.

válida. Ora suponhamos que o nosso DIP sujeita a válida constituição da relação adoptiva à lei nacional do adoptante (como, aliás, é o caso) e que o DIP francês a manda regular pela lei nacional do adoptado. Neste caso, e exclusivamente para efeitos da decisão da questão sucessória, sujeita ao direito material francês, qual a óptica a adoptar para determinar a lei competente para a resolução da questão prévia da validade da adopção: a do DIP português ou a do DIP francês? Qualquer que seja a solução que venha a ser dada a este problema, que é um problema de conflito de leis, na hipótese de se chegar à conclusão de que a adopção em causa é válida, restará ainda o problema da *substituição:* saber se essa adopção corresponde ou não ao conceito de «adopção» que o legislador francês teve em vista ao elaborar (na sua antiga formulação) o art. 356.° do *Code civil.*

Nestes termos, para a doutrina corrente, a possibilidade do surgimento do problema da questão prévia depende de dois pressupostos. É o primeiro que a questão principal não esteja sujeita ao direito material da *lex fori.* Se o estiver, pode levantar-se um problema de *substituição,* mas nunca um problema de questão prévia, como é bom de ver. Com efeito, em tal hipótese não há que escolher entre a óptica do DIP da *lex fori* e a do da *lex causae* para determinar a lei que há-de decidir a questão prejudicial, visto que *lex fori* e *lex causae* coincidem. O segundo pressuposto é, naturalmente, que o DIP da *lex fori* se refira de modo autónomo à questão jurídica que, no caso, surge como questão prejudicial.

Já sabemos que não foi assim que WENGLER configurou o problema da questão prévia. Para ele, este problema é sempre um problema de determinação do conteúdo de um conceito prejudicial contido na norma material aplicável à questão principal, ou, noutros termos, um problema de determinação de um pressuposto *de facto* (embora de carácter normativo) da hipótese desta norma. Trata-se, portanto, de resolver uma *quaestio facti,* de um «mere datum problem», e não de um «choice-of-law problem» ou problema conflitual. Deste modo, não se acha em causa um *juízo sobre a competência* de certa lei para regular dada questão prévia, mas um simples *juízo de facto.* Por isso mesmo, para WENGLER, o problema da questão prévia pode surgir mesmo na hipótese de ser a lei material do foro a lei reguladora da questão principal.

Quem terá razão: WENGLER ou a doutrina corrente?

A doutrina corrente terá a razão pelo seu lado se a referência pressuponente feita pela norma material reguladora da situação jurídica principal à situação jurídica prévia envolver, pelo menos quando esta última situação jurídica tenha carácter internacional, a necessidade da resolução dum problema de conflito de leis. Se não é esse o caso, se apenas está em causa a interpretação e a aplicação duma norma material, então quem tem razão é WENGLER.

O teste decisivo há-de ser-nos fornecido pela resposta que devermos dar às seguintes questões: — A determinação do pressuposto normativo de que uma norma material do direito português relativa a uma questão principal faz derivar certa consequência *depende necessariamente* do nosso DIP? Por outras palavras: para aqueles efeitos *ulteriores* em que se traduz a repercussão duma situação jurídica condicionante sobre uma situação jurídica condicionada sujeita à lei portuguesa *só* terá relevância a situação condicionante que deva ser reconhecida em Portugal por força do nosso DIP? e uma situação jurídica condicionante reconhecida nestes termos será *necessariamente* relevante para esses efeitos *ulteriores?* Para podermos aceitar como válida a doutrina corrente teremos que responder afirmativamente a cada uma destas questões; teremos, por outras palavras, de afirmar que o não reconhecimento daqueles efeitos *ulteriores* a uma situação condicionante reconhecida como existente e válida em Portugal por força do nosso DIP ou, inversamente, o seu reconhecimento a uma situação condicionante que, por força do mesmo DIP, não deve ser reconhecida em Portugal, envolveria violação do Direito de Conflitos português.

Posto assim o problema, parece que teremos de rejeitar a doutrina corrente, com base em três ordens de considerações:

a) A própria doutrina corrente admite a possibilidade de se suscitar um problema de *substituição.* Admite, portanto, que a norma material aplicável à situação condicionada ou principal pode *livremente* reportar-se ou não à situação prejudicial e configurar como bem entenda este pressuposto. Assim como admite — necessariamente, por isso que admite o problema da substituição — que uma situação jurídica reconhecida como existente e válida pelo DIP da própria lei do foro enquanto lei aplicável à questão principal pode não satisfazer ao «conceito prejudicial» duma norma relativa a esta questão — e pode, portanto, não produzir aqueles tais efeitos *ulteriores.*

b) A liberdade, reconhecida à *lex causae* da situação jurídica condicionada ou principal, de se referir ou não à situação condicionante como seu pressuposto, e de configurar como bem entenda, em função dos seus juízos de valor materiais, as características da situação condicionante concreta que para ela tem uma determinada relevância, é uma consequência necessária da competência atribuída a essa mesma *lex causae* — e, portanto, é uma implicação necessária da *qualificação* que conduziu a incluir no âmbito de competência dessa lei certas questões jurídicas (p. ex., os efeitos *sucessórios* do matrimónio, da filiação, da adopção, etc.) relacionadas com a constituição, modificação ou extinção da referida situação condicionada.

Nestes termos, parece lícito afirmar, com WENGLER (1), que, uma vez chamada certa lei estrangeira para resolver um problema sucessório, se a *lex fori* interferisse com o seu Direito de Conflitos na decisão da respectiva questão prévia, isso equivaleria a retirar em parte ao estatuto sucessório «aquilo que anteriormente lhe havia sido adjudicado» pelo mesmo Direito de Conflitos. Se, por efeito da qualificação, se atribui a uma certa lei certo âmbito de competência, deve aceitar-se que pertence a esta lei regular tudo o que se encontra dentro deste âmbito de competência. Seria incoerente, p. ex., reconhecer que é à lei da sucessão que compete regular esta e decidir ao mesmo tempo que é a lei do divórcio (do casamento, da adopção, etc.) que deve definir o pressuposto de que depende uma consequência sucessória. Com efeito, se se trata duma questão sucessória, é às normas do estatuto sucessório que pertence determinar as características do *facto* de que depende a consequência sucessória; já que são os juízos de valor destas normas que estão em causa. Logo, parece-nos que a solução consistente em atender apenas à *lex causae* da questão principal para efeitos de decisão da chamada questão prévia é uma solução de princípio postulada pela coerência na aplicação das Regras de Conflitos do foro. Estas regras, ao deferirem a leis diferentes a competência para regular a situação jurídica con-

---

(1) *Die Vorfrage, cit.*, p. 194.

dicionada e a situação jurídica condicionante pressupõem necessariamente que os efeitos *ulteriores* desta última situação que se traduzam numa repercussão (num *efeito de facto*) sobre a constituição da primeira são regulados pelo estatuto desta.

c) Por último, nós já sabemos que a remissão pressuponente é sempre referência a um *quid facti;* e que, portanto, mesmo que essa referência alcance um dado normativo configurado por uma lei diferente daquela a que pertence a norma remetente, isto não significa de forma alguma uma atribuição de competência a essa lei: à lei *ad quam* não se vai buscar um critério normativo a aplicar no âmbito do sistema *a quo,* mas um *puro dado de facto* a que se atribui, neste sistema, uma dada consequência [1]. Logo, a remissão que nós vamos descobrir numa norma material da *lex causae* da questão principal ao fazer aplicação desta lei não coenvolve, de forma alguma, um problema de conflitos de leis. É aos juízos de valor materiais da lei que estamos a aplicar que devemos pedir a definição do significado e alcance dessa referência — que devemos pedir a definição das características concretas que há-de possuir a *situação-jurídica-pressuposto.* Se, porventura, da interpretação da *lex materialis causae* resulta que *só* uma situação jurídica condicionante reconhecida no âmbito dessa lei é susceptível daquela determinada relevância, deverá entender-se que uma das características exigidas na situação-pressuposto pela norma pressuponente é justamente a eficácia ou susceptibilidade de eficácia dessa situação no âmbito do ordenamento estadual a que a referida norma pressuponente pertence. Mas, em face do que atrás dissemos, do facto de a situação jurídica prévia não ser reconhecida por si mesma (nos seus efeitos próprios) no sistema da *lex causae* da situação principal, não pode inferir-se sem mais a não produção aí daquele efeito jurídico *ulterior* [2]; assim como, inversamente, do seu reconhecimento neste mesmo sistema se não pode inferir sem mais a produção aí do mesmo efeito (pense-se no caso Ponnoucannamalle).

---

(1) Cfr. *supra,* n.º 35.

(2) E a isto não atende — nem pode atender, dado o seu particular ponto de vista — a doutrina corrente.

100. *Delimitação do âmbito da questão prévia* [1]. Parece-nos que o principal defeito que afecta a doutrina corrente em matéria de questão prévia decorre justamente de ela se não ter dado conta da distinção entre a referência pressuponente e a referência própria do Direito de Conflitos. Só assim se explica que ela não hesite em ver surgir um problema de Direito de Conflitos *no processo ou no decurso da aplicação duma norma material.* Fica aí um ponto obscuro por resolver, e tal obscuridade vai afectar toda a teoria da questão prévia.

Ora onde esta obscuridade mais fortemente se reflecte é no problema crucial da delimitação das genuínas hipóteses de questão prévia ou, nos termos próprios da doutrina corrente, no problema do critério a seguir para definir os casos que devem ser excluídos da regra dita da «conexão subordinada». Pelo contrário, é justamente quanto a este problema que o nosso critério — o da referência pressuponente — se revelará, segundo cremos, clarificador e fecundo. Mas vejamos, primeiro, como o problema em causa se configura, segundo a doutrina corrente.

Comecemos por recordar que, para esta doutrina, o problema da questão prévia é um problema de conflito de leis que se põe como problema de saber qual a óptica de DIP a adoptar para descobrir a lei segundo a qual se há-de decidir a questão prévia: se a do DIP da *lex fori,* ou a do DIP da *lex causae* (da lei cujo direito material regula a questão principal). Posto assim o problema, são duas as atitudes adoptadas na doutrina: a daqueles que insistem na aplicação do DIP da *lex fori,* e a dos que votam pelo DIP da *lex causa* — justificando estes a sua opção essencialmente com base na ideia de que este modo de proceder favorece a harmonia internacional de decisões [2].

Os que são por esta segunda atitude (os que seguem a orientação moderna, digamos) aderem, pois, à chamada teoria dita da «conexão subordinada»: a questão prévia, enquanto tal, deverá subordinar-se, em regra, ao DIP da lei aplicável à questão prin-

---

(1) Sobre este ponto, cfr. também *Âmbito, cit.,* pp. 326 e ss.

(2) Note-se, porém, que esta harmonia será extremamente precária e limitada para poder, só por si, justificar um desvio ao processo normal de funcionamento das Regras de Conflitos de DIP.

cipal — e não deverá, portanto, ser conectada «autonomamente», através do DIP da *lex fori,* como acontece nos casos em que a mesma questão, que agora surge como *prévia* em relação a outra, é directamente apresentada em juízo como questão principal. Assim, p. ex., numa acção de anulação do casamento ou numa acção de divórcio, a questão da validade do casamento apresenta-se como questão principal; mas apresenta-se como questão prévia quando o objecto directo do litígio é, p. ex., um problema sucessório. No primeiro caso, é evidente que não pode deixar de aplicar-se o DIP do foro; no segundo caso, porém, já se deveria aplicar, para determinar a lei aplicável à questão da validade do casamento, o DIP da lei chamada a decidir a questão principal, que é a questão sucessória (isto segundo a mencionada teoria da «conexão subordinada»).

Adoptada, porém, como ponto de partida, a regra da «conexão subordinada» — em nome da harmonia internacional de decisões —, logo se verifica que esta regra não pode valer em todos os casos, sob pena de em muitos deles se prejudicar intoleravelmente a chamada «harmonia material de decisões» — sob pena, isto é, de se suscitarem graves incoerências entre as várias decisões sobre uma mesma questão no domínio do ordenamento do foro. Assim, p. ex., não poderá admitir-se que, sendo *A* casado com *B,* conforme resulta da lei que é aplicável segundo a Regra de Conflitos do foro relativa à constituição da relação matrimonial, ao mesmo tempo se recuse a *B* um direito a alimentos contra *A,* só porque, de acordo com o DIP da lei reguladora das relações conjugais, a lei aplicável à validade do casamento é uma outra e, segundo esta outra lei, o mesmo casamento é inexistente. Logo, haveria que, segundo a doutrina corrente, pôr de lado, em casos tais, a teoria da «conexão subordinada». Esses casos seriam todos aqueles em que a aplicação desta teoria ou método conduzisse a violações graves e intoleráveis da referida «harmonia material». Sobre o elenco destas excepções é que a doutrina corrente ainda não chegou a acordo, dada a falta de um critério seguro para resolver a dificuldade (1). Nem isso admira, se admitirmos que

(1) Cfr. um elenco destas excepções em FERRER CORREIA, *DIP, cit.,* pp. 264-277.

esta doutrina começa por não ter uma ideia clara sobre a própria natureza e configuração do genuíno problema da questão prévia.

Ora é neste ponto sobretudo que o critério que vimos adoptando para determinar a verdadeira natureza e a exacta configuração do problema da questão prévia — o critério da referência pressuponente — é susceptível de se revelar, segundo cremos, frutuoso; pois que, ao mesmo tempo que recorta a figura da questão prévia com o seu contorno próprio, nos mostra desde logo quais as hipóteses que devem ser excluídas do âmbito daquela figura.

Assim, configuradas as hipóteses de questão prévia como hipóteses em que se verifica uma referência *pressuponente* da lei reguladora duma situação jurídica condicionada a uma situação jurídica condicionante (sendo esta tomada, portanto, como simples pressuposto de *facto* a que a lei da situação condicionada faz produzir efeitos jurídicos *ulteriores,* ou «efeitos de facto»), ficam desde logo excluídas do âmbito da questão prévia todas aquelas hipóteses em que se trata de um efeito *próprio* e não de um efeito *ulterior* («efeito de facto») da situação jurídica «preliminar». É o que acontece em todos aqueles casos em que, por força do DIP do foro, diferentes leis são chamadas a reger, respectivamente, a constituição e o conteúdo duma mesma situação jurídica pessoal ou real. Assim, se a questão principal é, p. ex., uma questão relativa ao conteúdo da relação matrimonial (se ela é, p. ex., uma questão de alimentos), não pode de modo algum pensar-se em resolver a questão prévia da existência do casamento por outra lei que não seja a designada pelo DIP do foro. Aqui não está de modo algum em causa a repercussão duma situação jurídica sobre *outra.* Antes, é o próprio DIP que, directamente ou por força duma alteração da conexão relevante (sucessão de estatutos), manda aplicar leis diferentes à constituição e ao conteúdo da *mesma* situação jurídica.

Fora destes casos, o critério geral a adoptar, conforme se infere do exposto, consistirá em perguntarmo-nos se é concebível que uma qualquer lei reguladora da questão dita principal, por força do regime material a que possa submeter esta questão, recuse certo tipo de efeito a certo tipo de situação jurídica «preliminar», sem ofensa dos princípios básicos do Direito de Conflitos. Aferidas por este critério certas hipóteses que a doutrina corrente configura como hipóteses de *questão prévia,* para de seguida as excluir do âmbito da regra da «conexão subordinada» com argumentos pouco convincentes, logo se verifica que, em tais hipóteses, a referência da lei reguladora da situação condicionada à situação condicionante não tem carácter *pressuponente* — não é referência a um pressuposto cuja configuração dependa ou possa depender da valoração material que informa a norma remetente — e, por isso, se não está em face duma genuína hipótese de questão prévia.

Recordando o que atrás dissemos a propósito da «substituição», podemos ainda assentar no seguinte critério: em todos os casos em que, do ponto de vista do Direito de Conflitos (de qualquer Direito de Conflitos), não é deixada à *lex causae* da questão principal a liberdade de determinar as características ou a configuração particular que deve possuir a situação jurídica prejudicial e, portanto, a *liberdade de pôr um problema de «substituição»*, também não é possível suscitar-se um genuíno problema de questão prévia.

Onde há referência pressuponente há a possibilidade de se suscitar um problema de substituição; onde esta possibilidade existe, há uma referência pressuponente. Tal é, pelo menos, a nossa opinião. E o nosso ponto de vista entende-se bem à luz desta ideia que passamos a expor.

Por um lado, só há referência pressuponente quando a situação jurídica condicionante é tomada como *puro facto* a que se liga um certo efeito *ulterior* (uma certa *repercussão* no domínio da situação condicionada), em se verificando o *facto central* que está na origem da *principal questão jurídica* em causa — e não quando ela é tomada como critério normativo vivo e operante que já traga *implícito* no seu conteúdo um tal efeito. Por outro lado, também só há referência pressuponente quando esse *facto* representado pela situação jurídica condicionante é encarado como um facto *não autónomo,* isto é, como facto que representa, não um facto-causa do problema ou questão jurídica principal, não um facto que esteja na origem do problema jurídico central a resolver, mas um simples «facto-pressuposto» ou facto *cuja relevância ou irrelevância para o efeito em causa depende inteiramente do modo como a lei da questão principal a regulamenta,* do regime jurídico-material a que é submetida esta questão.

Este segundo requisito da remissão pressuponente será esclarecido nos números subsequentes. Entretanto, sintetizaremos o nosso critério do seguinte modo: para que haja remissão pressuponente e, portanto, se verifique um genuíno problema de questão prévia, importa que a lei material reguladora da questão principal se reporte à situação jurídica condicionante como a um *puro facto* e como a um facto *não autónomo*, ou seja, como a um simples «facto-pressuposto» (não causal) (1).

Munidos deste critério, poderemos agora verificar que aquelas hipóteses que a doutrina corrente configura como hipóteses de questão prévia, para de seguida as exceptuar da regra da «conexão subordinada», não cabem dentro da figura da questão prévia com o desenho que lhe damos.

Seja desde logo o caso de, numa acção de divórcio, se verificar que existiria de facto fundamento para o divórcio, segundo a lei material competente; mas que, por força do DIP desta mesma lei, o casamento em causa é aí considerado como inexistente ou nulo, ao passo que, segundo a lei designada pelo DIP da *lex fori* para regular a validade do casamento, este é existente e válido. Questão principal: o divórcio; questão preliminar ou prejudicial: a existência e validade do casamento. Parece evidente que não temos nesta hipótese um caso de verdadeira questão prévia, ao contrário do que se afirma em certa doutrina. Na verdade, a faculdade ou o direito de divórcio não é um efeito *ulterior* do facto «existência de um casamento válido»; antes, a existência de um casamento válido é condição necessária para que se ponha sequer o problema do divórcio. Nem se concebe de forma alguma que a relevância ou irrelevância do *dado* «existência e validade do casamento» para efeitos de divórcio dependa do regime material a que o estatuto do divórcio submete este. Não temos aqui uma hipótese de questão prévia e não poderá atender-se, portanto, senão ao DIP da *lex fori*.

Seja agora o caso da existência de um casamento como pressuposto da legitimidade da filiação. Já sabemos que, se um grego

---

(1) Não causal, note-se, em relação ao surgimento do problema normativo que constitui a questão principal; mas certamente causal por referência à consequência *ulterior* de que é pressuposto. Causal é, naquele sentido, só o facto ou situação que *põe o problema* que certo complexo normativo visa resolver e cuja ocorrência provoca o efeito jurídico (tal é, p. ex., no domínio da responsabilidade civil, a *ocorrência do dano* indemnizável).

ortodoxo casar em Portugal com uma portuguesa, na forma civil, este casamento é havido por inexistente pela lei grega. Suponha-se que mais tarde se vem a pôr perante os nossos tribunais o problema de saber (questão principal) se um filho nascido deste matrimónio é filho legítimo. Admitamos que esta questão tem de ser apreciada em face do direito grego, por força do art. 56.º, 1, do nosso Código, e que, segundo aquele direito, a resposta à questão da legitimidade da filiação depende da resposta a dar à questão prejudicial da existência do casamento. Ora já sabemos que, para o direito grego, tal casamento é juridicamente inexistente. Deveremos nós decidir esta questão preliminar como a decide o direito grego e concluir pela ilegitimidade da filiação? Não, pois não estamos perante uma genuína hipótese de questão prévia.

Não se concebe, na verdade, que do regime a que a lei material competente submete a constituição do vínculo de filiação legítima dependa a relevância ou irrelevância do casamento dos pais para efeitos da legitimidade dos filhos. Concebe-se muito bem, isso sim, que a legitimidade da filiação não dependa de um casamento entre os progenitores; mas já se não concebe que qualquer lei que distinga entre filhos legítimos e ilegítimos *possa* recusar ao casamento, quando os restantes pressupostos se verifiquem, qualquer relevância para efeitos de legitimidade da prole. Mas, por isso mesmo, se a questão principal, em vez de ser uma questão de filiação, fosse uma questão sucessória submetida ao direito grego, já estaríamos em face duma genuína questão prévia: é perfeitamente concebível que o estatuto da sucessão não dê qualquer relevância à legitimidade da filiação para efeitos sucessórios.

Analisemos agora uma hipótese figurada por WENGLER [1] relativa à «questão preliminar da existência e da titularidade do direito subjectivo lesado», posta a propósito da determinação do titular do direito à indemnização pelo dano. «É sempre possível — escreve WENGLER — que, no Estado *A*, deva considerar-se *Y* proprietário da coisa danificada, ao passo que, no Estado *B*, se deva considerar antes *Z* como proprietário da mesma coisa, por ser diversa a lei

(1) Cfr. *La responsabilità per fatto illecito nel DIP, in* «Annuario di Diritto Internazionale» 1966, p. 57.

aplicável à questão da aquisição da propriedade». E configura a seguinte hipótese: «O indivíduo *X* é havido como proprietário, a título sucessório, duma coisa situada no Estado *A*, nos termos da lei designada como aplicável pela norma de conflitos do mesmo Estado *A*. Pelo contrário, se se aplicasse a norma de conflitos do Estado *B*, proprietário e herdeiro seria *Y*. Quem tem legitimidade activa para pedir o ressarcimento do dano, se a coisa é danificada por *Z* e se são chamados a decidir sobre a pretensão ao ressarcimento os tribunais do Estado *B*?»

Entende WENGLER que «a lei reguladora do direito absoluto como tal (em particular a lei reguladora dos direitos reais quando se discute sobre a propriedade duma coisa) manterá o seu significado relativamente à questão da existência e da titularidade do direito subjectivo lesado». Doutro modo, prossegue, seríamos conduzidos a uma «grave perturbação da harmonia material entre valorações jurídicas que no Estado do foro podem corresponder (...) a situações estreitamente conexas quanto ao seu conteúdo». Basta ponderar, acrescenta WENGLER, que, na hipótese de a coisa ser danificada em *B*, seria *Y* o titular do direito à indemnização, ao passo que, se fosse danificada em *A*, seria *X* o titular do mesmo direito.

Não cremos que seja necessário, num caso como este, recorrer ao argumento da perturbação da harmonia material para justificar o afastamento da regra da «conexão subordinada»; bastará reconhecer que não nos achamos em face duma verdadeira hipótese de questão prévia [1]. Com efeito, a referência que a lei da situação jurídica condicionada faz à titularidade do direito sobre a coisa danificada é *independente* do modo como aquela lei regula o direito à indemnização. É de qualquer modo inconcebível que essa lei, ao determinar o titular do direito à indemnização, deixe de se referir a um tal pressuposto. Assim como também não é concebível que aquela determinação do dito titular dependa ou não do referido pressuposto, conforme a aquisição do direito de propriedade se tenha verificado por este modo ou por aquele. Em suma, não seria pos-

---

(1) Também MELCHIOR (*ob. cit.*, pp. 260 e 263) entende que não estamos aqui em face duma *Vorfrage* (questão prévia) mas duma *Teil der Hauptfrage* (parte da questão principal). Não cremos que esta última designação seja feliz ou esclarecedora, pelo menos neste contexto.

sível conceber, na hipótese focada, a possibilidade de um problema de *substituição.*

Seja por último a hipótese, também configurada pela doutrina como hipótese de questão prévia, em que a validade da obrigação principal condiciona a validade da fiança. Suponhamos que a obrigação é nula em face da lei designada como competente pelo DIP da *lex fori,* mas válida perante a lei designada como competente pelo DIP da lei chamada para reger a fiança. Se o credor intenta em Portugal acção contra o fiador, este defender-se-á alegando a nulidade da obrigação afiançada. Se o nosso tribunal se deixasse orientar pela regra da «conexão subordinada», condenaria o fiador; mas este amanhã não teria possibilidade de fazer vingar o seu direito de regresso contra o devedor (ou: não ficaria sub-rogado pelo cumprimento na posição do credor).

Esta possibilidade de decisões contraditórias (perturbação da «harmonia material») é de molde a afastar-nos aqui daquela regra (1). Mas antes disso deve reconhecer-se que a referência do estatuto da fiança ao pressuposto da validade da obrigação principal não *depende* do modo como aquele estatuto define o regime da fiança; não se trata, portanto, duma *referência pressuponente* em sentido estrito (2). Antes, a validade da obrigação afiançada é sempre e em toda a parte um pressuposto da validade da fiança, de acordo com a natureza acessória desta e com a vontade normal do fiador; salvo quando deva entender-se que este quis garantir certa prestação, independentemente de ser ou não válida a obrigação posta a cargo de outrem

---

(1) Cfr. WOLFF, *ob. cit.,* pp. 70 e s.

(2) Pode mesmo dizer-se que o *problema principal* (o problema da validade da fiança como fiança) apenas surge se existe uma obrigação principal.

Em termos paralelos se deverá discorrer a propósito doutro exemplo, referido por MELCHIOR: o da não existência da dívida como pressuposto da *conditio indebiti* e do consequente direito ao enriquecimento sem causa. MELCHIOR entende (*ob. cit.,* pp. 259 e s., 262 e s.) que também aqui se trata duma *parte da questão principal.* Não andaremos longe da ideia de MELCHIOR se dissermos que, na hipótese, o problema do enriquecimento sem causa (questão principal) nem sequer se suscita — nem sequer existe — se a dívida satisfeita existia: a não existência da dívida é elemento integrante da *situação-problema.*

de efectuar a mesma prestação. Mas, neste último caso, como que nos achamos em presença duma obrigação autónoma, pelo que o nosso problema deixa de existir.

101. *«Reconhecimento» duma situação jurídica e «relevância» duma situação jurídica.* Assentámos, pois, em que, nas hipóteses de questão prévia, a referência do estatuto da situação condicionada à situação condicionante é uma *referência material pressuponente,* insusceptível, por isso mesmo, de se transformar numa referência de Direito de Conflitos ou seja, numa remissão atributiva de competência.

Notemos agora que uma coisa é o *reconhecimento* duma situação jurídica e outra coisa bem diferente é a *relevância* (como facto) duma situação jurídica. A primeira é imposta pelo próprio Direito de Conflitos, ao passo que a segunda é obra duma remissão pressuponente. A primeira é obra duma remissão atributiva de competência ao sistema *ad quem* e traduz-se ao mesmo tempo no reconhecimento e na aplicação de *critérios normativos* tomados deste sistema; a segunda dirige-se ao sistema *ad quem* para aí buscar simples *factos,* e não *critérios normativos:* antes, estes critérios são sempre fornecidos pelo sistema *a quo* ou pressuponente. Do *reconhecimento* duma situação jurídica decorre o reconhecimento ou atribuição a esta, como entidade ou fonte *viva,* dos seus efeitos próprios ou *directos;* da *relevância* de facto atribuída a uma situação jurídica decorrem consequências *ulteriores* ou *«oblíquas»:* aquelas consequências que são ligadas à situação-pressuposto enquanto simples facto cuja relevância é já uma forma de expressão da valoração jurídico-material *doutra* situação jurídica — sendo tais consequências, consequentemente, obra exclusiva do estatuto regulador desta *outra* situação jurídica. É claro que, para bem intuirmos esta distinção entre *reconhecimento* e *relevância* duma situação jurídica, nos devemos situar do ponto de vista do ordenamento aplicável à questão principal (que bem pode ser até o próprio ordenamento da *lex fori*).

Vem de molde relembrar aqui o erro em que caiu a teoria anglo-saxónica dos *vested rights* (DICEY e BEALE) quando, para salvaguardar o dogma da absoluta territorialidade do direito, veio a confudir a remissão própria do DIP com uma remissão pressuponente. Na verdade, segundo esta doutrina, o juiz do foro, que nunca aplicaria senão a sua própria lei, ao reconhecer um direito subjectivo adquirido no estrangeiro não faria mais do que, por aplicação da lei do Estado do foro, *criar* um direito subjectivo semelhante ao adquirido no estrangeiro, com base no *facto* de este ter sido adquirido no estrangeiro. Portanto, a lei estrangeira seria apenas tomada em conta indirectamente, para efeitos de fornecer o *dado de facto* a que o direito do foro atribuía aquela relevância.

Ora é evidente que, como salienta QUADRI [1], esta doutrina labora no erro de distinguir, como se fossem coisas separadas, o direito subjectivo da norma de que este não é senão uma simples projecção ou manifestação e não repara que o juiz do foro, «tutelando o interesse também tutelado no estrangeiro, não só dá vida a um direito correspondente ao existente no estrangeiro como também dá vida a normas correspondentes às que existem no estrangeiro». Numa palavra: o reconhecimento de um direito adquirido ou duma situação jurídica constituída num ordenamento estrangeiro implica sempre o reconhecimento e a aplicação de critérios normativos correspondentes aos desse ordenamento estrangeiro.

Repare-se agora que as coisas se passam de modo totalmente diverso na hipótese duma remissão ou referência pressuponente a uma situação jurídica condicionante que se constituiu à sombra de um ordenamento estrangeiro: aqui não se trata de modo algum de tutelar *os mesmos interesses* que são tutelados, através da criação da situação jurídica-pressuposto, no sistema jurídico estrangeiro, nem de reconhecer a esta situação jurídica efeitos do tipo daqueles que no ordenamento de origem (sistema *ad quem*) se ligam directamente à constituição e à existência da mesma (isto é, aqueles efeitos que representam o *conteúdo* ou são a expressão do *conteúdo* da dita situação jurídica). Trata-se, antes, de resolver um *diferente* conflito de interesses e de, no domínio duma *outra* situação jurídica, atribuir à existência daquela situação-pressuposto, no sistema *a quo* e por força dos preceitos materiais deste sistema, efeitos de tipo diferente (*ulteriores*) — efeitos estes que o próprio sistema *ad quem*

(1) *Lezioni., cit.*, p. 104.

bem pode não atribuir a tal situação. Em suma: a *questão de direito* a que responde a norma material remetente do sistema *a quo* é totalmente diversa daquela a que respondem as normas do sistema *ad quem* de cuja operação resultou a constituição da situação jurídica ou do efeito de direito pressuposto.

Daqui também se tira que não têm sentido as tentativas feitas por vários autores para aproximar a teoria da questão prévia da teoria dos direitos adquiridos. São problemáticas distintas. Nem nos parece de forma alguma exacta a recente afirmação de GOTHOT [1] de que WENGLER, nos desenvolvimentos que tem vindo a dar à sua teoria da questão prévia, «tem feito deslizar o seu pensamento até ao ponto de confundir cientemente questões prévias e direitos adquiridos». No problema da questão prévia o que está fundamentalmente em causa é a aplicação do direito material da questão principal e, portanto, *a própria questão principal.* Se, por efeito da teoria da questão prévia de WENGLER, se vem a «reconhecer» um efeito *ulterior* a um direito ou situação jurídica prévia que não é *reconhecida* por si mesma no Estado do foro, isso não significa de modo algum que esta situação-pressuposto seja *reconhecida* como um «direito adquirido». O que se reconhece, sendo caso disso, é a situação jurídica principal, na constituição da qual a situação jurídica prévia entra como um *puro facto* constitutivo. Mas esta situação prévia não é *reconhecida* por si própria, quer dizer, nos seus efeitos próprios, como acontece quando se reconhece um «direito adquirido».

O que pode dizer-se, isso sim, é que, pelo que respeita a decidir da existência ou inexistência da situação jurídica-pressuposto para efeitos de resolução da questão principal, o juiz *não se acha vinculado pela sua própria Regra de Conflitos,* mesmo que seja a lei material do foro a lei aplicável à dita questão principal. E isto tem muita importância, pois que deste modo o juiz do foro poderá reconhecer *relevância* a situações jurídicas que ele não poderia reconhecer directamente e por si mesmas, por virtude do jogo das Regras de Conflitos. Assim, p. ex., a não se aceitar certa interpretação extensiva do art. 31.º, 2, do nosso Código, que permitiria reconhecer directamente validade aos negócios jurídicos do estatuto pessoal válidos e

---

[1] Cfr. *Le renouveau de la tendance unilatéraliste en DIP,* «Revue critique de DIP», 1971, p. 434.

eficazes no domínio da *lex domicilii* mas celebrados fora do território do Estado do domicílio ou de acordo com uma lei que o DIP deste Estado manda aplicar, deverá porventura reconhecer-se pelo menos *relevância* às situações jurídicas familiares criadas por tais negócios para efeitos *ulteriores*, designadamente para efeitos sucessórios.

Da mesma forma poderemos proceder (tudo depende do sentido a atribuir a certa norma material) em certos casos em que a nossa lei não admite o reenvio. Assim, p. ex., se se trata de apreciar a válida constituição do estado de casado, a nossa Regra de Conflitos remete para a lei nacional dos cônjuges ao tempo da celebração do casamento, e não pode aceitar-se a devolução desta lei para a *lex domicilii* se esta última manda também aplicar o direito material da *lex patriae* (art. 17.º, 2, do nosso Código) (1). Se, portanto, a *lex patriae* (como é o caso das leis brasileira, dinamarquesa, norueguesa, etc.) persiste em aplicar a *lex domicilii*, verifica-se a possibilidade de o Estado nacional reconhecer como existente e válido um casamento entre dois dos seus súbditos que em Portugal terá porventura que ser havido até por inexistentes (2).

Pois bem, se se trata de resolver um problema de direito sucessório (sendo até porventura a própria lei do foro a *lex successionis*, o que pode acontecer se um dos cônjuges se naturalizou português ou fixou cá a sua residência habitual (3)), nada impede que, para efeitos da norma relativa à sucessão por morte, aquele casamento possa ser havido como existente e eficaz enquanto pressuposto do chamamento à sucessão do cônjuge sobrevivo. Com efeito, neste plano, já não se trata de resolver um problema de Direito de Conflitos (de «choice of law»), e, portanto, já não temos que preocupar-nos com a solução

---

(1) A solução seria a oposta no domínio da Convenção da Haia de 15-6-1955, art. 1.º

(2) Salvo se acaso se deve aceitar, conforme propusemos atrás (cfr. *supra*, n.os 63 e 68, *in fine*) uma interpretação restritiva do n.º 2 do art. 17.º do nosso Código, em termos de afastar a aplicação deste preceito nas hipóteses em que apenas se trata de reconhecer a validade de um acto ou negócio jurídico reconhecido como válido e eficaz no âmbito da *lex patriae*, por aplicação do direito material doutra lei que aquela manda aplicar, mesmo que estoutra lei se não considere competente.

(3) É evidente que o problema se põe de igual modo se a lei sucessória a aplicar pelo tribunal português for a da anterior *lex patriae*.

coerente de um problema de conflito de leis; já não estamos amarrados à ideia (a ideia que porventura nos levará a recusar validade e existência àquele casamento, tomado por si mesmo e nos seus efeitos próprios) de que, na resolução daquele conflito negativo entre a *lex patriae* e a *lex domicilii,* importa optar por um critério dirimente e de que tal critério não pode ser senão o da Regra de Conflitos da *lex fori.*

Tudo isto não significa senão que, na resolução duma verdadeira questão prévia, o julgador se não acha vinculado pelas Regras de Conflitos do foro, ainda que a questão principal seja regida pela *lex materialis fori,* por isso que o que está em causa é apenas um problema de concretização da *facti-species* de uma norma material — e não um problema de conflito de leis. Mas é preciso ir mais longe e afirmar até que muitas vezes o significado material da referência pressuponente de certa norma reguladora da questão principal (quer se trate de uma norma portuguesa ou estrangeira) não se compadecerá mesmo com a simples aceitação do resultado acolhido pelo DIP (português ou estrangeiro) quanto à existência ou inexistência da situação jurídica-pressuposto.

Já atrás vimos que um divórcio não reconhecido em Portugal pode valer «divórcio» ou «separação» para efeitos do art. 2148.º do nosso Código. Suponhamos ainda o seguinte exemplo: — Segundo a lei *A* (lei reguladora da obrigação alimentar entre dois ex-cônjuges, divorciados), cessa a obrigação de alimentos entre os ex-cônjuges quando um destes passe a segundas núpcias. A ex-mulher contrai novo casamento de acordo com a lei *B (lex domicilii)* e fica a viver no Estado *B* com o seu novo marido. Para o DIP do Estado *A,* este casamento é inexistente. Deverá seguir-se daí que não se extinguiu, para a lei *A,* a obrigação alimentar do primeiro marido? De modo algum. Para efeitos da norma relativa à obrigação de alimentos deve dar-se por existente o segundo matrimónio. Mas isto por força da própria *ratio* da noma reguladora da questão principal: é que agora há uma outra pessoa (o segundo marido) que efectivamente presta ou é efectivamente obrigado a prestar alimentos à mulher por força da própria lei do Estado onde os cônjuges residem.

Consideremos ainda a seguinte hipótese, que nos parece bastante elucidativa. O art. 496.º, 2, 1.ª parte, do nosso Código, estabelece: «Por morte da vítima, o direito à indemnização por danos não patrimoniais cabe, em conjunto, ao cônjuge não separado judicialmente de pessoas e bens e aos filhos ou outros descendentes». Se, por hipótese, o art. 2133.º do mesmo Código houvesse graduado em primeiro e segundo lugares, na escala dos sucessíveis, aquelas mesmas pessoas que são contempladas no art. 496.º, 2, então esta última disposição poderia ter sido assim redigida: «Por morte da vítima, o direito à indemnização por danos não patrimoniais cabe, em conjunto, àquelas pessoas que, para efeitos de sucessão legítima, integram as duas primeiras classes de sucessíveis».

Pois suponhamos que é este o caso — que o nosso direito positivo corresponde à hipótese figurada. Imaginemos agora um acidente mortal de viação, verificado no nosso país, em que a vítima foi um sueco. A lei aplicável à responsabilidade civil é a lei portuguesa (art. 45.º). A lei aplicável à sucessão é a lei sueca (art. 62.º). Ora o direito sueco nem sequer confere ao cônjuge sobrevivo um lugar na escala dos sucessores legítimos. Dentro da nossa hipótese, haveríamos, por isso, de recusar à viúva o direito à indemnização por danos não patrimoniais? Não, pois que a disposição do art. 496.º, 2, se integraria sempre (mesmo que a sua redacção fosse a que estamos a supor) no estatuto da responsabilidade civil, determinando os titulares do direito à indemnização. Não, porque é ainda do regime da responsabilidade civil que aí se trata. Nada nos custa a admitir isto hoje, por sabermos que de facto o nosso legislador, nesta matéria do direito à indemnização por danos não patrimoniais em caso de morte da vítima, se afastou muito das regras sobre a sucessão legítima. Repare-se que, se, por coincidência, as pessoas designadas como sucessores legítimos fossem exactamente aquelas que o legislador pretendeu contemplar no art. 496.º, 2, nem por isso o problema mudaria de natureza.

Pense-se agora numa relação matrimonial efectiva e juridicamente tutelada como válida no país da residência habitual dos cônjuges mas que, por força do nosso DIP, temos de considerar porventura como inexistente (1). Verificada a hipótese do art. 496.º, 2,

---

(1) Hipótese viável, apesar do disposto no já citado art. 31.º, 2, e da interpretação extensiva de que este texto é susceptível, dado que o casamento poderia ter sido celebrado num momento em que os ora cônjuges tinham a sua residência habitual noutro país. Deixaremos aqui em aberto, porém, a

e supondo que, no caso, é o direito português o competente para reger a responsabiildade civil, deve recusar-se ao cônjuge sobrevivo o direito à indemnização a que se refere aquele texto? Bem analisadas as razões que estão na base da disposição legal em causa, supomos que se deverá, pelo menos em certos casos, se não em todos, responder à questão negativamente, considerando «cônjuge», para o efeito, a pessoa ligada como tal ao falecido por laços afectivos e por um vínculo que foi *efectivo* no país em que a vida matrimonial decorreu e teve de facto a sua sede.

Há, pois, que ter em conta a possibilidade de, no ordenamento da questão principal, se decidir a questão prévia de modo diferente daquele que resultaria da aplicação do seu próprio DIP. É esta uma possibilidade real e que não será até pouco frequente, desde que se tome consciência de que o problema em causa é um problema que apenas tem a ver com a aplicação dos juízos de valor das normas que regem a questão principal. Ora a doutrina corrente sobre a questão prévia não toma em conta esta possibilidade — nem a pode tomar, dado que configura o problema da questão prévia como um problema de conflito de leis, nos termos expostos.

Mas o caso mais frequente será talvez aquele em que, no ordenamento da questão principal, se toma a situação jurídica prévia como existente, para efeitos da questão principal, sempre que aquela situação jurídica deva, quando olhada autonomamente, ser aí considerada como existente e susceptível de tutela judicial, por força do DIP do mesmo ordenamento. Quando assim seja, parece que deverá entender-se que o *facto* concreto a que a norma material relativa à questão principal se refere é o facto da existência, eficácia ou susceptibilidade de eficácia da situação jurídica-pressuposto para o próprio ordenamento a que aquela norma pertence — o que pressupõe evidentemente que tal situação jurídica, quando criada à sombra da lei de um outro Estado, seja reconhecida naquele Estado por força do seu DIP. É que a lei material reguladora da questão principal pode com inteira liberdade fixar os requisitos ou características que exige da situação-pressuposto, na sua existência real e concreta, e

questão de saber se o espírito que anima o referido texto nos não permitirá reconhecer toda a relação matrimonial que se tornou eficaz e juridicamente válida no Estado da residência habitual dos interessados.

um desses requisitos pode ser justamente o que acabámos de mencionar.

Ao terminar este número, lembremos que o nosso sistema jurídico, assim como qualquer outro, se pode referir de três modos a uma situação jurídica criada no seio duma lei estranha: *a*) para apreciar a validade da sua constituição; *b*) para definir o seu conteúdo ou os seus efeitos próprios, abstraindo dos factos constitutivos que a originaram; *c*) para lhe ligar efeitos *ulteriores,* ou para ligar à *qualidade* de sujeito dessa situação outras consequências de direito que nada têm a ver com o conteúdo da mesma situação, a qual é tomada como um simples facto ou «estado de facto» actual.

Na primeira hipótese, temos evidentemente perante nós um problema de conflitos de leis: a validade da constituição há-de ser apreciada em face da lei competente. O problema em causa é, pois, um problema de *reconhecimento* da situação jurídica.

Na segunda hipótese, achamo-nos igualmente em face de um problema de conflito de leis. O que há aqui de especial é que a lei competente para reger a constituição da situação jurídica é uma e a lei competente para reger o conteúdo ou os efeitos da mesma situação é outra. Isto acontece sobretudo quando há mudança da conexão relevante (sucessão de estatutos). Seja o caso, p. ex., de um casal estrangeiro que se naturaliza português. Após a naturalização, passa a lei portuguesa a regular as relações (pessoais) entre os cônjuges. A aplicação das normas materiais portuguesas relativas a estas relações pressupõe a existência do casamento. Mas é claro que este problema da existência (e da validade) do casamento tem de ser decidido em face da lei designada como competente pelo nosso DIP, o qual já distingue entre a lei competente para reger a constituição e a lei competente para reger os efeitos da relação matrimonial. Também na hipótese da alínea *b),* portanto, o primeiro problema que se nos põe é o do *reconhecimento* da situação jurídica.

Por último, na hipótese da alínea *c*), não temos diante de nós um problema de conflito de leis, mas um problema de «questão prévia»: um problema de interpretação da norma material portuguesa que se refere *pressuponentemente* a uma situação jurídica criada, por hipótese, no seio duma lei estrangeira. Aqui, já não há *reconhecimento* da situação jurídica estrangeira, mas simples atribuição de uma certa *relevância* a essa situação, tal como se de qualquer outro facto se tratasse.

§ 2.º — O problema no Direito Transitório.

102. *A referência pressuponente (questão prévia), a não «transactividade» e a não retroactividade da lei.* O problema que tentámos esclarecer nas páginas anteriores foi por nós definido desde o início como problema posto durante o processo de aplicação da lei designada como competente pelo Direito de Conflitos, quando nesta lei se nos deparam normas (materiais) que nas respectivas hipóteses legais operam uma referência pressuponente a factos ou a situações jurídicas que não pertencem ao âmbito de competência dessa mesma lei. As considerações que precedem não nos forram à necessidade de enfrentarmos o problema básico de todo o Direito de Conflitos de leis (no espaço ou no tempo) que se acha estreitamente ligado à questão em análise: o problema de como coordenar a aplicação da norma material que opera a referência pressuponente, de acordo com o ponto de vista até aqui defendido, com a regra basilar da não «transactividade» ou da não retroactividade da lei. Posto o problema neste horizonte mais amplo, logo se intui que a referência pressuponente é fenómeno que se há-de apresentar também no domínio do Direito Transitório e suscitar aí idênticas dificuldades.

Sabemos que uma qualquer lei só é aplicável aos factos que com ela estejam em contacto e que, mesmo em relação a tais factos, ela não é competente senão para reger a questão ou as questões de direito definidas pelas Regras de Conflitos de DIP que utilizam os conceitos-quadro que correspondem às conexões de facto existentes entre os factos concretos e a lei em causa. Ora, por um lado, é indiscutível que a norma aplicável da lei competente pode, com inteira liberdade, fixar as condições ou os pressupostos de que faz depender a consequência jurídica que estatui; e, por outro lado, bem pode acontecer que uma tal norma, além de se referir a um facto central que está em contacto com a respectiva ordem jurídica por intermédio da conexão decisiva, se refira também a factos que não tenham com esta ordem jurídica esta conexão decisiva ou não tenham até com ela conexão alguma; assim como pode acontecer que o facto ou dado que, a mais do referido facto central, figura na hipótese da norma em causa seja a existência dum certo resultado jurídico (duma certa situação ou qualidade jurídica) segundo um dado sistema legislativo.

Eis, pois, que nos achamos em face de um difícil problema de Direito de Conflitos: por um lado, não pode negar-se que é à lei competente que cabe resolver o problema de direito material que lhe é submetido; mas, por outro lado, o princípio que está na base de todo o Direito de Conflitos diz-nos que nenhuma lei deve aplicar-se senão aos factos que com ela se achem em contacto. Como sair deste «impasse» quando a lei competente, em virtude do próprio regime que estabelece para a questão que lhe é submetida, se refere a factos que não estão em contacto com ela ou não têm com ela aquela conexão que a Regra de Conflitos de DIP considera decisiva?

É claro que a resposta a esta questão exige que verifiquemos o *sentido e o alcance do princípio segundo o qual nenhuma lei se aplica senão aos factos em contacto com ela.* Ora é sem dúvida no domínio do Direito Transitório que este problema se nos apresenta sob uma forma mais directamente intuível.

103. *A teoria do facto passado (ou da não retroconexão) como teoria geral do Direito Transitório; dificuldades com que depara.* A regra basilar do Direito Transitório é representada pelo princípio da não retroactividade das leis que, na tradução que lhe dá a teoria do facto passado, significa que a lei nova se não aplica a factos passados nem aos seus efeitos. Segundo esta teoria, portanto, o critério fundamental da solução dos conflitos intertemporais assenta na «localização» no tempo dos factos a regular: os factos situados além duma determinada fronteira temporal (definida pelo momento da entrada em vigor da lei nova) são regulados pela lei antiga, os factos situados aquém dessa mesma linha de fronteira são regulados pela lei nova.

Toda a regra de direito deve ser entendida, afirmam ENNECCERUS-NIPPERDEY [1], como se nela se achasse inscrita a cláusula: «de

---

(1) *Allgemeiner Teil des bürgerlichen Rechts,* 1.º tomo, 15.ª ed., 1959, p. 356.

agora em diante». E nós já sabemos bem qual a razão de ser deste princípio da irretroactividade. Ele radica em último termo na própria natureza da lei enquanto *norma de conduta* ou regra de dever-ser: por isso que é tal, por isso que visa a comandar e a orientar a conduta dos indivíduos, a lei não pode ter a pretensão de exercer eficácia em relação a condutas ou a outros factos que se verificaram antes da sua entrada em vigor — em relação a factos, portanto, que com ela não tiveram *contacto.* Daí esse limite à eficácia da lei no tempo. A este princípio negativo, que apenas exclui a aplicação da lei nova a factos passados mas nada nos diz quanto à lei aplicável a estes factos, acresce naturalmente um princípio positivo que, em nome da estabilidade das relações jurídicas subjectivas, das expectativas fundadas dos indivíduos ou do reconhecimento das situações jurídicas preexistentes («direitos adquiridos»), manda aplicar aos factos passados a lei que com eles esteve em contacto: a lei do tempo da sua verificação. Só esta regra pode conferir *validade,* no âmbito da lei nova, à lei antiga, e justificar que o juiz faça aplicação de um direito revogado.

Mas aquele «de agora em diante» que se deve considerar inscrito em toda a regra de direito, como escrevem ENNECCERUS-NIPPERDEY [1], «tem um sentido completamente diferente conforme se refira a um *facto* (cujos efeitos se determinam) ou se refira directamente a um *direito* subjectivo (ao qual é atribuído um determinado conteúdo, amplitude, etc.)». É tendo em conta esta distinção, que já remonta a SAVIGNY, que o art. 12.º, 2, do nosso Código Civil, concretizando o princípio da não retroactividade, distingue entre dois tipos de disposições legais: as disposições que regulam factos e os seus efeitos, por um lado, e as disposições que regulam o conteúdo duma relação jurídica, abstraindo dos factos que lhe deram origem, por outro lado. Estas últimas aplicam-se imediatamente, quer dizer, a partir da sua entrada em vigor, ao conteúdo das relações jurídicas preexistentes que subsistam àquela data. Como, porém, o conteúdo deste tipo de situações não é modelado pelos factos que lhes deram origem (factos constitutivos), de modo algum se poderá dizer que a aplicação imediata da lei nova a tais situações (são sobretudo as situa-

---

[1] *Ob. cit.,* l. c.

ções jurídicas pessoais e reais que estão aqui em causa) coenvolve uma aplicação desta lei a efeitos de factos passados.

Sintetizando a distinção que está subjacente ao referido art. 12.º, 2, podemos dizer que a lei nova pode operar, como diz certo autor alemão [1], ou uma *Tatsachenregelung* (regulamentação de factos), ou uma *Rechtsregelung* (regulamentação dum direito). No primeiro caso, ela não pode aplicar-se senão a factos novos, já não pode aplicar-se sequer ao conteúdo ou efeitos futuros de relações jurídicas surgidas de factos passados, dado que esses efeitos são modelados (como acontece na generalidade das relações obrigacionais, sobretudo nas constituídas no domínio da autonomia da vontade) pelos próprios factos constitutivos das relações jurídicas. No segundo caso, os efeitos futuros duma relação jurídica constituída no passado, por isso que — além do mais — não são propriamente efeitos que dependam dos factos constitutivos dessa relação, passam a ser regulados pela lei nova. Ainda neste caso, portanto, a aplicação da lei nova não coenvolve uma *retroconexão* ou uma *retrovaloração* — não implica, portanto, retroactividade.

Estas as coordenadas básicas do Direito Transitório. No fundo, elas podem reconduzir-se, como já assinalara a teoria do facto passado, a uma regra de conflitos bem simples: o critério determinativo da competência de cada uma das leis em presença (a lei antiga e a lei nova) assenta na «localização» dos factos no tempo: aos factos passados aplica-se a lei antiga e aos factos novos a lei nova. Só que este critério tão linear e singelo, aliás solidamente fundado porque se deduz da própria essência da lei enquanto regra de conduta, é logo perturbado em certas hipóteses que têm feito o desespero de quantos se debruçam sobre a teoria do Direito Transitório: naquelas hipóteses em que a lei nova parece aplicar-se a factos passados, sem que tal aplicação envolva verdadeira retroactividade.

E a verdade é que nós já sabemos que ao mesmo facto concreto podem ser aplicadas diferentes leis, conforme o ângulo sob o qual tal facto seja encarado. Assim, p. ex., o facto «relações sexuais entre *A* e *B*» pode ter relevância para múltiplos efeitos: *a*) para

---

(1) SCHEERBART, *Die Anwendung von Gesetzen auf früher entstandene Sachverhalte,* Berlin 1961, pp. 98 e s.

efeitos de responsabilidade civil (e penal, evidentemente); *b*) como pressuposto duma acção de investigação de paternidade; *c*) como fundamento de divórcio (adultério); *d*) como fundamento de invalidade duma disposição testamentária feita por *A* a favor de *B* (indisponibilidade relativa); *e*) como impedimento à celebração de um casamento entre *B* e *C*, filho de *A* (impedimento de afinidade ilegítima); etc. Nas diferentes hipóteses figuradas, são, respectivamente, aplicáveis àquele facto: o estatuto da responsabilidade por facto ilícito (lei do tempo do facto), o da filiação (lei contemporânea da acção de investigação), o do divórcio (lei do tempo da acção de divórcio), o da sucessão por morte (lei vigente ao tempo da abertura da herança) e o do casamento (lei vigente ao tempo da celebração). Basta, p. ex., que uma lei nova venha introduzir o impedimento de afinidade ilegítima para que o projectado casamento entre *B* e *C* já não possa celebrar-se.

Ora, em face desta consideração de que um mesmo facto concreto pode ser regido por leis diferentes (e isto tanto no tempo como no espaço), é de perguntar que valor ou significado pode ter a doutrina que reconduz todas as soluções do Direito Transitório àquela fórmula única (teoria do facto passado) que toma como critério e ponto de referência a «localização» dos factos.

Suponhamos que uma lei nova vem estabelecer que a herança duma pessoa falecida sem testamento e sem parentes ou afins até determinado grau deve ser devolvida, primeiramente, a toda e qualquer pessoa que tenha vivido em comunhão de mesa e habitação com o *de cuius* pelo menos durante cinco anos, e, na falta duma tal pessoa, ao Estado. Pois bem, ainda que o facto que constitui fundamento da vocação sucessória (comunhão de vida por mais de cinco anos) já tenha cessado quando entrou em vigor a lei nova, esta lei aplica-se, se o *de cuius* faleceu já na vigência dela. Ora parece que a lei nova se aplica aqui, em certo sentido, a um facto passado [1].

---

[1] Repare-se que algo de paralelo se verifica no domínio do DIP: é à lei da sucessão que compete dizer o que significa «habitação em comum durante mais de cinco anos» e qual o valor deste dado de facto para efeitos sucessórios — e não à lei do país do domicílio do autor da sucessão, onde o facto se passou.

Da mesma forma, os factos que implicam indignidade sucessória (cfr. o art. 2034.º do nosso Código) ou que constituem fundamento de deserdação (cfr. o art. 2166.º do nosso Código) são sempre definidos pela lei do momento da abertura da herança [1], embora a lei vigente ao tempo em que tais factos se verificaram os não considerasse causa de indignidade ou fundamento de deserdação (e o mesmo se diga se esta lei considerava certos factos relevantes para tais efeitos, mas a lei nova lhes retira essa relevância).

Suponhamos agora que a lei nova vem estabelecer pela primeira vez que a obrigação alimentar dos pais relativamente aos filhos cessa com o casamento destes. Se o casamento (o facto) teve lugar sob a lei antiga, deve entender-se que a obrigação alimentar cessa com a entrada em vigor da lei nova. Ora parece estar-se aqui em face de uma consequência ligada pela lei nova a um facto passado (o casamento).

Outro exemplo: — Demos ao caso que a lei nova, com vista a sanear a profissão e a actividade comercial, vem estabelecer que não podem adquirir o estatuto de comerciante aquelas pessoas que hajam praticado certo tipo de delitos. O caso é grave, pois, falando de delito, logo nos vem à mente que a irretroactividade da lei está, em matéria penal, consagrada na Constituição. Todavia, parece irrecusável que a referida lei nova se aplicará a todos aqueles que de futuro pretendam adquirir o estatuto de comerciantes e registar-se como tais, e impedirá tal aquisição àqueles que tenham praticado um delito do referido tipo, ainda que se trate de um *delito passado,* cometido antes da entrada em vigor da nova lei.

Os exemplos podiam multiplicar-se. Basta atentar em que os fundamentos da separação judicial de pessoas e bens ou do divórcio, bem como os pressupostos da acção de investigação da paternidade ilegítima, são regulados pela lei vigente ao tempo da respectiva acção judicial [2].

---

[1] Cfr., por todos, GABBA, *Teoria della retroatività delle leggi,* Turim 1897, vol. III, pp. 323 e ss., 373 e ss.

[2] Cfr., por todos, o nosso *Sobre a aplicação no tempo do novo Código Civil,* Coimbra 1968, pp. 171 e ss., 220 e ss.

Era tendo em mente casos destes que SAVIGNY (1) afirmava a existência de toda uma categoria de normas que, segundo ele, se subtrairiam ao princípio da não retroactividade da lei. Outros autores houve que classificaram as normas da mesma categoria como normas dotadas de «retroactividade inata». Mas não deverá ter-se por contraditória aquela afirmação de SAVIGNY (e bem assim a destes outros autores) quando se reconheça — como aliás o próprio SAVIGNY reconhece — que o princípio da não retroactividade emana da própria essência da lei? A este propósito escrevemos noutro lugar (2) que não é verdade que as normas a que SAVIGNY se refere escapem ao princípio da não retroactividade; o que acontece é simplesmente «que elas podem, no seu âmbito de aplicação, abranger também factos passados». Mas, esta nossa afirmação não será ela mesma contraditória? Já o veremos. Note-se desde já, porém, que afirmámos que os factos passados poderão ser abrangidos no «âmbito de aplicação» dessas normas, e não no «âmbito de competência» da lei a que elas pertencem.

Havemos de reconhecer que é grande a dificuldade suscitada à teoria do Direito Transitório pelos casos atrás referidos; tão grande que há bem mais de um século que desafia a paciência e o engenho dos juristas. Perante ela não faltaram mesmo juristas de renome que desesperaram de estabelecer uma teoria unitária e foram mesmo ao ponto de declarar falida a ciência do Direito Transitório (3). Outros autores, conscientes da mesma dificuldade, concluíram pela insuficiência da teoria dos *facta praeterita* (4).

E será esta teoria na verdade capaz de nos dar conta de todas as soluções do Direito Transitório? À primeira vista, dir-se-ia que não. O certo é que se nos apresentam certas hipóteses em que a

---

(1) *System des heutigen Römischen Rechts*, vol. VIII, 1849, pp. 514 e ss., 522 e ss.

(2) Cfr. *Sobre a aplicação no tempo, cit.*, p. 320 (cfr. também pp. 213 e ss., 314 e ss.).

(3) Cfr. von TUHR, *Der allgemeine Teil des deutschen bürgerlichen Rechts*, 1910, vol. I, p. 17; e GÉNY, *Méthodes d'interpretation et sources en droit privé positif*, 2.ª ed., 1919, vol. II, p. 111.

(4) Cfr., por ex., LEVEL, *Essai sur les conflits de lois dans le temps*, 1959, pp. 80 e ss.

doutrina e a jurisprudência «aplicam»—em certo sentido—a lei nova a factos passados, independentemente de qualquer cláusula legal de retroactividade. Parece que se deve reconhecer, por consequência, que a «localização» dos factos no tempo não é um critério suficiente para resolver todos os problemas do Direito Transitório. Por outro lado, porém, também parece que se não pode renunciar à «localização» dos factos no tempo como critério de solução básico, atenta a razão de ser do princípio da irretroactividade, directamente derivado da essência da lei material como *regula agendi*. Por isso será preferível dizer-se que certos factos, quando vistos pela lei sob certas perspectivas, se apresentam como factos *não-autónomos* do ponto de vista do Direito de Conflitos.

104. *Resolução da dificuldade através da teoria da referência pressuponente.* Ora foi ao procurar uma explicação para esse fenómeno aparentemente aberrante do Direito Transitório—esse fenómeno que induziu SAVIGNY a afirmar que a certas disposições legais é inaplicável o princípio da não retroactividade e que levou GABBA a ver nessas disposições normas retroactivas por sua natureza — que nos demos conta da existência de um perfeito paralelismo entre as hipóteses em que a lei nova se pode *referir*, sem retroactividade, a factos passados e as hipóteses tratadas no DIP como hipóteses de «questão prévia». Estamos agora convencidos de que os dois problemas são fundamentalmente idênticos — são, um e outro, casos de *referência pressuponente* — e cremos que o esclarecimento da árdua questão de Direito Transitório é até porventura o melhor serviço que ficaremos a dever à teoria da «questão prévia». Em todos os casos em que a lei nova se aplica sem retroactividade a factos passados e em que os autores falam de normas retroactivas por natureza, nós vamos encontrar normas em que se contém uma *referência pressuponente* a certos factos.

Em face de quanto atrás dissemos, já estamos a ver onde este confronto nos leva. Leva-nos a dar a nossa plena adesão à teoria do facto passado como teoria unitária do Direito Transitório, leva-nos a reconhecer ao critério da «localização» temporal dos factos o valor incontestado de critério *determinativo da lei competente;* mas leva-nos também a apercebermo-nos de que, depois de determinada já a lei competente — depois de já *resolvido* o problema de Direito de Conflitos —, quando, num segundo momento, se trata de fazer aplicação dessa lei, se lhe tem de reconhecer a possibilidade de, dentro do seu «âmbito de competência», fixar livremente o seu «âmbito de aplicação», isto é, determinar os *pressupostos* de que faz depender esta ou aquela consequência, ao resolver o problema normativo (questão principal) suscitado pelo facto cuja «localização» determinou a sua competência.

Pertence sem dúvida à lei nova reger os factos que se passam sob o seu domínio e o conteúdo de todas as situações jurídicas pessoais e reais preexistentes, após a sua entrada em vigor. Mas bem pode acontecer que o regime adoptado pela lei nova para resolver o problema jurídico (questão principal) suscitado por estes factos ou por estas situações jurídicas suscite, por seu turno, uma «questão prévia» relativa à verificação *doutros* factos, podendo estes outros factos situar-se no passado. É sem dúvida um facto presente, actual, que põe o problema a resolver; mas, ao decidir alguns aspectos desta questão central, a lei refere-se a um pressuposto de facto que pode ter-se verificado no passado [1].

Assim, p. ex., reportando-nos aos exemplos atrás figurados, diremos que o impedimento matrimonial se liga, do ponto de vista da política legislativa, ao regime do casamento; ora a lei competente para reger o casamento é, no caso, a lei nova. Da mesma forma, a consequência que se traduz na cessação da obrigação alimentar não se prende com o regime do casamento, mas, antes, com o regime da obrigação alimentar ou, mais exactamente, com o conteúdo da relação de filiação; ora é à lei nova que cabe, no caso, regular este

---

(1) Inversa da questão que estamos a encarar é a da chamada «post--actividade» da lei reguladora dos contratos: aqui é a lei contemporânea da conclusão do contrato que vai regular factos futuros, ainda que estes surjam já no domínio de vigência duma lei ulterior. Assim, p. ex., a questão de saber se certos factos, verificados já no domínio de vigência desta lei ulterior, são ou não justificativos da resolução do contrato, há-de ser apreciada em face da lei anterior que presidiu à conclusão deste. É claro que o único facto que importa ter em conta para a determinação da lei aplicável ao contrato é a conclusão do mesmo. Uma vez determinada assim a lei competente, esta ficará a presidir ao conteúdo, à vida e à extinção da relação contratual (cfr. *Sobre a aplicação no tempo,* cit., pp. 103 e ss.).

conteúdo, a partir da sua entrada em vigor. Em termos análogos haveremos de raciocinar a propósito dos fundamentos da vocação sucessória (ou da sua exclusão), dos fundamentos do divórcio, etc.

Em todos estes casos, o que se nota desde logo é o particular ângulo de incidência da lei sobre os ditos factos-pressupostos: ela não os contempla directamente, por si mesmos, mas *obliquamente*, isto é, sob a perspectiva do conteúdo duma situação que importa regular ou sob a perspectiva da constituição duma situação jurídica que deve surgir dum facto principal ou seja, de um facto que é a verdadeira *causa* do problema normativo em questão. Tais factos--pressupostos, enquanto visados sob a perspectiva do problema jurídico central, apresentam-se como factos *não autónomos*, como factos instrumentais ou factos que aparecem antes como um *meio* de dar expressão aos juízos de valor, ao regime ou à *resposta* da lei nova face a um problema jurídico central, cuja resolução é da sua competência, do que como *objecto* (directo) da apreciação legal. Ao referir-se a tais factos, a regra jurídica não funciona como norma de conduta [1], mas antes como norma *puramente valorativa* da questão principal, nela se achando *exclusivamente em jogo os princípios e valorações* que informam o estatuto regulador desta questão. Por isso, a regra de direito, ao referir-se neste sentido a factos passados enquanto factos *não-autónomos*, não pode *retroagir*, pois retroacção pressupõe necessariamente retrovaloração (valoração *ex novo* de factos já valorados pela lei antiga sob o mesmo aspecto) [2], e esta é, em tais hipóteses, simplesmente impossível.

---

(1) Referindo-se a norma a um facto enquanto *facto de conduta*, ela deixa automaticamente de poder referir-se (salvo cláusula de retroactividade) a factos passados. Por isso é que, embora os fundamentos do divórcio devam ser definidos pela lei vigente ao tempo da respectiva acção judicial, o divórcio, na medida em que funcione como divórcio-sanção, não poderá fundar-se em factos que, ao tempo em que se verificaram, não eram passíveis de tal sanção (cfr. art. 55.º, 2, do nosso Código). E o mesmo se diga relativamente a certas consequências do divórcio que têm um carácter de sanção contra o cônjuge culpado (cfr. arts. 1784.º e 2016.º do nosso Código).

(1) Cfr. Gaetano Pace, *Il Diritto Transitorio*, Milão 1944, p. 143: «retroactividade significa *retrovaloração*». E a pp. 134 escreve: «a norma, como comando, está voltada essencialmente para o futuro, a norma como valoração (isto é, como critério de valoração dos factos humanos), pode também voltar-se para o passado.

Uma vez que assim é, bem pode dizer-se que, nessas hipóteses, a lei não se refere ao facto-pressuposto em si mesmo, como facto-evento, mas antes à *qualidade* ou ao *estado de facto* que nasce desse facto e que é, como tal, um dado de facto *presente* ou actual, um facto permanente sem localização própria ou sem localização determinada no tempo ou no espaço. Ou, se se prefere: a sua localização acompanha sempre a do facto principal [1].

---

(1) Nesta mesma perspectiva hão-de também ser encaradas aquelas hipóteses em que uma disposição legal se refere ao decurso de determinado período de tempo como fundamento de certa presunção legal (período legal de concepção e de gestação, etc.), como pressuposto do reconhecimento de certa «capacidade especial» ou faculdade (para a celebração de novo casamento — prazo internupcial —, para requerer a conversão da separação de pessoas e bens em divórcio, etc.), ou, em geral, como pressuposto que deve *acrescer* a um facto principal para que este seja relevante e dê lugar a certa consequência de direito. Nestes casos, nada interessa o facto de o «prazo» em causa ter decorrido (no todo ou em parte) sob a lei antiga (ou, em geral, sob uma lei *estranha*), visto que tal decurso não é, de per si ou autonomamente, causa de qualquer efeito jurídico. Para fixar a lei aplicável (aplicável mesmo à determinação do «prazo» ou período de tempo), há apenas que atender ao momento em que se verifica o *facto principal* (o nascimento, como facto de que a lei parte para estabelecer a presunção, a celebração do novo matrimónio, o pedido da conversão em divórcio, etc.).

É evidente que às disposições legais relativas a «prazos» deste tipo não é aplicável o disposto no art. 297.º do Código Civil. Este preceito, que integra o disposto na 1.ª parte do n.º 2 do art. 12.º do mesmo Código (na parte em que este artigo se refere à lei que dispõe *sobre os efeitos de quaisquer factos*), apenas tem em vista as hipóteses de prazos *stricto sensu*, isto é, aquelas hipóteses em que o próprio decurso do prazo funciona autonomamente como causa de certo efeito jurídico (normalmente, um efeito extintivo). Por isso, como o *facto* (isto é, o decurso do tempo, o completar-se da situação ou da *facti-species* em vias de formação: cfr. o nosso *Sobre a aplicação no tempo*, cit., pp. 161 e ss.) se verifica já no domínio da lei nova, é esta que se aplica, de acordo com a mencionada regra do art. 12.º. Só que, por razões de justiça e de prática conveniência, e atendendo às particularidades de situações que podem verificar-se na hipótese de a lei nova vir fixar um prazo mais curto que o da lei anterior, o n.º 1 do art. 297.º introduz certa *adaptação* (ou especialização) no regime que decorreria da pura e simples aplicação do art. 12.º (aplicação do prazo da lei nova, contando todo o tempo decorrido sob a lei antiga). Já as disposições do n.º 2 do art. 297.º e do n.º 1 do art. 299.º em nada alteram a solução que directamente decorreria do art. 12.º. De qualquer modo, nestas hipóteses nunca

Assim, torna-se igualmente óbvio que *a aplicação da lei da questão principal a um facto prejudicial enquanto «facto-pressuposto» ou facto «não-autónomo», mesmo se um tal facto, olhado como facto-evento, não tem contacto com essa lei, não constitui violação dos princípios do Direito de Conflitos:* não ofende o princípio da não-retroconexão, nem o da «não-transconexão». Só agora, depois de termos alcançado esta *conclusão* — a conclusão de que os princípios de Direito de Conflitos nos não vinculam na decisão das simples «questões prévias» — e de termos esclarecido a verdadeira natureza do problema, é que podemos de consciência tranquila deixar prevalecer as valorações jurídico-materiais da lei aplicável à questão principal e fazer, assim, verdadeira aplicação da lei competente.

Note-se, porém, que só é assim quando a lei da questão principal olhe aquele outro facto como um facto não-autónomo — ou seja, quando ela lhe faça uma simples *referência pressuponente.* Ora isto só acontece, fundamentalmente, em três tipos de hipóteses: *a*) Quando o facto ou situação de facto que suscita o problema normativo que importa resolver apenas surge sob o domínio da lei nova (lei da questão principal), como acontece em matéria de sucessão com a morte do *de cuius* (1), e esta lei se serve de certos pressupostos de facto como um meio de elaborar a *resposta* que dá àquele problema; *b*) Quando o facto ou os factos constitutivos de certa situação jurídica vão ter lugar sob a lei nova e esta condiciona a admissibilidade ou inadmissibilidade da constituição da mesma situação jurídica à verificação de certos pressupostos de facto que servem como meios de definição do regime a que a lei submete a constituição de

---

poderíamos ver uma «aplicação» da lei nova a factos passados, pois que o facto susceptível de desencadear um efeito jurídico só se verifica quando termina ou se esgota o prazo (quando a *facti-species* legal se completa), e isto acontece, nas hipóteses a que o art. 297.º se refere, sob o domínio da lei nova.

(1) Com efeito, a morte é «a causa geradora do fenómeno sucessório que só verdadeiramente com ela se inicia». — «Posta perante este facto de um património perder o seu titular por virtude do falecimento, a ordem jurídica atribui — no sentido de oferecer — esse património ou os bens que o constituem a outra ou outras pessoas para que não fiquem sem dono. A isto se dá o nome de *devolução da sucessão*». (Inocêncio Galvão Telles, *Direito das sucessões,* Lisboa 1971, p. 18). Cfr. também *Âmbito. cit.*, pp. 359 e 362.

situações jurídicas daquele tipo, como acontece relativamente aos impedimentos à celebração do casamento, com os pressupostos de investigação da paternidade ilegítima e com os fundamentos do divórcio; *c*) Quando o conteúdo de certa situação jurídica é regulado pela lei nova e esta lei põe o regime desse conteúdo na dependência de certos pressupostos de facto que produzem alterações ou modificações no mesmo conteúdo (1).

Em todos estes casos, o referido facto-pressuposto representa já um meio através do qual se exprime a *resposta* dada pela lei competente à questão de direito que lhe é submetida e a sua relevância é já, portanto, *um elemento integrante dessa resposta.* Só quando assim seja, só quando a relevância do facto-pressuposto seja parte integrante da resposta à questão principal, é que estaremos em face duma *referência pressuponente* (2).

---

(1) Se a uma determinada lei é adjudicada a competência para estabelecer o regime do conteúdo duma concreta situação jurídica, a ela há-de necessariamente caber a competência para determinar «em que casos» as partes têm ou deixam de ter tal direito ou faculdade, etc. Ora bem, os dados de facto a que a lei competente se refere para definir essa espécie de sub-hipóteses legais (os «casos em que» tal faculdade existe ou deixa de existir, etc.) são indubitavelmente meios de concretização do regime legal do conteúdo da situação jurídica. Logo, embora se trate de factos passados ou de factos verificados fora do âmbito de eficácia da lei competente, é a esta lei que cabe a sua definição, por isso mesmo que é a esta lei que compete regular aquele conteúdo. Cfr. *Âmbito, cit.*, pp. 363 e ss.

(2) Por nós, estamos plenamente convencidos de que uma teoria unitária do Direito Transitório, capaz de explicar as diferentes soluções deste ramo de direito, não pode dispensar o ponto de vista da «referência pressuponente», isto é, a ideia de que, em dadas hipóteses, a lei utiliza certos factos mais como *instrumentos* ou meios de expressão da disciplina legal do que como *objecto* dessa disciplina. Nestas hipóteses, a lei exercerá predominantemente uma função *valoradora,* diluindo-se por completo a sua função de norma de conduta ou de *comando* dirigido aos indivíduos. Em apoio deste nosso ponto de vista podemos citar apenas a autorizada opinião de ANTUNES VARELA (*in* Rev. de Leg. e de Jurispr., Ano 103, pp. 183 e s., nota 1), pois não vimos a mesma ideia explicitamente afirmada em qualquer outro autor. ANTUNES VARELA reconhece, na verdade, que «reveste uma capital importância na resolução dos conflitos de leis no tempo, como aditamento lógico à distinção feita no n.º 2 do artigo 12.º do Código Civil», a distinção entre «as normas que têm por fim impor uma conduta aos particulares ou

Ora parece indubitável que, se a certa lei cabe a competência para dar a *resposta* a certa questão, a ela caberá também fixar um tal pressuposto, enquanto elemento integrante da *sua resposta*. Por isso mesmo podemos designar tal facto-pressuposto como *facto--regime* — por contraposição ao *facto-problema* ou facto-causa-do--problema, que é aquele que suscita o próprio problema básico a resolver [1]. E a designação de *facto-regime* quadra bem ao facto-pressuposto por isso mesmo que a sua relevância naquele contexto, para aquele dado efeito (efeito ou consequência *oblíqua*), depende do regime a que a lei competente submete a questão principal, do tipo de resposta que essa lei dá a esta questão — enfim, dos princípios e valorações que inspiram a solução da referida questão. Tal facto aparece, em tal contexto, mais como um *meio* de regulamentação

---

que, com base na vontade real ou presumível dos indivíduos, fixam os efeitos de um facto e as normas que, *independentemente da vontade dos particulares, em obediência a razões de carácter objectivo,* se baseiam em determinadas situações, para conceder um direito ou atribuir uma faculdade»; e salienta que as primeiras das referidas normas são «regras essencialmente *injuntivas* ou *supletivas,* enquanto que as últimas são normas fundamentalmente *valorativas*». É muito digno de nota este ensinamento do abalizado civilista português.

É claro que, tomando para ponto de referência o caso concreto, a esta consideração tem de acrescer uma outra: a de que não há ainda um «direito adquirido» ou situação jurídica constituída — a de que se não acha ainda «actualizada» ou exercida uma faculdade legal, ou de que uma simples expectativa ainda se não consolidou com a «aquisição» de um direito. Havendo situação jurídica já constituída, ela terá que ser respeitada, nada interessando neste caso saber se a disposição da lei nova funciona como norma de *valoração* ou *de conduta.* Isto é assim porque, em tal hipótese, a lei competente para a própria questão principal é a lei antiga. A simples consideração de que certas normas da lei nova são «normas fundamentalmente *valorativas*» não bastará, pois, para legitimar só por si a «aplicação» de tais normas a factos passados: importa antes de mais saber qual a lei aplicável à «questão principal». Acrescente-se que há normas que, não sendo «essencialmente *injuntivas* ou *supletivas*», todavia nunca podem «aplicar-se» a factos passados, por se referirem directamente a um facto ou questão principal. Estão neste caso, p. ex., as normas sobre a acessão natural.

(1) E, ao mesmo tempo, aquele que desencadeia o *efeito* constitutivo, modificativo ou extintivo da situação jurídica. É com base na «localização» de tal facto central, como sabemos, que se determina a lei competente: cfr. também *supra,* n.º 76, B.

do que como *objecto* de regulamentação. Como *objecto* de regulamentação poderá o mesmo facto aparecer, sim, mas só quando seja encarado pela lei *autonomamente* — p. ex., como facto gerador de responsabilidade civil ou penal, ou de quaisquer outras consequências *directas*, não *oblíquas*.

105. *Conclusão.* A nossa achega para a discussão do problema em debate traduz-se fundamentalmente em tornar explícito que o verdadeiro problema da «questão prévia» só se põe quando nos achamos em face duma referência *pressuponente*, contida numa norma reguladora da questão condicionada, a uma situação ou a um facto condicionante. Ora tal referência duma norma a uma situação jurídica ou a um facto preliminar só é *pressuponente* — já o dissemos — quando é *oblíqua*, isto é, quando o dado pressuposto, a que a norma material faz referência, não é encarado por si mesmo, *autonomamente*, como *objecto* de regulamentação ou como *causa* do problema normativo em questão, mas antes sob a perspectiva (ou no contexto) do regime doutro facto ou situação (situação-problema ou causal) — aparecendo já como *elemento da resposta* dada à questão principal pela lei que a rege e, portanto, como meio de exprimir o regime ou a valoração a que é submetida a situação jurídica em causa (a principal).

Daqui se segue que os desígnios de política legislativa, as valorações e princípios que estão na base da norma material pressuponente devem ser bem analisados e ponderados pelo intérprete quando se trata de verificar se um determinado *dado* (facto ou situação jurídica em concreto) é ou não susceptível de valer como pressuposto da referida norma. Na verdade, são os juízos de valor que informam esta norma, e só eles, que são postos em causa.

Este critério ou ponto de partida — este recorte dogmaticamente mais depurado do problema — permitir-nos-á então, segundo cremos, duas coisas muito importantes: *a)* delimitar as genuínas hipóteses de «questão prévia», isto é, os casos em que a resolução da questão preliminar se não acha já na dependência da solução de um problema de Direito de Conflitos mas se inscreve de pleno no processo de aplicação da lei material competente; e *b)* transplantar a teoria dita da «questão prévia» ou da referência *pressuponente* para o domínio do Direito Transitório.

Por um lado, portanto, o critério da referência *pressuponente,* assentando na própria essência da figura normativa em causa, teria desde logo o mérito de eliminar o intrincado e obscuro problema das excepções à regra de que se deve resolver a questão prévia adoptando a óptica da *lex causae* da questão principal. Por outro lado, mostrar-nos-ia justamente que um genuíno problema de questão prévia apenas surge em condições tais que a sua solução já não pode contender com qualquer princípio ou regra de Direito de Conflitos, ou coenvolver um problema de Direito de Conflitos.

Afinal parece-nos que foi a esta mesma conclusão que quis chegar MELCHIOR [1] ao procurar definir um critério de distinção entre questão prévia e questão principal (ou parte da questão principal). Se este autor não logrou determinar um critério rigoroso e praticável, menos feliz nos parece ainda a orientação da doutrina corrente (aliás sufragada neste ponto por WENGLER) que, em último termo, recorre ao critério da «violação intolerável da harmonia interna» como limite à aplicação do sistema chamado da conexão subordinada. Com efeito, em todos os casos em que esta doutrina rejeita o referido método por a sua aplicação conduzir a uma desarmonia material intolerável, nós cremos que, bem analisadas as coisas, não nos achamos em face duma genuína hipótese de questão prévia. Por isso mesmo, a referida desarmonia interna seria afinal antecedida duma violação de algum princípio ou regra de Direito de Conflitos.

Nos casos de genuína questão prévia, ou de referência pressuponente, as coordenadas e os princípios de Direito de Conflitos não são de forma alguma afectados pelo modo de resolver a questão prévia (isto é, pelo modo como se decide quanto à existência do «pressuposto»), dado que, por um lado, o titular da situação jurídica preliminar não adquire, pelo facto de o ser, qualquer direito ou expectativa fundada às consequências *ulteriores* que essa situação possa repercutir ou deixar de repercutir sobre outra situação jurídica regulada por uma lei diferente (p. ex., aos efeitos sucessórios do casamento, etc.) nem o titular duma simples faculdade legal ainda

[1] Cfr. *ob. cit.*, pp. 261 e ss.

não exercida (p. ex., a faculdade de casar com determinada pessoa, de se divorciar, etc.) pode ter uma expectativa digna de tutela à manutenção dessa faculdade.

Isto quer dizer que a lei competente para regular esses efeitos *ulteriores* (a lei reguladora da questão principal) é também competente para definir como bem entenda os pressupostos de tais efeitos — uma vez que se não trata senão da constituição duma situação jurídica nova cujos factos constitutivos basilares caem sob a alçada dessa lei. O mesmo se diga se, em vez de se tratar da constituição (ou extinção) duma situação jurídica, se trata antes da *reacção* do conteúdo duma situação jurídica preexistente à verificação ulterior de certos factos: as repercussões destes factos sobre aquele conteúdo são da exclusiva competência da lei que o regula.

Tudo isto é fácil de entender em se tratando de sucessão de leis no tempo (em Direito Transitório) ou de sucessão de estatutos (em DIP), pois que então se poderá dizer que não há qualquer direito adquirido que a nova lei tenha que respeitar. Mas também nos casos em que não há uma sucessão de estatutos o problema é fundamentalmente o mesmo: se o efeito (*ulterior*) repercutido pela situação condicionante sobre a condicionada é da competência da lei que rege esta última, isto não significa senão que não há, no caso, um direito adquirido ou uma expectativa fundada que tenha de ser respeitada por esta lei.

Por outro lado, vimos também que a referência *pressuponente* da lei da questão principal a factos situados fora do seu âmbito de eficácia ou de competência não é susceptível de implicar *retroconexão* ou *transconexão,* visto que se não trata de tomar tais factos como *objecto de regulamentação* mas, antes, de dar relevância à *qualidade* ou ao *estado de facto* que deles decorre [1].

Tudo o que acabámos de dizer significa, portanto, que o juiz do foro, ao resolver uma questão prévia que se suscite ao aplicar as normas reguladoras da questão principal — quer estas normas pertençam à *lex fori,* quer a um direito estrangeiro — não se acha vin-

---

(1) Sendo esta qualidade ou estado, muitas vezes, um dado que deve *acrescer* ao facto principal (em função do qual se determina a lei competente), para que deste decorram certos efeitos.

culado a normas ou a princípios próprios do Direito de Conflitos. Mas significará isto porventura, em matéria de DIP, que o juiz, ao aplicar um direito estrangeiro a certa questão principal, se deva deixar orientar pela Regra de Conflitos dessa lei relativa à matéria da questão prévia? Não necessariamente, pois que o próprio juiz do Estado da *lex causae* se não acharia vinculado, para tal efeito, à sua Regra de Conflitos, mas às valorações de direito material que informam as normas reguladoras da questão principal.

A linha de orientação a seguir consistirá pois em decidir a questão tal como ela seria decidida no Estado da *lex causae.* Mas não se exclui a possibilidade de, em certas hipóteses, a solução mais equitativa estar, antes, em o juiz do foro reconhecer efeitos *ulteriores* a uma situação jurídica havida por existente e eficaz no Estado do foro, apesar de ela ser tida como inexistente no âmbito da lei reguladora da questão principal. Assim poderá porventura acontecer em certos casos em que ambas as situações (a condicionante e a condicionada) têm uma importante conexão (designadamente, a conexão «residência habitual» em matérias do estatuto pessoal) com o Estado do foro, embora não seja a lei deste Estado a competente para regular qualquer delas.

Por último, queremos salientar de novo que, quer o facto *não--autónomo* (o facto-pressuposto) seja um puro dado de facto, quer ele seja um dado jurídico, é sempre duma *questão de facto* que se trata. Daí que o problema dito da questão prévia se ponha igualmente nos casos em que a lei aplicável à questão principal é a lei do foro. É que se trata de um problema de interpretação e aplicação duma regra material, e não de um problema de «escolha da lei competente». Ao sublinhar este ponto, WENGLER pôs em evidência a verdadeira face do problema e, ao mesmo tempo, deu-nos a chave para a solução da maior e mais renitente das dificuldades com que se debate a teoria do Direito Transitório há mais de um século. Em contrapartida, poderá dizer-se que o confronto do problema da questão prévia em DIP com o problema suscitado pelos factos não-autónomos em Direito Transitório evidencia o carácter não autónomo da dita questão prévia relativamente à questão principal; ou seja, mostra com perfeita clareza que a primeira destas questões deve resolver-se por aplicação dos princípios e das valorações que informam o regime da segunda. E assim se dá que um fenómeno do Direito Transitório lança uma nova luz sobre um fenómeno paralelo do DIP.

A concluir, resumiremos a nossa tese da seguinte forma: — É em face dos critérios e regras de Direito de Conflitos que se determina a lei competente (e o seu «âmbito de competência»); mas, uma vez determinada esta, é em face dos seus critérios normativos materiais que se deve definir o seu «âmbito de aplicação», isto é, os factos ou dados de facto que devem relevar no contexto do regime que ela estabelece para a questão jurídica (principal) que lhe é submetida — para a qual ela é competente.

SEGUNDA PARTE

Parte Especial do Direito Internacional Privado

CAPÍTULO ÚNICO

SÚMULA DAS PRINCIPAIS REGRAS DE CONFLITOS DO DIP PORTUGUÊS

Secção I

Questões da parte geral do Direito Privado

106. *Personalidade ou capacidade jurídica: pessoas singulares.* Esta matéria é regulada pela lei pessoal (cfr. arts. 25.º e 26.º), isto é, pela lei nacional do indivíduo (art. 31.º, 1) ou, se este for apátrida, pela lei do país da sua residência habitual ou do seu domicílio legal, conforme os casos, e, na falta de residência habitual, ou de domicílio legal, pela lei do país da sua residência simples (art. 32.º).

A capacidade jurídica é hoje atribuída a todo o ser humano; pelo que o problema de conflito de leis apenas se põe relativamente ao início e ao termo da personalidade jurídica. Assim, p. ex., segundo o art. 66.º do nosso Código Civil, «a personalidade adquire-se no momento do nascimento, completo e com vida»; mas já segundo o art. 30.º do Código civil espanhol a personalidade só se adquire ao fim de 24 horas de vida. Deste modo, se uma portuguesa casada com um espanhol morre algum tempo após o nascimento em Espanha do seu primeiro filho, e o filho morre após a mãe mas antes de perfazer as 24 horas de vida, para efeitos sucessórios tudo se passa como se o filho não tivesse nascido ou não tivesse sobrevivido à mãe: em vez de ser chamado à herança o pai, como herdeiro do filho, sê-lo-ão os ascendentes ou os irmãos da mãe (art. 2133.º).

Por outro lado, também é verdade que a personalidade termina em toda a parte com a morte. Mas os ordenamentos estaduais divergem entre si quanto aos pressupostos e ao regime da declaração de morte presumida e quanto às presunções de sobrevivência. Além de que existe ainda em alguns Estados a *morte civil,* como consequência da condenação à morte ou a uma pena de prisão perpétua.

Quanto às presunções de sobrevivência inconciliáveis, veja-se o disposto no art. 26.º, 2.

107. *Capacidade de exercício.* Tal como a capacidade jurídica, também a capacidade de exercício de direitos é regida pela lei pessoal (arts. 25.º e 28.). É em face desta lei que se decide se determinado indivíduo é plenamente capaz, se ele dispõe duma capacidade limitada ou se é incapaz. Pela mesma lei se regulam, portanto, a maioridade e a emancipação; assim como, nos termos do art. 30.º, a tutela e institutos análogos de protecção aos incapazes. À representação legal dos incapazes, porém, já é aplicável a lei designada pelo art. 37.º

É também pela lei reguladora da capacidade que devem ser apreciados os efeitos da falta de capacidade. Assim, pertencerá à lei pessoal do incapaz (ou do parcialmente incapaz) decidir se o acto ou negócio jurídico é ou não nulo, anulável, total, parcial ou provisoriamente ineficaz por falta de capacidade. À mesma lei compete ainda regular o procedimento a seguir para se obter a anulação (quando seja esta a consequência da incapacidade) — simples declaração ou acção judicial? —, quem tem legitimidade para anular, confirmar, etc. Mas é ao estatuto negocial que compete decidir se a nulidade duma das declarações, quando o negócio é constituído por várias, implica ou não a nulidade de todo o negócio.

É ainda pela lei reguladora da capacidade que se regulam as repercussões de quaisquer factos ou da constituição de qualquer situação jurídica (p. ex., do casamento) sobre a dita capacidade — desde que se não trate, antes, de uma prolação do regime do conteúdo da situação jurídica que condiciona as alterações em matéria de capacidade. Assim, p. ex., o casamento, implica a *emancipação* dos menores, segundo certos direitos românicos (português, espanhol, italiano, etc.) e, segundo outros direitos (suíço, húngaro, turco, etc.), envolve a aquisição da *maioridade.* Ora um tal efeito do casamento não se produz em razão do próprio conteúdo da relação matrimonial — especialmente, nada tem a ver com o regime das relações entre cônjuges —, mas justifica-se antes pelo grau de maturidade que o casamento pressupõe e que o tribunal ou o representante legal do menor confirma ao prestar o seu consentimento à celebração; se não ainda pelo facto de a vida matrimonial, pelas responsabilidades que envolve, acelerar a maturação psíquica do cônjuge menor. A qualificação nestes termos do referido efeito do casamento tem sobretudo importância prática naquelas hipóteses em que o mesmo casamento opera uma mudança de nacionalidade.

De modo diverso hão-de ser qualificadas, como é óbvio, aquelas incapacidades, ilegitimidades ou indisponibilidades relativas que afectam os cônjuges mas são estabelecidas em ligação com o regime das relações pessoais ou patrimoniais do casamento. Estas «incapacidades» são reguladas, conforme os casos, pelo estatuto das relações pessoais ou das relações patrimoniais dos cônjuges. Aqui é o próprio regime das relações conjugais que está em causa. Também as disposições daquelas leis que, sem emanciparem o menor casado, todavia lhe conferem capacidade suficiente para os negócios do dia a dia exigidos pelas necessidades do governo doméstico, deverão ser consideradas como disposições relativas a um efeito *próprio* do matrimónio (1).

No que respeita à sucessão de estatutos, a nossa lei (art. 29.º) adopta a regra: *semel major, semper major.* Significa isto, afinal, que a mudança de lei pessoal pode fazer com que um menor se torne por esse facto maior, *mas não inversamente.* Assim, p. ex., se um português de 18 anos se naturaliza húngaro, adquire imediatamente a maioridade (2). Mas já se um húngaro de 18 anos adquire a nacionalidade alemã, não perde a maioridade adquirida, apesar de o direito

(1) Note-se que a incapacidade da mulher para afiançar ligada ao sexo (fundada na inexperiência da mulher e na sua fácil sugestibilidade), que atinge tanto a mulher solteira como a casada, é matéria pertinente ao estatuto da capacidade, e não ao estatuto matrimonial. Aliás esta incapacidade, que remonta ao *Senatusconsultus Velleianum,* parece já não existir hoje senão no direito da África do Sul.

(2) Com efeito, segundo o direito húngaro, a maioridade atinge-se aos 18 anos completos. Regra idêntica se adopta na Albânia, na Alemanha Oriental, na Bulgária, na Checoslováquia, na Grã-Bretanha e na Escócia, na Índia e em Israel, na Jugoslávia, no Líbano, na Pérsia, na Polónia, na Roménia, na Rússia, na Síria e na Turquia. A maioria dos outros Estados (exceptuando, entre outros, o Paraguai — 22 anos —, a Suíça, o Japão e a Tailândia — 20 anos —) adopta hoje a regra dos 21 anos.

alemão fixar a maioridade aos 21 anos. O mencionado art. 29.° apenas se refere à maioridade, mas parece evidente que a mesma regra se deverá aplicar à emancipação.

Cabe referir aqui que, no que respeita à capacidade para constituir direitos reais sobre coisas imóveis ou para dispor deles, o nosso DIP (art. 47.°) opera uma «remissão condicionada» à *lex rei sitae:* será esta a lei aplicável desde que ela própria assim o determine; de contrário, é aplicável a lei pessoal.

O art. 28.° estabelece aquilo a que também se chama uma «excepção de interesse nacional», nos seguintes termos: «O negócio jurídico celebrado em Portugal por pessoa que seja incapaz segundo a lei pessoal competente não pode ser anulado com fundamento na incapacidade no caso de a lei interna portuguesa, se fosse aplicável, considerar essa pessoa como capaz». Trata-se evidentemente duma disposição que visa *proteger o comércio jurídico local,* defendendo a contraparte do incapaz do risco e da penosa surpresa que poderia ter de suportar com a anulação de um negócio por ela celebrado de boa fé. Pense-se, p. ex., no caso «Lizardi», decidido pela jurisprudência francesa, transpondo-o devidamente para o nosso país: — O mexicano Lizardi, com mais de 21 anos, comprou em Paris jóias no valor de muitos milhares de francos; demandado pelo vendedor para pagamento do preço, pretendeu valer-se da sua menoridade, visto o direito mexicano fixar a maioridade aos 25 anos.

Como é intuitivo, a contraparte do incapaz só merece protecção quando não tinha conhecimento da incapacidade ou dos limites à capacidade do mesmo incapaz. Se conhecia a incapacidade, não pode sequer dizer-se que tenha confiado de boa fé na validade do negócio. Daí a primeira parte do art. 28.°, 2.

Além disso, é bom de ver que a protecção da segurança do comércio jurídico local apenas se justifica em matéria de negócios atinentes ao *tráfico corrente de bens e serviços (Verkehrgeschäfte),* mas já não tem razão de ser em matéria de negócios jurídicos familiares ou sucessórios. Cessa da mesma forma essa razão de ser quando se trate de um negócio unilateral celebrado pelo incapaz, pois que então não haverá uma contraparte cuja confiança na validade do negócio deva ser tutelada. Por último, quando o negócio respeite à disposição de imóveis situados no estrangeiro, dificilmente se poderá dizer que se trata de um negócio do tráfico corrente local, dada a circunstância de o seu objecto se achar ligado tão de raiz a um Estado estrangeiro. Este facto, e bem assim a importância de que se reveste uma disposição de imóveis, são de molde a levar cada uma das partes a precaver-se, a pensar na possível qualidade de estrangeiro da sua contraparte e a assegurar-se da capacidade desta. São estas as considerações que justificam o disposto no art. 28.°, 2.

Falta dizer que o art. 28.°, tendo em vista salvaguardar a segurança do tráfico jurídico português, é por natural vocação, uma norma unilateral («excepção de interesse nacional»). Mas isto não exclui a possibilidade de «bilateralizar», até certo ponto, a ideia que está na base deste texto, fazendo aplicação, em Portugal, da lei do país da celebração do negócio que consagre regras idênticas às do mencionado art. 28.° E é isto o que faz o n.° 3 deste texto. Este n.° 3, opera, pois, aquilo que se chama uma «remissão condicionada» para a lei do país da celebração: numa hipótese paralela à configurada pelo nosso art. 28.°, atender-se-á às disposições internas dessa lei sobre a capacidade, se a mesma lei assim o determinar.

108. *Direitos de personalidade.* No que respeita à existência e tutela dos direitos de personalidade (direito ao nome, à imagem, à reserva sobre a vida privada, etc.), bem como às limitações impostas ao seu exercício, a lei competente é igualmente a lei pessoal (art. 27.°, 1). É claro que a responsabilidade civil decorrente da ofensa de um destes direitos é regulada pela lei designada no art. 45.° À lei pessoal só compete decidir quanto à existência do direito de personalidade, quanto às formas de tutela de que esse direito é susceptível (providências a tomar para impedir a consumação da ofensa ou atenuar as consequências da ofensa já verificada, etc.) e quanto às restrições que afectam o seu exercício. Em matéria de tutela dos direitos de personalidade, porém, há que atender ainda à disposição do art. 27.°, 2: só se admitem as formas de tutela que forem reconhecidas na lei portuguesa. Mas parece que aos direitos de personalidade do estrangeiro ou do apátrida não caberão sequer aquelas formas de tutela reconhecidas pela lei portuguesa que a lei pessoal competente não reconheça.

Pelo que respeita ao direito ao nome, importa observar que ele se adquire ou perde quase sempre através da constituição ou extinção de relações jurídicas familiares (filiação, legitimação, adopção, casamento, divórcio). Ora cremos que as consequências destes fenómenos jurídicos familiares sobre o nome da pessoa são reguladas (sempre ou quase sempre) pela lei que regula a constituição ou a extinção daquelas relações [1].

109. *Pessoas colectivas.* I — *Conexão decisiva.* Se bem que, para efeitos de «direito dos estrangeiros» (e ainda para outros fins) se distinga entre pessoas colectivas nacionais e estrangeiras, a pessoa colectiva não tem propriamente uma nacionalidade. Também não tem propriamente um domicílio ou uma residência. Tem, porém, uma *sede,* que é o centro donde irradia a sua actividade. Ora o nosso legislador entendeu que a sede da pessoa colectiva (a *sede principal e efectiva da sua administração,* não uma simples sede estatutária que não seja a *sede efectiva)* traduz a ligação mais forte e mais estável entre ela e um determinado Estado e representa, por isso, o elemento de conexão decisivo para determinar a lei ou o estatuto pessoal da pessoa colectiva (art. 39.°, 1).

Com efeito, talvez se possa dizer que a lei do país da sede efectiva da administração principal é a que se acha melhor colocada para reger o nascimento, a vida e a extinção da pessoa colectiva, conforme o entendeu o nosso legislador. A lei pessoal da pessoa colectiva deve, em tese geral, ser escolhida em função dos seguintes critérios: *a)* o interesse na unidade e estabilidade do estatuto pessoal da pessoa colectiva; *b)* o interesse da própria pessoa colectiva; *c)* o interesse do comércio jurídico (segurança do tráfico, protecção de terceiros). Ora a lei do país da sede parece corresponder, da forma mais equilibrada, à satisfação destes requisitos.

Com efeito, o primeiro dos referidos interesses conduz-nos logo à sede principal e efectiva da administração, pois é esta que representa, como dissemos, a ligação mais estreita e mais estável entre

---

(1) Todavia, pelo que se refere aos efeitos do divórcio sobre o nome da mulher, cfr. *supra,* n.° 46, *in fine,* e *infra,* n.° 126.

a pessoa colectiva e um determinado Estado. É certo que os dois outros interesses (o interesse da pessoa colectiva e o interesse de terceiros ou do tráfico) nos conduziriam a optar, respectivamente, pela lei escolhida pela própria pessoa colectiva para regular o seu estatuto pessoal e pela lei do país do principal centro de exploração dos seus negócios ou actividades. Esta última solução, porém, deve considerar-se inaceitável, não só porque o centro de exploração da actividade própria da pessoa colectiva é um elemento instável (quando não coincida com a sede), mas ainda porque uma tal solução não dá o menor relevo ao interesse da pessoa colectiva, quando é de regular o estatuto pessoal desta que se trata.

O segundo dos mencionados interesses (o interesse da própria pessoa colectiva) conduzir-nos-ia a optar pelo direito à sombra do qual a pessoa colectiva se constituiu (o direito da sua constituição), ou seja, aquele direito em conformidade com o qual os fundadores erigiram a sociedade, associação ou fundação, e que é por via de regra o do país da constituição [1]. Tal é o critério informador da *incorporation theory*, seguida no direito anglo-americano. Este critério é o único que ainda hoje pode competir, tanto no direito positivo como na doutrina, com o critério prevalecente nos países do continente europeu, que é o critério da sede efectiva da administração principal.

Contra a tese da *incorporation theory* ergue-se uma objecção importante, que é a seguinte: sempre que o Estado da sede e aquele cujo direito presidiu à constituição do ente colectivo sejam diferentes — e só nesta hipótese é que o problema da opção por um dos dois critérios se levanta —, aquela tese conduziria ou poderia conduzir à aplicação de um direito com o qual os factos a regular nenhuma conexão têm — um direito, pois, que pode ser de todo estranho ao nascimento e à vida da pessoa colectiva. Não parece,

---

(1) Todavia, a tese do *lugar da constituição* não se confunde com a tese do *direito de constituição (incorporation theory)*, visto o acto ou processo constitutivo poder ter lugar num país mas a lei escolhida pelos fundadores para regular a própria constituição do ente colectivo ser a lei doutro país. A teoria do *lugar da constituição* teve um acolhimento restrito. Ainda assim, o respectivo ponto de vista prevaleceu no direito russo e no Código Bustamante.

pois, que se deva transpor para o domínio da determinação da lei pessoal das pessoas colectivas o critério da autonomia da vontade, válido em matéria de obrigações procedentes de negócio jurídico (cfr. art. 41.º); antes se deve exigir sempre uma conexão espacial entre a pessoa colectiva e o Estado cuja lei define o seu estatuto pessoal. A isto acresce que a lei da «incorporação», precisamente porque pode ser de todo estranha à vida da pessoa colectiva, não tem qualquer título para proteger os interesses do comércio jurídico em que intervenha a pessoa colectiva, desde que esta, afinal, passe a desenvolver em país diferente a sua principal actividade.

Assente, em princípio, que deve existir uma conexão espacial entre a pessoa colectiva e o Estado cuja lei fixa o seu estatuto pessoal, logo se conclui sem dificuldade que essa conexão nos deve ser fornecida pela sede efectiva da administração principal. Com efeito, essa conexão representa, como vimos, o vínculo de maior consistência entre a pessoa colectiva e um dado ordenamento estadual. Por outro lado, é sem dúvida na sede da administração principal que são em regra tomadas as decisões mais importantes — aquelas decisões que mais podem afectar a vida da pessoa colectiva e até a de terceiros que com ela entrem em relações. Supomos que estas considerações bastam para explicar — e talvez para abonar — a solução adoptada pelo nosso legislador no art. 33.º, 1.

II — *Domínio de matérias a regular pela lei pessoal.* De conformidade com o art. 33.º, 2, à lei designada por força do art. 33.º, 1, compete disciplinar praticamente todas as questões pertinentes à constituição ou nascimento, à vida e à extinção da pessoa colectiva. É à lei da sede que cumpre dizer, desde logo, se e quando uma colectividade de pessoas ou um acervo patrimonial adquire a personalidade jurídica. Por isso, o «reconhecimento» de uma pessoa colectiva estrangeira (enquanto reconhecimento da simples capacidade jurídica) mais não é do que a consequência da aplicação da lei competente para definir o seu estatuto pessoal, por força da nossa regra de conflitos (1). Assim, se se trata de uma sociedade anónima com sede

---

(1) Questão diferente é a de saber em que medida ou sob que condições uma pessoa colectiva estrangeira pode exercer em Portugal a sua actividade e que restrições sofre a sua capacidade de gozo de direitos, pelo

em França ou de uma *limited company* com sede na Inglaterra, consideraremos tais corporações como dotadas de personalidade jurídica, por aplicação, respectivamente, das leis francesa e inglesa; mas já a uma *offene Handelsgesellschaft* com sede na Alemanha ou a uma *partnership* inglesa com sede na Inglaterra não será reconhecida personalidade, pois que também a lei alemã e a lei inglesa, respectivamente, lha não reconhecem.

O direito da sede, assim como é competente para decidir sobre a existência da pessoa colectiva [1], da mesma forma o é para definir os limites da sua capacidade, a constituição, funcionamento e competência dos seus órgãos, os modos de aquisição e perda da qualidade de membro da corporação e os correspondentes direitos e deveres, a responsabilidade perante terceiros da pessoa colectiva, bem como a dos respectivos membros e representantes (órgãos), e, por último, as suas eventuais transformações, dissolução e extinção.

Por conseguinte, é à lei da sede que pertence dizer que espécie de bens o ente colectivo poderá adquirir. Mas há que anotar aqui uma importante limitação, e é que a capacidade da pessoa colectiva para adquirir certos bens (imobiliários) tem de ceder perante a disposição da *lex rei sitae* que não permita tal aquisição — que a não permita, quer às pessoas colectivas em geral, quer unicamente às da espécie considerada. Há também que ter em atenção as disposições restritivas eventualmente contidas no estatuto sucessório.

Se uma pessoa colectiva transfere a sede de um país para outro, tal facto origina a mudança do direito aplicável — a mudança do estatuto do sujeito jurídico em questão. Por que lei determinar, nessa hipótese, se a pessoa colectiva sobrevive à transferência da sede ou se, ao invés, este facto implica a extinção do sujeito preexistente e a criação de outro, com todas as consequências que daí

---

facto de ser estrangeira. Este é já um problema de «direito dos estrangeiros». Da mesma forma que constitui um problema de «direito dos estrangeiros» a questão de saber se certa pessoa colectiva deve ser considerada, para certos e determinados efeitos, portuguesa ou estrangeira (cfr., p. ex., a Base II da Lei n.º 1994, de 13-4-1943, sobre a nacionalização de capitais).

[1] É claro que o acto constitutivo da pessoa colectiva, considerado em si mesmo (no caso das sociedades, o contrato de sociedade), tem a sua lei própria, designadamente pelo que toca à forma externa, momento de perfeição, vontade, falta e vícios da vontade.

possam advir? É claro que a questão não poderá deixar de ser proposta ao novo estatuto; mas devê-lo-á ser também ao antigo? Logicamente, se o direito da antiga sede operou a extinção da pessoa colectiva, este efeito radicou-se, pelo que já não poderá ser anulado pelo direito da sede actual. Ademais, esta é também a solução mais justa, por isso que o Estado da antiga sede, ao prescrever aquela consequência (a dissolução e liquidação do ente colectivo), pode tê-lo feito com o fim de proteger os respectivos credores, fim esse que se relaciona com a tutela do comércio jurídico (local). Há, pois, que atender também à lei da antiga sede, conforme dispõe o art. 33.°, 3.

Por seu turno, do n.° 4 do art. 33.° resulta que a fusão de entidades com lei pessoal diferente só é de admitir quando ambas as leis pessoais a permitam.

III — *Convenção da Haia.* A VII Sessão da Conferência da Haia, realizada em 1951 e na qual tomaram parte 16 Estados, elaborou um projecto de Convenção sobre o «reconhecimento da personalidade jurídica das sociedades, associações e fundações estrangeiras». Este projecto respeita a pessoas colectivas de todas as espécies — tanto de direito privado como de direito público, tanto civis como comerciais, com ou sem fim económico.

A principal questão a decidir pela conferência foi, naturalmente, a de saber a qual das duas teorias deveria dar a sua adesão: à da constituição ou à da sede. Tendo-se verificado que em quase todos os Estados membros da Conferência se exigia, como condição do reconhecimento da personalidade à corporação ou fundação, que a respectiva sede fosse situada no seu território, a questão reconduzia-se afinal à questão de saber a qual dos dois elementos de conexão dar a preferência: se à sede estatutária ou à sede efectiva (da administração). Adoptou-se uma solução de compromisso: o art. 1.° parte da teoria da constituição, mas logo o art. 2.° abre excepção a essa regra em benefício dos Estados onde vigora a teoria da sede.

Segundo a Convenção, todo o Estado contratante deste último grupo ficará obrigado a reconhecer qualquer pessoa colectiva constituída num dos Estados contratantes que sigam a teoria da constituição, desde que aquela tenha a sua sede estatutária no país da constituição e a sede efectiva em qualquer dos Estados que, igualmente, adoptam a referida teoria. Todavia, se a mesma pessoa colectiva tiver a sede efectiva no Estado local ou em qualquer dos Estados que seguem a teoria da sede, aquele não fica vinculado pela Convenção a reconhecer a sua personalidade jurídica (art. 2.º). Como facilmente se nota, os resultados a que conduz esta solução de compromisso coincidem com aqueles a que se chega através da aceitação do reenvio da lei do país da sede para a lei do país da constituição da pessoa colectiva.

IV — *Organizações de pessoas ou de bens sem personalidade jurídica.* O disposto no art. 33.º deve estender-se, analogicamente, às organizações de pessoas ou de bens não dotadas de personalidade jurídica: também estas são regidas pela lei do país da sede. E esta lei é-lhes aplicável não só na medida em que lhes recusa a personalidade, mas ainda em tudo o que respeita à sua situação jurídica e à sua organização. Designadamente, é por essa lei que se resolverá o problema de saber se os bens da instituição em causa constituem um património autónomo, bem como o da medida da responsabilidade pessoal de cada um dos seus membros. A mesma lei é aplicável às associações e sociedades irregularmente constituídas e a que, por isso mesmo, o direito da sede negue personalidade jurídica. É esse o direito competente para estabelecer as medidas de protecção dos credores que, de boa fé, tenham contratado com a sociedade ou associação.

As organizações a que nos estamos referindo, embora não tenham personalidade jurídica, podem ter, segundo a lei da sua sede, personalidade judiciária. Haja vista ao que sucede, dentre as sociedades comerciais, com a *offene Handelsgesellschaft* e a *Kommanditgesellschaft* alemãs e a *partnership* do direito anglo-americano: trata-se de sociedades não personificadas, mas às quais a lei alemã e o direito anglo-saxónico, respectivamente, reconhecem a susceptibilidade de ser parte em juízo. De acordo com o exposto, essa condição jurídica deverá ser-lhes respeitada em toda a parte.

Ao tipo de organizações em análise pertencem também as sociedades civis (em regra desprovidas de personalidade jurídica), às quais, bem assim como às associações não personificadas e às massas patrimoniais com organização própria (patrimónios colectivos, *trusts* do direito anglo-americano, institutos não personalizados de direito público, etc.), são inteiramente aplicáveis os termos da doutrina exposta.

Também a Convenção da Haia atrás citada se refere a estas organizações de pessoas ou de bens sem personalidade jurídica, sujeitando-as, em princípio, à «lei que as rege» (art. 6.º) — ou seja, à lei da sua constituição.

V — *Pessoas colectivas internacionais.* Estabelece o art. 34.º que a lei pessoal das pessoas colectivas internacionais é a designada na convenção que as criou ou nos respectivos estatutos e, na falta de designação, a do país da sua sede principal.

Com a expressão «pessoas colectivas internacionais» parece querer a nossa lei referir-se apenas, como logo sugere a referência à «convenção que as criou», a pessoas colectivas que devem a sua criação a uma fonte de direito internacional, ou seja, a tratados ou convenções entre os Estados. É este o caso do International Bank for Reconstruction and Development (criado pelo acordo de Bretton Woods), da International Finance Corporation (criada por uma convenção de 1955) e da Eurochemie (criada por uma convenção de 1957) — pessoas colectivas que derivam a sua personalidade jurídica da própria convenção internacional que lhes deu vida. Algo diferente é, p. ex., a posição da Eurofima, criada pela convenção de Berna de 1955, visto dessa convenção resultar que aquela entidade é fundada como sociedade anónima do direito suíço; a isto acrescendo que a Eurofima tem na Suíça a sede efectiva da sua administração principal, o que afasta qualquer dificuldade quanto à determinação da sua lei pessoal.

O art. 34.º não abrange, pois, aquelas organizações com finalidades internacionais, de natureza cultural (p. ex. a International Law Association, a Young Men's Christian Association) ou económica (empresas internacionais, cartéis internacionais, etc.), que não devem a sua constituição a qualquer convenção internacional. Tais organizações só poderão adquirir personalidade jurídica de acordo com a lei do país da sede, que é a sua lei pessoal.

VI — *Excepção de interesse nacional.* O princípio do art. 28.º que, como dissemos, visa a tutela do comércio jurídico local (segurança das transacções), deve também ser aplicada, com as devidas adaptações, aos negócios do tráfico jurídico corrente celebrados em Portugal por pessoas colectivas de estatuto estrangeiro. Tem-se aqui em vista sobretudo as limitações dos poderes de representação dos órgãos da pessoa colectiva, estabelecidos pela lei da sua sede, e as restrições à capacidade negocial da pessoa colectiva relativamente a negócios não compreendidos no seu objecto (p. ex., as restrições decorrentes da *ultra vires theory* do direito anglo-americano), fixadas por aquela mesma lei. A contraparte que ignorava a incapacidade ou a falta de poder em causa não pode ser prejudicada com a nulidade, anulabilidade ou ineficácia do negócio, se o mesmo negócio, celebrado por uma pessoa colectiva de estatuto português e de tipo idêntico, fosse válido.

110. *Declaração negocial.* Segundo o art. 35.º, 1, à perfeição, interpretação e integração da declaração negocial, bem como à falta e vícios da vontade, aplica-se a lei que regula a substância do negócio. Ora a lei competente para regular a substância do negócio varia consoante o objecto deste: consoante se trata, p. ex., de um contrato, de um casamento, duma adopção, duma disposição por morte, etc. Sobre a determinação dessa lei, a que podemos chamar o «estatuto do negócio», falaremos na sede própria. Por agora bastemo-nos com a afirmação de que o «estatuto do negócio» — sobretudo se se trata de um negócio jurídico obrigacional — rege praticamente tudo o que respeita aos pressupostos do mesmo negócio e aos seus efeitos, excepção feita das questões relativas à capacidade, à forma e à representação.

É de perguntar, porém, se não devem também ser subtraídas ao domínio do «estatuto negocial» certas questões de carácter preliminar, como são a questão de saber se *ao menos existe uma declaração negocial* (valor de um comportamento como declaração negocial), e a questão de saber se, em determinado caso, *o silêncio vale* ou não como aceitação da proposta (valor do silêncio como meio declaratório). Ora o nosso legislador entendeu que sim, que estas duas questões devem ser conectadas autonomamente, mandando decidir a primeira pela lei da residência habitual comum do declarante e do destinatário ou, na falta desta, pela lei do lugar onde o comportamento se verificou (art. 35.º, 2), e a segunda também pela lei da residência habitual comum ou, na falta desta, pela lei do lugar onde a proposta foi recebida (art. 35.°, 3).

A solução da nossa lei justifica-se com base na ideia de que, pelo menos no que respeita à valoração da sua conduta como declaração negocial, se deve evitar que alguém possa ficar mais fortemente vinculado do que ficaria em face duma lei com cuja aplicação podia ou devia contar no momento da conduta. Mas, se assim é, parece que, se, pelo contrário, o «estatuto do negócio» vincula menos fortemente o declarante que a lei do lugar da conduta, as coisas deveriam ser deixadas neste pé. A lei do lugar da conduta apenas interviria com o seu veto para proteger o declarante contra uma vinculação com que ele não podia contar. Parece-nos que é assim que devem ser entendidas as disposições dos n.os 2 e 3 do art. 35.°, nas hipóteses em que declarante e destinatário, além de não terem uma residência habitual comum, se acham em países diferentes no momento da declaração (ou da pretensa declaração).

111. *Forma da declaração negocial.* A regra é a de que a forma da declaração negocial é regulada pela lei aplicável à substância do negócio, sendo, porém, suficiente a observância da lei em vigor no lugar em que é feita a declaração (art. 36.°). Quanto à forma do casamento e das disposições por morte, cfr., respectivamente, os arts. 50.° e seg. e o art. 65.°

A regra do art. 36.° significa, pois, que a lei reguladora da forma da declaração pode ser diferente da lei reguladora do negócio (da substância do negócio); isto porque, no caso de a declaração ser feita num país diferente daquele cuja lei é aplicável à substância do negócio, bastará a observância das disposições de forma da lei do lugar da declaração, segundo a regra *locus regit actum.* Pressupõe-se, evidentemente, que a lei desse lugar conheça negócios do tipo daquele que se pretende celebrar, como normalmente é o caso; doutro modo não será possível descobrir nessa lei as correspondentes regras de forma, pelo que só restará a outra alternativa: respeitar as regras de forma da lei aplicável à substância do negócio. Com efeito, no caso de a *lex loci* desconhecer certo tipo de negócio ou relação jurídica, faltará aí também o preceito relativo à correspondente forma negocial; mas daí não pode legitimamente inferir-se que, dado o princípio da consensualidade ou liberdade de forma, a *lex loci* isenta o negócio em causa da necessidade de qualquer forma. O que daí pode concluir-se, isso sim, é que a questão de saber se aquele negócio está ou não sujeito a uma certa forma não obtém qualquer resposta no âmbito da *lex loci,* precisamente por esta lei desconhecer aquele tipo de negócio. Exemplo: um alemão renuncia a uma herança em Portugal, por escrito particular. A lei portuguesa não admite a renúncia à herança de pessoa viva e, por isso mesmo, não prevê qualquer formalidade para essa renúncia. A lei alemã, aplicável à substância do negócio, exige para a validade do mesmo escritura pública. Logo, a referida renúncia é nula por falta de forma. Para ser válida, terá que ser feita por escritura pública.

Lugar da declaração é aquele em que ela é efectivamente emitida. A indicação no documento de um lugar diverso não terá relevância. Se se trata de um negócio jurídico unilateral em que a actividade declarativa de algum modo se processa ao longo do tempo, o lugar da declaração (ou da celebração) é aquele em que o processo se completou. Assim, se um português que vai sair de viagem com destino, p. ex., a Londres, redige em Coimbra o seu testamento e o leva consigo para melhor reflectir sobre as suas cláusulas, só o assinando quando já se encontra em Inglaterra, a *lex loci* será a lei inglesa.

Se a declaração é transmitida através de um núncio, o *locus actus* é o lugar em que a parte entrega ou comunica a sua declaração ao núncio. Mas já no caso de a declaração ser feita por um representante (representante na vontade), esse lugar é aquele em que o representante emite a declaração.

Foi muito discutida na doutrina a questão de saber como determinar o lugar da celebração nos contratos entre ausentes (por carta, pelo telefone, por telegrama), para efeitos de determinar a lei local aplicável à forma. Em face do claro teor literal do art. 36.º, que só se refere à forma da declaração (de cada declaração) e ao lugar em que ela é feita, o problema nem chega a suscitar-se: a cada uma das declarações corresponde o seu *locus actus.*

A regra *locus regit actum* vale evidentemente também nos casos em que o declarante se acha apenas de passagem no país onde emite a declaração. Todavia, pode acontecer que, numa hipótese destas, o declarante emita a declaração sem se dar conta de que se acha em país estrangeiro. Num caso assim, talvez seja de afastar a aplicação daquela regra, pois a sua finalidade é facilitar a contratação e não funcionar como uma armadilha. Já o mesmo se não poderá dizer no caso de o declarante saber que se acha no estrangeiro mas não fazer uma ideia clara do conteúdo das regras de forma desse país. É que, nesta hipótese, o declarante deve contar com a possibilidade de as normas desse país, sejam quais forem, serem aplicáveis à forma da sua declaração.

Pode perguntar-se se, no domínio dos negócios jurídicos em que vigora o princípio da autonomia privada, as partes podem excluir a regra *locus regit actum.* Parece que sim. Nesta hipótese, à forma será exclusivamente aplicável a lei reguladora da substância do negócio. Uma tal exclusão da dita regra poderá ser tácita, resultando, p. ex., de as partes terem cientemente indicado um falso lugar da celebração. Isto não poderá significar, porém, que se torne aplicável à forma a lei vigente no lugar falsamente indicado, se tal lugar não for no país cuja lei é aplicável à substância. Com efeito, as partes não podem separar arbitrariamente forma e substância do negócio. Essa separação só é consentida nos termos em que o próprio art. 36.º a estabelece.

A convenção das partes, expressa ou implícita, no sentido de afastarem a regra *locus regit actum* corresponderá, pois, à vontade das mesmas partes de estipularem como forma especial das suas declarações negociais a forma prescrita na lei aplicável à substância do negócio. Em regra a lei aplicável à forma permitirá que as partes estipulem uma forma especial, para além da forma legalmente exigida, com o sentido de que não querem vincular-se senão através da forma convencionada (cfr. art. 223.º do nosso Código). Nada obsta a que essa forma especial seja a forma exigida por uma lei a que as partes expressamente se refiram e que não coincida com a lei do negócio ou com a *lex loci.* Se a lei do negócio e a *lex loci* coincidem, a indicação pelas partes de um falso lugar de celebração poderá ter um tal significado. É ponto a decidir por interpretação da declaração negocial. É evidente que esta estipulação duma forma especial de modo algum implicará uma fuga às exigências de forma da lei do negócio (lei reguladora da substância deste). Resta ainda acrescentar que as partes, assim como podem excluir a regra *locus regit actum,* também podem convencionar a sua validade exclusiva. Uma tal convenção só fará sentido quando a lei do negócio seja menos exigente em matéria de forma.

Conforme já atrás dissemos, o n.º 2 do art. 36.º estabelece que a declaração negocial também será formalmente válida se revestir a forma prescrita pela lei para que remeta a norma de conflitos da *lex loci.* Como também já vimos, esta espécie de reenvio apenas funciona quando sirva para assegurar a validade formal do negócio.

Pode dar-se o caso de a lei aplicável à substância do negócio atribuir no seu DIP à regra *locus regit actum* carácter imperativo, não se reconhecendo competente para regular a forma quando o negócio seja celebrado noutro país. Parece ser este o caso, p. ex., do art. 11.º do Código civil espanhol. Como decidir, em tais casos, se as declarações negociais são formalmente válidas em face do direito material da lei da substância mas não satisfazem aos requisitos de forma da *lex loci?* Parece que se deverá ter o negócio por formalmente válido. Com efeito, o escopo visado pelo art. 36.º é o de garantir a validade formal do negócio, conforme resulta do facto de nesse artigo se recorrer à técnica de conexão alternativa.

Por último, há que referir a restrição à validade da regra *locus regit actum* contida na 2.ª parte do art. 36.º, 1: não será bastante a observância da lei do lugar da declaração «se a lei reguladora da substância exigir, sob pena de nulidade ou ineficácia, a observância de determinada forma, ainda que o negócio seja celebrado no estrangeiro».

Dada a já referida *ratio legis* do art. 36.º *(favor negotii),* parece-nos que esta restrição deve entender-se em termos adequados. A hipótese contemplada pela lei é aquela em que a lei do negócic (da substância do negócio) conhece também a regra *locus regit actum* em matéria de forma; mas, para um particular negócio jurídico, exige uma determinada forma, sob pena de nulidade ou de ineficácia, mesmo que o negócio seja celebrado no estrangeiro. Ao proceder assim, tal lei revela preocupações ligadas com o regime da própria substância do negócio, entendendo a formalidade exigida como uma formalidade *ad substantiam* (como uma *forma intrínseca*). Isto poderá acontecer sobretudo pelo que respeita a negócios do estatuto pessoal (quanto ao testamento, cfr. art. 65.º, 2). Quanto a estas hipóteses, o nosso legislador quis dirimir — poderá dizer-se — um conflito de qualificações, dando prevalência à qualificação «substância» sobre a qualificação «forma» do acto.

Por isso mesmo, as coisas já se não passarão assim na hipótese de a lei reguladora da substância desconhecer pura e simplesmente, e em termos gerais, a regra *locus regit actum*. Então não poderá dizer-se, sem mais, que essa lei exige determinada forma, sob pena de nulidade ou ineficácia, por razões de direito material, por razões ligadas ao regime da substância do negócio. Ora só quando aquela exigência se relacione com razões deste tipo (se baseie em razões de direito material e não em razões de direito de conflitos) é que se justifica a restrição da 2.ª parte do n.º 1 do art. 36.º

112. *Representação.* A representação legal é regulada pela lei competente para disciplinar a relação jurídica de que nasce o poder representativo (art. 37.º). Assim, p. ex., o poder representativo dos pais é definido pela lei reguladora do poder paternal (lei reguladora das relações entre pais e filhos: cfr. arts. 57.º e 59.º). A representação da pessoa colectiva pelos seus órgãos (representação orgânica), essa é regulada pela lei pessoal da pessoa colectiva (art. 38.º). Deve, porém, notar-se que também neste domínio se justifica a chamada «excepção de interesse nacional» a que se refere o art. 28.º, quanto aos negócios do tráfico jurídico corrente celebrados em Portugal por um órgão duma pessoa colectiva com sede no estrangeiro.

Em matéria de representação voluntária a regra básica é a de que, sobre a existência, extensão, modificação, efeitos e extinção dos poderes representativos decide a lei do Estado *onde estes poderes são exercidos* (art. 39.º, 1). Pretende-se por esta forma tutelar os interesses do comércio jurídico (a segurança do tráfico). Mas esta regra comporta desvios ou excepções. Assim, se os poderes representativos forem exercidos em país diferente daquele em que, por indicação do representado, deviam ser exercidos, e este facto for conhecido da contraparte no negócio representativo, aplica-se, antes, a lei da residência habitual do representado (art. 39.º, 2). Por outro lado, se o representante exerce profissionalmente a representação e este facto é conhecido do terceiro contratante, aplicar-se-á a lei do domicílio profissional do representante (art. 39.º, 3). Por último, no caso de a representação se referir à disposição ou administração de bens imóveis, aplica-se a lei do país da situação desses bens (art. 39.º, 4).

Da representação há que distinguir, obviamente, o *mandato,* o qual, como qualquer outro contrato, se rege pela lei da autonomia (arts. 41.º e segs.).

113. *Prescrição e caducidade.* Segundo o art. 40.º, «a prescrição e a caducidade são reguladas pela lei aplicável ao direito a que uma ou outra se refere». Assim haveria de ser, mesmo que não houvesse disposição expressa. Com efeito, estar um direito sujeito a determinada lei significa justamente que o conteúdo desse direito, a sua modificação, extinção, etc., são regulados por essa lei. Todavia, na jurisprudência francesa dominou, até 1960, o ponto de vista segundo o qual se deveria aplicar à prescrição a lei do domicílio do devedor, com fundamento em que o instituto da prescrição tem como função essencial a de proteger o devedor.

À lei referida no art. 40.º competirá decidir quanto a todo o regime da prescrição e da caducidade: prazos e modo de os contar, causas de suspensão e de interrupção, etc. Parece que, para efeitos do art. 323.º do nosso Código (interrupção da prescrição), bastará a citação ou notificação judicial feita por um tribunal estrangeiro, desde que por esse modo fiquem satisfeitos os requisitos e a *ratio legis* do preceito — designadamente, desde que pela via da citação judicial o credor exprima por modo especialmente qualificado (o recurso a meios judiciais) a sua vontade de fazer valer o direito e a citação seja levada ao conhecimento do devedor por uma forma correcta. Mais discutível já é se, para o mesmo efeito, se deve exigir a competência internacional do tribunal estrangeiro (segundo as nossas regras sobre conflitos de jurisdições) e a susceptibilidade de reconhecimento da sentença que ele vier a proferir. Parece que não. Já para efeitos do art. 311.º do nosso Código talvez se deva exigir — o ponto é discutível — que a sentença estrangeira seja reconhecida. Porém, uma vez reconhecida, deve entender-se que o seu efeito sobre o alargamento do prazo de prescrição se verificou no momento em que transitou em julgado no estrangeiro.

Secção II

Direito das obrigações

114. *Obrigações provenientes de negócios jurídicos.* Para estas obrigações, a regra de conflitos básica é a do art. 41.°: a lei competente é a que tiver sido designada pelas partes ou estas houverem tido em vista. Na falta de determinação da lei competente nos termos do art. 41.°, intervém o critério supletivo do art. 42.°, por força do qual serão aplicáveis:

A) aos negócios jurídicos unilaterais, a lei da residência habitual do declarante;

B) aos contratos, a lei da residência habitual comum das partes e, na falta de residência comum:

a) aos contratos gratuitos, a lei da residência habitual daquele que atribui o benefício;

b) aos restantes contratos, a lei do lugar da celebração.

I — *O princípio da autonomia: razão de ser e significado.* Em matéria de obrigações procedentes de negócios jurídicos, e designadamente em matéria de contratos, prevalece o interesse das partes. Os interesses do tráfico jurídico ou da tutela de terceiros têm, neste domínio, pouca ou nenhuma expressão. É, portanto, em atenção ao interesse das partes que se deve determinar a conexão ou «localização» decisiva dos negócios jurídicos.

Quando se trata, porém, de procurar definir essa conexão decisiva em função de tal interesse, verifica-se que é impossível fixá-la duma maneira geral e abstracta para todos os negócios jurídicos, visto a determinação da lei mais conveniente *(the proper law)* depender da economia de cada negócio jurídico em concreto, a qual, por seu turno, depende da configuração que as partes dêem às cláusulas do mesmo e de muitas outras circunstâncias. Assim, p. ex., a ideia de aplicar a todos os contratos a lei do lugar da celebração não se justifica: bem pode acontecer que o lugar da conclusão do contrato seja puramente fortuito e permaneça exterior à economia do contrato. Suponhamos que o agente duma firma americana produtora de filmes contrata em Paris com o representante duma firma distribuidora portuguesa sobre a apresentação em cinemas portugueses de películas americanas. O lugar da conclusão do contrato é puramente fortuito e estranho aos interesses a regular. Além de que nas relações internacionais são muito frequentes os contratos por correspondência (contratos entre ausentes), e nestas hipóteses fica de algum modo comprometida a unidade do lugar da conclusão ou, pelo menos, a sua determinação torna-se mais difícil.

Dificuldades idênticas se apresentam quando se procura determinar qualquer outro elemento de conexão objectivo com validade geral. Assim, também o lugar do cumprimento da obrigação se revela inadequado: podem ser diferentes os lugares de cumprimento de cada uma das obrigações nos contratos bilaterais, pode ter de recorrer-se à lei competente para determinar esses lugares, etc. E fica sempre em pé o princípio de que cada contrato, cada negócio jurídico, tem a sua individualidade própria, a sua economia específica, da qual depende a determinação da sua «proper law».

Nestes termos, as leis, a jurisprudência e a doutrina dos diferentes países concordam hoje em que a lei competente para reger as obrigações nascidas de negócios jurídicos deve ser determinada mediante a escolha ou designação das próprias partes. Nisto consiste o princípio da autonomia em DIP.

Importa, porém, ter bem presente a diferença que separa a autonomia privada no plano do direito material da autonomia das partes no plano do DIP. Pela autonomia privada em direito material, as partes podem determinar livremente o conteúdo do negócio, fixando as cláusulas que bem entendam, dentro dos limites impostos pelas regras imperativas que limitam aquela autonomia. Designadamente, podem nada determinar quanto àqueles pontos sobre os quais a lei provê através de normas supletivas — e neste caso tais normas ficarão «incorporadas» no seu negócio, valendo como outras tantas cláusulas negociais: *lex transit in contractum* —, ou afastar essas normas, regulando como melhor entendam esses mesmos pontos.

Ora está bom de ver que, podendo as partes, no domínio da autonomia privada material, regular como bem entendam o conteúdo do negócio, tanto podem fixar esse conteúdo directamente, mediante cláusulas apropriadas, como indirectamente ou *per relationem,* referindo-se a uma lei na qual se contenham normas que elas pretendem ver «incorporadas» no negócio. Logo, uma tal referência representa uma *referência material:* partindo já duma lei determinada como competente e cujas normas imperativas têm que ser respeitadas, as partes reportam-se a uma outra lei com o fim de «incorporar» no negócio aquelas disposições dessa lei que lhes pareçam convenientes aos seus interesses.

Completamente diversa é a *referência conflitual* feita pelas partes a uma determinada lei. Agora trata-se de fixar a própria conexão relevante no plano do DIP, de «localizar» o negócio, de «escolher» a própria lei competente para regular este e, portanto, para superiormente (isto é, independentemente da vontade das partes) estabelecer os quadros legislativos dentro dos quais se insere a autonomia privada e o negócio por ela gerado, designadamente os quadros do *ius cogens* que circunscrevem e limitam aquela autonomia negocial. Já não se trata, pois, de modelar o conteúdo do negócio, isto é, de produzir, mediante cláusulas negociais, aqueles critérios normativos duma *lex privata* que o ordenamento jurídico acolhe e a que reconhece o valor de lei vinculante para as partes (cfr. art. 406.º do nosso Código civil).

Já por aqui se vê que a cláusula de escolha da lei competente *(professio iuris)* não é uma cláusula negocial como qualquer outra. A vontade das partes funciona aqui como elemento — como elemento capital e decisivo, é certo — da «localização» do negócio, ou seja, como factor de conexão — e, portanto, como um «facto» a que o DIP confere aquela particular relevância de conexão decisiva na determinação da lei competente, e já não como fonte (normativa ou negocial) de uma *lex privata* reguladora das relações entre as partes. Por isso nos parece que estará certo dizer-se, com BATIFFOL [1], que esta localização do contrato pela vontade das partes é, sob todos os aspectos, uma «questão de facto».

Dentro desta ordem de ideias, não será descabida a afirmação de QUADRI [2] de que «o fenómeno psicológico que deverá ter-se em

---

(1) *Ob. cit.*, II, p. 216. A ideia de BATIFFOL é a seguinte: — A localização do contrato depende da economia do mesmo contrato em concreto e, portanto, depende da vontade das partes; esta vontade, porém, não tem por objecto próprio a escolha da lei, mas a localização do contrato.

(2) *Lezioni, cit.*, p. 125.

vista não é a 'vontade' nem a 'intenção', mas o *juízo*». E logo explica: «As partes na realidade não fazem senão exprimir o seu parecer acerca das circunstâncias do seu contrato, indicando o ordenamento em cujos termos conceberam o acto, no qual psicologicamente se situaram, qualificando assim o acto para fins da lei aplicável. Isto é natural, pois ninguém melhor que as partes pode exprimir um tal juízo». Nestes termos, a *professio iuris* desempenharia antes uma função *designativa* que uma função própria da *declaração de vontade negocial* [1]. Vê-se, pois, que é problemática a natureza jurídica da escolha da lei aplicável ao negócio. Aqui não podemos levar mais longe a indagação deste ponto.

II — *Restrições à liberdade de escolha da lei aplicável.* Fundamentalmente, portanto, as partes são livres na escolha da lei aplicável. Mas será esta liberdade ilimitada? Valerá para o efeito uma escolha completamente arbitrária ou caprichosa? Há autores que sustentam que a liberdade de escolha das partes não deve sofrer qualquer limitação. Parte destes autores, pelo menos, reservam, porém, os casos de fraude à lei, o que parece implicar que aquela escolha não deve ser «fictícia» e deve ser realizada *bona fide.* Tal reserva visa sobretudo os negócios em que não há qualquer elemento internacional, nos quais a possibilidade de «internacionalização artificial» e de escolha duma lei estrangeira se traduziria na liberdade de cada um de violar as leis imperativas do Estado com o qual o negócio se acha exclusivamente em contacto. Outros autores orientam-se no sentido oposto e vão ao ponto de exigir que a escolha das partes, para ser relevante, deva recair sobre uma das leis com as quais o negócio tenha uma conexão objectiva.

O nosso Código (art. 41.º, 2) adoptou a seguinte posição: *a)* se a escolha das partes recair sobre uma das leis com as quais o negócio, através dos seus vários elementos (sujeitos, declaração, objecto, exe-

---

[1] A qual por si, enquanto exprime uma auto-regulação de interesses privados, apenas pode visar efeitos de direito material. As partes é que, revelando, pela sua referência a dado direito estadual, que conceberam o seu negócio dentro dos quadros deste direito, mostram ter vinculado as suas expectativas à aplicação do mesmo direito. E é este *dado de facto* que releva para o DIP.

cução, sanção), tenha uma conexão objectiva, ela será sem mais relevante; *b*) se não for esse o caso, então apenas será atendível se «recair sobre lei cuja aplicabilidade corresponda a um interesse sério dos declarantes». Admite-se, portanto, que a escolha possa recair sobre uma lei não ligada ao negócio por qualquer conexão objectiva, mas neste caso haverá que examinar se tal escolha foi motivada por um interesse sério e digno de tutela — ou se foi apenas determinada por motivos caprichosos ou fraudulentos (1).

Entre as conexões objectivas «com alguns dos elementos do negócio atendíveis no domínio do DIP», podemos referir, desde logo, o lugar da conclusão do negócio e o lugar da execução do mesmo. Depois, há que considerar a conexão ou as conexões relativas aos sujeitos do negócio: sua nacionalidade, sua residência habitual. Seguem-se as conexões relativas ao objecto do negócio, especialmente se este diz respeito a imóveis, pois a situação destes representa uma conexão de primordial importância. Ainda no que respeita ao objecto do negócio, importa considerar a sua possível ligação com outro ou outros negócios, ligação esta que é susceptível de justificar uma «localização» unitária. Por último, também representará uma conexão com certo Estado o facto de, mediante cláusula compromissória ou pacto atributivo de jurisdição, a sanção judicial das obrigações das partes se achar subordinada a um tribunal arbitral ou aos tribunais comuns de certo Estado.

III — *Vontade tácita e vontade hipotética na escolha da lei aplicável.* A escolha da lei competente pelos sujeitos do negócio pode ser expressa ou tácita. Cremos que a expressão «ou houverem tido em vista» se refere justamente à escolha ou designação *tácita* da lei aplicável (2). A escolha tácita deve ser inferida das particulares circuns-

---

(1) Porém, nos casos em que a designação das partes não valha para efeitos de determinar a lei competente, pode ser que nada a impeça de valer, ainda assim, com os efeitos próprios duma *referência material,* nos termos atrás assinalados.

(2) Ao usar os termos «houverem tido em vista», o legislador parece não querer referir-se propriamete a um *acordo de vontades* tácito, mas a uma simples concordância de ideias quanto à lei aplicável. Nisto estaria a formulação legislativa em conformidade com o pensamento, atrás expresso, de

tâncias do negócio concreto. Pode resultar, designadamente, da referência das partes, durante as negociações ou no contexto do próprio negócio, aos preceitos de determinada lei; do recurso a formulários concebidos dentro dos quadros de certa lei; do acordo sobre um lugar unitário de celebração, nos contratos entre ausentes; da convenção sobre a competência da jurisdição de certo Estado para apreciar os litígios relativos a determinado contrato; de cláusula compromissória submetendo os mesmos litígios a um tribunal arbitral que funciona em certo Estado e aplica o direito aí vigente *(qui eligit iudicem, eligit ius);* etc. Por vezes, várias destas circunstâncias convergem no mesmo sentido, e então não será difícil determinar a vontade tácita das partes quanto à lei aplicável (a lei que elas tiveram em vista).

Diferente da vontade tácita é a vontade hipotética. A vontade tácita, apesar de tácita, é uma vontade *real* — e nisto difere da simples vontade hipotética. Esta é aquela vontade que as partes, como pessoas normais e razoáveis, teriam tido se houvessem contemplado o ponto deixado em aberto. Ora será admissível recorrer, no domínio do art. 41.°, à vontade hipotética das partes, nos termos a que se refere o art. 239.° do nosso Código? Sê-lo-á, pelo menos, nos casos em que das próprias circunstâncias ou elementos do negócio se possa concluir que as partes, se tivessem pensado no assunto, não teriam escolhido como lei aplicável aquela que resulta do critério subsidiário do art. 42.°?

Parece-nos que não — que não é lícito, em face da letra do art. 41.°, e do art. 42.°, 1, recorrer à vontade hipotética para a determinação da lei competente. A isto acresce que o nosso legislador, ao rejeitar não só o art. 26.° do anteprojecto de 1964 (no qual se fixavam supletivamente, para a hipótese de não ter havido escolha das partes ou o sentido dessa escolha ser duvidoso, vários critérios objectivos de «localização» de certos tipos de contratos) mas também a cláusula geral sugerida como alternativa para aquele texto («atende-se ao elemento de conexão que corresponda à solução mais razoá-

---

que o que interessa para a determinação da conexão não é a vontade como *vontade normativa* (negocial), mas como *facto* que só tem relevância (no plano do DIP) enquanto revela que lei tiveram as partes na ideia ao realizar o acto.

vel do conflito de leis, conforme a natureza e as circunstâncias do negócio jurídico»), parece ter querido, por uma razão de certeza ou de simplificação, não admitir qualquer solução intermédia entre a escolha (expressa ou tácita) das partes e o critério subsidiário.

Há-de notar-se, porém, que muitas vezes não será fácil distinguir claramente entre vontade tácita e vontade hipotética (1). É que a vontade tácita carece sempre de ser descoberta a partir das circunstâncias do caso concreto (cfr. art. 217.º, 1); e muitas das circunstâncias que seriam susceptíveis de conferir à chamada vontade hipotética um determinado sentido serão também susceptíveis de revelar (de fazer presumir com toda a probabilidade) uma *real* vontade tácita em sentido idêntico. Por outro lado, custa a admitir a solução decorrente do critério subsidiário (p. ex., o da lei do lugar da celebração que, como vimos, pode ser inteiramente fortuito) quando se possa concluir com segurança que, no caso concreto, as partes jamais teriam escolhido essa solução — se bem que não seja possível afirmar ou sequer presumir a existência duma vontade (real) tácita das mesmas partes no sentido da escolha de uma de duas (ou mais) leis estreitamente ligadas ao negócio (2).

O ponto é, porém, muito duvidoso e requer mais aprofundada análise. Em regra, as partes terão tido em mente uma lei, que julgaram ser a lei aplicável; pelo que, então, o problema só se levantará quando cada uma delas pensou numa lei diferente.

IV — *Domínio da lei da autonomia.* A lei a que se referem os arts. 41.º e 42.º domina a constituição, o conteúdo ou efeitos,

---

(1) A destrinça relaciona-se, evidentemente, com a linha que separa a interpretação da declaração negocial da *integração* da mesma: estamos ainda no domínio do que as partes *quiseram* (ou, melhor, *tiveram em mente*), ou estamos já a indagar o que elas *teriam querido* se houvessem previsto o ponto omisso?

(2) Arrancando da ideia de que, no caso, não estamos propriamente em face de uma declaração de vontade negocial, mas, antes, de um «juízo», de uma declaração de ciência ou de coisa que o valha, é claro que não tem perfeito cabimento aqui a contraposição (usual nos internacionalistas alemães) entre vontade real *tácita* e vontade *hipotética*. A questão será antes a de saber se as circunstâncias (tais como as mencionadas atrás) revelam ou não que as partes *tiveram em mente* certa lei ao celebrar o negócio.

a modificação, a execução e a extinção das obrigações procedentes de negócio jurídico. Há, porém, que ter em conta desde logo as excepções já conhecidas relativas à própria existência da declaração negocial (art. 35.º, 2 e 3), à capacidade e à forma (art. 36.º).

Em primeiro lugar, são regulados pela lei da autonomia a perfeição, a interpretação e integração da declaração negocial, bem como o consentimento e os seus vícios, conforme se estabelece no art. 35.º, 1. São igualmente regulados por essa lei o conteúdo ou os efeitos do negócio (incluindo os efeitos legais que as partes não podem afastar), e designadamente a faculdade de rescisão ou resolução, a modificação ou resolução por alteração das circunstâncias, a excepção de incumprimento, o direito de retenção, a solidariedade e a indivisibilidade das obrigações, etc. Quanto ao direito de retenção, parece que há que ter também em conta a lei do lugar onde está situado o objecto, visto achar-se também em causa um problema de posse.

Também a cessão do crédito é regida pela lei reguladora do mesmo crédito. Nada obsta, porém, a que as relações entre cedente e cessionário sejam submetidas a uma lei diferente, embora seja de presumir, na hipótese de não haver escolha da lei aplicável, que as partes se quiseram referir à lei do crédito cedido [1]. Quando a cessão em si mesma seja submetida a uma lei diferente daquela que rege o crédito cedido, competirá mesmo assim a esta última lei decidir quanto à admissibilidade da cessão, quanto à necessidade de notificação do devedor, quanto aos meios de defesa do mesmo devedor, quanto a saber se este se libera ou não pagando ao credor originário e quais os direitos acessórios do crédito (designadamente, as garantias) que se transmitem com este, na falta de convenção especial sobre este ponto entre cedente e cessionário. Por seu turno, à lei reguladora do negócio em que se funda a cessão compete decidir quanto à validade deste e quanto à medida da responsabilidade do cedente em face do cessionário (se este garante, e em que medida, a existência e a exigibilidade do crédito, e ainda porventura a solvência do devedor, etc.).

---

(1) Quanto à cessão da posição contratual, valem considerações idênticas.

Quanto à sub-rogação legal, temos que distinguir. Se ela não depende duma relação jurídica especial entre o antigo e o novo credor, é regida pela lei do crédito que este satisfez. Se a sub-rogação legal decorre da lei que regula uma relação entre o antigo e o novo credor (p. ex., da lei que regula o contrato de seguro ou a fiança), então há que atender também à lei reguladora do crédito originário, para evitar que o devedor deste veja a sua posição agravada. Deste modo, a sub-rogação fundar-se-á, nestes casos, na lei reguladora da relação especial existente entre o credor e o *solvens;* mas requere-se, além disso, para que a sub-rogação legal efectivamente se verifique, que a lei reguladora da obrigação principal, não prevendo a sub-rogação no caso concreto, todavia a não exclua expressamente nesse caso e a reconheça em casos análogos. A questão de saber se se verifica um fundamento de sub-rogação legal, essa seria respondida pela lei que regula a relação existente entre o *accipiens* e o *solvens.* Parece ser esta a doutrina dominante.

A lei da autonomia regulará ainda os modos de extinção das obrigações e as consequências da inexecução (mora, resolução por incumprimento, etc.). Quanto à compensação legal, discute-se se ela não será apenas de admitir quando prevista pelas leis que regulam ambos os créditos, visto ter por efeito a extinção não apenas de um mas de ambos os referidos créditos. Relativamente à prescrição e à caducidade, já falámos a propósito do art. 40.º

115. *Gestão de negócios e enriquecimento sem causa.* Segundo o art. 43.º, a gestão de negócios é regulada pela «lei do lugar em que decorre a principal actividade do gestor». Segundo o art. 44.º, o enriquecimento sem causa é regido pela «lei com base na qual se verifica a transferência do valor patrimonial a favor do enriquecido». Em ambos os casos a lei competente será em regra a *lex loci,* isto é, a lei do lugar onde se verificou o facto gerador da obrigação. Em relação a ambas as matérias importa ainda observar que se justifica um desvio à *lex loci* a favor da lei pessoal comum dos interessados em hipóteses paralelas às descritas no art. 45.º, 3.

A propósito do art. 44.º deve notar-se que a obrigação de restituir as prestações recebidas em cumprimento de um negócio declarado nulo ou anulado é regida pela lei em que se funda a nulidade ou anulabilidade do negócio — e não pela lei a que se refere aquele artigo. Observe-se ainda que a questão essencial de saber se o enriquecimento tem ou não causa legítima representa uma questão a resolver previamente, em face da lei que eventualmente seria competente para reconhecer um título negocial ou legal ao enriquecimento — só depois disto se passando à lei designada pelo art. 44.º

116. *Responsabilidade extracontratual.* I — *Conexão fundamenmentalmente relevante.* Nesta matéria é de aceitação quase universal (1) o princípio da aplicação da *lex loci* — da *lex loci delicti commissi.* Significa isto que a conexão internacionalmente relevante é fixada, em princípio, não em função dos sujeitos ou do objecto da obrigação, mas em função do facto jurídico que lhe dá origem. São múltiplos os títulos capazes de justificar a competência da *lex loci:* razões positivas, fundadas, já na função das normas relativas à responsabilidade extracontratual (função que é essencialmente *reparadora,* mas que a maioria das vezes reveste também um carácter *preventivo,* repressivo ou sancionatório), já em interesses característicos do DIP (facilitar a uniformidade de decisões e o reconhecimento das sentenças estrangeiras); e razões negativas, derivadas da circunstância de as outras leis cuja aplicabilidade ainda poderia ser considerada, como a *lex patriae* e a *lex fori,* se revelarem de todo inapropriadas para reger a matéria. Rigorosamente, a conexão ao lugar do facto é, em princípio, aquela cuja relevância mais avulta e se destaca; pelo que a opção por ela, atenta ainda a circunstância de quase todos os sistemas de DIP lhe concederem a preferência, é postulada pelo objectivo que todo o legislador de DIP se deve propor: promover a harmonia internacional de decisões.

Pois também o nosso legislador, no art. 45.º, manda regular a responsabilidade extracontratual pela *lex loci.* Prevendo, porém, a

---

(1) Apenas alguns países (Inglaterra, Rússia, Japão, China, Sião, Egipto e Síria) se desviam até certo ponto desta orientação. Nestes países faz-se — por via de regra ou apenas em dadas hipóteses — uma aplicação cumulativa da *lex fori* e da *lex loci delicti.*

possibilidade de a actividade de que emerge a obrigação de indemnizar um dano se verificar em vários países, a nossa lei manda atender à lei do Estado «onde decorreu a *principal* actividade causadora do prejuízo».

II — *Determinação do «lugar do facto»*. Se a regra da aplicabilidade da *lex loci* se pode considerar quase pacífica, já o mesmo não sucede quanto ao alcance que lhe é atribuído. É que bem pode acontecer que a conduta do agente tenha lugar em certo Estado, mas o resultado (a lesão e o dano) se venha a verificar noutro ou noutros Estados. Exemplificando: um tiro que vai ferir uma pessoa do outro lado da fronteira; um erro devido à negligência de um funcionário da torre de controle de um aeroporto situado no Estado de Virgínia provoca uma colisão entre dois aviões no District of Columbia, onde estes se despenham (15 000 dólares por pessoa é o limite da responsabilidade no direito da Virgínia; o direito do District of Columbia não fixa qualquer limite); um francês adquire conservas envenenadas portuguesas em Lisboa, consome-as em Espanha, e em França é hospitalizado com uma violenta intoxicação. A facilidade de comunicações, de transporte de correspondência e de difusão através da imprensa, da rádio e da televisão concorrem para facilitar cada vez mais este tipo de hipóteses em que o lugar da conduta e o lugar do resultado se situam em países diferentes. Ora qual dos lugares deve ser considerado para efeitos de se determinar a lei aplicável?

Do ponto de vista do direito material, tanto a conduta como o resultado são elementos essenciais da *facti-species* de que decorre a obrigação de indemnizar: não há responsabilidade sem conduta (activa ou omissiva), mas também a não há sem resultado (designadamente, sem dano). Do ponto de vista do Direito de Conflitos, parece que teremos de optar pela lei do lugar de um destes elementos. Mas são quatro as soluções possíveis: — a) *Tese do lugar da conduta:* o «lugar do facto» é aquele em que a conduta causadora do prejuízo foi levada a efeito pelo agente — ou, em caso de responsabilidade por omissão, aquele em que o responsável devia ter agido para evitar o resultado. b) *Tese do lugar do resultado (last event theory):* tal lugar é aquele em que a lesão ou o prejuízo se produz. c) *Tese da opção do lesado:* segundo a jurisprudência alemã, o lesado pode escolher, das duas leis, aquela que lhe for mais favorável. d) *Soluções mistas:* segundo certos autores que seguem a primeira tese, se o agente teve a intenção de provocar os efeitos prejudiciais em país diferente, ou se ele pelo menos podia razoavelmente prever esses «efeitos à distância», a lei aplicável seria a do lugar em que se verificaram tais feitos; segundo certos autores que aderem à segunda tese, nos casos de responsabilidade baseada na culpa (dolo ou simples negligência), a ilicitude da conduta e a culpa do agente deveriam ser apreciadas em face da lei do lugar da conduta; ainda segundo outros autores, a responsabilidade extracontratual baseada na culpa deveria ser regida pela lei do lugar da conduta, ao passo que a responsabilidade fundada no risco deveria ficar sujeita à lei do lugar do resultado.

A favor da tese do lugar da conduta alega-se que as normas sobre responsabilidade civil visam a proteger o corpo social contra actividades danosas. Por outro lado, a lei desse lugar é justamente aquela que o lesante pôde e deveu conhecer quando agiu. Contra isto pode dizer-se, porém, que a ideia de previsibilidade das consequências jurídicas não tem grande cabimento no domínio da responsabilidade extracontratual; e que, além disso, o agente frequentemente conhece ou deve conhecer em que país o seu acto é susceptível de repercutir efeitos. Acresce que o instituto da responsabilidade civil visa essencialmente à reparação do dano, tendo aí a função preventiva e sancionatória apenas um papel lateral e subordinado.

A favor da tese do lugar do resultado alega-se que na responsabilidade extracontratual tende a acentuar-se cada vez mais a função reparadora do prejuízo e a de protecção do lesado. Ora esta consideração faz sobressair o interesse do lesado e aponta para a lei do lugar onde a lesão é sofrida. A isto acresce uma razão talvez ainda mais importante no plano do Direito de Conflitos: é que a obrigação de indemnizar apenas surge com a lesão, com a produção do dano; donde que se possa dizer que o preenchimento do tipo legal ou *facti-species* das normas sobre responsabilidade extracontratual somente se completa no lugar onde se verifica a lesão e o dano. A verdade é que são cada vez mais numerosos os casos de responsabilidade sem culpa e que, por outro lado, não se concebe a responsabilidade sem que haja uma lesão, um prejuízo [1]. Contra a validade geral desta tese poderá, porém, apontar-se que ela permite declarar uma pessoa responsável por um acto perfeitamente lícito no país onde foi praticado.

Sopesando estas duas ordens de considerações, parece que, a havermos de renunciar à fixação de diferentes conexões (ou diferentes definições do «lugar do facto») para os diferentes tipos de casos, a regra a tomar como ponto de partida deveria ser aquela segundo a qual a responsabilidade extracontratual deve ser regulada pela lei do lugar onde se verificou o último facto constitutivo da obrigação de indemnizar. Todavia, esta regra deveria sofrer logo um desvio para as hipóteses de responsabilidade *baseada na culpa* em que do lesante se não pudesse razoavelmente exigir a previsão de um efeito lesivo no «lugar do resultado», como consequência do seu acto ou omissão. Nestas hipóteses, deveria optar-se pela lei do «lugar da conduta», pelo menos no que respeita à ilicitude do acto (e causas justificativas do facto) e à culpa do lesante. Tal a solução proposta no anteprojecto de 1964, art. 29.º

Não foi esta, porém, a orientação preferida pelo nosso legislador. Com efeito, no art. 45.º, 1, optou-se pelo critério do «lugar da conduta»: a lei aplicável é a do Estado «onde decorreu a principal actividade causadora do prejuízo». Para o caso de responsabilidade por omissão estabelece-se, tal como no referido anteprojecto, que a lei aplicável é a lei do «lugar onde o responsável deveria ter agido».

Todavia, logo no n.º 2 do mesmo artigo 45.º, estabelece-se uma excepção àquela regra, fixando como lei competente a lei do Estado «onde se produziu o efeito lesivo», para aquelas hipóteses em que cumulativamente se verifiquem os seguintes pressupostos: *a*) a lei

---

(1) A responsabilidade extracontratual visa essencialmente à reparação de um dano. De modo que a ocorrência do dano — e, designadamente, do dano que a lei manda reparar — representa, por um lado, o facto *que põe o problema* que a lei se propõe resolver (o facto central) e, por outro lado, o facto que completa a *facti-species* legal e com o qual, portanto, nasce a obrigação de indemnizar e se constitui o direito correlativo. Daí que a regra em Direito de Conflitos deva ser (conforme propusemos no anteprojecto de 1964, art. 29.º, 1) no sentido de considerar competente a lei sob cujo domínio ocorreu o dano (localização através do facto «dano»). Esta regra é que poderia ou deveria, depois, sofrer certos desvios no campo do DIP.

do lugar onde se produziu o efeito lesivo considera o agente responsável, ao passo que a lei do lugar da conduta o não considera tal; *b)* o agente devia prever a produção de um dano naquele primeiro lugar, como consequência do seu acto ou omissão.

Esta regra do art. 45.º, 2, está concebida em termos amplos, de modo a abranger tanto a responsabilidade baseada na culpa como a responsabilidade objectiva. No entanto, ela justifica-se sobretudo nos casos de condutas dolosas ou negligentes. Nas hipóteses de responsabilidade pelo risco ou por facto lícito já se não vê muito bem a sua justificação, quando se parta da ideia que informa a regra do n.º 1. A verdade é, porém, que estas últimas hipóteses são aquelas nas quais, em tese geral, mais parece ainda justificar-se a competência da lei do lugar do efeito lesivo. Por isso, julgamos de aceitar a disposição do referido n.º 2 com o sentido amplo que os seus termos comportam.

Julgamos que a intenção do legislador não foi senão esta: — Se não se pode razoavelmente exigir do lesante que ele tivesse previsto um dano fora do país em que agiu, não deverá sujeitar-se aquele a outra lei que não seja a deste país, ainda que se trate de responsabilidade objectiva; caso contrário, e se a lei do país da conduta o não responsabilizar, aplica-se a lei do país em que teve lugar o efeito lesivo. Supomos que a intenção da lei é, neste último caso, não deixar o lesado sem tutela. Por isso, a hipótese deste n.º 2 não se verificará se, p. ex., a lei do lugar da conduta não considerar responsável o agente material, havido como não imputável, mas responsabilizar pelo mesmo dano a pessoa obrigada à vigilância daquele agente, procedendo a lei do lugar do efeito lesivo em termos inversos.

Resta acrescentar que, para efeitos do n.º 1 do art. 45.º, no caso de responsabilidade objectiva do comitente pelos danos causados pelo comissário, se deve considerar como lugar da conduta o lugar em que este último actuou. Na mesma hipótese, se o comitente responder com base na culpa (*culpa in eligendo, in instruendo* ou *in vigilando*), então poderá dizer-se que são dois os lugares da conduta, havendo que determinar qual deles é o *principal*. Ora como principal talvez se deva considerar, em regra, aquele em que o comissário actuou.

III — *Lugar da lesão e lugar do dano.* O art. 45.º, 2, refere-se à lei do lugar onde se produziu o efeito lesivo e à previsibilidade de um dano nesse lugar. Ora isto obriga-nos à tentativa de precisar melhor tal lugar.

Antes de mais importa lembrar que é por vezes muito difícil «localizar» o dano, designadamente nos casos de dano moral, ou quando a conduta do lesante causa danos em vários países, como nos casos de concorrência desleal, ou nos casos de difamação promovida através da imprensa, da rádio ou da televisão. Depois importa observar que uma coisa é o *lugar da lesão* (da agressão) do interesse ou bem jurídico tutelado e outra coisa é o *lugar do dano.* Assim, p. ex., se alguém compra conservas deterioradas em Portugal, as ingere em Espanha (lugar da *lesão* ou agressão do bem jurídico) e vem a sofrer as consequências da intoxicação, tendo que recolher ao hospital, em França (lugar do *dano*), dir-se-á que os dois lugares não coincidem. Da mesma forma, se um português morre atropelado em Espanha, é neste país que se dá a lesão do bem juridicamente tutelado; mas, pelo que respeita aos danos morais (e patrimoniais) sofridos pelos seus familiares residentes em Portugal, é no nosso país que eles se verificam. Imagine-se ainda que um indivíduo ferido em Espanha (lugar da lesão e de parte do dano) por um projéctil disparado de território português (lugar da conduta) acaba por falecer em França (também lugar duma parte do dano) em consequência da lesão sofrida. Verifica-se, pois, que importa precisar a que lugar se refere o art. 45.º, 2.

Ora esse lugar deve ser em princípio aquele em que o processo causal desencadeado pela conduta (acção ou omissão) do lesante atingiu o bem juridicamente tutelado — aquele lugar em que esse bem sofreu a «agressão». Nas palavras de RABEL (1), «it is the first invasion of interests that counts». Neste sentido parecem depor as próprias palavras da lei: «onde se produziu o efeito lesivo». Quando tenhamos que aplicar o n.º 2 do art. 45.º, atenderemos, portanto, ao «lugar da lesão» (2). Se, em vez de um, houver vários desses lugares, isto é, quando deva entender-se que houve várias lesões num ou em diferentes bens jurídicos em diferentes países, a lei de cada país

---

(1) *The Conflict of Laws*, II, p. 323.

(2) Pelo menos quando possa entender-se que nesse lugar ocorreu um primeiro dano.

apenas será aplicável relativamente aos danos resultantes da lesão ou lesões que se verificaram no respectivo território.

Para efeitos do art. 45.º, 2, serão, portanto, o lugar e o momento da lesão que fixam o direito aplicável. Deste modo, os danos ulteriores que venham eventualmente a verificar-se noutros países continuarão a ser apreciados em face da lei do país da lesão. Recorde-se a propósito que também em direito material, no domínio da responsabilidade baseada na culpa, se distingue entre o processo causal que funda a responsabilidade, ou seja, aquele processo causal que estabelece o nexo entre a conduta do lesante e a lesão do bem jurídico *(Rechtsgutsverletzungskette)*, relativamente ao qual se exige a *previsibilidade* do facto lesivo por parte do lesante, e o processo causal que estabelece o nexo (causa objectivamente adequada) entre a lesão e os danos subsequentes *(Schadenskette)*, relativamente ao qual já não interessa a previsibilidade por parte do lesante (1).

IV — *Aplicação da lei pessoal comum.* Quando o agente e o lesado tiverem a mesma nacionalidade ou, na falta de nacionalidade comum, a mesma residência habitual, e se encontrarem ambos ocasionalmente, isto é, de passagem ou transitoriamente, no país onde a conduta lesiva teve lugar, não se aplica a lei deste país mas a lei da nacionalidade ou da residência comum. É o que estabelece o art. 45.º, 3. Pressupõe-se que, nestes casos, tudo se passando entre membros duma mesma comunidade estrangeira que só de passagem se encontram no país da conduta, estará mais indicado e será mais justo sujeitá-los à lei pessoal comum. Mas haverão de ser tomadas em conta as regras técnicas e de segurança do Estado local que se impõem a todas as pessoas como normas de ordem e interesse público; pois que, embora estas regras não digam respeito à responsabilidade civil, por serem normas administrativas, todavia a sua inobservância pode implicar consequências sobre a responsabilidade civil. Tal é o caso, p. ex., das regras de trânsito e doutros regulamentos técnicos de segurança (2).

---

(1) Cfr. ANTUNES VARELA, *Das Obrigações em Geral*, I, 2.ª ed., Coimbra 1973, p. 751.

(2) Com efeito, cremos que as «disposições do Estado local que devam ser aplicadas indistintamente a todas as pessoas», a que se refere

A disposição do art. 45.º, 3, quadra particularmente bem às hipóteses de excursões e viagens de negócios feitas em comum a um país estrangeiro, ou aos casos de transporte amigável oferecido a um conterrâneo para um passeio ou umas férias em país estrangeiro (1). Mas aplica-se também às hipóteses em que o encontro

---

a parte final do n.º 3 do art. 45.º, não são senão normas de simples *protecção preventiva ou de segurança.* São, portanto, normas que não alargam o círculo dos bens juridicamente tutelados nem das formas de lesão contra as quais o direito os protege, mas que — como sucede justamente com as regras de trânsito — acautelam *preventivamente* esses bens ou interesses, na medida em que proíbem ou disciplinam aquelas condutas que os possam pôr em perigo. Ora bem se compreende que, quanto a este ponto, se deva atender sempre à lei do lugar em que é praticada a conduta perigosa. Dir-se-á mesmo que tais normas, por isso que não definem o círculo dos bens tutelados nem das formas de lesão que envolvem responsabilidade civil, não são sequer normas pertinentes a este instituto. Mas não podemos deixar de as ter em conta na medida em que a sua violação ou inobservância tem repercussões sobre a responsabilidade civil, pelo menos no que respeita à determinação da ilicitude.

(1) Também já se sustentou (cfr. BOUREL, *Les conflits de lois en matière d'obligations extracontractuelles,* Rennes 1958, p. 163) que, em matéria de concorrência desleal, se os comerciantes concorrentes têm a mesma nacionalidade (ou têm no mesmo país o centro dos seus interesses comerciais, a sede das suas relações de concorrência), se deve aplicar aos actos de concorrência ilícita praticados noutro ou noutros países a lei pessoal comum. Nesta matéria de concorrência desleal há que ter em conta o *direito unionista* (Convenção de Paris de 1883, modificada pelas conferências de revisão da Haia e de Lisboa), que especifica (art. 10 *bis,* al. 3, da referida Convenção) como actos de concorrência ilícita expressamente proibidos: «1.º Todos e quaisquer factos que sejam de molde a criar confusão, seja por que meio for, com o estabelecimento, os produtos ou a actividade industrial ou comercial dum concorrente; 2.º As alegações falsas que, no exercício do comércio, sejam de molde a desacreditar o estabelecimento, os produtos ou a actividade industrial ou comercial dum concorrente; 3.º As indicações ou alegações cujo uso, no exercício do comércio, é susceptível de induzir o público em erro sobre a natureza, o modo de fabrico, as características, a possibilidade de uso ou a quantidade de mercadorias». Para além disto, vale a cláusula geral que qualifica como *desleal* «todo o acto de concorrência contrário aos usos honestos em matéria industrial ou comercial». Quanto à concepção do que sejam «usos honestos», ela é susceptível de variar de país para país. Sobre a noção e conteúdo de concorrência desleal, cfr. também o art. 212.º do nosso Código da Propriedade Industrial.

em país estrangeiro é puramente casual: p. ex., à colisão entre os veículos de dois franceses, verificada no nosso país. Assim, também, à responsabilidade civil por ofensas ao pudor praticadas por um português contra uma portuguesa, durante umas férias no estrangeiro; à responsabilidade civil por acidentes de viação verificados no estrangeiro, sendo o lesante e o lesado portugueses em gozo de férias ou em viagem em país estrangeiro; etc., aplica-se a lei portuguesa.

V — *Âmbito de aplicabilidade da lei designada pelo art. 45.º*. À lei competente para reger a responsabilidade extracontratual cabe naturalmente regular os pressupostos e as consequências da obrigação de indemnizar fundada na culpa, no risco ou em facto lícito. Entram no seu âmbito de matérias, designadamente, a definição dos direitos e dos interesses tutelados e as formas de violação contra as quais eles são tutelados, as causas justificativas do facto, a imputabilidade, a culpa, o nexo de causalidade entre o facto e o dano, as modalidades de indemnização, a titularidade do direito à indemnização, a prescrição deste direito, a sua transmissibilidade, etc. (1).

Se o bem juridicamente tutelado assume a forma de um direito subjectivo, a questão preliminar da existência e titularidade dele não é decidida, como sabemos, pela lei designada através do art. 45.º, mas pela lei reguladora desse direito. De entre as causas justificativas do facto o exercício de um direito pode suscitar dificuldades particulares nos casos em que a existência, o conteúdo e a extensão do direito exercido sejam regulados por uma lei diferente da designada pelo art. 45.º. Esta lei, já o dissemos, determina também a *imputabilidade* ou seja, as condições pessoais necessárias («capacidade» delitual) para responder extracontratualmente. É que aqui não se trata de capacidade em sentido próprio, que exprime a aptidão para se vincular por acto voluntário, mas, antes, de um elemento (imputa-

---

(1) Sobre o elenco das questões abrangidas pelo conceito-quadro relativo à responsabilidade extracontratual, cfr. o art. 8.º da Convenção sobre a lei aplicável em matéria de acidentes da circulação rodoviária, bem como o art. 8.º da Convenção sobre a lei aplicável à responsabilidade por danos causados por produtos; convenções estas elaboradas pela Conferência da Haia de DIP, a primeira na XI Sessão (Outubro de 1968) e a segunda na XII Sessão (Outubro de 1972) da Conferência.

bilidade) integrante do regime da própria responsabilidade extracontratual. E deve notar-se que é este um dos pontos sobre os quais os diversos ordenamentos frequentemente diferem entre si.

Compete ainda à lei designada pelo art. 45.º decidir quanto à responsabilidade por actos de outrem e à solidariedade entre os corresponsáveis, quanto à reparabilidade dos danos morais, quanto à extensão dos danos indemnizáveis, quanto às formas, ao montante e aos limites da indemnização, quanto aos titulares do direito a ela e até quanto à taxa de juro legal. Da dita lei aplicam-se igualmente aquelas normas sobre o ónus da prova que façam parte integrante do regime da responsabilidade (p. ex., as relativas às presunções de culpa).

No que respeita à titularidade do direito à indemnização, no caso de morte da vítima, importa destrinçar entre este direito e o direito de sucessão que compete ao herdeiro enquanto tal. É claro que os herdeiros, enquanto tais — enquanto sucessores —, terão direito à indemnização correspondente aos danos sofridos pelo património do lesado, visto o crédito, já existente na titularidade do *de cuius,* se transmitir com a herança. Será, pois, o estatuto sucessório que nos dirá quem sucede nesse direito, assim como em qualquer outro de que o *de cuius* foi titular.

Há, porém, que ter em conta os danos patrimoniais reflexos sofridos com a lesão e a morte do lesado por certas pessoas a quem este garantia apoio material (designadamente, aquelas que podiam exigir alimentos do lesado, ou às quais este os prestava no cumprimento duma obrigação natural) e os danos *não patrimoniais* sofridos pela própria vítima e pelos seus familiares. Ora, quanto ao direito à indemnização correspondente a tais danos, compete à lei designada pelo art. 45.º determinar os seus titulares. Estamos ainda dentro do domínio do estatuto que organiza o regime da responsabilidade extracontratual — que define o círculo dos interesses tutelados, as formas de lesão, as suas consequências e os meios de tutela. Simplesmente, a qualidade de *parente* e a qualidade de *herdeiro* serão determinadas, em princípio, em face da competente lei pessoal: respectivamente, a lei reguladora das relações de família ou a lei da sucessão. Este é um dos pontos, porém, em que têm perfeito cabimento as considerações já feitas a propósito da referência pressuponente ou questão prévia.

Anote-se ainda que, em face das considerações que antecedem, a circunstância de o estatuto sucessório considerar porventura intransmissível o direito à indemnização pelos danos morais sofridos pela vítima não bastará, cremos, para excluir o direito a essa indemnização por parte das pessoas a quem o estatuto da responsabilidade extracontratual o reconheça, nos termos do art. 496.º do nosso Código Civil ou em termos semelhantes.

Secção III

Direitos Reais e «Propriedade Intelectual»

Subsecção I

Lei reguladora das coisas

117. *Direitos reais.* I — *Princípio básico da «lex rei sitae»; estatutos especiais.* Segundo o art. 46.º, 1, é a lei do Estado em cujo território as coisas se acham situadas que se aplica à posse, à propriedade e aos demais direitos reais. Pelo que respeita aos imóveis, este princípio da *lex rei sitae* tem atrás de si uma longa tradição. O mesmo princípio se aplica hoje aos móveis. Quanto a estes, porém, a tradição mais antiga fundava-se na máxima *mobilia personam sequuntur,* mandando aplicar a lei pessoal (lei do domicílio) do titular do direito real. O recurso à lei pessoal (para nós, lei nacional) ainda hoje se torna necessário pelo que respeita a coisas situadas em territórios que se não acham integrados em qualquer soberania estadual.

Depois de estabelecer no n.º 1 o estatuto básico dos direitos reais e da posse, o art. 46.º, nos n.ºs 2 e 3, respectivamente, define dois estatutos especiais: um para as *res in transitu,* isto é, para as coisas que são objecto de um transporte internacional, enquanto atravessam o território de um país com destino a outro país; e outro para os meios de transporte submetidos a um regime de matrícula. Às primeiras manda-se aplicar a lei do país do destino, e aos segundos a lei do país da matrícula.

Por último, no que respeita à capacidade para constituir direitos reais sobre imóveis ou para dispor deles, o art. 47.º faz uma remissão condicionada à *lex rei sitae,* mandando aplicar esta lei, desde que ela assim o determine. Não sendo este o caso, vale a regra geral, isto é, aplica-se a lei pessoal.

No que respeita às *res in transitu,* convém lembrar que a não aplicação da lei do país em que a coisa se acha *de passagem* se justifica pelo facto de a dita coisa não chegar a interessar o tráfico jurídico desse país. Se, porém, a coisa, ainda que irregularmente (p. ex., por via de furto e subsequente alienação), der entrada no comércio jurídico local, a lei aplicável já será a *lex rei sitae* efectiva.

Pelo que respeita aos meios de transporte sujeitos a um regime de matrícula (navios, aeronaves, vagões de caminho de ferro, automóveis), cremos que a regra do art. 46.º, 3, tem em vista aqueles que se acham postos ao serviço do transporte internacional de pessoas ou mercadorias — não aqueles que ainda se não acham em circulação ou que já foram retirados da circulação. A propósito desta regra deve notar-se que, segundo o art. 55.º, § 3.º, da Convenção de Berna sobre os transportes por via férrea, de 25-10-1952, o material rolante só poderá ser penhorado ou arrestado com base em decisão de um tribunal do país do respectivo proprietário.

II — *Âmbito de aplicação do estatuto real.* Conforme resulta do art. 46.º, é por este estatuto que se rege a constituição, a transferência e a extinção da posse, da propriedade e dos demais direitos reais. Por ele se determinam, desde logo, a classificação das coisas, na medida em que esta classificação interessa ao regime de direito material das mesmas, os tipos de direitos reais admissíveis (p. ex., se é admissível a comunhão de mão comum, ou se apenas se admite a comunhão sob a forma de compropriedade), as coisas susceptíveis de apropriação, os limites da propriedade, etc.

No que respeita ao conteúdo dos direitos reais, ele é igualmente definido pelo estatuto real. Por isso, também as limitações, encargos ou ónus impostos ao titular desses direitos são regidos pela lei do país da situação.

Quanto às cláusulas de inalienabilidade de bens certos e determinados (p. ex., a cláusula dotal: cfr. arts. 1746.º e segs. do nosso Código), deve entender-se que a sua eficácia depende da aquiescência da lei do país de situação desses bens. Com efeito, ela põe em causa o princípio da livre circulação dos bens e afecta a segurança das transacções.

No que respeita à aquisição dos direitos reais, importa distinguir entre os modos de aquisição próprios dos direitos reais e os restantes.

Quanto aos primeiros, entre os quais se contam a *ocupação* e a *acessão,* é claro que a competência pertence em exclusivo ao estatuto real. O mesmo se diga relativamente à aquisição e transferência da propriedade *por decisão da autoridade pública:* por via de adjudicação, expropriação por utilidade pública, nacionalização, requisição e confisco. É claro que o acto da autoridade pública tem mera eficácia territorial.

Os modos não específicos de aquisição e transferência dos direitos reais são essencialmente a transmissão sucessória e o contrato. É sobretudo quanto à constituição e transferência de direitos reais mediante contrato que se suscitam certas dificuldades. De um lado, está fora de dúvida que as condições de validade do contrato, bem como os efeitos obrigacionais deste, são regidos pelo estatuto do contrato. Mas, por outro lado, parece que os efeitos reais (a criação ou a transferência de direitos reais) do contrato, quando este os produza, não podem subtrair-se de todo ao estatuto real, sobretudo quando estão em causa bens imóveis. Este estatuto há-de ter algum campo de aplicação, por restrito que seja, em matéria de contratos translativos ou constitutivos de direitos reais.

Quanto a estes efeitos translativos ou constitutivos parece evidente que eles não serão oponíveis a terceiros senão na medida em que se achem satisfeitos os requisitos exigidos pela *lex rei sitae,* designadamente as formalidades de publicidade real. Assim, p. ex., a cláusula de reserva de propriedade, numa venda de coisa imóvel, ou de coisa móvel sujeita a registo, só será oponível a terceiros se constar do registo, no caso de essa coisa se achar situada em Portugal (cfr. art. 409.º, 2, do nosso Código) — e isto ainda que o estatuto do contrato seja uma lei estrangeira que não exija o registo para tal efeito.

Mas já se discute se, mesmo *entre as partes,* se pode dar por constituído ou transferido um direito real, sem atender ao estatuto real. Parece que não. Assim, p. ex., se o contrato de venda duma coisa móvel é regido pela lei portuguesa (francesa, italiana, etc.), mas a coisa se acha situada na Alemanha, a propriedade da coisa já se não transferirá *solo consensu,* por efeito do contrato, visto o direito alemão exigir a *traditio* para aquela transferência. Nesta hipótese, se a coisa não é entregue antes ao comprador português, este só se torna proprietário depois de ela deixar o território alemão — entendendo-se que fica sujeita desde esse momento à lei do país do destino, como parece mais razoável.

Deve ter-se presente que qualquer ordem jurídica pode ligar um efeito real à mesma *facti-species* (ao mesmo *facto*) da qual decorre um direito de crédito (p. ex., à conclusão do contrato de venda, no direito português e em muitos outros) (1). Esta coincidência, porém, em nada afecta a distinção entre direitos reais e direitos de crédito. O que temos é que um *mesmo facto* (a conclusão do contrato) pode ter *efeitos diferentes,* submetidos a *leis diferentes:* a lei do contrato e a *lex rei sitae.* Assim se compreende muito bem que, p. ex., o efeito translativo (efeito real) se produza, por aplicação da *lex rei sitae* (se esta adopta o sistema consensual), por mero efeito do contrato, embora a *lex contractus,* no seu direito das coisas, exija a *traditio* para a transferência da propriedade (sistema da tradição).

III — *Sucessão de estatutos.* Se uma coisa é transportada de um país para outro, verifica-se uma sucessão de estatutos. A regra fundamental a observar neste capítulo é a do respeito dos direitos adquiridos. Se a coisa muda de país após se ter constituído sobre ela um direito real, após a transferência de tal direito ou a sua extinção, os factos constitutivos, translativos ou extintivos anteriores devem ser respeitados. Assim, p. ex., o comprador alemão ou suíço de um objecto situado em Portugal adquire a propriedade desse objecto por força do contrato; pelo que, se a coisa é transportada para a Alemanha ou para a Suíça, países em que, para a transferência da

---

(1) Pode ainda acontecer que a prestação devida (a prestação a que o *credor* tem direito) consista na realização de um facto ao qual a ordem jurídica liga um efeito real (p. ex., o cumprimento da obrigação do promitente-vendedor, que se traduz na declaração de venda; o cumprimento da obrigação de entrega da coisa vendida, quando o efeito translativo dependa da entrega; etc.).

propriedade, se exige a *traditio,* o comprador permanece proprietário, visto que já o era antes de a coisa mudar de território.

É claro que, para futuro, o conteúdo do direito real passará a ser regido pelo novo estatuto. Ora pode acontecer que certos direitos e deveres do titular sejam incompatíveis com o regime dos direitos reais do novo estatuto. Assim, p. ex., se o novo estatuto não admite, ao contrário do anterior, o penhor sem posse, este direito de garantia extingue-se, já que não é possível reconhecer um direito sobre a coisa que a *lex rei sitae* não admite. Parece que também se deve extinguir a reserva de propriedade, quando o novo estatuto a não admite ou faz depender a sua validade ou eficácia de um acto de registo que não foi praticado.

Também em matéria de aquisição da propriedade de móveis em razão da boa fé do adquirente-possuidor importa ter em conta a mudança de estatuto da coisa. Assim, p. ex., segundo o art. 1153.º do Cód. civ. italiano, o adquirente *a non domino* de bens móveis torna-se proprietário deles pela posse, desde que esteja de boa fé no momento da entrega. Donde resulta que, sendo a coisa deslocada para solo italiano, o adquirente-possuidor, se se achava de boa fé no momento da entrega *(consegna),* se torna proprietário da coisa, muito embora até então, por força da anterior *lex rei sitae,* ele não fosse proprietário dela. Solução semelhante valeria igualmente em relação ao direito francês, por força do art. 2279.º do *Code civil* (cfr. Trib. de grande instance de la Seine, 12-1-1966, *in* Rev. Crit. 1967, pp. 120 e ss.).

Subsecção II

Propriedade intelectual (1)

118. *Direito de autor e propriedade industrial.* O art. 48.º refere-se a dois tipos de propriedade intelectual: o direito de autor (propriedade artística e literária) e o direito de propriedade industrial

---

(1) Esta terminologia, adoptada pela nossa lei, parece discutível. Segundo OLIVEIRA ASCENSÃO (*Tipicidade dos direitos reais,* Lisboa 1968, pp. 282 e ss.), ela seria decididamente incorrecta; mas ver, em sentido contrário, PIRES DE LIMA e ANTUNES VARELA, Cód. Civ. Anotado, III. Coimbra 1972, pp. 76 e s.

(direitos privativos industriais sobre *criações novas* — invenções, modelos de utilidade, desenhos e modelos industriais — e sobre *sinais distintivos* — nome e insígnia do estabelecimento, marcas, denominações de origem —).

Há entre estes dois tipos de direitos certas semelhanças. Assim, o direito de autor, como monopólio de reprodução da obra, assemelha-se ao monopólio de exploração duma invenção, conferido pelo direito de patente. Mas, por outro lado, há entre os dois tipos de direitos diferenças notáveis. Assim, em matéria de propriedade artística e literária, ao lado do direito privativo ou monopólio de exploração da obra, destaca-se, com grande relevo, um direito de personalidade que se chama *direito moral* do autor. É certo que, em matéria de propriedade industrial (sobretudo no que respeita às invenções e outras criações novas), o direito moral não deixa de estar presente; só que tal direito assume, neste domínio, bem pouco relevo. A isto acresce que o direito de autor nasce acabado e perfeito, em quase todos os países, independentemente de certas formalidades administrativas (processos de patente, depósito ou registo); ao passo que o direito de propriedade industrial, ou não se constitui senão mediante incorporação num título administrativo (caso do direito de patente), ou exige pelo menos alguma formalidade administrativa (depósito ou registo) para gozar de protecção eficaz.

Por esta razão, e ainda porque o direito de autor e o direito de propriedade industrial estão sujeitos a regimes jurídicos diferentes, tanto no plano nacional como no plano internacional, justifica-se que os tratemos separadamente. Observaremos ainda que estes dois tipos de direitos, especialmente o segundo, ocupam hoje um lugar de grande relevo no comércio internacional; e que Portugal é um país fortemente importador de bens intelectuais [1].

A) *Direito de Autor*

A fonte de direito internacional mais importante nesta matéria é a Convenção de Berna de 9 de Setembro de 1886, pela qual se constituiu a União para a protecção dos direitos dos autores sobre

---

[1] Ao mesmo tempo que exporta abundantemente, como se sabe, mão-de-obra não qualificada.

as suas obras literárias e artísticas. Esta Convenção, que sofreu já várias revisões, é dominada por dois princípios básicos: o princípio do tratamento nacional e o princípio do mínimo de protecção.

Por força do primeiro princípio, as «obras unionistas» devem ser tratadas em cada um dos Estados da União da mesma forma que as obras dos autores nacionais. Por força do segundo princípio, a duração da protecção concedida compreenderá a vida do autor e cinquenta anos depois da sua morte. No caso, porém, de um ou mais Países da União concederem uma protecção por períodos superiores a 50 anos, a duração da protecção será a estabelecida pela lei do país onde a protecção é reclamada, mas sem exceder a duração fixada no *país de origem* da obra.

Segundo o § 2.º do art. 4.º da Convenção, o gozo e o exercício do direito de autor por parte dos autores pertencentes a um dos Países da União, nos outros Países da União, são *independentes* da existência da protecção no País de origem das obras; isto quer se trate de obras não publicadas, quer se trate de obras publicadas pela primeira vez num País da União. E na segunda parte do mesmo § 2.º acrescenta-se que, «fora das estipulações do presente instrumento, a extensão da protecção e os meios processuais garantidos ao autor para salvaguardar os seus direitos regulam-se exclusivamente pela legislação do País onde a protecção é reclamada».

Como se vê por estas últimas disposições, do regime unionista parece decorrer uma certa independência do direito de que goza o autor duma obra nos diferentes Estados, sobretudo no que respeita à extensão da protecção do direito de autor e dos respectivos meios de tutela. Quanto a este ponto, parece claro que a competência cabe à lei do país em que a protecção é reclamada. Todavia, a lei do *país de origem* também deve ser tomada em conta, no caso de a duração da protecção aí concedida ser inferior à estabelecida no direito interno do país onde a protecção é reclamada. Neste aspecto, não deixa de manter-se uma certa ligação entre, digamos, o direito de autor *originário* e aquele que é reclamado noutro país que não o de origem.

Estes princípios do direito unionista reflectem-se claramente no nosso Código do Direito de Autor de 2-4-1966. Neste Código declara-se expressamente (art. 4.º, 3) que «o direito de autor é reconhecido... ainda que a obra não esteja protegida no país de origem».

Por outro lado, depois de se estabelecer aí (art. 25.º) que a duração da protecção concedida compreende a vida do autor e mais 50 anos depois da sua morte, estipula-se que, se a lei de um país estrangeiro estabelecer duração diversa, a duração da protecção reclamada para qualquer obra com origem nesse país não excederá a fixada no país de origem, e também não poderá exceder os referidos 50 anos (art. 26.º).

Em face do exposto, não é fácil de entender o alcance do disposto no art. 48.º, 1. É certo que este preceito ressalva o disposto em legislação especial; e por legislação especial deverá entender-se, neste caso, não só a Convenção de Berna e outras convenções que vinculam o nosso país, mas também o referido Código do Direito de Autor. Com efeito, talvez deva entender-se que aqueles preceitos de direito material que, como, p. ex., o citado art. 26.º deste Código, definem directamente o âmbito de aplicação da lei portuguesa, constituem normas especiais *(hoc sensu)* relativamente às normas de conflitos.

Mas, sendo assim, qual o significado a atribuir ao art. 48.º, 1, na parte em que manda regular o direito de autor pela lei do país de origem da obra? Diremos, com muitas dúvidas, que tal disposição poderia ter como significado útil o seguinte: definir, em termos gerais, o *país de origem* da obra, para todas aquelas questões em que seja de atender à lei desse país. Essas questões seriam designadamente a da duração da protecção concedida ao direito de autor, a que se refere o citado art. 26.º do Código de Direito de Autor, e porventura ainda as questões pertinentes à determinação da pessoa ou entidade a quem deve ser atribuído o direito de autor, isto é, as questões a que se referem os artigos 8.º a 19.º daquele Código.

Julgamos ser este o modo de ver mais consentâneo com a estrutura própria do direito de autor, enquanto direito de exclusivo ou de monopólio de exploração, concedido a expensas do interesse geral da colectividade. Não pode esquecer-se, na verdade, que a medida da protecção do direito de autor resulta sempre de um compromisso na tutela de dois interesses antagónicos: o do autor, interessado no monopólio de exploração, e o da colectividade, interessada na liberdade de exploração da obra [1]. Ora parece evidente que cabe a cada

---

[1] E em que, portanto, a obra caia no domínio público.

Estado definir os termos e a medida em que, dentro da sua esfera de acção, limitada pelo respectivo território, o interesse geral pode e deve ser sacrificado ao interesse particular do autor, pela *concessão* a este de um direito de exclusivo de reprodução ou de exploração. É verdade que, diferentemente do que sucede quanto ao direito de patente, não há aqui um acto individual de concessão; há todavia uma concessão feita em termos gerais pela lei que confere protecção ao direito de autor, uma vez verificados os requisitos de que depende a atribuição deste direito.

Portanto, com base na ideia de que o direito de autor é uma *concessão* do Estado e de que uma tal concessão apenas é eficaz dentro das fronteiras do respectivo Estado, deverá aceitar-se o princípio da *territorialidade* daquele direito: fundamentalmente, a protecção de que o autor goza em cada Estado deve ser determinada de acordo com a lei desse Estado. Nestes termos, as violações do direito de autor verificadas em Portugal deverão ser apreciadas e julgadas de acordo com a lei portuguesa. Mas suponhamos que uma companhia de teatro portuguesa, p. ex., leva à cena, na Espanha, a peça de um autor português, sem autorização deste: se, por hipótese, se verificassem os pressupostos da competência internacional da jurisdição portuguesa, como haveria de ser julgada em Portugal aquela violação do direito de autor? No caso, não houve violação do direito português de autor, mas do direito espanhol. De modo que parece que seria de aplicar a lei daquele país em cujo território a violação teve lugar, ou seja, a lei espanhola.

Resta dizer que o conceito de «publicação», a que se refere o art. 48.º, 1, se deve determinar em conformidade com o art. 27.º, 2, do Código do Direito de Autor, o qual por seu turno remete para a alínea 4) do art. 4.º da Convenção de Berna. Ora, nos termos deste dispositivo, o conceito de *publicação* não coincide com o de *divulgação* por qualquer meio; pois não abrange a representação de obras dramáticas ou cinematográficas, a execução de obras musicais, a recitação pública de obras literárias, a radiodifusão de quaisquer destas obras, a exposição de obras de arte e a construção de obras de arquitectura. Por obra *publicada* deve entender-se, apenas, a obra *editada,* qualquer que seja o modo de fabricação dos exemplares (edição muda ou sonora), *posta à disposição do público* mediante um número suficiente destes exemplares. De modo que a divulgação ou comunicação ao público só constituem *publicação* quando resultem da reprodução de textos, partituras ou imagens, ou de registos fonográficos (edição sonora: discos, bandas e fios magnéticos, rolos, etc.).

Quanto às obras não publicadas, veja-se o art. 29.º do Código do Direito de Autor: «Relativamente à obra não publicada, considera-se país de origem aquele a que pertence o autor. Todavia, quanto às obras de arquitectura e de artes gráficas ou plásticas incorporadas num imóvel, considera-se país de origem aquele em que essas obras foram edificadas ou incorporadas numa construção».

B) *Propriedade industrial*

Neste domínio prevalece o *direito unionista,* isto é, o direito criado pela Convenção de Paris de 20 de Março de 1883, que instituiu a União para a protecção da propriedade industrial e que tem sido modificada por conferências de revisão organizadas periodicamente (designadamente as revisões de Bruxelas, Washington, Londres, Lisboa e Estocolmo). O órgão principal da União é actualmente o Bureau internacional para a protecção da propriedade industrial, com sede em Genebra.

O direito unionista é dominado por três princípios fundamentais. É o primeiro o *princípio da assimilação* do estrangeiro ao nacional (tratamento nacional) no quadro da União. Podem invocar a seu favor as disposições da Convenção de Paris os nacionais dos Estados que sejam membros da União, bem como aqueles que têm domicílio ou têm um estabelecimento num desses Estados.

O segundo princípio unionista é o da *independência,* sobretudo em matéria de patentes de invenção e de marcas (à falta de texto, é discutível se vigora o princípio da independência relativamente aos desenhos e modelos, e sobretudo relativamente ao nome comercial). Significa este princípio que cada Estado determina as condições e os efeitos da protecção por ele concedida: são tantos os direitos de patente quantas são as patentes concedidas nos diferentes Estados para a mesma invenção. Esta independência estende-se, obviamente, à duração da patente, assim como à nulidade ou caducidade da mesma. Do princípio da independência decorre, pois, o carácter *territorial* do direito de patente.

Aos inconvenientes do princípio da independência procura obviar-se mediante um terceiro princípio: o princípio do *direito de prioridade unionista.* Segundo este princípio, todo aquele que requeira uma patente de invenção, o depósito ou o registo de um modelo de utilidade, de um desenho ou modelo industrial, ou duma marca, num país da União, gozará de um direito de prioridade, pelo prazo de 12 ou de 6 meses, conforme os casos, para requerer a patente, o depósito ou o registo em qualquer outro país da União.

Em toda a parte onde se protege a propriedade industrial, a outorga de um exclusivo ou monopólio de exploração é concessão do Estado (1). Ora esta consideração implica a *territorialidade* do direito de monopólio concedido e implica, portanto, a competência da lei do Estado que o concede.

Não foi este, porém, o ponto de vista defendido pela doutrina clássica, segundo a qual a competência em matéria de propriedade industrial pertenceria em princípio à lei do *país de origem.* Neste país se «localizariam», pois, os direitos sobre as criações novas e sobre os sinais distintivos, e o problema posto ao DIP nesta matéria seria um problema de reconhecimento dos direitos adquiridos no país de origem. Ao mesmo tempo, porém, entendia-se que a protecção destes direitos não podia deixar de ter carácter territorial, especialmente no que respeita à sanção penal do delito de contrafacção, pelo que se exigia a observância dos requisitos de forma ou de fundo impostos pela lei do país onde a protecção era reclamada. Mas, por força da competência atribuída à lei do país de origem, o direito não seria tutelado noutro Estado desde que não tivesse sido regularmente adquirido ou deixasse de existir (caducidade, decurso do prazo de protecção, anulação da patente ou do registo) no país de origem.

Esta doutrina suscitava uma questão delicada: a da determinação do *país de origem.* Para as criações novas (invenções, desenhos ou modelos), haveria que optar entre a conexão fornecida pela própria criação e a fornecida pela formalidade administrativa do processo de

---

(1) Repare-se que o interesse do inventor ou do titular do direito à patente na concessão de um monopólio de exploração é satisfeito a expensas do interesse geral da colectividade na livre exploração do invento.

patente ou de depósito. Se esta última tivesse um carácter atributivo, parece que estaria indicado escolher-se a lei do país onde foi feito o primeiro pedido de patente, registo ou depósito; se não, parece que se deveria procurar, através dos primeiros actos de exploração ou utilização do invento ou modelo, determinar a lei do país de origem. Para os sinais distintivos, hesitava-se entre a lei do primeiro depósito ou do primeiro registo, no caso de esta formalidade ter carácter atributivo do direito, ou a lei da primeira utilização, se houvesse de entender-se que é esta que cria o direito. No caso de não ser possível determinar com segurança o lugar da primeira utilização, entendia-se que a solução mais razoável consistia em «localizar» o sinal distintivo no lugar do estabelecimento por ele individualizado (nome comercial) ou do estabelecimento cujos produtos o sinal distintivo (marca) permite reconhecer. Quanto às designações de origem é que não se suscitava qualquer dificuldade, visto a «localização» destas corresponder a um dado natural.

Diferentemente, na doutrina actual prevalece a tese da competência da lei do país onde a protecção é reclamada. A consideração de que nos achamos em face de direitos que não têm uma localização fixa no espaço (salvo, como vimos, no que respeita às designações de origem) conduziu ao abandono da ideia duma localização única e universal destes direitos. Passou então a afirmar-se e a impor-se a doutrina chamada das localizações múltiplas: o direito de propriedade industrial teria a sua «localização» no país onde é invocado ou onde se reclama a sua protecção. Assim, p. ex., o direito de patente de uma determinada invenção não seria um direito único: os direitos de patente sobre o mesmo invento seriam tantos quantos os Estados em que foi obtida a patente para esse invento. Alguns autores põem em destaque o carácter de monopólio ou de exclusivo do direito de propriedade industrial e assinalam as repercussões que têm sobre a organização económica do Estado as leis que conferem monopólios de exploração, para afirmarem que estas leis são de aplicação estritamente territorial e que, portanto, é da competência exclusiva de cada Estado a concessão de tais monopólios.

Esta tese, que leva à independência absoluta dos direitos de propriedade industrial adquiridos em cada país, encontra um sólido apoio no direito unionista, que se orienta segundo as mesmas directrizes, como vimos. E estas directrizes do direito unionista foram incorporadas no nosso Código da Propriedade Industrial, de 24-8--1940: vejam-se, designadamente, pelo que respeita ao princípio da territorialidade, os arts. 8.º e 29.º deste Código.

Aliás, pelo que toca ao direito de patente e a alguns outros direitos de propriedade industrial, eles não poderiam deixar de ter carácter territorial, desde logo porque a formalidade administrativa da sua concessão (patente, depósito, registo), representando o único meio de *apropriação* de tais direitos, tem carácter constitutivo. Assim, p. ex., o inventor, antes de requerida a patente de invenção, não é titular do direito subjectivo chamado *direito de patente,* mas apenas tem um *direito à patente* (cfr. art. 9.º do Cód. de Propr. Industrial), isto é, goza da faculdade de requerer a patente, apropriando-se, por esta via, em face de terceiros e em face da própria colectividade, do exclusivo de exploração do invento. Mas o acto administrativo tem a sua eficácia limitada pelas fronteiras do Estado a que pertence a autoridade concedente. Por isso se escreveu já, com inteira razão, que, se todos os Estados europeus tivessem uma lei sobre patentes perfeitamente uniforme, coincidindo palavra por palavra. ainda assim não teríamos uma patente europeia unitária, pois cada Estado continuaria a conceder para o respectivo território uma patente autónoma [1].

Além do exposto, é preciso ter em conta o que dispõe o art. 3.º do nosso Código de Propriedade Industrial. Nos termos deste preceito, as disposições do referido Código apenas são aplicáveis aos súbditos dos Estados unionistas, sendo, porém, equiparados a estes os súbditos de quaisquer Estados «que tiverem domicílio ou estabelecimento industrial ou comercial, efectivo e não fictício, no território de um dos países da União». E logo o § 2.º do mesmo artigo estabelece que, em relação a quaisquer outros estrangeiros, se observará o disposto nas convenções que vigorem entre Portugal e os respectivos países e, não havendo convenção aplicável, o *regime da reciprocidade.*

---

[1] Note-se que o carácter territorial da protecção do direito de patente (e doutros exclusivos) permite arrestar em território português os produtos da contrafacção praticada em país estrangeiro onde não haja sido concedida uma patente, paralisando assim a venda de tais produtos. Cfr. arts. 214.º, n.º 3.º, e 228.º, al. *b)* do Cód. Propr. Ind.

Ora, neste contexto legislativo, qual poderá ser o alcance da regra do art. 48.°, 2, segundo a qual «a propriedade industrial é regulada pela lei do país da sua criação»?

Também a interpretação deste preceito oferece sérias dificuldades. Diremos, em primeiro lugar, que nos parece que não foi intenção do legislador alterar o *statu quo* estabelecido pela nossa legislação sobre propriedade industrial, pelo que neste número do art. 48.° se deve considerar implícita a ressalva relativa à legislação especial, explicitamente feita no n.° 1 do mesmo artigo. Sendo assim, continua a vigorar o *regime da reciprocidade* nas hipóteses a que se refere a parte final do § 2.° do art. 3.° do Cód. da Prop. Industrial.

Em segundo lugar, quer-nos parecer que a referência do art. 48.°, 2, à lei do país da criação da propriedade industrial não nos vincula a uma solução diferente da que decorria já do Cód. da Propr. Industrial, pela razão simples de que o direito de monopólio em causa é, como vimos, pelo menos em regra, de criação estadual e eficácia territorial, pelo que se pode dizer que, p. ex., o direito de patente sobre uma mesma invenção não é um direito único. Antes, haverá tantos direitos de patente, quantos os Estados concedentes da patente. E nada custa a admitir que o direito de patente sobre certo invento pertença, num Estado, a certa pessoa, e, noutro Estado, a uma pessoa diferente; até porque o inventor pode ceder o *direito à patente* em certo Estado a outra pessoa. Pelo que bem se poderá entender que a referência ao país da criação não significa senão atribuição da competência à lei do Estado concedente de um determinado direito de patente.

Mas qual seria, então, o significado útil da disposição do n.° 2 do mencionado art. 48.°? Quanto a nós, esta disposição apenas nos viria dizer que às violações de certo monopólio de exploração se aplica a lei do Estado concedente (lei do país da criação). Como, porém, o monopólio em causa é de eficácia territorial, isto significaria que às violações (delitos de contrafacção e actos de concorrência desleal) cometidas no território de certo Estado se deve aplicar a lei desse Estado, tanto no que respeita à existência e extensão do direito subjectivo violado, como no que respeita aos demais pressupostos da responsabilidade e suas consequências. Deste modo, as violações da propriedade industrial cometidas em território português estariam sempre sujeitas, sob todos os aspectos (incluindo a questão preliminar da existência do direito violado) à lei portuguesa (1).

Mas o art. 48.º, 2, está concebido em termos amplos, de forma a poder admitir-se que um ou outro direito de propriedade industrial que, uma vez criado em país estrangeiro, deva ser simplesmente *reconhecido* (e não *criado* ou *recriado*) em Portugal, fique sujeito, quanto à sua existência e conteúdo, à lei do país de origem. Será este porventura o caso do nome comercial (cfr. art. 8.º da Convenção da União de Paris e art. 146.º do nosso Cód. Propr. Ind.).

Resta dizer que a cedência ou a cessão de direitos de propriedade industrial representa hoje um fenómeno da maior relevância no comércio internacional, constituindo, juntamente com os contratos de «know how» (2) e os contratos de «engineering» (3), uma das

---

(1) Importa, porém, ter em conta o § 2.º do art. 214.º do Cód. de Propr. Ind. que, estabelecendo uma excepção ao princípio da territorialidade para casos muito particulares, só confirma este princípio. Segundo aquele preceito, não estará sujeito à pena cominada para a contrafacção «o emprego que porventura se faça do invento nos navios e meios de locomoção aérea ou terrestre que penetrem temporária ou acidentalmente no País com o fim exclusivo da reparação ou funcionamento dos mesmos meios de transporte». Cfr. art. 5.º-*ter* da Convenção de Paris.

(2) São contratos mediante os quais uma empresa põe a sua experiência adquirida em certo ramo de actividade, os seus especialistas, os seus segredos e métodos de fabrico à disposição doutra empresa. As mais das vezes, andam associados aos contratos de licença de exploração de patentes; o que bem se compreende, pois a exploração industrial de novos inventos exige frequentemente um certo cabedal de experiência, métodos e técnicas específicas. Por isso já se escreveu que estes contratos de «know how» se apresentam «como o prolongamento de licenças de patentes, e talvez mesmo como uma das formas modernas de licença» (cfr. CHAVANNE, *Rev. trim. de dr. com.*, 1966, p. 926).

(3) Nestes contratos prevê-se, a título de obrigação principal, prestações de carácter intelectual, como a concepção e elaboração de projectos, o fornecimento de ideias e de conselhos baseado no estudo de um projecto, a coordenação e direcção de trabalhos que antecedem ou acompanham a realização duma obra, quando autónomos relativamente à realização da mesma obra (cfr. Philippe KAHN, *Investissements*, «Encicl. Dalloz — Droit International», II, p. 191).

formas típicas dos chamados «investimentos técnicos» [1]. Ora os contratos de cessão (transmissão da propriedade) ou concessão (contratos de licença de exploração) da propriedade industrial são em princípio regidos, como quaisquer outros, quanto à forma, pela lei ou leis designadas no art. 36.º, quanto à substância, pela lei da autonomia (art. 41.º). Há todavia que ter em conta as medidas de publicidade exigidas pela lei do país concedente do direito de exclusivo em causa para que a transferência da propriedade ou do uso seja oponível a terceiros. Assim, p. ex., tratando-se duma patente portuguesa, há que observar o disposto no art. 25.º do Cód. Propr. Ind., que estabelece: «A transmissão de patente não produzirá efeito, em relação a terceiros, antes de autorizada pela Repartição da Propriedade Industrial».

Quando as partes não designem expressamente a lei aplicável ao contrato de cessão ou de licença, há que determinar a lei que elas tiveram em vista e, não sendo possível determinar tal lei, que recorrer ao critério supletivo do art. 42.º. Tratando-se de um contrato relativo apenas ao direito de monopólio concedido por um determinado país (como é normalmente o caso), será de presumir que as partes tiveram em vista justamente a lei desse país, onde o direito é reconhecido e protegido, e onde o contrato vai produzir os seus efeitos essenciais. Tratando-se de um contrato em que se dispõe de direitos para vários países, tem-se entendido que a lei mais apropriada é a lei do domicílio ou da sede social do cedente ou do concedente. Para o nosso DIP, esta solução apenas será cabida se puder entender-se que tal foi a lei tida em vista pelas partes. Estas considerações valem igualmente, como é óbvio, relativamente aos contratos de «know how» associados às cessões ou às licenças de patente.

---

(1) Como tal ficando os respectivos rendimentos sujeitos ao imposto de capitais: cfr. o art. 6.º, n.º 10.º, do Código do Imposto de Capitais.

Secção IV

Direito de família

Subsecção I

Constituição do estado de casado

119. *Condições de validade intrínseca do casamento.* É em matéria do direito de família que mais acusadas são as divergências e particularismos das legislações nacionais. Daí que os conflitos de leis nesta matéria tenham uma certa acuidade. Daí também que o direito de família seja o terreno de eleição da reserva de ordem pública. Por outro lado, dada a crescente densidade de contactos entre as populações dos diferentes países, são cada vez mais frequentes os casamentos mistos.

Segundo o art. 49.º, os requisitos de validade intrínseca do casamento, ou seja, a falta e vícios do consentimento e a capacidade negocial são regulados, em relação a cada nubente, pela respectiva lei pessoal. É, portanto, pela lei pessoal de cada nubente que se apreciará, desde logo, quais as características que deve revestir o consentimento, quais as consequências da divergência intencional entre a vontade e a declaração (casamento simulado), do erro (simples ou qualificado por dolo, quando esta qualificação releve) e da coacção. A mesma lei determina ainda a *habilitas ad nuptias,* ou seja, toda a matéria de impedimentos matrimoniais.

Quando ambos os nubentes têm a mesma lei pessoal, nenhuma dificuldade particular se levanta, visto ser uma única lei a reger a constituição do estado de casado. Tendo os nubentes leis diferentes, importa coordenar as duas leis pessoais. Conforme resulta claramente da letra do art. 49.º, o nosso legislador seguiu o princípio da *aplicação distributiva* (e não *cumulativa*) das duas leis: aplica-se, em relação a cada nubente, a respectiva lei pessoal. É este o sistema que tem a seu favor a doutrina e a prática largamente dominantes.

A realização deste princípio da aplicação distributiva não depara com dificuldades em matéria de falta ou vícios de vontade. Mas já o mesmo se não pode dizer em matéria de impedimentos. É que, ao lado dos impedimentos a que podemos chamar *unilaterais*, temos aqueles que se podem designar por *bilaterais*. São desde logo impedimentos bilaterais os impedimentos *relativos* (cfr. art. 1602.º do nosso Código), isto é, os impedimentos fundados numa dada relação entre as pessoas que desejam contrair casamento. Mas nem só estes: há certos impedimentos *absolutos* que podem ter carácter bilateral. Ora a verdade é que também as disposições da lei pessoal de cada nubente que estabelecem impedimentos bilaterais só são aplicáveis ao respectivo nubente; mas, no que respeita ao efeito obstativo, a aplicação distributiva de tais disposições não difere da sua aplicação cumulativa.

Assim, p. ex., um alemão não pode casar com a sua sobrinha de nacionalidade francesa. Se bem que o direito alemão permita este casamento, o direito francês (art. 163.º do *Code civil*) proíbe-o. Assim também um alemão casado que cometeu adultério com uma portuguesa não pode, depois da dissolução do seu casamento, casar com esta. E também a portuguesa casada que cometeu adultério com um alemão não pode, depois, casar com este (1). Isto apesar de o impedimento de adultério ser estranho ao direito português.

Mais difícil já é saber se certos impedimentos absolutos têm ou não um carácter bilateral. Tudo depende da interpretação da lei que estabelece o impedimento; e essa interpretação torna-se por vezes difícil, tanto mais que a doutrina e a jurisprudência de direito material nos não podem servir de arrimo neste ponto, visto o problema apenas se suscitar no plano do DIP. Pode em todo o caso dizer-se que, se uma determinada lei proíbe o casamento do demente (cfr. art. 1601.º, al. *b)*, do nosso Código), não por uma razão de falta de vontade esclarecida e livre, mas por uma razão de ordem eugénica e social, a proibição em causa terá carácter bilateral. É este igualmente o caso de certas leis (como a sueca) que proíbem o casamento de pessoas afectadas por determinadas doenças físicas ou mentais: tais proibições têm carácter bilateral.

Também deverá ser considerado bilateral o impedimento estabelecido pelo art. 83.º do Código civil espanhol, que proíbe o casa-

---

(1) Nos termos do § 6 da Ehegesetz.

mento daqueles que, perante a Igreja, se acham ligados por outros vínculos (padres, membros das ordens religiosas). Nestes termos, não só um padre espanhol estaria impedido de casar com uma portuguesa, como também um padre português estaria impedido de casar com uma espanhola. Num caso destes, porém, cremos que a nossa ordem pública deve intervir para afastar o impedimento.

É igualmente bilateral o impedimento procedente da existência de um casamento anterior não dissolvido. Por último, deve notar-se que a jurisprudência britânica foi ao ponto de considerar bilateral o impedimento da falta de idade nupcial.

Resta dizer que, em matéria de condições de validade intrínseca do casamento, importa ter em conta a disposição do art. 31.º, 2, que já conhecemos.

120. *Condições de validade formal ou extrínseca.* Em matéria de forma do casamento, regem as disposições dos arts. 50.º e 51.º. O primeiro dos referidos textos estabelece a regra *lex loci regit actum.* Mas parece que esta regra tem aqui, diferentemente do que sucede no art. 36.º, carácter imperativo, salvo no que respeita aos casamentos celebrados perante agentes diplomáticos ou consulares a que se refere o art. 51.º

Na verdade, pelo que respeita ao casamento de estrangeiros em Portugal, este só pode ser celebrado, ou na forma da lei portuguesa, ou na forma da lei nacional de qualquer dos nubentes, desde que, neste último caso, a celebração tenha lugar perante os respectivos agentes diplomáticos ou consulares. E, ainda assim, esta última forma de casamento só será admissível *sob condição de reciprocidade* (cfr. art. 51.º, 1, do Cód. Civil e art. 204.º do Cód. Reg. Civil). O estrangeiro que pretenda casar em Portugal segundo a forma da lei portuguesa deve fazer prova da sua capacidade nupcial nos termos do art. 205.º do Cód. Reg. Civil. Deste modo, fica excluída a validade dos casamentos celebrados em território português por cerimónia privada, tal como se pratica em países muçulmanos, e a da união puramente consensual (*by cohabitation and reputation* — ainda hoje reconhecida como matrimónio válido por alguns dos Estados da América do Norte que se mantiveram fiéis ao chamado casamento da *common law*), embora estas modalidades de casamento sejam reconhecidas pela lei nacional dos nubentes. Quer dizer: a forma da lei reguladora da substância do casamento apenas é de admitir nos casos em que este seja celebrado perante os agentes diplomáticos ou consulares do respectivo Estado. Fica assim de igual modo excluída a validade dos casamentos confessionais celebrados em Portugal — excepção feita dos casamentos católicos.

No que respeita ao casamento de portugueses no estrangeiro, vale o disposto nos n.os 2 e 3 do art. 51.º do Código Civil e nos arts. 200.º a 202.º do Cód. Reg. Civil.

Por último, quanto ao casamento de estrangeiros no estrangeiro, podemos distinguir dois tipos de hipóteses. Se se trata de dois estrangeiros que celebram o casamento no respectivo Estado nacional, nenhum problema se levanta, pois coincidem a lei reguladora da forma e a lei reguladora da substância do casamento; e, além disso, achamo-nos perante uma relação puramente interna que não é de molde a fazer funcionar uma regra de conflitos. Já pelo que respeita à hipótese em que dois nacionais de um Estado estrangeiro casam num outro Estado estrangeiro, parece lícito pôr em causa o carácter imperativo da regra do art. 51.º. Cremos que deve entender-se que tal casamento será formalmente válido se forem respeitadas as exigências de forma da lei nacional dos nubentes, pelo menos nos casos em que a própria *lex loci* admita a validade de um tal casamento (1).

Quanto à admissibilidade do casamento por procuração (aceite por certos Estados, mas recusado por outros), a doutrina domi-

---

(1) Relativamente aos nacionais dos Estados que ainda se acham vinculados pela Convenção da Haia de 12-6-1902, importa ter presentes as disposições desta Convenção. Destacaremos o seu art. 6.º, nos termos do qual será reconhecido em toda a parte como válido o casamento celebrado perante um agente diplomático ou consular, de acordo com a lei do respectivo Estado, quando nenhum dos contraentes é súbdito do Estado onde o matrimónio foi celebrado, desde que este Estado se não oponha com fundamento num casamento anterior ou num obstáculo de ordem religiosa. Por seu turno, o art. 7.º da mesma Convenção estabelece que o casamento nulo quanto à forma no país em que foi celebrado poderá no entanto ser reconhecido como válido nos outros países, se tiver sido observada a forma prescrita pela lei nacional de cada um dos contraentes.

nante é no sentido de tratar esta questão como uma questão de forma. Só nos casos em que o procurador *ad nuptias* é um verdadeiro procurador na vontade, com a faculdade de escolher até a pessoa do outro contraente (tal como acontece no direito egípcio e no direito persa), é que o problema suscitaria uma verdadeira questão de fundo ou de substância e deveria, por isso, ser submetido à lei pessoal dos nubentes.

Segundo o direito inglês e o direito dos EUA, no alto mar, o casamento pode ser celebrado *perante o capitão* do barco. Se se tratar de um casamento num barco inglês ou americano, a *lex loci* é, portanto, a lei inglesa ou a americana (lei do pavilhão), respectivamente.

121. *Consequências da violação das disposições relativas à constituição da relação matrimonial.* As disposições competentes para reger as condições de fundo e de forma do casamento podem ter de ser por nós consideradas em dois momentos: antes ou depois da celebração do casamento. Se se trata de um casamento a celebrar em Portugal, o conservador do registo civil, verificada a falta de qualquer daquelas condições, deve recusar-se a celebrar o casamento.

Podemos, porém, achar-nos perante um casamento já celebrado e o problema suscitado perante os tribunais portugueses ser justamente o da sua validade. O problema põe-se então em termos de saber se foi violada alguma das disposições de fundo ou de forma competentes e quais as consequências de tal violação. Ora estas consequências são regidas pela lei cujas disposições foram violadas: compete à lei que fixa as condições de validade determinar a sanção que corresponde à sua inobservância e o respectivo regime. Esta lei dirá, portanto, se o casamento é inexistente ou anulável e, neste último caso, se a invalidade é sanável, quem tem legitimidade para a invocar e dentro de que prazo o pode fazer.

Se foram várias as leis violadas (p. ex., a lei reguladora do fundo e a lei reguladora da forma, ou as leis pessoais de cada um dos nubentes), decide aquela das leis que estabelece as consequências mais severas. O problema põe-se sobretudo a propósito do casamento putativo, instituto desconhecido por via de regra por aqueles direitos que se mantiveram alheios à influência do direito canónico. Segundo a doutrina corrente, no caso de haver mais que uma lei cujas disposições foram violadas, os efeitos do casamento putativo em relação aos cônjuges só se produziriam se ambas as leis os admitissem e verificados que fossem os requisitos exigidos por cada uma delas (1). Mas também já se defendeu a opinião de que os efeitos putativos do casamento declarado nulo ou anulado deviam ser regidos pela lei reguladora dos efeitos do casamento, isto é, pela lei designada pelo art. 52.º (2).

Em todo o caso, se compete à lei que estabelece a nulidade decidir, em abstracto, se são admissíveis os efeitos putativos e qual a extensão desses efeitos, parece que o conteúdo concreto da putatividade deverá ser fixado pela lei competente para reger os efeitos do casamento (3).

122. *O registo de casamentos de portugueses celebrados no estrangeiro.* Segundo o art. 1651.º, 1, do nosso Código, é obrigatório o registo: «*b*) dos casamentos de português ou de portugueses celebrados no estrangeiro» (4). Este registo será lavrado no consulado competente, já por inscrição, já por transcrição, consoante o casamento for ou não celebrado perante o agente diplomático ou consular português (arts. 1664.º e seg.).

Tem-se suscitado com certa frequência nos nossos tribunais o problema de saber que valor atribuir a estes casamentos no período de tempo que medeia entre a sua celebração e a sua transcrição no

---

(1) Sobre os efeitos do casamento putativo em relação aos filhos falaremos adiante.

(2) Cfr. La Pradelle, *Les conflits de lois en matière de nullité*, Paris 1967, n.º 344.

(3) Cfr. neste sentido Bischoff, *Mariage*, «Encyclopédie Dalloz — Droit International», II, pp. 301 e s.

(4) O que vai dizer-se em relação a estes casamentos vale igualmente para todos os casamentos celebrados em Portugal por qualquer das formas previstas na lei portuguesa; e ainda, após a naturalização, para o casamento dos estrangeiros que, depois de o celebrarem, adquiram a nacionalidade portuguesa (cfr. als. *a* e *c* do referido art. 1651.º). Só não vale em relação aos casamentos cujo registo é *facultativo* (cfr. art. 1651.º, 2).

registo português, designadamente na hipótese em que a transcrição só é realizada já depois de falecido um dos cônjuges. Nesta hipótese, pergunta-se: ter-se-ão produzido os efeitos patrimoniais do casamento, a saber, ter-se-á constituído a comunhão conjugal, no caso de não haver escritura antenupcial e o regime supletivo ser um regime de comunhão? Verificar-se-á a devolução sucessória a favor do cônjuge sobrevivo, se a sucessão é regida pelo direito português?

No domínio do Código do Registo Civil de 1932, chegou a defender-se a *inexistência* jurídica do casamento não transcrito: em face da ordem jurídica portuguesa, tal casamento seria um «nada jurídico». Não foi este, porém, o ponto de vista que prevaleceu, mesmo no domínio daquele Código.

Os princípios que hoje dominam a matéria provêm já do Código de Registo Civil de 1958, donde passaram para os actuais Código Civil e Código de Reg. Civil. Antes de mais tem de reconhecer-se que a tese da inexistência jurídica é indefensável, dado que «o casamento anterior não dissolvido, (...) ainda que o respectivo assento não tenha sido lavrado no registo do estado civil», constitui impedimento dirimente absoluto à celebração de novo casamento (art. 158.º, 3, do C. R. C.). Acrescente-se a isso que um casamento nessas circunstâncias tem ainda relevância para efeitos de bigamia. Estas soluções já eram admitidas no domínio do C. R. C. de 1932.

Mas parece que devemos ir ainda mais longe e afirmar que o casamento, pelo facto de não se achar transcrito, não só não deixa de ser existente como até não deixa de ser *eficaz* intrinsecamente, nos termos que vão ser expostos. Os princípios que governam a matéria acham-se nos arts. 1669.º e 1670.º do Código Civil. O art. 1669.º estabelece o princípio da *ininvocabilidade*, quer pelos cônjuges e seus herdeiros, quer por terceiros, dos casamentos cujo registo é obrigatório, enquanto este registo não se mostrar lavrado. O princípio genérico da ininvocabilidade dos factos sujeitos a registo, enquanto este não for lavrado, acha-se inscrito no art. 3.º do C. R. C. O art. 1670.º estabelece o princípio básico da *retroactividade* do acto de registo, com a ressalva dos direitos de terceiros que sejam compatíveis com os direitos e deveres de natureza pessoal dos cônjuges e dos filhos. A esta disposição do Código Civil corresponde o art. 232.º do C. R. C.

Consideremos primeiro o princípio da ininvocabilidade ou inatendibilidade. Antes de mais há que ter presente a distinção entre *ininvocabilidade* e *inoponibilidade*. No registo-publicidade, o acto não registado não é eficaz em relação a terceiros; nisto consiste a sua inoponibilidade. É o que se verifica em matéria de Registo Predial — e até no domínio do Registo Civil pelo que respeita às escrituras antenupciais (cfr. arts. 1711.º, 1, do Cód. Civ. e 236.º do C. R. C.). Em matéria de estado das pessoas, a falta de registo tem, sob um certo aspecto, uma consequência bastante mais drástica: os factos não registados nem sequer são invocáveis pelas pessoas a quem respeitem ou pelos seus herdeiros, ou em face daquelas e destes. Tais factos não podem ser atendidos (salvo as excepções previstas na lei), pelo que, para qualquer efeito *extrínseco*, tudo se passa como se não existissem.

Qual a razão de ser deste regime legal que seguramente não tem em vista a simples oponibilidade a terceiros? A lei pretende assegurar, por todos os meios, o registo oficial do estado das pessoas. Está em causa um relevantíssimo interesse público. Daí que os actos sujeitos a registo não sejam invocáveis por quem quer que seja antes do registo se achar lavrado. Mas isto não significa de forma alguma que o registo seja constitutivo, ou dele dependa sequer a eficácia *intrínseca* do acto. Não; como acentua o Prof. GOMES DA SILVA (1), «os factos sujeitos ao registo produzem todos os seus efeitos independentemente de se encontrarem registados, embora *por forma latente*». Tais factos, escreve o mesmo autor noutro lugar (2), têm «uma eficácia *intrínseca* que automaticamente se desenvolve e repercute em toda a ordem jurídica, gerando, inclusivamente, efeitos mediatos ou reflexos, mas que opera, por assim dizer, por forma subterrânea; para que, na prática, os efeitos produzidos se mostrem à luz do dia, é indispensável que àquela eficácia intrínseca se junte outra, *extrínseca*, que já não é gerada pelo facto principal, mas por um facto secundário, e que se traduz na *atendibilidade* ou *invocabilidade* dos efeitos já produzidos e latentes na ordem jurídica».

---

(1) Cfr. *Curso de Direito de Família* (policopiado), vol. I, 1967, p. 261.

(2) Cfr. *O direito de família no futuro Código Civil* (Segunda Parte), in BMJ n.º 88 (1959), n.º 3.

O registo em causa não é, pois, condição de eficácia jurídica (intrínseca), mas pressuposto de *atendibilidade* dessa eficácia — isto é, pressuposto da sua *revelação extrínseca.* Mas é um pressuposto de tal ordem que mesmo os efeitos produzidos pelo casamento em face duma lei estrangeira, perante a qual se achem satisfeitos todos os requisitos de eficácia (intrínseca e extrínseca), não podem ser invocados em Portugal sem que o mesmo casamento seja primeiramente transcrito no registo civil do Estado português.

Seja o caso de haver que deferir em Portugal a herança de um estrangeiro cujo casamento, devendo ser transcrito no registo português (por à data da celebração um dos nubentes ser português, embora este tenha porventura perdido a nacionalidade portuguesa por efeito do próprio casamento — cfr. art. 1664.º — ou por uma posterior naturalização), ainda se não acha transcrito. O cônjuge sobrevivo habilita-se à herança, nessa qualidade. Trata-se de aplicar a lei sucessória de um Estado estrangeiro, para o qual o casamento em causa é válido e plenamente eficaz; trata-se, por outras palavras, de reconhecer em Portugal um efeito sucessório produzido pelo casamento em face da lei estrangeira competente.

Ora deverá, para este efeito, exigir-se a transcrição do casamento? Cremos bem que sim, dada a razão de ser da exigência do registo. Isto apesar de, normalmente, como já sabemos, caber à lei competente definir os requisitos e as características do pressuposto de que faz depender a consequência por ela estatuída. A verdade é que a transcrição no registo do estado civil português não é aqui condição da eficácia sucessória daquele casamento, mas simples condição da atendibilidade dessa eficácia ou da invocabilidade do casamento para efeitos de devolução da herança. Na hipótese de se tratar de um efeito do casamento regido pelo ordenamento português, a solução é (e por maioria de razão) a mesma: o casamento não registado produz todos os seus efeitos; só que aquele não pode ser invocado e, portanto, estes não podem ser atendidos, enquanto o registo não for lavrado.

A este propósito, importa ter presente o significado do princípio da *retroactividade* do registo, como princípio basilar do Registo Civil. O registo, o registo com uma função de publicidade, como é o registo predial, só opera *ex nunc.* Como se compreende, pois, que no registo civil vigore como princípio essencial o da retroactividade? A razão disto está em que o princípio da retroactividade é afinal postulado, como complemento necessário, pela admissão do princípio da ininvocabilidade. É que, por força deste último princípio, o casamento, apesar de existir e produzir efeitos, não é invocável antes do registo, pelo que os seus efeitos se mantêm entretanto *latentes* e inatendíveis; logo, importa que o registo posteriormente efectuado venha *revelar* esses efeitos já anteriormente desencadeados mas mantidos num estado de latência por falta de registo. Donde que se deva salientar bem que o que tem eficácia retroactiva não é o casamento, mas o *acto de registo.* O princípio da retroactividade do registo civil não representa, pois, senão um princípio complementar *necessário* do princípio da ininvocabilidade.

Em face do exposto, já sabemos como deve ser resolvido um problema que tem ocupado com certa frequência os tribunais portugueses: o problema de saber se os casamentos de português ou de portugueses no estrangeiro produzem efeitos (designadamente efeitos relativamente ao património dos cônjuges e efeitos sucessórios) no período que medeia entre a celebração e a transcrição. A partir do Código do Registo Civil de 1958, cujo art. 217.° passou para os actuais Código Civil (art. 1670.°) e Código do Registo Civil (art. 232.°), o problema acha-se expressamente resolvido na lei: «Efectuado o registo, (...) os efeitos civis do casamento retrotraem-se à data da sua celebração».

Há, porém, um outro aspecto das coisas a que é necessário atender: é que, se o registo civil não tem essencialmente em vista a simples oponibilidade do acto a terceiros, pode exercer e exerce também esta função, que é uma função de publicidade destinada por natureza à protecção de *terceiros.* Desde que se queira dar também ao registo civil uma função de publicidade idêntica à do registo predial, a retroactividade do registo é descabida. Sob este aspecto, o princípio é o de que os efeitos do registo só operam *ex nunc.* Como, porém, em matéria de Registo Civil, pelas razões já sabidas, vigora o princípio da retroactividade, aquele mesmo resultado que, no domínio do Registo Predial, se obtém com a eficácia *ex nunc* tem que, neste domínio, obter-se mediante uma *excepção* ao princípio da retroactividade. É o que faz o n.° 2 do art. 1670.°, ressalvando os direitos de terceiros que sejam compatíveis com os direitos e deveres de natureza pessoal dos cônjuges e dos filhos (1).

Em conformidade com a função assinalada à referida excepção ao princípio da retroactividade do registo, há que adoptar, para efeitos da citada disposição legal, um critério de distinção entre «terceiros» e «não terceiros» paralelo ao estabelecimento no art. 6.º do Código do Registo Predial: *não são terceiros as partes, os seus herdeiros e representantes.* Foi o que fez o art. 3.º do C. R. C. de 1958 ao distinguir entre as pessoas a quem os actos respeitam, *seus herdeiros ou representantes,* por um lado, e «terceiros», por outro lado. Tratando-se, porém, do estado civil das pessoas, não há que falar em «representantes», visto não ser possível a sucessão na posição jurídica das partes. Por isso, o actual C. R. C. (art. 3.º), bem como o Código Civil (art. 1669.º), já só distinguem entre os *cônjuges e seus herdeiros,* por um lado, e *terceiros,* por outro lado. Esta contraposição mostra, segundo cremos, que, para efeitos de Registo Civil, o legislador adoptou um conceito de «terceiro» parificável ao adoptado para fins de Registo Predial. Isto mesmo se confirma através do n.º 2 do art. 1711.º, onde se estabelece, em matéria de registo das convenções antenupciais: «Os herdeiros dos cônjuges e dos demais outorgantes da escritura não são considerados terceiros».

Subsecção II

Relações entre cônjuges

123. *Efeitos (pessoais) do casamento.* Os efeitos do casamento projectam-se tanto na esfera das relações pessoais como na das relações patrimoniais dos cônjuges. Como a estes dois tipos de relações

(1) Note-se esta restrição à salvaguarda dos direitos de terceiros: ela serve também para nos mostrar que o casamento existe e opera os seus efeitos antes do registo; só que esta eficácia jurídica do casamento se mantém *latente* e não pode vir à luz do dia — não pode ser *atendida* — antes do registo.

podem ser aplicáveis, segundo veremos, leis diferentes, suscitam-se com frequência neste domínio delicados problemas de qualificação.

Segundo o art. 52.°, as relações entre os cônjuges são reguladas pela lei nacional comum, na falta desta pela lei da residência habitual comum e, se esta também faltar, pela lei do país com o qual a vida familiar se ache mais estreitamente conexa. Na formulação originária do Código de 1966 mandava-se, nesta última hipótese, aplicar a lei pessoal do marido. No anteprojecto elaborado em 1964 reservava-se a competência da lei pessoal do marido apenas para o caso extremo de já nenhum dos cônjuges se manter ligado, quer pela nacionalidade, quer pela residência habitual, conforme os casos, àquele Estado cuja lei houvesse fornecido o último estatuto das relações pessoais dos cônjuges, desde que estes alguma vez tivessem tido uma nacionalidade comum ou, pelo menos, como é normal, uma residência habitual comum. O n.° 2 do art. 52.°, na sua anterior redacção, podia conduzir a soluções pouco acertadas nas hipóteses em que houvesse sido justamente o marido quem abandonou a nacionalidade ou o domicílio comum. A redacção actual conduzirá por via de regra a soluções idênticas às que se alcançariam segundo a redacção do mencionado anteprojecto de 1964; pois, se chega a haver vida familiar após o casamento, pode em regra determinar-se uma residência habitual comum. Se não chega a haver vida familiar (a própria noite de núpcias pode ser passada em trânsito para o país onde logo vai ser requerido o divórcio), a dificuldade toda transfere-se para o pro-problema da lei aplicável ao divórcio (art. 55.°). Como a vida familiar não chegou a existir, só poderá neste caso extremo optar-se entre o local da celebração do casamento e o do divórcio. Se apenas chegou a existir uma simples residência ocasional comum (em trânsito), sem carácter de domicílio familiar, parece que esta não satisfaz os requisitos da parte final do n.° 2 do art. 52.°.

Conforme já se depreende do exposto, qualquer das conexões a que se refere o art. 52.° é uma conexão móvel. Assim, p. ex., se um casal anglo-francês desloca a sua residência habitual da França para o nosso país, deste momento em diante as relações pessoais dos cônjuges ficarão sujeitas à lei portuguesa.

Conforme se depreende do teor do art. 52.°, que apenas exclui do seu âmbito as matérias a que se refere o art. 53.º, a lei designada como estatuto das relações pessoais dos cônjuges regula não apenas matérias estritamente pessoais como ainda questões de carácter patrimonial: todas aquelas questões cuja solução não é posta na dependência do particular regime de bens (legal ou convencional) do casamento, mas antes vale de igual modo para todas as uniões matrimoniais (1).

Portanto, caem desde logo no âmbito da regra de conflitos do art. 52.º os deveres de coabitação, fidelidade e assistência. Saliente-se especialmente o direito a alimentos, o qual todavia só costuma ser jurisdicionalmente exercido quando o matrimónio entra em crise, nas acções de separação ou de divórcio. Constitui também efeito pessoal do casamento o domicílio legal da mulher. E o mesmo se diga pelo que respeita ao direito desta a usar o nome do marido. Quanto às restrições à capacidade dos cônjuges que não dependam de determinado regime de bens (se dependerem, cairão sob a alçada da lei reguladora das relações patrimoniais) nem sejam estabelecidas *propter imbecillitatem sexus* (se o forem, serão em princípio regidas pela lei pessoal da mulher) são também reguladas pela lei designada no art. 52.º. Já pelo que respeita à questão de saber se a mulher se torna maior ou é emancipada pelo casamento, vimos que ela é da competência do estatuto da capacidade (lei pessoal da mulher). O que possa dizer-se das incapacidades (ilegitimidades) da mulher casada vale em relação a quaisquer ilegitimidades conjugais (da mulher ou do marido): apenas cabem no âmbito do art. 52.º quando sejam independentes do particular regime de bens do casal.

É ainda a lei reguladora das relações pessoais que define os poderes ou faculdades relativas à administração dos bens do casal ou os poderes conferidos à mulher no exercício do governo doméstico. Assim, p. ex., a faculdade conferida ao marido de denunciar

---

(1) Trata-se de questões reguladas por normas instituidoras daquilo a que também se chama um «regime matrimonial primário», normas estas que se preocupam com assegurar uma certa unidade de direcção dos interesses do casal, ou com uma certa *solidariedade* entre os cônjuges, e que, complementar ou correctivamente, também podem querer garantir uma certa *independência* entre os mesmos cônjuges, neste ou naquele domínio.

os contratos de trabalho celebrados pela mulher sem o seu consentimento, quando tal faculdade não dependa do regime de bens, mas tenha antes em vista assegurar a unidade de direcção do casal, será regida em princípio pela dita lei.

Sobre o modo de qualificar as disposições relativas à proibição ou ao regime especial a que possam ser submetidos os contratos de doação, de venda ou de sociedade entre cônjuges, falaremos no número subsequente. Notemos desde já, porém, que o que de forma alguma estaria certo seria retirar o regime particular dos contratos entre cônjuges da lei reguladora dos mesmos contratos. E consideração semelhante há-de valer relativamente a qualquer particularidade de regime da responsabilidade extracontratual determinada pela circunstância de lesante e lesado se acharem ligados pelo casamento. Assim, p. ex., segundo certas leis, a indemnização devida por um dos cônjuges ao outro não pode ser judicialmente exigida senão depois da separação ou do divórcio. Pretende-se com uma tal disposição evitar litígios susceptíveis de afectar a boa harmonia conjugal; logo, a disposição em causa integra-se no regime das relações pessoais.

Em geral, é também a lei das relações pessoais que determina o regime da responsabilidade pelas dívidas; mas parece que nem sempre, ou não de um modo absoluto, pois pode haver pormenores deste regime que dependam do regime de bens do casal (cfr., p. ex., os arts. 1693.º, 1695.º e 1697.º do nosso Código).

Também as leis que estabelecem a imprescritibilidade das dívidas entre cônjuges (crf. art. 318.º, al. *a)*, do nosso Código) o fazem tendo em vista evitar a perturbação da boa paz conjugal; por tal razão, a norma que estatui aquela imprescritibilidade merece a qualificação de norma relativa às relações pessoais dos cônjuges.

Ainda outras questões de índole patrimonial são da alçada da lei reguladora das chamadas «relações pessoais» dos cônjuges, conforme veremos no número subsequente.

124. *Relações patrimoniais dos cônjuges e convenções antenupciais.* O regime de bens dos cônjuges apresenta, para efeitos de conflitos de leis, uma natureza mista, simultaneamente institucional e contratual. E estes dois aspectos da matéria não deixarão de influir na determinação da conexão relevante.

Começaremos por referir que são três os sistemas seguidos neste domínio. Um deles é o *sistema territorialista,* adoptado pelo direito inglês e pelo direito dos E. U. A. Neste sistema, o património do casal não tem a bem dizer um estatuto próprio, pois que, pelo que respeita aos imóveis pertencentes aos cônjuges, serão tantas as leis aplicáveis quantos são os países em que esses bens se acham situados *(quot sunt bona diversis territoriis obnoxia, tot sunt patrimonia).* Quanto aos móveis, aplica-se a lei do domicílio do seu proprietário. Foi este também o sistema seguido na Idade Média na Europa, e designadamente em França, até Dumoulin (começos do séc. XVI). O seu inconveniente está justamente no fraccionamento que opera no regime de bens dos cônjuges, quando há toda a vantagem em resolver os problemas atinentes a tal matéria unitária e harmonicamente por uma só lei, visto o regime matrimonial ser concebido para reger todo um património considerado *sub specie universitatis.*

Outro sistema (este seguido pelos direitos francês e belga) é o *sistema da autonomia* das partes na escolha da lei competente: seria a vontade dos cônjuges que determinaria a lei aplicável ao seu regime matrimonial, manifestando-se esta vontade normalmente através da fixação do primeiro domicílio conjugal com a intenção de permanência. No caso de haver convenção antenupcial, a determinação da lei competente para reger esta e os seus efeitos (o regime convencional) far-se-ia segundo o princípio da autonomia, como nos restantes contratos.

O terceiro sistema é o *sistema personalista:* aplicação ao regime de bens do casal da lei pessoal dos cônjuges. É esta a orientação que tende a prevalecer na maioria dos Estados, designadamente nos Estados europeus; e até na jurisprudência belga, que anteriormente seguia a orientação francesa, parece manifestar-se nas últimas duas décadas a tendência para o regresso ao sistema personalista. O próprio BATIFFOL considera hoje como «desejável e possível uma aproximação da solução aplicável ao regime e daquela que se aplica aos efeitos pessoais do casamento» [1].

Tende, pois, a prevalecer a consideração do lado institucional do regime de bens no casamento, o que bem se compreende, dada

---

[1] Cfr. *DIP, cit.,* II, p. 291.

a conexão íntima que não pode deixar de existir entre as relações patrimoniais dos cônjuges e o casamento como união pessoal dos mesmos cônjuges. Isto, porém, não afasta o outro aspecto do regime de bens já posto em evidência por DUMOULIN, o aspecto *convencional,* dada a ampla liberdade reconhecida às partes, por quase todos os Estados (1), em matéria de convenções antenupciais (cfr. o art. 1698.° do nosso Código). Ora esta componente convencional do regime de bens tem também os seus reflexos no domínio do Direito de Conflitos: tem-na na definição da conexão determinadora da lei aplicável como uma conexão *fixa,* que, impedindo uma sucessão de estatutos nesta matéria, procura assegurar o respeito das expectativas que as partes podiam ter tido ao celebrarem o casamento, de acordo com a vontade que então teriam expressa ou tacitamente manifestado. Quer dizer: sob este aspecto, aplica-se ao regime de bens o mesmo regime de Direito de Conflitos que vale para os contratos (cfr. também, no domínio do Direito Transitório, o art. 15.° do Decreto-Lei n.° 47 344, confrontando-o com o art. 14.° do mesmo Decreto-Lei). Encarando as coisas por este lado, pouco ou nenhum relevo terá a objecção oposta por KEGEL (2), *de iure condendo,* à imutabilidade da lei aplicável ao regime de bens dos cônjuges: que ela obriga a recorrer a um direito com o qual os cônjuges, por virtude da mudança de nacionalidade e de domicílio, já não terão porventura qualquer ligação.

Estas duas componentes — a pessoal ou institucional e a convencional — do regime de bens fornecem-nos os dois pontos de vista segundo os quais se vai determinar a lei aplicável à matéria: por um lado, o elemento de conexão decisivo terá carácter pessoal; mas, por outro lado, esse elemento de conexão pessoal será *fixo* no tempo, isto é, será referido ao momento da celebração do casamento. Assim é que, obedecendo a estas directrizes, o art. 53.° do nosso Código determina como lei aplicável ao regime de bens, legal ou convencional, a lei nacional dos nubentes ao tempo da celebração do casa-

---

(1) Apenas alguns direitos, como o finlandês e o peruano, impõem aos cônjuges um regime de bens predeterminado, não admitindo convenções antenupciais.

(2) *IPR, cit.,* p. 285. No mesmo sentido que KEGEL se pronunciou a Comissão alemã de reforma do DIP *(Id., ib.).*

mento; subsidiariamente, tendo os nubentes nacionalidades diferentes, a lei da sua residência habitual comum àquele tempo; e, se também esta faltar, a lei da primeira residência conjugal [1].

São reconduzíveis ao conceito-quadro do art. 53.° todas aquelas normas materiais que estabelecem uma regulamentação diversificada para as relações patrimoniais dos cônjuges, conforme o regime de bens que vigora para dado casamento, e, em função desse regime, fixam as regras da partilha, no termo das ditas relações patrimoniais. Trata-se, portanto, daquelas disposições que *não são comuns* a todos os casamentos, por isso mesmo que são específicas de certo ou certos regimes de bens.

Dada a razão de ser da diferença de regimes de Direito de Conflitos para as relações pessoais e para as relações patrimoniais dos cônjuges — que não é senão o facto de o regime material destas últimas ter em alguma medida, directa ou indirectamente, carácter convencional —, e dados os termos do art. 52.° — que designa a lei com vocação para reger *todas* as relações entre cônjuges, com excepção daquelas a que se refere o art. 53.° —, devemos reconhecer ao estatuto das relações pessoais primazia sobre o estatuto das relações patrimoniais. Para efeitos práticos de qualificação esta tendência absorvente do primeiro dos referidos estatutos significará que o segundo só deve intervir quando a sua competência se ache especificamente demonstrada. Isto mesmo parece ser confirmado pelo art. 54.°, de que iremos falar de seguida.

Dir-se-ia à primeira vista que o critério de qualificação acima proposto — estar-se ou não em face de uma regulamentação que é privativa de certo ou certos regimes de bens — não é inteiramente exacto, pois que o princípio da imutabilidade do regime, bem como as disposições que dele decorrem, sendo embora comuns a todos os casamentos, se integram no estatuto das relações patrimoniais dos cônjuges. Este reparo, porém, parece não ter razão de ser em face do nosso DIP, dado o disposto no art. 54.°, segundo o qual, «aos cônjuges é permitido modificar o regime de bens, legal ou conven-

---

(1) O art. 2.° da Convenção da Haia de 17-7-1905 dispunha que, «na falta de contrato nupcial, os efeitos do casamento sobre os bens dos cônjuges, tanto imóveis como móveis, são regidos pela lei nacional do marido no momento da celebração do casamento».

cional, se a tanto forem autorizados pela lei competente nos termos do art. 52.º». Ora este texto parece querer significar que a própria questão da imutabilidade ou mutabilidade do regime de bens deve ser decidida pela lei reguladora das relações pessoais (lei designada pelo art. 52.º).

Sendo assim, as consequências decorrentes do princípio da imutabilidade serão também regidas por esta lei. Dentro deste entendimento, o art. 54.º resolveria directamente um problema de qualificação das questões atinentes à mutabilidade ou imutabilidade do regime. O art. 54.º, 1, não significa, em nosso entender, que os cônjuges *também* podem modificar o regime de bens se a isso forem autorizados pela lei designada no art. 52.º, mas que tal regime *só* pode ser modificado quando esta lei o permita. E, assim, se a lei reguladora das relações patrimoniais for uma daquelas leis que, como a lei alemã, permitem a livre modificação do regime após o casamento, mediante uma nova convenção dos cônjuges, mas a lei reguladora das relações pessoais for uma das leis que, como a portuguesa, aderem ao princípio da imutabilidade, o regime de bens não poderá ser alterado.

Do exposto decorre que o regime específico dos contratos de doação, de venda e de sociedade entre cônjuges, estabelecido em função do princípio da imutabilidade e tendo em vista a salvaguarda deste princípio, é da competência da lei designada pelo art. 52.º. Assim, p. ex., quando as doações entre casados sejam submetidas a um regime especial (como na nossa lei) ou simplesmente proibidas (como nas leis espanhola e italiana), tal especialidade de regime ou tal proibição estão intimamente conexas com o princípio da imutabilidade das convenções antenupciais e dos regimes de bens. Logo, é ainda a lei designada pelo art. 52.º que decidirá quanto a este ponto. Dentro desta ordem de ideias, caem ainda no âmbito do art. 52.º disposições como a do art. 1762.º do nosso Código (que considera nula a doação entre casados, se vigora o regime da separação como regime imperativo), apesar de se referirem apenas a certos regimes de bens. É que, se, por força do art. 54.º, a imutabilidade do regime depende da lei das relações pessoais, também a sua imperatividade acaba por ficar na dependência desta lei.

As considerações que antecedem assentam na ideia de que o

art. 54.º, pondo a questão da modificabilidade do regime na dependência da lei designada pelo art. 52.º, implica a subordinação a esta lei de todas as questões conexas com o princípio da imutabilidade. Ora poder-se-á pretender que esta inferência é ilegítima e que, p. ex., sendo a lei portuguesa designada pelo art. 52.º e a lei espanhola designada pelo art. 53.º, a doação entre os cônjuges seria nula, por aplicação da lei espanhola (lei do regime de bens), e não apenas revogável *ad nutum,* por aplicação da lei portuguesa.

A esta observação podemos responder que a subordinação a um estatuto particular do regime das relações patrimoniais dos cônjuges, por força do art. 53.º, só se justifica em atenção à componente *convencional* (expressa ou implícita) deste regime, e que o princípio da imutabilidade, assim como as consequências mais ou menos severas que dele decorrem para os contratos entre casados, já nada têm a ver com esse aspecto convencional do regime, já nada têm a ver com o respeito daquilo que foi expressa ou tacitamente convencionado pelos cônjuges (ou se deve considerar tacitamente incorporado na sua convenção) — mas antes têm em vista proteger cada um dos cônjuges contra o possível ascendente do outro e proteger terceiros contra a possibilidade de bens comuns virem a ser transformados em bens próprios, ou inversamente.

À lei designada pelo art. 53.º cabe antes de mais definir o regime de bens, legal (1) ou convencional, bem como os efeitos directamente decorrentes desse particular regime de bens sobre as relações patrimoniais dos cônjuges. Cabe-lhe, assim, p. ex., regular as ilegitimidades conjugais que se prendam com o particular regime de bens do casal, assim como os especiais poderes de administração ou de disposição que sejam garantidos aos cônjuges por esse mesmo regime. Compete-lhe ainda decidir em matéria de presunções de propriedade dependentes do particular regime de bens e quanto às garantias por créditos decorrentes do funcionamento do mesmo

---

(1) Claro que, tratando-se de um regime legal imperativo, esta sua imperatividade vai ficar na dependência da lei designada pelo art. 54.º, visto ser esta a lei competente para decidir da modificabilidade do regime, após a celebração do casamento. Em todo o caso, competirá à lei designada pelo art. 53.º dizer qual o regime de bens que ficou instituído com a celebração do casamento.

regime. Assim, p. ex., a hipoteca legal dos cônjuges, quando não garanta créditos originados nas relações pessoais (p. ex., o crédito alimentar), mas seja, antes, um elemento integrante do regime de bens do casal, é garantia que só pode ser concedida pela lei que o art. 53.º designa. É o que se poderá dizer a respeito da hipoteca legal prevista no art. 2136.º do Cód. civil francês. Segundo este artigo, no caso de os cônjuges estipularem o regime de participação nos bens adquiridos, esta convenção, salvo cláusula em contrário, confere de pleno direito a qualquer dos cônjuges a faculdade de registar hipoteca legal para garantia do crédito de participação.

Cai a propósito observar que, embora seja de rejeitar, como vimos, o sistema territorialista, será necessário por vezes coordenar as disposições da lei a que se refere o art. 53.º com as disposições da *lex rei sitae*. Já dissemos, a propósito do n.º 3 do art. 17.º, que esta lei é, pelo que respeita aos imóveis, a lei *mais eficaz* ou a lei dotada da *competência mais forte*. Assim, p. ex., se a lei do país da situação dos imóveis desconhece a comunhão de mão comum, apenas conhecendo a compropriedade, quanto a esses imóveis não poderá valer o regime de mão comum estabelecido pela lei reguladora das relações patrimoniais. Da mesma forma, a hipoteca legal da mulher sobre os bens do marido ficará sem efeito se a *lex rei sitae* só admite a criação da garantia hipotecária através de negócio jurídico; e, de qualquer modo, o equilíbrio do regime hipotecário exige que se não reconheça ao titular da hipoteca legal vantagens superiores àquelas que admite a lei do país da situação dos bens sobre os quais vai recair a hipoteca. A regra é a de que não poderão vingar aquelas consequências estipuladas pela lei do regime que sejam intoleráveis para a *lex rei sitae*.

Por último, há que fazer uma referência às *convenções matrimoniais*. Estas convenções, apesar de terem um carácter eminentemente contratual, apresentam certas especialidades de regime relativamente aos demais contratos, dado o facto de providenciarem sobre uma matéria (as relações patrimoniais dos cônjuges) tão ligada ao estado das pessoas.

Cumpre desde logo salientar que, segundo a maioria dos direitos românicos, estas convenções apenas são admitidas antes do casamento, sob a forma de convenções *antenupciais*. Sobre a capacidade para celebrar a convenção antenupcial dispõe o art. 49.º: aplica-se, a cada contraente, a respectiva lei pessoal. Diga-se a propósito que a regra *habilis ad nuptias, habilis ad pacta nuptialia,* reconhecida pelo direito português (art. 1708.º), é igualmente admitida por grande número de legislações; pelo que dificilmente surgirão conflitos neste domínio. Ao regime da falta e vícios de vontade dos contraentes aplica-se ainda a mesma lei, nos termos do referido art. 49.º. Quanto à forma das convenções antenupciais, não há regra especial, pelo que será de aplicar aqui o art. 36.º

Quanto à admissibilidade da convenção antenupcial, quanto à validade das respectivas cláusulas, e quanto aos seus efeitos, rege o art. 53.º. Assim, p. ex., será a lei designada por este artigo que dirá se os nubentes podem fixar como lhes aprouver o regime de bens do casamento ou se terão que limitar-se, na sua convenção, à opção por certo regime-tipo. Essa mesma lei dirá ainda se os nubentes podem fixar o regime de bens do casamento *per relationem,* isto é, mediante uma *referência material* a um regime conhecido duma lei estrangeira (v. g.: «estipulamos o regime legal do direito inglês», «convencionamos a comunhão de adquiridos do direito francês», etc.), ou se essa remissão genérica não é admitida, como estabelece o art. 1718.º do Código português.

As convenções matrimoniais celebradas na constância do matrimónio, essas já sabemos que se acham sujeitas, quanto à sua admissibilidade, pressupostos de admissibilidade e conteúdo possível da respectivas cláusulas, à lei designada pelo art. 54.º

Subsecção III

Separação de pessoas e bens e divórcio

125. *Determinação da lei aplicável; sucessão de estatutos.* São muito acusadas as divergências entre as várias legislações neste domínio de matérias. Por isso, e porque os problemas da separação e do divórcio contendem com a própria concepção do casamento e da família, matéria sobremaneira melindrosa, não admira que este seja o campo em que com maior frequência e intensidade intervém a excepção da ordem pública, para afastar a aplicação do direito estrangeiro. Assim, entende-se que um tribunal português não deverá decretar o divórcio, mesmo entre estrangeiros, por fundamentos que o não sejam para a lei portuguesa. Ora há muitas causas de separação e de divórcio admitidas por leis estrangeiras que não são reconhecidas pela lei portuguesa: tais a prodigalidade (direito chileno), o abuso de bebidas alcoólicas ou de estupefacientes (direito sueco), certas doenças mentais, ou doenças contagiosas ou repugnantes (lepra, doenças venéreas, etc., segundo as leis de vários países), a «cruelty» do direito anglo-saxónico (a não ser na medida em que comprometa a possibilidade da vida em comum), etc. Diversamente, entende-se que a ordem pública não tem neste domínio uma intervenção de sentido *positivo,* impondo o reconhecimento do direito à separação ou ao divórcio em casos em que a lei estrangeira o não reconheça.

O mais frequente não é, porém, requerer-se em Portugal a separação ou o divórcio de casais de estatuto estrangeiro, mas pedir-se em Portugal o reconhecimento de sentenças estrangeiras de divórcio ou separação. Ora, em matéria de reconhecimento de sentenças estrangeiras, a ordem pública já intervém com menor intensidade, tem um efeito mais reduzido. Com relativa frequência surge também entre nós o pedido de conversão duma separação, decretada no estrangeiro (designadamente, do *desquite* do direito brasileiro), em divórcio.

O art. 55.º, 1, determina como lei aplicável à separação judicial de pessoas e bens e ao divórcio a lei designada pelos critérios estabelecidos no art. 52.º. É essa, com efeito, a lei que fornece o estatuto básico da sociedade familiar (cfr. também o art. 57.º) (1). A conexão

---

(1) O art. 55.º apenas se refere à lei aplicável à dissolução por divórcio; mas a mesma lei, como «lex familiae», deverá naturalmente aplicar-se a todas as hipóteses de resolução ou rescisão *ex nunc* do vínculo conjugal: por morte, desaparecimento sem notícias ou declaração de morte presumida, por novo casamento após a declaração de morte presumida, por novo casamento após a conversão a um credo religioso (direito canónico), por força da condenação a uma pena de prisão perpétua (direito da Califórnia), por novo casamento após condenação a prisão perpétua (direito de N. York), etc.

decisiva em causa é, pois, como já sabemos, uma conexão móvel, tal como aliás é postulado pela regra da submissão do estatuto pessoal à lei nova (cfr. arts. 16.° e 17.° do Decreto-Lei n.° 47 344). A conexão decisiva há-de ser aquela que se verificar à data da acção de divórcio — e, designadamente, no dia da audiência de discussão e julgamento, se houver mudança entre a data da proposição da acção e a do julgamento.

Dada, porém, a mutabilidade da conexão decisiva, põe-se a questão de saber se o tribunal, ao aplicar a actual lei competente, como lhe cumpre, pode atender a factos que se verificaram antes da mudança da lei aplicável e que, em face da actual lei de família, são susceptíveis de fundamentar a separação ou o divórcio. A isto responde o art. 55.°, 2, estabelecendo que tais factos só serão atendíveis se, ao tempo da sua verificação, por força da anterior lei de família, já tinham idêntica relevância (cfr., no mesmo sentido, o art. 16.°, 2, do Decreto-Lei n.° 47 344).

É preciso ter presente a *ratio* deste preceito do art. 55.°, 2, para bem compreender o seu alcance. Ora resulta com toda a segurança do art. 55.°, 1, que a lei competente para fixar os fundamentos da separação ou do divórcio é a lei actual; tanto assim que, se, no domínio da lei anterior, existia um fundamento de divórcio, mas os cônjuges não exerceram o direito ou faculdade de se divorciar, já não poderão divorciar-se agora se a lei actual desconhece aquele fundamento ou não reconhece de todo em todo o instituto do divórcio. Ora, se a lei actual é a única competente, por que não há-de ela aplicar-se a factos passados que, a seus olhos, teriam tido por efeito o rompimento do vínculo matrimonial ou teriam pelo menos comprometido a possibilidade da vida em comum?

Rigorosamente, o art. 55.°, 2, não pretende afastar a aplicabilidade da lei actual a factos passados; o que se pretende com esta disposição é, antes, não aplicar a uma violação dos deveres conjugais uma *sanção* (o divórcio) de que essa violação não era passível no momento em que foi cometida, em face da lei que então regia as relações entre os cônjuges. Donde decorre, pois, que o disposto no art. 55.°, 2, só vale para aqueles fundamentos relativamente aos quais o divórcio possa funcionar como *sanção.* Numa concepção do divórcio como *puro divórcio-remédio,* ou quando ele funcione apenas como tal, aquela disposição não tem razão de ser; pois que é sem dúvida da exclusiva competência da actual lei de família determinar em que casos a viabilidade do matrimónio se acha comprometida e se justifica o recurso à separação ou ao divórcio como remédio. Do exposto resulta, portanto, que, se o fundamento do divórcio admitido pela lei actual for um facto duradoiro (p. ex., abandono do lar, longa pena de prisão, doença mental, etc.) que se verifique tanto sob o estatuto anterior como sob o novo, não há que atender senão a este último.

Se à lei designada no art. 55.º compete definir os fundamentos da separação ou do divórcio, cabe-lhe igualmente determinar os prazos de caducidade das respectivas acções, assim como o período de tempo que deve transcorrer após a separação para que esta possa ser convertida em divórcio. Ora também quanto a estes prazos a sucessão de estatutos pode suscitar certas dificuldades [1]. Se o novo estatuto fixa um prazo mais longo, é este novo prazo que se aplica, mas computando nele todo o tempo decorrido desde o momento inicial (cfr. o art. 297.º, 2, do nosso Código) — pelo menos se a mudança de estatuto se verificou quando ainda não tinha terminado o prazo mais curto fixado pelo estatuto antigo. Nesta hipótese não se suscita qualquer dificuldade especial.

Se o novo estatuto fixa um prazo mais curto, e este prazo se refere ao período de tempo que deve transcorrer para que exista certa faculdade legal (designadamente, a faculdade de requerer a conversão da separação em divórcio), é este prazo mais curto que se aplica, computando nele também todo o tempo transcorrido desde o momento inicial (diferentemente, pois, do que estabelece o art. 297.º, 1, do nosso Código). Mas já na hipótese de o novo estatuto estabelecer um prazo de caducidade mais curto para as acções de separação e de divórcio a solução do problema é algo duvidosa. Especialmente na hipótese em que o prazo de caducidade, a contar-se de acordo com o novo estatuto, já se teria esgotado no momento em que se verificou a sucessão de leis aplicáveis, a aplicação pura e simples do novo estatuto conduz a soluções que

[1] Sobre os problemas de sucessão de leis em matéria de prazos cujo decurso funciona como pressuposto da existência ou da caducidade de uma simples faculdade legal, cfr. o nosso *Sobre a aplicação no tempo, cit.*, pp. 231 e ss.; e *supra*, n.º 104, em nota.

parecem pouco recomendáveis — pois leva a que o direito à separação ou ao divórcio se perca por simples efeito da mudança de conexão.

É certo que esse direito também se perde por simples mudança de estatuto, quando o novo estatuto desconheça uma causa de divórcio que o anterior reconhecia. Mas as duas hipóteses não são parificáveis. Na primeira hipótese, o novo estatuto mantém o fundamento de divórcio, que o anterior já reconhecia; e, se estabelece um prazo mais curto para o exercício da acção, sempre dá possibilidade ao cônjuge advertido e diligente de exercer o seu direito ao divórcio. Pelo que nos parece que, nestes casos, se deverá seguir, em princípio, o critério fixado pelo art. 297.º, 1, do nosso Código: vale o prazo mais curto fixado pelo novo estatuto, mas este prazo só se conta a partir do momento da mudança de estatuto — a não ser que, segundo o antigo estatuto, falte menos tempo para o prazo se completar.

Resta contemplar uma hipótese que atrás deixámos de remissa: aquela em que o novo estatuto estebelece um prazo de caducidade mais longo, que ainda se não esgotou, mas já se havia esgotado no momento da mudança o prazo fixado pelo antigo estatuto. Neste caso, são duas as soluções possíveis: ou entender que a faculdade legal de pedir o divórcio se extinguiu definitivamente sob o domínio do antigo estatuto, não podendo mais renascer, ou que tal faculdade, embora tenha caducado sob aquele estatuto, renasce agora sob o estatuto novo. Diga-se já que esta segunda solução nada tem de aberrante: se é ao novo estatuto que compete exclusivamente fixar os fundamentos do divórcio, e se este estatuto se aplica também a factos passados, ele poderá sem dúvida conferir relevância para efeitos de divórcio a um facto passado que a não tinha no momento da sua verificação, e, por maioria de razão, também poderá conferir nova relevância a um facto que a perdera por efeito do decurso de um certo prazo, segundo a anterior lei competente.

Por isso mesmo nos parece que é esta a solução que deverá prevalecer, como regra (designadamente, para efeitos da acção de investigação de paternidade), em matéria de caducidade duma simples faculdade legal. Para efeitos de sucessão de estatutos no domínio do art. 55.º, de que nos estamos a ocupar, julgamos, porém, que a solução preferível é, pelo menos como regra, a primeira das apontadas, dado o disposto no n.º 2 deste artigo. É que, se a violação dos deveres conjugais verificada sob o antigo estatuto não é passível da «sanção» do divórcio quando o não era ao tempo em que foi cometida, também o não deve ser se, sob aquele mesmo estatuto, havia perdido, por qualquer motivo, essa relevância. Esta nos parece ser a melhor solução de princípio, tendo em consideração a *ratio legis* do art. 55.º, 2. Mas isto apenas no caso de a actual lei do divórcio conceber este como «divórcio-sanção».

126. *Efeitos da separação de pessoas e bens e do divórcio.* Nem todas as consequências da separação ou do divórcio são regidas pela lei a que se refere o art. 55.º: várias delas não passam de simples repercussões do divórcio (ou da separação) sobre outras relações ou situações jurídicas. Assim, p. ex., certos efeitos do divórcio em relação aos filhos e as incidências sucessórias do divórcio são regulados, respectivamente, pela lei que rege as relações entre pais e filhos legítimos e pelo estatuto sucessório. E também as consequências do divórcio sobre o património dos cônjuges — o termo da comunhão e a partilha — são reguladas pela lei designada no art. 53.º Quanto a este último ponto observa-se, no entanto, — e a nosso ver com razão — que certas disposições que têm o carácter duma sanção contra o cônjuge ou cônjuges culpados (como aquelas que se referem à perda de vantagens matrimoniais: cfr. os arts. 1790.º a 1792.º do nosso Código) fazem parte do estatuto do divórcio.

No que respeita às consequências do divórcio em relação aos filhos, teremos também que distinguir. Relativamente à regulação do poder paternal, aplica-se em princípio, como dissemos, a lei reguladora das relações entre pais e filhos. Todavia, aquelas disposições que porventura retirem ao cônjuge culpado do divórcio o poder paternal ou a guarda dos filhos, a título de sanção, parece que também fazem parte integrante do estatuto do divórcio — ou seja, essas consequências, só à lei do divórcio caberia estabelecê-las. Quanto à possível incidência do divórcio sobre a emancipação dos filhos menores, rege a lei pessoal destes enquanto estatuto da capacidade.

Quanto à perda ou conservação do direito a usar o nome do ex-marido, por parte da mulher divorciada, entende-se que decide a lei do divórcio. Mas competiria à lei pessoal dela decidir se, uma vez autorizada a conservar o nome do seu ex-marido, ela poderá retomar ou não o seu nome de solteira.

Às leis pessoais de cada um dos ex-cônjuges competirá determinar o prazo internupcial. Porém, a interdição judicial de casar durante um certo prazo, prevista pela lei suíça, tem antes o carácter duma *pena;* por isso mesmo sustenta-se (KEGEL) que as disposições que a estabeleçam não são de aplicação extraterritorial.

Já é à lei do divórcio que compete decidir quanto à obrigação de alimentos entre os ex-cônjuges e bem assim quanto à obrigação que impenda sobre o cônjuge culpado de indemnizar ou reparar os danos patrimoniais e morais causados ao cônjuge inocente pela dissolução do casamento. Assim, compete àquela lei, designadamente, dizer em que casos existe a obrigação de alimentos, qual o montante e o possível limite destes, quais os casos em que cessa a obrigação alimentar, etc. (1).

As observações precedentes valem igualmente pelo que respeita às consequências da separação de pessoas e bens. Uma das consequências da separação pode ser justamente a atribuição aos cônjuges da faculdade de requerer a sua conversão em divórcio, ao fim de certo prazo. Sem dúvida que é à lei designada no art. 55.º que compete decidir quanto a esta possibilidade de conversão em divórcio e quanto aos seus pressupostos. A mudança de estatuto pode, porém, suscitar neste ponto problemas delicados. Claro que, se o novo estatuto não admite o divórcio, também já não será admissível a conversão em divórcio. Já no caso de o novo estatuto admitir o divórcio, mas não o admitir o estatuto anterior, no domínio do qual foi pronunciada a separação, o problema é mais delicado. Dificuldade algo semelhante se nos depara se tanto o antigo como o novo estatuto admitem o divórcio, mas a separação foi decretada, sob o domínio de vigência daquele primeiro estatuto, com um fundamento que não é reconhecido pelo segundo como causa de divórcio. Certa

---

(1) E bem assim decidir quanto à revisão das decisões relativas à dita obrigação. Cfr. no mesmo sentido o art. 8.º da Convenção sobre a lei aplicável às obrigações alimentares, elaborada pela XII Sessão (1973) da Conferência da Haia de DIP.

doutrina (1) pronuncia-se, em ambas estas hipóteses, a favor duma aplicação *cumulativa* dos dois estatutos. Em face do art. 55.° do nosso Código, parece que deveria valer, como regra, uma solução deste tipo.

Com efeito, para a primeira hipótese, temos que atender ao n.° 2 deste artigo; pelo que, se o fundamento da separação em causa foi um daqueles factos que se traduzem na violação dos deveres conjugais, a conversão em divórcio não seria de admitir. Dentro desta ordem de ideias, se, p. ex., a «lex familiae» (art. 52.°) de dois brasileiros *desquitados* com fundamento em adultério passou a ser, por qualquer razão (naturalização de ambos os cônjuges ou só do marido, etc.), a lei portuguesa, o *desquite* não poderia ser convertido em divórcio, apesar de a lei portuguesa admitir o divórcio com fundamento em adultério. Isto porque, como é sabido, a lei brasileira não admite o divórcio.

Na segunda hipótese, a conversão nunca seria de admitir, pois se, por força do referido art. 55.°, pertence exclusivamente ao novo estatuto a competência para decidir sobre os fundamentos do divórcio, parece que lhe competirá também decidir sobre os fundamentos que hão-de ter servido de base à separação, para que esta seja convertível em divórcio. E assim, p. ex., se a «lex familiae» de dois estrangeiros separados com um fundamento desconhecido pela lei portuguesa (prodigalidade, etc.) passou a ser esta mesma lei, a referida separação já não poderia ser convertida em divórcio, apesar de tal conversão ter sido possível em face da anterior «lex familiae».

Reconhecemos, porém, que as soluções propostas e decorrentes das considerações que atrás deixámos apontadas não estão isentas de reparos, sobretudo quando a actual «lex familiae» admita, como a lei portuguesa, a separação por mútuo consentimento e a sua subsequente conversão em divórcio. É que, uma vez reconhecida no ordenamento da actual «lex familiae» a sentença estrangeira de separação, aquela particular e *anómala* relação conjugal dos cônjuges separados passa necessariamente a ser reconhecida por esse ordenamento e, o que é mais, passa a ser regida por ele. Ora tal ordenamento, admitindo a conversão da separação em divórcio, é contra a ideia de um prolongamento forçado daquele *status* familiar anómalo: se os cônjuges se não reconciliam (dentro de certo prazo), deverá admitir-se que qualquer deles possa pedir a conversão em divórcio. A objecção que, com base no n.º 2 do art. 55.º, se poderia opor a esta solução nas hipóteses em que a anterior «lex familiae» não admitia o divórcio, perde quase toda a sua força em face desta última consideração; e, de todo o modo, ela só poderia ter qualquer relevo nos casos em que o cônjuge culpado se opusesse à conversão.

Com base nestas considerações, entre outras, parece-nos que a solução deve procurar-se por esta via: perguntando à norma material da nova «lex familiae» que admite a conversão da separação em divórcio o que deve entender-se no seu texto por «separação»: se se há-de entender por tal apenas uma separação de certo tipo, baseada em certos fundamentos, ou, antes, toda e qualquer separação que tenha sido pronunciada por aplicação da anterior lei competente. O problema situa-se agora no plano da interpretação duma norma material (1). Diga-se a propósito que o tipo de separação que deparará com maiores dificuldades de *assimilação* por parte de muitas leis estrangeiras será justamente a separação por mútuo consentimento do direito português.

Na hipótese de a actual «lex familiae» ser a lei portuguesa, a interpretação referida incidirá sobre o art. 1795.º-D. Ora parece-nos que o conceito de «separação» neste texto abrange qualquer separação que tenha sido decretada por um tribunal português ou qualquer separação decretada por sentença estrangeira que haja sido revista e confirmada em Portugal. Neste último caso, o prazo de dois anos a que o mencionado texto se refere não se conta a partir da decisão portuguesa de *exequatur*, mas a partir do trânsito em julgado da sentença estrangeira.

Resta dizer que estão sujeitas a registo obrigatório (cfr. arts. 2.º e 7.º do Código de Registo Civil), mediante averbamento aos assentos

---

(1) O que implica — note-se — que se tenha previamente reconhecido, como nós fizemos, que a competência para decidir a questão da convertibilidade pertence em exclusivo à nova «lex familiae», sem haver que tomar em conta a «lex familiae» anterior.

de nascimento e de casamento (arts. 87.º e 88.º do mesmo Código), as decisões jurisdicionais estrangeiras que decretam a separação ou o divórcio de casamentos em que pelo menos um dos cônjuges seja português. Tal registo, porém, só poderá efectuar-se depois de as referidas decisões se acharem revistas e confirmadas, nos termos dos arts. 1094.º e segs. do C. P. C. Sobre a necessidade do registo e a eficácia retroactiva do mesmo, valem as considerações feitas atrás relativamente ao casamento de portugueses celebrado no estrangeiro.

Subsecção IV

Filiação

127. *Constituição da filiação.* I — Foi sobretudo no domínio da filiação que o Decreto-Lei n.º 496/77, de 25 de Novembro, introduziu as alterações mais importantes nas normas de conflito do Código Civil de 1966. Estas alterações impunham-se por força do art. 36.º, 4, da Constituição de 1976, que proíbe toda a discriminação relativamente aos filhos nascidos fora do casamento. Como esta proibição constitucional incorpora um princípio de *ordem pública,* quaisquer leis estrangeiras que discriminem entre filhos nascidos dentro ou fora do casamento só em casos muito excepcionais poderão ter qualquer repercussão em questões jurídicas a decidir em Portugal (1).

Estabelece o art. 56.º, 1, que relativamente à constituição da filiação rege a lei pessoal do progenitor à data do estabelecimento da relação. Esta regra aplica-se sempre e desde logo em relação à mãe e, além disso, nos casos em que a filiação relativamente ao pai só venha a constituir-se mediante perfilhação ou reconhecimento judicial.

Logo no n.º 2 do mesmo artigo, porém, estabelece-se uma regra diferente pelo que respeita à constituição da filiação rela-

---

(1) Poderão tê-la designadamente, cremos, em matéria sucessória, se a situação da vida nenhuma conexão tiver com a ordem jurídica portuguesa mas apenas se acharem em Portugal bens da herança a partilhar.

tivamente ao pai, quando se trate de filho de mulher casada: atender-se-á, para o efeito, à lei nacional comum dos cônjuges e, na falta desta, à lei da residência habitual comum dos mesmos cônjuges, recorrendo-se à lei pessoal do filho se os cônjuges também não tiverem residência habitual comum. O momento a atender para a determinação de qualquer destas leis é o do nascimento do filho, salvo se houve dissolução do casamento antes deste evento, caso em que se atenderá antes ao momento dessa dissolução (art. 56.°, 3).

Não foi possível, portanto, abstrair do facto de o filho ser ou não filho procriado ou nascido na constância do casamento, no que respeita à constituição da relação paterno-filial. O que se compreenderá, em razão das presunções de paternidade decorrentes da relação matrimonial. De *iure condendo,* porém, não se vê razão de peso para que estas presunções não pudessem ser regidas pela lei nacional do pai. Dentro desta ordem de ideias, o art. 56.° poderia ter ficado reduzido ao texto do seu primeiro número, na redacção actual.

O disposto no n.° 2 do art. 56.° justificar-se-ia, sim, para a determinação da legitimidade da filiação (ver o art. 56.° na sua formulação anterior); duvidamos, porém, que se justifique na sua redacção actual. Na concepção actual não há que apontar, tendencialmente embora, para uma *lex familiae* como estatuto que regule simultaneamente as relações entre os cônjuges e entre estes e os respectivos filhos. A anterior versão do art. 56.°, essa sim, pressupunha que existisse ou pelo menos tivesse existido uma família fundada no casamento.

Além disso, salvo melhor opinião, parece-nos que no n.° 2 do art. 56.° se contém um grave lapso de redacção quando aí se configura como hipótese e problema a resolver «a constituição da filiação relativamente ao *pai,* tratando-se de filho de mulher casada». Cremos bem que se pretende apenas falar da «constituição da filiação relativamente ao *marido* da mãe». Com efeito, parece-nos solução aberrante [1], que não terá sido querida pelo

---

[1] Uma justificação possível da solução que no texto consideramos aberrante seria esta: a vantagem de submeter à mesma lei o problema da perfilhação por terceiro e o da presunção da paternidade do marido

legislador, a de aplicar a lei nacional comum ou da residência habitual comum dos cônjuges à constituição da filiação relativamente a um terceiro (talvez um *playboy* de alheia pátria) que nenhuma relação tem com tal lei nem é propriamente membro da família (vejam-se, entre outras, as hipóteses dos arts. 1810.°, 1822.°, 1823.°, 1832.° do nosso Código). A mesma ideia nos aparece confirmada pelo n.° 3 do mencionado artigo que, para efeitos do n.° 2, manda considerar o momento do nascimento do filho ou o da dissolução do casamento. Ora não parece — por mais que da letra do n.° 2 se conclua «literalmente» o contrário — que, p. ex., à perfilhação por pessoa diferente do marido da mãe se deva aplicar uma lei que é fixada, não por referência ao momento da perfilhação, mas por referência ao momento do nascimento. À lei indicada pelo n.° 2 poderá ter de recorrer-se, sim, para determinar em que termos pode ser afastada, para efeitos de perfilhação, a presunção de paternidade do marido da mãe. Pois cremos que a este (apesar de simples marido) deve ser reconhecido o privilégio de se prevalecer da presunção de paternidade da lei de um Estado a que a família se acha ligada (1).

---

da mãe. Mas não colheria. Por um lado, o que está em causa é o estabelecimento da filiação relativamente ao terceiro, não o da impugnação da paternidade do marido; por outro lado, já mal se compreenderia, nesse entendimento, o princípio fundamental fixado no n.° 1 do art. 56.° — o qual deveria, então, despir a sua condigna veste de princípio básico e referir-se apenas à constituição da filiação relativamente à mãe, bem como relativamente ao pai, sempre que o filho não deva ser havido como de mulher casada. Acresce que o supletivo chamamento à colação da lei pessoal do filho (solução que foi considerada viável e boa no n.° 2 do art. 56.°) só parecerá fazer sentido enquanto esteja em causa a presunção de paternidade do marido da mãe.

(1) *A*, espanhola, e *B*, alemão, casados, residem no Porto. Numa viagem de estudos por Itália, *A* concebe de *C*, alemão, e vem naturalmente dar à luz ao Porto. Em relação a *A*, a filiação constitui-se segundo a lei espanhola. Em relação a *C*, o mesmo problema resolve-se pela lei alemã (seria impensável aplicar aqui a lei portuguesa — salvo se *C*, fazendo do mais «consensual» dos negócios um acto solene, devesse exigir previamente de *A* certificados vários). Porém, quanto a *B*, o dito problema (e ele existe, talvez até com mais acuidade) será resolvido, não pela sua lei pessoal, mas pela lei portuguesa. É «lógico», porque toda a fábula tem de ter a sua moral.

Por outro lado, o marido precisará de saber em que lei se deve basear para impugnar a sua paternidade presumida — o que não deixa de ser problema sério. Logo, também parece que, ao abandonar-se a perspectiva que levava a tentar determinar uma *lex familiae*, sempre se teria de indicar uma lei reguladora das presunções de paternidade, da sua infirmação e impugnação (1). Esta é a lei a que se refere aquele pouco feliz n.º 2 do art. 56.º. Quanto ao facto de só o marido se ver sujeito a ter de recorrer a uma lei diferente da sua lei pessoal para saber quem são os seus filhos, dir-se-á talvez que é contingência inerente à sua condição (2).

A opção pela lei pessoal do filho, na falta de lei nacional comum e de residência habitual comum dos cônjuges no momento em causa, além de não parecer justificável (3), conduz a dificuldades aparentemente insolúveis. Assim, se o filho ainda não nasceu ao tempo da dissolução do casamento, não se vê como tal critério de conexão possa operar, visto o nascituro não ter nacionalidade. Por outro lado, se é ao momento do nascimento do filho que temos de reportar a determinação da lei aplicável e esta é a da nacionalidade do filho, também muitas vezes a determinação da nacionalidade (designadamente portuguesa) do filho dependerá da resolução da questão prévia do estabelecimento da filiação.

Além disso, o ser ou não «filho de mulher casada» (pressuposto da norma contida no art. 56.º, 2), na hipótese de o casamento já não subsistir à data do nascimento do filho, é coisa que só pode averiguar-se por aplicação da lei designada nos termos

---

(1) Que, repita-se, bem poderia ser a lei pessoal do marido, já que se não optou logo pela lei pessoal do filho.

(2) De grotesco «pião das nicas». Claro que o paradigma da nossa lei é o da mãe solteira. Mas bastará isto para discriminar contra o marido? Apenas este teve culpa no casamento? Só uma nova teologia do pecado original nos poderá esclarecer.

(3) Que ligação *necessária* existe entre a lei nacional do filho e a relação matrimonial? Nenhuma. No entanto, se a mãe é (ou foi) casada, e só por isso, já se «privilegia» de certo modo a posição do filho. Encontra-se aqui um eco perdido do «favor legitimitatis» e da já referida tendência para determinar uma «lex familiae» unitária.

dos n.os 2 e 3 do art. 56.°, isto é, jogando com os critérios de presunção da paternidade. Pelo que, quando nasça um filho de mulher que *foi casada,* pode ser necessário recorrer à lei que «designariam» estes dois números, para se poder concluir que eles não são aplicáveis, mas o é o n.° 1 do mesmo artigo.

II — É muito vasto o âmbito de matérias da competência da lei a determinar nos termos do art. 56.°. Cabe-lhe desde logo regular as modalidades de constituição da relação (por declaração, por reconhecimento, etc.), bem como os pressupostos do reconhecimento judicial e a aptidão para perfilhar (capacidade) ou para ser perfilhado (se podem ser perfilhados, e como, os filhos adulterinos ou os filhos incestuosos, etc.). Cabe-lhe, de uma maneira geral, regular todos os requisitos substanciais do reconhecimento judicial e da perfilhação. Quanto às formalidades externas propriamente ditas, vale o disposto no art. 36.°.

Mas também lhe cabe regular os meios de prova e de impugnação da paternidade e da maternidade. E a este propósito é de notar que as acções de reconhecimento da maternidade e, sobretudo, da paternidade são acções em que as presunções legais e os meios de prova admissíveis em juízo têm um relevo particular. Isto suscita a questão de saber se a algumas destas questões relativas à prova deve aplicar-se a *lex fori,* enquanto lei do processo, ou a *lex causae.* Pensamos que, quanto às presunções legais, quanto à admissibilidade ou não de certos meios de prova e quanto ao valor probatório destes, deverá entender-se que são questões de fundo *(decisoriae litis)* da competência da lei designada através do art. 56.° (1). Cabe igualmente a esta lei fixar os prazos em que devem ser instauradas a acção de reconhecimento judicial ou a investigação oficiosa, bem como determinar a legitimidade activa e passiva para as mesmas acções.

Se a mulher passar a segundas núpcias e der à luz um filho dentro de certo prazo, pode deparar-se-nos um problema de dupla presunção de paternidade. Este concurso de presunções de pater-

---

(1) Cfr. *supra,* n.° 7; e o nosso *Sobre a Aplicação no Tempo,* cit., pp. 273 e segs.

nidade incompatíveis não é resolvido da mesma maneira pelas leis de todos os países. A lei portuguesa, p. ex., faz prevalecer a presunção relativa ao segundo marido (art. 1834.°). Outras farão prevalecer a presunção relativa ao primeiro (assim, p. ex., a lei jugoslava).

No caso de serem diferentes as leis chamadas pelo art. 56.°, 2, por ser diferente a lei nacional comum ou a lei da residência habitual comum da mãe e de cada um dos sucessivos maridos a que a presunção se refere, uma divergência entre as duas leis sobre a questão em análise pode colocar-nos perante um conflito insolúvel no plano das regras de conflitos. Julgamos, por isso, que tal conflito deve ser resolvido por aplicação do critério fixado pelo direito português material (citado art. 1834.°, 1), à semelhança do que estabelece o art. 26.°, 2, para a hipótese de presunções de sobrevivência incompatíveis.

Pelo que respeita à perfilhação, parece que deve competir ainda à lei designada pelo art. 56.° decidir sobre os modos ou procedimentos a adoptar (por inscrição no registo mediante declaração, por termo lavrado em juízo, por testamento ou outro documento, etc.). Mas sem prejuízo da *lex loci* (art. 36.°), e uma vez ressalvada a exigência de uma forma determinada, sob pena de nulidade ou ineficácia, feita pela lei que regula a perfilhação. Quanto às regras de processo perante as autoridades locais e quanto ao modo de realizar as formalidades solenes ou os trâmites especificamente exigidos por esta última lei sob a referida cominação, a competência pertence à *lex loci*.

Também no que respeita à perfilhação importa ainda ter em conta o disposto no art. 61.°: se a lei pessoal do perfilhando exigir o consentimento deste, ou se a lei reguladora de uma relação jurídica de carácter familiar ou tutelar em que o perfilhando se ache integrado exigir o consentimento de outra pessoa, tais exigências deverão ser respeitadas.

A conexão escolhida pelo art. 56.° é, em qualquer das hipóteses, uma «conexão fixa»: ela reporta-se à «data do estabelecimento da relação» (declaração do registo, reconhecimento judicial, perfilhação, etc.); mas, tratando-se de filho de mulher casada e pelo que respeita à filiação a estabelecer relativamente ao marido desta, atende-se ao momento do nascimento do filho ou, se neste momento o casamento já está dissolvido, ao momento da dissolução (art. 56.º, 2). Deste modo, se houver mudança da lei pessoal do progenitor em causa entre o momento do nascimento e o do «estabelecimento da relação» (hipótese só de excluir no caso de o pai ser o marido da mãe), é a lei actual a competente.

Dá-se, porém, o caso de que nem todas as legislações seguem, como a nossa, o chamado *sistema do reconhecimento,* pois algumas seguem antes o *sistema da progenitura,* também chamado *da filiação (Abstammungssystem).* Dentro deste último sistema, o reconhecimento judicial ou a perfilhação podem não ter valor constitutivo, mas mera eficácia declarativa. Ora, em face das legislações que seguem este último sistema, pode acontecer que um qualquer vínculo jurídico se constitua *ex lege* entre o filho natural e os seus pais no momento do nascimento do filho, não tendo qualquer sentença posterior destinada a fazer valer os direitos do filho senão um carácter puramente declarativo quanto à existência do vínculo. Quando assim seja, a situação jurídica preexistente (o direito adquirido) terá de ser respeitada, ainda que o progenitor mude posteriormente de lei pessoal [1].

Sobre os prazos para a acção de investigação, no caso de mudança da lei pessoal do investigando, valem duma maneira geral as considerações que atrás fizemos a propósito do divórcio [2]. Todavia, pelo que respeita à hipótese de o prazo da lei anterior já se achar esgotado no momento da mudança de estatuto, mas se não achar ainda esgotado o prazo mais longo da lei nova, sustentamos, contra o modo de ver corrente, que vale o prazo da lei nova, renascendo, assim, o direito de acção. Já dissemos porquê.

---

(1) E, na verdade, se a lei competente dispensa uma acto especial de reconhecimento, considerando o vínculo estabelecido *ex lege,* tudo se passa como se o reconhecimento tivesse tido lugar na data do nascimento do filho.

(2) Para a hipótese de o prazo mais curto da lei nova já se ter esgotado quando esta lei entra em vigor, o art. 19.º do Decreto-Lei n.º 47 344 contém uma norma de transição. Esta disposição mostra-nos que o legislador considerou inaceitável a solução que decorreria da aplicação pura e simples do prazo da lei nova.

III — *Adopção.* A criação do vínculo de filiação adoptiva introduz o adoptado na família do adoptante. Justifica-se, pois, que se lhe aplique a lei pessoal deste, como estabelece o art. 60.º, 1. Para a hipótese, porém, de a adopção ser realizada por marido e mulher, ou para o caso de o adoptando ser filho do cônjuge do adoptante, o n.º 2 do mesmo artigo recorre a critérios de conexão até certo ponto paralelos aos do art. 56.º (filiação), mandando aplicar a lei nacional comum dos cônjuges ou, se estes tiverem nacionalidades diferentes, a lei da residência habitual comum e, se esta também faltar, a lei do país com o qual a vida familiar dos adoptantes se ache mais estreitamente conexa (cfr. art. 52.º, 2). Estas conexões são, evidentemente, conexões *fixas,* referidas ao momento em que o vínculo adoptivo deve ficar definitivamente constituído.

Mas, se a adopção faz entrar o adoptado na família do adoptante, ela por outro lado fá-lo de algum modo sair da sua família de origem, quebrando pelo menos certos vínculos jurídicos que o ligavam a esta. Por isso, parece que deverá também ter-se em conta a lei que regula as relações entre o adoptando e os seus progenitores. E de facto assim o entendeu o nosso legislador ao estabelecer, no art. 60.º, 4, que, se a lei competente para reger estas relações «não conhecer o instituto da adopção, ou não o admitir em relação a quem se encontre na situação familiar do adoptando, a adopção não é permitida». Temos, pois, que, quanto a estes aspectos, se faz uma aplicação *cumulativa* de duas leis. Quanto ao consentimento na adopção, a prestar pelo adoptando ou por outras pessoas, veja-se o disposto no art. 61.º

Como é evidente, o estatuto da adopção regula todos os requisitos substanciais desta: diferença de idades entre adoptante e adoptado, ausência de filhos do adoptante, situação familiar do adoptante e do adoptado (quanto à deste, há que ter também em conta o que dispõe o art. 60.º, 4), possibilidade de adopção de vários filhos adoptivos, etc. Quanto ao efeito da adopção sobre as relações entre o adoptado e a sua família de origem, parece que deve decidir ainda o estatuto da adopção, visto tratar-se duma simples repercussão desta sobre aquelas, ou melhor, de efeitos secundários da adopção intimamente conexos com os seus efeitos primários. Seria, portanto, o estatuto da adopção a decidir sobre a cessação do poder paternal por parte dos progenitores ou a cessação da tutela por parte do tutor, sobre a extinção ou manutenção da obrigação de alimentos por parte da família de origem, etc. Este ponto, no entanto, presta-se a muitas dúvidas — sobretudo no que respeita à obrigação alimentar. Parece que a tais questões se deverá aplicar, antes, a lei reguladora dos efeitos da adopção, nos termos do n.º 3 do art. 60.º

Já quanto à questão de saber se o vínculo de adopção constitui um impedimento matrimonial, e de que tipo (se um simples impedimento impediente, como no direito alemão, ou um impedimento dirimente), rege o estatuto do casamento; e, pelo que respeita aos efeitos sucessórios da filiação adoptiva, rege o estatuto da sucessão. Quanto aos modos ou vias possíveis de criação do vínculo adoptivo, e quanto às formalidades extrínsecas do acto, vale o que atrás dissemos a propósito da perfilhação.

É evidentemente à lei da adopção que compete regular a nulidade ou a anulação desta, por vício do acto constitutivo. Mas já quanto à revogabilidade e aos fundamentos de revogação da adopção, parece-nos que deve decidir a lei reguladora das relações entre adoptado e adoptante (que é um estatuto móvel), e não a lei da adopção propriamente dita. Apesar de no nosso Código se não achar uma regra de conflitos semelhante àquela que se refere ao divórcio, devemos proceder aqui de modo paralelo.

128. *Relações entre pais e filhos.* No que respeita às relações entre pais e filhos, a lei aplicável é também a lei da família, ou seja, a lei nacional comum dos pais ou, subsidiariamente, a lei da residência habitual comum deles e, se os pais também não tiverem residência habitual comum, a lei pessoal do filho. Pode, porém, acontecer que a filiação se ache apenas estabelecida em relação a um dos progenitores ou que, embora estabelecida em relação a ambos, um deles tenha falecido. Na primeira hipótese aplica-se a lei pessoal do único progenitor reconhecido e, na segunda, a lei pessoal do sobrevivo. Eis o que dispõe o art. 57.º, 1 e 2.

A razão de ser da escolha da «lex familiae» para reger as relações entre pais e filhos legítimos é intuitiva: trata-se de, na medida do possível, regular por uma lei única a sociedade familiar, designadamente as relações entre pais e filhos que porventura tenham leis pessoais diferentes. É de notar que a lei aplicável à constituição da filiação (art. 56.º) é determinada mediante uma conexão fixa, visto tratar-se aí da *constituição* duma relação jurídica cuja subsistência não poderá ser negada por uma lei posterior sem ofensa dos «direitos adquiridos», ao passo que o estatuto das relações entre pais e filhos a que se refere o art. 57.º é determinado através duma conexão *móvel*, visto estar agora em causa o *conteúdo* duma situação jurídica pessoal e esse conteúdo dever ser regido pela lei pessoal *actual*, isto é, pela lei a que as pessoas se acham ligadas no momento em que têm de cumprir os deveres ou exercer os direitos decorrentes da situação jurídica pessoal de que são sujeitos.

Pelo que respeita às relações entre adoptado e adoptante, e entre este e a sua família de origem, o art. 60.º, 3, manda regulá-las pela lei pessoal do adoptante. No caso, porém, de uma adopção realizada por marido e mulher, ou de o adoptado por um dos cônjuges ser filho do outro, a mesma disposição determina que as ditas relações sejam reguladas de acordo com o estabelecido para a filiação (art. 57.º).

Determinada a lei competente para regular o conteúdo da relação de filiação — lei esta que, diferentemente da aplicável à constituição da mesma relação, representa um estatuto *móvel* —, resta-nos determinar o domínio de aplicação dessa lei, isto é, resta-nos determinar aquele conteúdo. Ora antes do mais importa salientar que há certos efeitos que decorrem imediatamente da constituição do vínculo e se fixam nesse momento, pelo que ficam subordinados à lei da constituição e não à lei do conteúdo, e outros que são simples repercussões da existência da relação de filiação sobre outras situações jurídicas (filiação como relação-pressuposto), dependentes das leis que regulam estas outras situações.

Entre os efeitos do primeiro tipo podemos referir, além da criação do vínculo de parentesco, a atribuição dos apelidos. Quanto ao vínculo de parentesco, parece que deverá competir à lei da sua criação (lei da constituição) determinar se a filiação de sangue, ou a adoptiva, cria ou não relações de parentesco em mais que um grau. Quanto à atribuição dos apelidos, trata-se sem dúvida de um efeito que se fixa no momento da constituição do vínculo, como «direito adquirido». Nenhuma razão há, porém, para não admitir que, por força duma posterior mudança da lei pessoal competente, o filho adquira o direito a usar o nome do pai, se o anterior direito da filiação lho recusava. Convém ainda observar que certos autores entendem que o direito ao nome deve ser regido pela lei pessoal do filho, funcionando a filiação como uma simples relação-pressuposto — pelo que estaríamos já, se assim fosse, perante um dos efeitos do segundo tipo a que acima nos referimos.

Como efeitos deste segundo tipo podemos mencionar a repercussão da filiação em matéria de impedimentos matrimoniais, os seus efeitos sucessórios e os seus efeitos sobre a nacionalidade do filho. A estes efeitos são aplicáveis, respectivamente, a lei do casamento (art. 49.º), a lei da sucessão (art. 62.º) e a lei da nacionalidade do país cuja cidadania esteja em causa.

Passemos agora aos efeitos próprios da filiação, ou melhor, àqueles efeitos que constituem o conteúdo propriamente dito da relação jurídica de filiação e que integram, portanto, o âmbito de competência da lei reguladora das relações entre pais e filhos. Esse conteúdo é constituído por um complexo de poderes e deveres — aqueles poderes e deveres que substancialmente decorrem do instituto do poder paternal. Compete, portanto, à lei reguladora das relações entre pais e filhos decidir desde logo sobre a atribuição do pátrio poder, a sua titularidade e exercício, sobre a exclusão ou inibição do poder paternal e sobre a sua extinção, assim como sobre os poderes e deveres que dele derivam. A essa lei serão, pois, deferidas as questões relativas à regência da pessoa do filho e à administração dos seus bens, assim como as respeitantes à representação do mesmo filho e ao usufruto legal dos pais sobre os bens dele.

A mesma lei regula, como dissemos, as causas de inibição ou limitação do poder paternal e os pressupostos da sua extinção. Entre estes pressupostos figuram como principais a maioridade e a emancipação. Ora estas são regidas pelo estatuto da capacidade, isto é, pela lei pessoal do filho. Donde que possam suscitar-se delicados problemas de coordenação entre leis diferentes (1).

---

(1) Suponha-se, p. ex., que a filha menor portuguesa de um casal alemão contrai casamento. Por força da lei portuguesa, lei da capacidade da filha, esta é emancipada pelo casamento (art. 132.º do nosso Código Civil). Mas a lei alemã, reguladora do poder paternal, desconhece a eman-

Pelo que respeita ao usufruto legal dos bens dos filhos, há leis que o não atribuem ao titular do pátrio poder e outras em que ele se extingue antes de os filhos atingirem a maioridade ou serem emancipados. Deve ainda notar-se que, nesta matéria, importa coordenar a lei reguladora do pátrio poder com a *lex rei sitae:* a primeira dirá se um tal direito real existe ou não (isto é, fornece, se for o caso, o título legal do direito dos pais), ao passo que a segunda, como estatuto real, determinará o conteúdo e os limites do exercício de tal direito enquanto direito real.

Vem a propósito lembrar também aqui que a tutela, embora represente um meio de suprir o poder paternal, não é regida pelo estatuto deste, mas pela lei pessoal do incapaz, nos termos do art. 30.°

Para além das matérias compreendidas no instituto do poder paternal, compete à lei reguladora das relações entre pais e filhos decidir quanto ao domicílio legal destes, quanto à obrigação de alimentos fundada na relação paterno-filial e bem assim quanto à possível obrigação dos pais de dar um enxoval e um dote à filha que vai contrair matrimónio [1].

Secção V

Direito das Sucessões

Subsecção I

Estatuto sucessório e sucessão legal

129. *Determinação da lei aplicável às sucessões por morte.* A matéria das sucessões por morte apresenta-se logo no plano do

---

cipação pelo casamento, e determina (§ 1626 do BGB) que o filho fica submetido ao poder paternal enquanto for menor. A solução em princípio deverá ser esta: considerar a filha casada como maior (emancipada) para efeitos do referido § 1626 do BGB, e dar por extinto o poder paternal.

(1) Em matéria de direito de família, convém ter presentes, além das convenções já citadas, a Convenção sobre o reconhecimento dos divórcios e separações de pessoas e bens (XI Sessão da Conferência da Haia de DIP, Outubro de 1968) e a Convenção sobre o reconhecimento e a execução de decisões relativas às obrigações alimentares (XII Sessão da mesma Conferência, Outubro de 1972).

direito material como matéria sobremodo complexa, por nela confluírem e se entrelaçaram pontos de vista que derivam doutros domínios do direito: do direito das pessoas e do direito de família, do direito dos bens e ainda, pelo que respeita às disposições por morte, do direito dos actos e negócios jurídicos. No plano do Direito de Conflitos estas influências várias e heterogéneas manifestam-se por diversos modos, já levando a optar pela lei pessoal do autor da sucessão como lei reguladora desta, já levando a determinar o estatuto sucessório com base na situação dos bens que fazem parte da herança, já obrigando a ter em conta certos princípios próprios dos negócios jurídicos no domínio das disposições por morte, já suscitando dificuldades de coordenação entre certas disposições do estatuto sucessório e certas outras disposições do estatuto da família ou do estatuto real.

Pelo que respeita à determinação do estatuto sucessório básico ou estatuto sucessório *tout court,* deve partir-se da consideração de que hoje prevalece por quase toda a parte, no plano do direito material, a ideia de que a devolução de todos os elementos da herança deve ser submetida às mesmas regras, de acordo com a noção romanista de que a sucessão opera a transmissão de uma universalidade jurídica. Mas nem sempre assim foi: nos direitos germânicos e no direito anglo-americano a sucessão nos móveis era submetida a regras diferentes daquelas que presidiam à sucessão nos imóveis, mesmo no plano do direito material. E é isto o que ainda hoje sucede em alguns dos Estados que compõem os USA.

Ora acontece que muitos dos Estados modernos, embora tenham abandonado este fraccionamento da herança no plano do direito material (de entre eles, a Inglaterra só a partir de 1925), o conservam no plano do DIP. Estes Estados (p. ex., a França, a Bélgica, a Áustria, a Inglaterra, os USA) mandam reger a sucessão imobiliária pela *lex rei sitae* e a sucessão mobiliária pela lei pessoal do autor da sucessão (lei do último domicílio, com excepção da Áustria, que prefere a lei da última nacionalidade). A maioria dos Estados, porém, mantém no plano do DIP a ideia de *unidade da sucessão,* mandando aplicar a lei pessoal do autor desta, e tomando como lei pessoal, quer a lei do último domicílio (p. ex., a Noruega, a Dinamarca, e a maioria dos Estados da América do Sul), quer a lei da última nacionalidade

(p. ex., Portugal, Espanha, Itália, Alemanha, Holanda, Suécia, Polónia, Checoslováquia, Hungria).

Será desnecessário encarecer os inconvenientes do sistema do *fraccionamento* da herança, sobretudo no que respeita às dificuldades que suscita em matéria de repartição do passivo. Por outro lado, só o sistema da *unidade da sucessão* se conforma com o ponto de vista do direito material, inspirado pelo princípio romanístico da universalidade da sucessão, e garante a unidade da sucessão (isto é, a devolução de toda a herança segundo as mesmas regras) que este princípio postula. A isto acresce que a pessoa do autor da sucessão, os interesses e, portanto, a vontade real ou hipotética da pessoa de cuja sucessão se trata, e bem assim os interesses da respectiva família, são elementos de primacial relevância no capítulo das sucessões por morte.

Ora todos estes elementos apontam decididamente para a inclusão das sucessões por morte no âmbito do estatuto pessoal. Como não poderia estar certo optar pela lei pessoal dos herdeiros (até porque estes podem ter leis pessoais diferentes e a qualidade de herdeiro depende do estatuto sucessório), só pode pensar-se na lei pessoal do hereditando. Assim o entendeu, e pelas razões sumariamente expostas, o nosso legislador, quando concebeu a Regra de Conflitos básica do art. 62.° nos seguintes termos: «A sucessão por morte é regulada pela lei pessoal do autor da sucessão ao tempo do falecimento deste». Já sabemos que, para o nosso DIP, a lei pessoal se define nos termos dos arts. 31.° e seguintes.

130. *Domínio de aplicação do estatuto sucessório: sucessão legal.* Ao estatuto sucessório cabe em geral regular todas as questões relativas à abertura, devolução, transmissão e partilha da herança. Desde logo, compete-lhe regular a abertura da sucessão. O facto que determina a abertura da sucessão é, em toda a parte, a morte física. Mas poderá porventura ser ainda a morte civil ou a entrada para o claustro [1]. As presunções de morte e de sobrevivência, vimos que devem ser reguladas também pela lei pessoal. Isto mesmo que se trate de presunções relativas a pessoas reciprocamente sucessíveis e que faleceram num mesmo acontecimento (comoriência). Quanto a este ponto, porém, não falta quem considere, sobretudo na doutrina francesa, as presunções de sobrevivência como verdadeiras regras de devolução sucessória.

Ao estatuto sucessório cabe igualmente determinar o âmbito da sucessão: quais são os direitos ou relações que se transmitem aos herdeiros e quais os que são intransmissíveis. Pelo que respeita a certos direitos reais, porém, importa também ter em conta a *lex rei sitae:* esta dirá se um direito real como o usufruto, p. ex., se extingue com a morte do titular ou é hereditável. No contexto do âmbito da sucessão se inscreverá ainda, segundo cremos, o problema da transmissibilidade do direito à indemnização por danos morais sofridos pela vítima duma lesão que lhe ocasiona a morte. Nem em todas as legislações esse direito é transmissível (1).

É de igual forma regulada pela lei da sucessão a capacidade sucessória, ou seja, a questão de saber quem tem capacidade para adquirir *mortis causa:* se a têm, por exemplo, o nascituro, o *nondum conceptus,* uma fundação ainda não instituída, o Estado, uma pessoa colectiva. E de igual modo compete à dita lei determinar, mas isto já no domínio da sucessão voluntária, os casos ditos de indisponibilidade relativa: se podem ser instituídas por testamento certas pessoas — como tutores, médicos, enfermeiros, sacerdotes, filhos adulterinos, cúmplices do adultério, etc.

A mesma lei dirá ainda qual é a composição e a hierarquia dos sucessíveis, e quais as respectivas quotas, quais são os sucessíveis legitimários e o montante da legítima. Cabe-lhe igualmente fixar as causas da indignidade sucessória e outros factos (p. ex., a separação dos cônjuges ou o divórcio) dos quais deriva a exclusão de alguém que em princípio seria sucessível. Decidirá ainda quanto ao chamado direito de representação sucessória.

O direito do cônjuge sobrevivo a ser alimentado pelos rendi-

---

(1) Cfr. GALVÃO TELLES, *ob. cit.,* pp. 83 e ss. Repare-se, porém, que, na lei portuguesa (art. 496.º do Código Civil), o direito à indemnização pelos danos não patrimoniais sofridos pela própria vítima da lesão mortal parece caber a certos familiares por direito próprio, e não aos herdeiros enquanto tais (cfr. Antunes VARELA, *Das Obrigações,* cit., vol. I, pp. 492 e ss.).

mentos dos bens da herança (apanágio) é um direito de natureza alimentar, e não de natureza sucessória. Certas legislações permitem aos filhos naturais exercer uma acção de alimentos contra a herança. Também este direito do filho parece ter natureza alimentar; todavia, ele costuma ser reconhecido por aquelas leis que não conferem ao filho um direito sucessório ou permitem ao pai dispor por morte da totalidade dos seus bens. Haverá, pois, que coordenar entre si o estatuto da sucessão e o estatuto da filiação, quando sejam diferentes.

Ao estatuto sucessório cabe ainda regular a aceitação e o repúdio da herança, a transmissão desta, «os poderes do administrador da herança e do executor testamentário» (nos termos expressos do citado art. 62.º), a administração da herança pelos co-herdeiros, a liquidação e a partilha da mesma (incluindo a obrigação de conferência ou colação) (1). No que se refere à partilha, porém, há que tomar simultaneamente em conta a *lex rei sitae.* Esta lei não poderá deixar de ter uma palavra a dizer pelo que respeita à duração da indivisão sucessória, ao direito de pedir a partilha e à licitude das convenções (ou das disposições testamentárias) sobre a manutenção da indivisão. De igual modo terão que ser tomadas em conta as disposições da *lex rei sitae* tendentes a evitar o parcelamento da propriedade imobiliária (2).

Subsecção II

Sucessão voluntária e actos «inter vivos» com repercussões sobre a sucessão

131. *Testamentos.* Começaremos por falar da sucessão voluntária, ou seja, daquela em que o facto designativo é constituído por

(1) Em matéria de colação, parece que não pode deixar de ter-se em conta o estatuto sucessório *hipotético,* isto é, a lei pessoal do doador ao tempo da doação. Pelo menos parece que será por esta lei que se deverá determinar em que casos a colação se presume dispensada e quem eram na altura os presuntivos herdeiros sujeitos à colação (cfr. o art. 2105.º do nosso Código).

(2) Também em matéria de colação poderá ter de coordenar-se o estatuto sucessório com o estatuto real, quando o primeiro imponha a restituição à massa dos próprios bens alienados pelo donatário e o segundo

uma declaração de vontade do autor da sucessão. Esta declaração de vontade pode estar contida num testamento (instituição testamentária do herdeiro) ou num pacto sucessório (instituição contratual). Convém estudar separadamente estas duas modalidades de instituição de herdeiro, pelas razões que já veremos. Pelas mesmas razões convém deixar o estudo de certa modalidade de testamento, o testamento de mão comum, para depois do estudo dos pactos sucessórios.

Da circunstância de o facto designativo ser uma declaração de vontade não se segue necessariamente que se tenha de atender a uma lei contemporânea desse facto; pois já sabemos que o estatuto sucessório, que é determinado no momento da morte, é sempre competente para fixar os factos designativos, mesmo que estes sejam *factos passados.* Simplesmente, quando o facto designativo é uma declaração de vontade, uma *conduta* declarativa, há certos aspectos dessa conduta (tais como as formalidades a adoptar, a capacidade, etc.) que não podem deixar de ser regulados pela lei do tempo da verificação dela.

A conduta declarativa, encarada enquanto tal, e ressalvados que sejam os interesses que a lei sucessória se propõe tutelar, deve na verdade ser regida por aquela lei que as partes podiam e deviam consultar para garantir a validade da disposição e, portanto, por uma lei contemporânea desta. De forma que, em matéria de sucessão voluntária, e tendo em conta a possível mudança da lei pessoal do autor da sucessão, temos que considerar dois estatutos: o estatuto sucessório primário, a que chamaremos simplesmente «estatuto da sucessão», e o outro, pelo qual se regem certas questões relativas à validade das disposições por morte e a que chamaremos, *brevitatis causa,* «estatuto da disposição». Este último costuma ser apontado como estatuto da validade da disposição por morte, competindo ao primeiro, como estatuto sucessório, regular os seus efeitos. Já veremos que tal ideia não é inteiramente exacta.

Começaremos, pois, pelo testamento. Pode dizer-se que, formalmente, o testamento se apresenta como negócio jurídico completo

---

só admita, em tais casos, a restituição em valor. É que a restituição em natureza contende com interesses de terceiros e com o regime dos direitos reais (cfr. BATIFFOL, *ob. cit.*, II, p. 338).

logo após a sua celebração. Substancialmente, porém, ele só se torna tal com a morte do testador: só neste momento ele se torna juridicamente eficiente, só neste momento as disposições nele contidas se tornam como que *juridicamente relevantes* (1).

Não era outra coisa o que queria dizer SAVIGNY quando afirmava que o testador age em dois momentos diferentes: no momento da confecção do testamento (sendo esta conduta, nas palavras daquele autor, uma *actividade de facto*), e no momento da morte, enquanto omite modificar ou revogar o testamento anteriormente celebrado (sendo esta conduta, no dizer do mesmo autor, a verdadeira *actividade jurídica*). Dir-se-ia, pois, que a confecção do testamento em si representa a criação de um *facto normativo* (facto produtor duma *lex privata*), mas que a norma por este facto produzida só entra em vigor, só adquire vigência (que não simples eficácia: o negócio de eficácia diferida já é vigente antes de verificado o facto de que depende a sua eficácia) com a morte do testador (1).

Daí vem, conforme já notara SAVIGNY, que é erróneo o ponto de vista daqueles que sustentam dever a validade do testamento quanto ao conteúdo ser apreciada pela lei contemporânea do acto, por ser esta a lei que o testador conhecia ou devia conhecer e com a qual o testador se deveria ter conformado; e que é igualmente errónea a opinião que sustenta que o testamento, para ser válido, há-de corresponder cumulativamente à lei contemporânea do acto e à lei vigente ao tempo da morte do testador.

Diremos em primeiro lugar da *forma* do testamento e da *capacidade* de testar. É indubitável que a forma se não acha sujeita à lei da sucessão, embora esta lhe possa ser alternativamente aplicável. Mas sobre este ponto falaremos adiante, a propósito do art. 65.º.

---

(1) Não se trata, pois, apenas de a eficácia jurídica do testamento ser condicionada pela morte do testador. Pelo contrário, a morte do autor da sucessão é, como já dissemos, e quer se trate de devolução legal ou voluntária, o facto causal básico do fenómeno sucessório. Por isso, estamos em face de um facto integrante e central da *facti-species* sucessória, e não duma simples condição; o que significa que cada uma das disposições contidas no testamento forma, até à morte do testador, um facto jurídico incompleto, destituído de valor jurídico autónomo.

(1) Cfr. o nosso *Sobre a aplicação no tempo, cit.*, pp. 185 e ss., 194 e ss.

Sobre a capacidade *(testamentifactio activa)* dispõe o art. 63.º, mandando aplicar-lhe a lei pessoal do autor ao tempo da declaração (lei da disposição). O mesmo vale no que respeita à capacidade para modificar ou revogar uma disposição testamentária. Decidindo directamente um problema de qualificação, o mesmo texto estabelece que depende ainda daquela lei a exigência de uma forma especial para a disposição estabelecida em razão da idade do disponente (1). Têm-se aqui em vista aquelas disposições legais que exigem para a validade dos testamentos dos menores que eles sejam feitos em forma notarial, ou no tribunal, perante o juiz.

Prevendo a hipótese de o autor, depois de feita a disposição, mudar de lei pessoal, e a nova lei lhe não reconhecer capacidade para testar, o n.º 2 do citado art. 63.º estipula que o disponente conserva a capacidade necessária para revogar a disposição já feita, nos termos da lei anterior.

Quanto à interpretação das cláusulas e disposições do testamento, o art. 64.º, al. *a),* manda fazê-la pela dita lei da disposição, ou por qualquer outra lei a que o disponente se tenha expressa ou implicitamente referido. Pela mesma lei se manda regular ainda, na al. *b)* do mesmo artigo, a matéria da falta e vícios da vontade. É este um ponto sobre o qual se manifestam algumas divergências na doutrina, embora a doutrina largamente dominante vote pela solução acolhida no nosso Código. Pode, porém, dizer-se que, pelo menos no que respeita à legitimidade para as acções de anulação ou de declaração de nulidade (assim como no que toca à fixação do prazo para estas acções), o estatuto da sucessão se acha melhor colocado, pois só este pode dizer quem são os prejudicados com a disposição nula ou anulável.

No anteprojecto de 1964, ao lado da falta e vícios da vontade, também se incluía no âmbito de competência do estatuto da disposição a questão de saber se o testamento podia ser feito através de um representante. O legislador não adoptou tal ponto de vista, pelo que se deve entender que essa matéria é da competência do estatuto sucessório. A verdade é que, na maioria das legislações,

---

(1) Este conflito de qualificação foi resolvido pelo art. 5.º da Convenção da Haia sobre a forma das disposições por morte, de 5-10-1961, em sentido inverso: a favor do estatuto da forma.

o testamento é um acto pessoal, insusceptível de ser feito mediante representante. Todavia, em alguns direitos forais de Espanha (os de Aragón e de Vizcaya y Alava, p. ex.), assim como em alguns direitos ibero-americanos, são permitidas determinadas formas de representação, mediante as quais o hereditando transfere para terceiro o poder de lhe designar herdeiro, ainda durante a sua vida (1).

Diferente é o *power of appointment* da *common law*, pois este só pode ser exercido depois da morte do autor da sucessão. Pode ainda referir-se neste contexto a chamada substituição pupilar e quase-pupilar, institutos conhecidos por algumas legislações (como a portuguesa: arts. 2297.° e segs.), pelo menos nas hipóteses em que abranja bens que não tenham advindo ao filho por via do progenitor substituinte.

É ainda o estatuto sucessório básico que decide sobre a admissibilidade ou inadmissibilidade (proibição) de cláusulas ou disposições com certo conteúdo (cláusulas contrárias à lei ou aos bons costumes), bem como sobre as consequências da nulidade de tais cláusulas. O mesmo estatuto regula ainda a liberdade de testar. Compete-lhe, desde logo, decidir quanto à própria admissibilidade da sucessão testamentária. Tanto quanto se sabe, porém, a sucessão voluntária em parte alguma está totalmente excluída (2). Essa liberdade pode ser ilimitada (como acontece no direito inglês e em alguns direitos forais de Espanha), assim como pode a legítima absorver uma parte muito grande da herança (como acontece na Suíça, onde em certos casos pode ir até 13/16 do património do hereditando).

Mas as limitações à liberdade de testar não são apenas as que decorrem do instituto da legítima. Segundo as legislações de muitos países da Europa oriental, o autor da sucessão não pode dispor de mais que metade desta a favor de quaisquer pessoas que não sejam os sucessíveis legais, o Estado ou instituições de direito público. Por

---

(1) Portanto, se uma espanhola da província de Aragón, depois de ter transferido ao pároco da aldeia o poder de lhe designar um herdeiro, casa com um português e adquire a nacionalidade portuguesa, vindo a morrer com a nossa cidadania, a instituição de herdeiro entretanto feita pelo pároco fica sem efeito, visto o nosso Código exigir que o testamento seja um acto pessoal (art. 2182.°).

(2) Como esteve na Rússia, na vigência de um decreto de 1918.

vezes a restrição assenta numa qualidade pessoal do testador: assim, p. ex., segundo o art. 904.º do Código civil francês, o menor não pode dispor de mais de metade da quota disponível.

Cabe ainda ao estatuto sucessório decidir quanto à capacidade de receber por testamento (também chamada *testamentifactio passiva*), e designadamente quanto aos casos de indisponibilidade relativa: nulidade das disposições a favor do tutor, do médico, do enfermeiro, do sacerdote, do notário, duma ordem religiosa, do cúmplice do adultério, do filho adulterino, etc., conforme as legislações.

É ainda o estatuto sucessório que decide em matéria de substituição fideicomissária: sobre a sua admissibilidade e sobre o seu regime. Assim, p. ex., se um português institui a esposa como fiduciária e os filhos como fideicomissários e, antes de morrer, adquire a nacionalidade italiana, a substituição será nula, por força do art. 692.º do Código civil italiano. Mas o que sobretudo importa acentuar em matéria de fideicomissos é a interferência da *lex rei sitae:* uma substituição fideicomissária reconhecida pelo estatuto sucessório só será eficaz se for também reconhecida pelo estatuto real. Com efeito, as limitações ao poder de disposição do fiduciário contendem com a organização do regime das coisas. Assim, p. ex., se um estrangeiro cuja lei sucessória o permita fizer uma substituição fideicomissária em mais de um grau, essa substituição será ineficaz pelo que respeita a uma residência de férias situada no Algarve (art. 2288.º do nosso Código).

Falta uma referência à revogação e à caducidade do testamento. Quanto à revogação, vale a mesma regra que para a confecção do testamento: rege, portanto, a lei pessoal ao tempo da revogação. Esta lei dirá, p. ex., se a revogação do testamento revogatório implica ou não o ressurgimento do testamento primeiramente revogado. O mesmo se diga pelo que respeita a certas formas de revogação tácita, como a dilaceração do testamento ou o seu levantamento do depósito oficial. E cremos que a mesma regra poderá ainda valer quanto à revogação por alienação ou transformação da coisa legada. Em todos estes casos o problema em causa seria fundamentalmente um problema de interpretação da vontade do testador.

Já pelo que respeita à caducidade do testamento (também chamada revogação *ex lege*), decorrente de factos como o casamento, o nascimento de um sucessível legitimário, o divórcio, etc. [1], a doutrina dominante entende que ela pertence ao domínio do estatuto sucessório. Mas o ponto pode suscitar sérias dúvidas, justamente porque também aqui se pode achar em causa um problema de interpretação da vontade do testador.

132. *Pactos sucessórios e testamentos de mão comum:* I — *Pactos sucessórios.* A respeito dos pactos sucessórios já não podemos dizer, como a respeito dos testamentos, que as disposições *mortis causa* neles contidas só *entram em vigor* no momento da morte do hereditando. Pelo contrário, o pacto sucessório, como instituição *contratual* que é, *entra em vigor,* e vincula, como qualquer outro contrato, a partir da sua celebração. Eis aqui a razão de ser da diferença do regime conflitual dos testamentos e dos pactos sucessórios.

Costumam designar-se como pactos sucessórios tanto os pactos institutivos ou *de succedendo,* como os pactos renunciativos ou *de non succedendo,* e ainda os pactos *de successione tertii.* Estes últimos, em que alguém aliena a futura herança ou o futuro legado de pessoa viva, a que conta ser chamado por qualquer título, não nos interessam neste contexto, visto não participar neles o autor da sucessão. Sobre o pacto *de non succedendo* (acto pelo qual alguém renuncia à herança de pessoa viva, ou antecipadamente a repudia), falaremos no número subsequente. De modo que os pactos sucessórios a que de imediato nos vamos referir são apenas os pactos de *succedendo.* E rigorosamente só estes últimos constituem verdadeiros actos *mortis causa* e se destinam por sua natureza a determinar ou a influir *positivamente* a devolução sucessória [2].

É bem sabido que muitas legislações não admitem a instituição contratual de herdeiro, ao passo que outras restringem a sua admissibilidade a certas hipóteses e outras ainda a admitem nos mais amplos termos. Estão neste último caso as leis alemã e suíça. No extremo oposto está o direito italiano, que repele de todo a

---

(1) A caducidade do testamento por força da condenação à pena de prisão máxima, prevista pelo art. 32.º do Código penal italiano, é uma consequência da sentença penal, e, portanto, deverá considerar-se de eficácia limitada ao território do Estado do tribunal sentenciador.

(2) Cfr. GALVÃO TELLES, *ob. cit.*, p. 114.

instituição contratual. Na posição intermédia estão os direitos português e francês, que só a admitem nos quadros da convenção antenupcial, e o direito austríaco, que só a admite entre cônjuges. Pois bem, por que lei se deve decidir da admissibilidade do pacto sucessório: pela lei pessoal do disponente ao tempo da disposição, ou pela sua lei pessoal ao tempo da morte?

A esta questão responde a al. *c)* do art. 64.º: é a lei pessoal do autor da herança ao tempo da declaração que se aplica aqui. É de notar que, se várias pessoas fazem disposições por morte no mesmo contrato, se aplica à instituição contratual feita por cada uma delas a respectiva lei pessoal. Mas importa ainda notar que, na parte final da referida alínea, se ressalva, quanto à admissibilidade dos pactos sucessórios, o disposto no art. 53.º. Tal ressalva só poderá significar que a admissibilidade do pacto sucessório inserto na convenção antenupcial não depende da lei ou das leis pessoais dos instituidores, mas da lei designada no art. 53.º para reger as convenções antenupciais.

Não é muito transparente a razão deste desvio à regra do art. 64.º. Nas legislações como a portuguesa, em que vigora como regra a proibição dos pactos sucessórios e estes apenas são admitidos nas convenções antenupciais (desde que algum dos esposados figure como instituidor ou instituído), esta excepção à dita regra justifica-se com base na ideia do *favor matrimonii*. Cremos, por isso, que a referida ressalva a favor do art. 53.º deve ter por base uma ideia semelhante: a ideia de que, mesmo no plano do Direito de Conflitos (escolha da lei competente), o princípio do *favor matrimonii* deve prevalecer sobre o princípio da livre revogabilidade das disposições por morte. A solução é discutível *de iure condendo*.

O anteprojecto de 1964 (art. 57.º, 2) mandava expressamente regular pela lei pessoal do autor da herança ao tempo da disposição não só a admissibilidade do pacto sucessório como também a «sua força vinculante», quer dizer, a vinculação das partes às disposições feitas no pacto. Assim se deve entender ainda em face do actual texto do art. 64.º, alín. *c)*. Na verdade, a solução dada à questão da vinculação ao pacto é, como diz certo autor (1), inseparável da

(1) THOMAS SCHEUERMANN, *Statutenwechsel im internationalen Erbrecht*, München 1969, p. 92.

solução dada à questão da admissibilidade: uma e outra decorrem da natureza contratual do pacto sucessório, pelo que a razão que está na base da segunda vale com a mesma força para a primeira. Pode dizer-se, portanto, que o nosso legislador, ao decidir pela forma que vimos quanto à admissibilidade, implicitamente decide da mesma forma pelo que respeita à vinculação.

Quanto à capacidade, à representação e à falta e vícios de vontade, vale em matéria de pactos sucessórios a mesma regra que em matéria de testamentos: aplica-se a lei do tempo da disposição (arts. 63.° e 64.°, al. *b)*).

Já no que respeita à liberdade de disposição, a lei aplicável é, tal como em matéria de testamentos, a lei da sucessão. É o que pode dizer-se, designadamente, das restrições à liberdade de testar decorrentes do instituto da legítima (1) ou das restrições decorrentes de qualidades pessoais do autor da herança. Na hipótese, porém, de se tratar de uma restrição à própria liberdade de fazer uma disposição *mortis causa* por via contratual (como a do art. 1249.° do Código austríaco, segundo o qual por pacto sucessório só pode dispor-se de 3/4 da herança), já nos acharemos também em face de uma questão de admissibilidade do pacto sucessório, a qual deve ser decidida pela lei do tempo da disposição.

Uma vez que o pacto sucessório não seja admitido pela lei do tempo em que é feito, ele não poderá valer como instituição contratual, ainda que a lei pessoal do autor da herança ao tempo da morte nada tenha a opor à sua validade. Mas, numa hipótese destas, não poderá admitir-se a conversão do pacto sucessório em testamento, uma vez verificados os requisitos de validade deste e, claro está, uma vez que o autor da herança não tenha por outra forma disposto acerca dela? Nós sabemos que o nosso Código proíbe em princípio os pactos sucessórios, incluindo nesta proibição a doação por morte, como verdadeiro pacto sucessório que é. Todavia, é a própria lei que opera a conversão da doação por morte em testamento, desde que tenham sido observadas as formalidades exigidas para

(1) Assim, p. ex., se um espanhol sujeito ao direito foral de Navarra instituir contratualmente sua mulher herdeira exclusiva, afastando expressamente os filhos, e, mais tarde, vier a morrer com a nacionalidade portuguesa, os filhos podem reclamar a legítima que lhes cabe segundo a lei portuguesa.

este (art. 946.º, 2) (1). Supomos que também é possível, no plano do DIP, converter um pacto institutivo em testamento, desde que o estatuto sucessório admita essa conversão e uma vez que, através desta, não sejam lesados os interesses que induziram o nosso legislador a atribuir competência à lei pessoal do tempo da disposição nos arts. 63.º e 64.º.

II — *Testamentos de mão comum.* O testamento de mão comum é aquele em que duas pessoas fazem as suas disposições de última vontade num único acto. Pode ser um testamento simplesmente conjunto *(mere simultaneum)* ou recíproco (os contestadores contemplam-se um ao outro). As disposições podem ainda ser correspectivas ou não. Verifica-se o primeiro caso quando a disposição de cada contestador é determinada pela do outro, posta na dependência ou condicionada à manutenção dela. Segundo algumas leis (2), o testamento recíproco, nas hipóteses em que é admitido, vincula em maior ou menor medida os contestadores ainda em vida ou, após a morte de um deles, vincula o sobrevivo em certos termos. Nestes casos, o tratamento conflitual do testamento correspectivo deverá ser idêntico ao reservado para os pactos sucessórios. É isto aliás o que expressamente decorre da al. *c)* do art. 64.º pelo que respeita à admissibilidade deste tipo de testamento, e é também isto o que dela implícita mas necessariamente resulta quanto ao efeito vinculante do mesmo — pela razão já apontada ao falarmos do pacto sucessório.

Esta disposição, porém, não visa apenas os testamentos correspectivos, mas todos os testamentos de mão comum. Quanto aos não correspectivos, pois, a sua razão de ser é outra. É que as legislações que proíbem os testamentos simplesmente conjuntos, fazem-no, em

---

(1) Sobre uma interessante hipótese de redução e conversão em testamento de um contrato de adopção celebrado por portugueses à sombra da lei brasileira, cfr. VAZ SERRA, *A redução e a conversão de negócio jurídico no caso do acórdão do STJ de 8-4-1969, in* «Boletim da Faculdade de Direito», vol. XLVI (1970), pp. 131 e ss.

(2) Poucas. Entre elas, designadamente, a lei alemã, a dinamarquesa, a norueguesa, os direitos forais de Aragón e de Navarra, e o direito da África do Sul.

regra, para garantir a plena liberdade ou espontaneidade da vontade do testador, assentando na presunção de que o simples facto de as disposições dos contestadores serem feitas num só acto ou instrumento (e quer sejam simplesmente simultâneas, recíprocas ou correspectivas) afecta aquela liberdade. Ora a lei competente para tutelar a liberdade da vontade testatória deve ser aquela mesma que se aplica à capacidade e à falta e vícios da vontade: a lei pessoal ao tempo da disposição.

Na doutrina, a proibição do testamento de mão comum é qualificada, ora como disposição de forma, ora como disposição de fundo ou substância, conforme se deva entender que se refere àquela ou a esta. Como acabámos de ver, até a proibição dos testamentos meramente simultâneos ou conjuntos pode ser e é, em regra, determinada também por uma preocupação que tem a ver com a substância do acto: garantir a liberdade e espontaneidade da vontade do testador (1). Na alínea *c)* do art. 64.° o problema de qualificação é directamente resolvido pelo legislador: a proibição em causa é qualificada como relativa à substância do acto.

133. *Actos ou negócios jurídicos «inter vivos» com repercussões sucessórias.* I — *Renúncia à herança.* Diferentemente do pacto institutivo, o chamado pacto renunciativo não actua positivamente sobre a devolução sucessória, não funciona como acto ou negócio designativo, pois a sua função é puramente negativa, limitando-se a excluir da sucessão o renunciante, ou seja, limitando-se a afastar um fundamento de vocação sucessória. Ora, como os fundamentos de vocação sucessória e as causas de exclusão desta são da competência da lei da sucessão, já se tem entendido que o pacto renunciativo deve ser submetido, pelo que respeita à sua admissibilidade e efeitos, a esta lei. Todavia, embora a renúncia à herança não seja uma disposição por morte, cremos bem que ela deve ser equiparada a um pacto sucessório para efeitos da al. *c)* do art. 64.°, tanto mais

---

(1) Ou seja, garantir a correcta formação da vontade do testador no que respeita ao conteúdo dela. Trata-se, portanto, de disposições de direito material proibitivas de certa forma, mas que visam — ou visam também — finalidades atinentes ao fundo ou substância do acto.

que é frequentemente acompanhada de uma compensação (dote, p. ex.) dada ao renunciante pelo autor da sucessão, já em vida deste(1). A confiança do hereditando é, pois, merecedora de tutela. Além da admissibilidade, também as questões relativas à capacidade, à representação, à falta e vícios de vontade devem ser decididas pela lei pessoal do hereditando ao tempo da declaração.

E por esta mesma lei se deverá regular igualmente o efeito da renúncia. É que esta, diferentemente do pacto institutivo, não interfere com a regulamentação da devolução sucessória. Logo, parece que o seu efeito deve manter-se independentemente do estatuto sucessório definitivo. Poderia pretender-se, p. ex., que deve ser este estatuto a decidir se um legitimário pode ou não renunciar à sucessão não aberta. Mas esta é justamente a questão da admissibilidade do pacto renunciativo que, a nosso parecer, e segundo já dissemos, deve ser decidida de acordo com o disposto no art. 64.º. Parece-nos que se deverá partir ainda da lei designada neste artigo para determinar a medida da renúncia, entendendo-se que esta só abrange aquele direito de sucessão legal que competiria ao renunciante segundo a lei pessoal do autor da herança ao tempo do acto renunciativo.

II — *Convenção sobre testamento futuro («contract to make a will»)*. Nos direitos do círculo anglo-americano, onde são desconhecidos os pactos sucessórios vinculantes, admite-se todavia a validade da convenção pela qual o autor da herança se obriga a dispor ou a não dispor por morte de certa maneira. Diferentemente do que sucede no pacto sucessório, em que, instituindo desde logo um herdeiro, abdica da liberdade de testar, no todo ou em parte, pela referida convenção o hereditando não faz instituição alguma, e, portanto, em certo sentido mantém íntegra a liberdade de testar. Simplesmente, se viola a convenção fazendo uma disposição por morte contrária ao que nela se estipulou, a outra parte pode depois exercer contra a herança um direito de indemnização.

---

(1) Portanto, a expressão «pactos sucessórios» usada na citada alínea abrange os pactos a que se refere o art. 2028.º do nosso Código, com excepção do pacto *de hereditate tertii;* e deve abranger ainda, conforme a seguir veremos, a convenção sobre testamento futuro.

Apesar do carácter obrigacional da convenção em causa, ela contende com os interesses dos herdeiros e dos credores da herança e vincula, embora apenas obrigacionalmente, a liberdade de dispor por morte. Por isso, para efeitos de Direito de Conflitos, devemos reservar-lhe o mesmo tratamento que aos pactos sucessórios — e não submetê-la ao regime geral dos contratos.

III — *Doação entre vivos: redução por inoficiosidade.* Já vimos que a obrigação do co-herdeiro de levar à colação os bens doados, ou o seu valor, é fundamentalmente regida pelo estatuto da sucessão. Quanto a este ponto, já na doutrina se aventou a ideia de que a obrigação de conferir do donatário-herdeiro não implica uma restrição à doação, mas uma restrição ao direito de herdeiro [1].

No entender da doutrina dominante, porém, outro seria o modo de ver a adoptar no que respeita à redução das doações por inoficiosidade. É sem dúvida à lei da sucessão que compete fixar a legítima e, portanto, é a ela também que cabe determinar a ordem da redução das disposições inoficiosas. E também a necessidade da redução por inoficiosidade há-de depender sempre desta lei [2].

Mas já quanto à questão de saber se uma doação entre vivos que não seria inoficiosa em face do estatuto sucessório hipotético (lei pessoal do doador ao tempo da doação) deve ser reduzida com base no estatuto sucessório definitivo, ela é respondida negativamente pela doutrina dominante [3]. Funda-se esta doutrina principalmente em que a confiança do donatário na consistência da doação, apreciada em face da lei do tempo em que esta se realizou, é digna de tutela; salientando

---

(1) Cfr., todavia, o que atrás (n.º 130, em nota) ficou dito a este propósito e o nosso *Sobre a aplicação no tempo, cit.*, pp. 263 e ss.

(2) Portanto, se a doação era inoficiosa em face do estatuto hipotético, mas já o não é em face do estatuto definitivo, não tem que ser reduzida.

(3) Cfr., p. ex., SCHEUERMANN, *ob. cit.*, pp. 116 e s., e autores aí citados. Sobre o mesmo problema no domínio do Direito Transitório, cfr. o nosso *Sobre a aplicação no tempo, cit.*, pp. 266 e ss. e autores citados. Neste domínio, a nossa jurisprudência tem-se orientado em regra pela tese da doutrina dominante.

que no património daquele entra um valor patrimonial que ele toma em linha de conta ao organizar os seus planos de vida e ao fazer as suas disposições.

134. *Forma das disposições por morte.* A forma das disposições *mortis causa,* e designadamente a forma dos testamentos, constitui um daqueles aspectos do negócio dispositivo que com maior segurança se autonomizam em matéria de sucessão de estatutos: a disposição não pode deixar de ser formalmente válida se o for em face da lei ou leis competentes ao tempo da disposição, quaisquer que sejam as exigências de forma do estatuto sucessório definitivo. Como, porém, se admite a *convalidação formal* do negócio dispositivo desde que ele, apesar de formalmente inválido em face da lei ou leis competentes no momento da disposição, satisfaça aos requisitos de forma da lei da sucessão, não pode dizer-se que o acto dispositivo seja regulado quanto à forma apenas por uma lei contemporânea da sua realização.

Partindo da ideia do *favor testamenti* (ou, mais em geral, do *favor negotii*), o nosso Código serve-se, no art. 65.º, 1, da técnica da conexão múltipla *alternativa* para determinar as leis cuja observância, em matéria de forma das disposições por morte, é suficiente para assegurar a validade formal destas. São elas a lei do lugar da celebração do acto, a lei para que remete a norma de conflitos da lei local, a lei pessoal do autor da herança no momento da celebração e ainda a lei designada pelo art. 62.º: a lei pessoal do referido autor no momento da morte. Da aplicação desta última é que pode resultar uma *convalidação* formal da disposição por morte, por ser a única que não é contemporânea da dita disposição [1].

---

[1] Mais generosa ainda que esta disposição da lei portuguesa é a já citada Convenção da Haia de 1961 sobre a forma das disposições por morte. Segundo esta Convenção, são alternativamente competentes nada menos que oito legislações: a do país da celebração, a do país da nacionalidade do testador, quer ao tempo da disposição, quer ao tempo da morte, a do país do domicílio do testador, quer ao tempo da disposição, quer ao tempo da morte, a do país da residência habitual o testador, quer ao tempo da disposição, quer ao tempo da morte, e a lei que regula a sucessão. A estas

Logo, porém, o n.º 2 do mesmo art. 65.º, prevenindo e resolvendo, como vimos, um conflito de qualificação, restringe em alguma medida o alcance do princípio do *favor testamenti* que inspira o n.º 1, pois aí se estabelece que, «se a lei pessoal do autor da herança no momento da celebração exigir, sob pena de nulidade ou ineficácia, a observância de determinada forma, ainda que o acto seja praticado no estrangeiro, será a exigência respeitada». Prefere-se a qualificação de fundo ou «substância» do acto à qualificação «forma», entendendo-se que a disposição que, em tais circunstâncias, exige a observância duma determinada forma, ao mesmo tempo que é, sem dúvida, uma prescrição de forma, pretende também acautelar um adequado processo de formação da vontade que deve valer como a última.

Ora a lei competente para a tutela da vontade do disponente é aquela a que também se referem os arts. 63.º e 64.º: a lei pessoal dele ao tempo da disposição. Já vimos que o art. 992.º do Código civil holandês constitui o exemplo típico (e um dos raros exemplos) de normas que têm o conteúdo configurado por este n.º 2 do art. 65.º Outro exemplo fornece-no-lo o art. 2223.º do nosso Código civil, segundo o qual, o testamento feito por português no estrangeiro com observância da lei estrangeira competente só produz efeitos em Portugal se tiver sido observada uma forma solene na sua feitura ou aprovação. Não é líquido o conceito de «forma solene», mas parece que deve significar o mesmo que forma escrita; pelo que só ficaria excluída, portanto, a eficácia do testamento puramente nuncupativo. Importa ainda acrescentar que o art. 2223.º, conforme decorre da sua letra, só abrange as hipóteses em que o autor da herança era português ao tempo da disposição.

Observaremos para terminar que o art. 65.º se refere a todas as disposições por morte e, portanto, se aplicará também aos pactos sucessórios. Todavia, na medida em que permite a convalidação de

---

oito acresce uma outra, para o caso de a disposição respeitar a imóveis: a *lex rei sitae*. Portugal não ratificou (ainda) esta Convenção. Mas deve notar-se que, por força da última parte do art. 65.º, 1, se a «lei local» for a lei de um dos Estados em que vigore a Convenção, haverá que ter ainda em conta, segundo cremos, as leis que aquela lei considera competentes por virtude da referida Convenção.

disposições formalmente inválidas segundo as leis competentes ao tempo da realização delas — por aplicação duma posterior lei pessoal com que o disponente venha a falecer —, aquele artigo não poderá aplicar-se sem mais aos pactos sucessórios: só se lhes aplicará, quando muito, nos casos em que o hereditando não tenha, ao aperceber-se da invalidade formal da instituição pactícia que, justamente por ser inválida, o não vinculava, disposto diferentemente (por testamento ou por outro pacto sucessório válido) acerca dos bens da herança (1).

Apesar da letra do art. 65.°, não poderemos, pois, em matéria de convalidação formal, tratar o pacto sucessório do mesmo modo que o testamento — pois este é formalmente convalidado, sim, mas só porque não foi revogado ou substituído por outro. De resto, seria absurdo considerar o hereditando vinculado por um pacto nulo e não reconhecer por isso validade a uma disposição sua posterior àquele. Mostram estas considerações que, mesmo em matéria de forma, se impõe uma consideração em separado do testamento e do pacto sucessório (2).

---

(1) Cfr. também SCHEUERMANN, *ob. cit.*, pp. 91 e 93 e s.

(2) Sobre a forma das disposições por morte, além da já citada Convenção da Haia de 1961, interessa ter presente a Convenção de lei uniforme sobre a forma do testamento internacional, elaborada em 1972-1973 no âmbito do Unidroit.

ÍNDICE GERAL

PRIMEIRA PARTE

PARTE GERAL DO DIREITO INTERNACIONAL PRIVADO

Título I

NOÇÕES FUNDAMENTAIS

Título II

TEORIA DA REGRA DE CONFLITOS

SEGUNDA PARTE

PARTE ESPECIAL DO DIREITO INTERNACIONAL PRIVADO